XIN ZHONGGUO

LI GUO ZHI ZHAN

KANGMEIYUANCHAO ZHANZHENG DE HUIGU YU SIKAO

新中国立国之战

抗美援朝战争的回顾与思考

齐德学 著

当代中国出版社

Contemporary China Publishing House

图书在版编目（CIP）数据

新中国立国之战：抗美援朝战争的回顾与思考 / 齐
德学著 . -- 北京：当代中国出版社，2023.7（2024.1 重印）
ISBN 978-7-5154-1284-9

Ⅰ.①新… Ⅱ.①齐… Ⅲ.①抗美援朝战争—史料
Ⅳ.① E297.5

中国国家版本馆 CIP 数据核字（2023）第 158537 号

出 版 人　王　茵
责任编辑　隋　丹　徐　芳　战盈彤
责任校对　贾云华
印刷监制　刘艳平
出版发行　当代中国出版社
地　　址　北京市地安门西大街旌勇里 8 号
网　　址　http://www.ddzg.net
邮政编码　100009
编 辑 部　（010）66572154
市 场 部　（010）66572281　66572157
印　　刷　中国电影出版社印刷厂
开　　本　710 毫米×1000 毫米　1/16
印　　张　26.75 印张　3 插页　371 千字
版　　次　2023 年 7 月第 1 版
印　　次　2024 年 1 月第 3 次印刷
定　　价　98.00 元

目　录

总　论　篇

战役战斗篇

有关问题和故事篇

人　物　篇

总　论　篇

中华人民共和国立国之战[*]

抗美援朝战争，是新中国成立之初美国侵略者强加给中国人民的一场战争，也是新中国历史上第一场反侵略战争。

中国共产党领导中国人民经过 28 年艰苦卓绝的革命斗争，推翻了帝国主义、封建主义和官僚资本主义三座大山的统治和压迫，于 1949 年 10 月 1 日建立了人民当家作主的中华人民共和国。由于近代百余年来帝国主义列强的侵略和掠夺，由于中国长期陷于战争，中国共产党领导建立的新中国接收的是一个一穷二白、千疮百孔、百废待兴的烂摊子。代表中国人民根本利益的中国共产党，在全国大陆和大部沿海岛屿基本解放后，于 1950 年 6 月党的七届三中全会决定，集中精力用 3 年左右时间恢复国民经济，治理战争创伤。中国人民热爱和平，中国人民需要和平。就在这时，美国侵略者趁朝鲜爆发内战之机，从其称霸全球的帝国主义利益出发，立即武装干涉朝鲜内战，同时命令其海军第七舰队侵入台湾海峡，干涉中国内政，侵占中国领土，阻止中国人民解放军解放台湾。同年 8 月下旬开始，美国侵略朝鲜的空军飞机不断侵入中国东北地区领空，轰炸扫射中国的城镇、乡村。美国不顾中国政府的一再抗议和警告，在美军于 9 月中旬成功登陆仁川后，命令其侵略朝鲜的地面部队越过

---

　　* 本文发表在《中共党史研究》2010 年第 12 期，在选入本书时略有改动。——作者注

全书所选篇目，在选入本书时均有所改动，下同，不再一一作说明。——编者注

三八线，向中朝边境进攻。10月上旬，美军地面部队越过三八线北进。朝鲜民主主义人民共和国处境危急，中国大陆的安全受到严重威胁。

此时，新中国成立刚刚一年，虽已取得良好开端，但各方面困难仍很严重。一是大陆的西藏和沿海的台湾等少数岛屿还未解放，中国人民解放军（简称：人民解放军、解放军）还有重大作战任务。二是华东、中南、西南、西北等新解放区的大股土匪尚未被剿灭，土匪活动猖獗，严重危害社会稳定。三是新解放区还有一部分基层政权没有建立，已经建立的基层政权也还不巩固。四是占全国人口总数2/3以上的新解放区的土地改革刚刚开始。五是军队武器装备基本上是"小米加步枪"的水平，亟须进行现代化建设。部队刚刚部署精简整编。解放军有同国民党军队和侵华日军作战的经验，但基本上没有现代化装备，也没有现代化战争经验。

而美国是资本主义世界经济和军事头号强国，当年的国民生产总值是中国的12倍多，钢产量是中国的144倍。美国具有强大的海军和空军，1950年10月，美国投入到朝鲜战场的作战飞机已达1200架、海军舰船近300艘、坦克800余辆。美军地面部队1个师装备的各种火炮就相当于人民解放军1个军的2倍。

就是在这样的情况下，中共中央根据朝鲜劳动党、朝鲜民主主义人民共和国政府的请求和维护中国根本利益的需要，经过充分讨论，全面权衡利弊，于1950年10月上旬作出了组成中国人民志愿军抗美援朝、保家卫国的重大战略决策。中国人民志愿军开赴朝鲜战场。经过两年零九个月的较量，打败了拥有完全现代化装备的美国侵略军，取得了抗美援朝战争的伟大胜利。这场战争不但帮助朝鲜人民有效保卫了朝鲜民主主义人民共和国，有效保卫了中国大陆的安全，而且也成了新中国的立国之战，为新中国的巩固、建设和发展奠定了坚实基础。

一、极大地提升了中华人民共和国的国际地位

1840 年以来的近代中国，除 1931 年至 1945 年的抗日战争取得反法西斯侵略的胜利外，只有遭受帝国主义列强侵略和掠夺的挨打受欺历史，只有任人宰割、割地赔款的屈辱历史。1949 年 10 月，中华人民共和国成立，中国人民站起来了。但无论当时的资本主义阵营还是社会主义阵营，都没有正视已经站起来的中国人民。帝国主义仍然认为中国软弱可欺。美国无视中国政府的一再抗议和警告，命令其侵略朝鲜的地面部队越过三八线向中朝边境进攻，就是最有力的证明。

以毛泽东为主席的中共中央面对新中国成立之初千疮百孔的烂摊子，面对新中国各方面极为严重的困难，在国家安全受到威胁、朝鲜民主主义人民共和国处境危急请求中国出动军队进行支援的情况下，以非凡的气魄和胆略作出“抗美援朝、保家卫国”的战略决策，组成中国人民志愿军，同朝鲜人民军一起与世界上最强大的资本主义国家军队——美国军队作战，这充分体现了中国人民反抗侵略的决心和意志，充分体现了中国人民不畏强敌敢于斗争的气魄，充分体现了中华民族的正气。这一举动本身就在国际上产生了巨大影响，尤其中国人民志愿军依靠落后的武器装备，打败了拥有完全现代化装备的美国军队，极大地震动了全世界，不但美国而且整个世界，包括当时的社会主义国家都对中国刮目相看了。中国人民志愿军在朝鲜战场上打出了中国人民军队的国际威望，打出了新中国的国际威望。抗美援朝战争的胜利，一扫中国近代以来历史上的耻辱，中国人民真正地扬眉吐气了，中国真正屹立于世界民族之林了。可以说，这场战争对于中国人民是自鸦片战争以来最了不起的正气篇。正如毛泽东所说的：“帝国主义侵略者应当懂得：现在中国人民已经组织起来了，是惹不得的。如果惹翻了，是不好办的。”[①]不仅刚刚解放了的中国人民，而且在世界各国的华人、华侨，作为

----

① 《建国以来毛泽东军事文稿》中卷，军事科学出版社、中央文献出版社 2010 年版，第 175 页。

中国人和中国人的后裔都感到从未有过的骄傲和自豪，许多人纷纷回到国内参加新中国各项建设事业。美国人20世纪60年代写的美国陆军官方性质的《朝鲜战争中的美国陆军》一书，在评论朝鲜战争时说："在远东，从朝鲜战争中出现了两个比过去越来越强大的国家。其一便是韩国，……另一个在战争中提高了地位的国家是共产党中国。从中国人在整个朝鲜战争期间所显示出来的强大攻势和防御能力中，美国及其盟国已经清楚地看出，共产党中国已成为一个可怕的敌人，它再也不是第二次世界大战时的那个软弱无能的国家了。由于共产党中国有取之不尽的人力资源和坚强有力的领导，因此它也在朝鲜战场上赢得了自己的声誉，而且看来会成为远东与西太平洋地区共产党的领袖。"① 正是在抗美援朝战争中中国人民志愿军打疼了美国侵略军，打疼了美国侵略当局，从此美国不敢再轻视中国人民，在亚洲和国际事务中不得不把中国摆到适当位置。是抗美援朝战争改变了中国在国际上的形象，是抗美援朝战争奠定了中国在世界上的大国地位。1955年4月，第一次亚非会议能在万隆召开和中国代表团能在会议上发挥主导作用；1958年，台海危机中为台湾国民党军舰护航的美国军舰一遇到人民解放军炮击就退入公海；20世纪60年代，越南战争中美国地面部队未敢越过北纬17°线；1971年，中国恢复在联合国的合法席位；1972年，美国第37任总统理查德·尼克松访华；1979年，美国同中国建立外交关系；以至今天中国在国际社会中发挥重大作用等，都有中国人民取得抗美援朝战争胜利这个重要因素的影响。

二、巩固了新中国人民民主政权

新中国成立时，国民党有计划地在大陆潜留了大批特务。他们聚集溃散的国民党军队，会同惯匪、反动会道门组织、地主恶霸，

---

① ［美］沃尔特·G. 赫姆斯：《朝鲜战争中的美国陆军》第一卷，维新、李植谷等译，解放军国防大学出版社1988年版，第565页。

组织反动土匪武装，企图与共产党和人民政府长期对抗，破坏新生的人民民主政权，并在尔后配合国民党军反攻大陆。朝鲜战争爆发后，这些特务和土匪认为"第三次世界大战即将爆发""黑暗将过，黎明即来"，气焰十分嚣张，到处散布谣言，破坏经济建设，特别是破坏军事运输，组织策划各种暗杀活动，残害革命干部和群众，围攻基层人民政权，扰乱社会秩序，烧杀抢掠，无恶不作，甚至组织反革命暴乱，向人民民主政权发动猖狂进攻。

在中共中央作出抗美援朝决策的同时，中共中央、中央人民政府即以最大的决心，采取断然措施，加速剿匪、土地改革和镇压反革命的步伐，并把剿匪、土地改革和镇压反革命工作作为与抗美援朝战争相联系的中心工作之一，以便为支援战争，也为恢复国内建设奠定稳固的社会基础。在新解放区土地改革开始后，这三项工作都是结合在一起进行的。抗美援朝、土地改革、镇压反革命，被并称为当时的三大运动。

在中央军委统一部署下，匪患比较严重的华东地区和中南地区，剿匪步伐明显加快，至 1951 年 5 月底，这两个地区的土匪基本被剿灭。至 1953 年底，全国匪患基本肃清，粉碎了台湾国民党当局在祖国大陆建立"游击根据地"以策应反攻大陆的企图，有力地保护了人民群众的利益和安全，安定了地方秩序，巩固了基层人民民主政权，有力地支援了抗美援朝战争。

与此同时，中共中央决定加大镇压反革命工作的力度。1950 年 10 月 10 日，中共中央发出《关于镇压反革命活动的指示》，对镇压反革命提出了明确要求。经公安部统一部署后，一场大张旗鼓地镇压反革命的运动在全国展开，至 1951 年 10 月，反革命势力基本被肃清，镇压反革命运动结束。这一运动的开展，使国家社会秩序获得了前所未有的安定，有力地保证了抗美援朝战争和国内土地改革运动的开展。

新解放区的土地改革，原计划 1950 年只在华东、中南、西南、西北共 300 余个县，约 1 亿农业人口的地区首先展开，还有 1.6 亿农业人口地区的土地改革，大部分于 1951 年冬展开，小部分于 1952 年冬展开，少数民族地区和尚未解放的西藏留待以后再说。为配合抗美援朝战争，根据中共中央和毛泽东的指示，各新解放区在 1950 年扩大了土地改革的范围，在许多条件基本成熟的地区提前进行了土地改革。至 1952 年底，除部分少数民族地区暂不实行土地改革外，全国大陆普遍完成了土地改革，彻底摧毁了封建剥削制度。不但有力地支援了抗美援朝战争，而且极大地解放了农业生产力，巩固了工农联盟。

此外，1951 年 10 月西藏和平解放，全国大陆实现了前所未有的统一。

这些不但巩固了新中国各级人民政权，而且使中国共产党和各级人民政权树立了极高的威信，为新中国的建设和发展奠定了坚实的组织领导基础。1952 年 11 月 15 日，中央人民政府委员会第十九次会议通过了《中央人民政府关于改变大行政区人民政府（军政委员会）机构与任务的决定》。这个决定，将新中国成立之初作为中央人民政府的代表机关又是地方政权最高机关大行政区人民政府或军政委员会，一律改为行政委员会，仅是中央人民政府的代表机关，而不再作为地方的最高政权机关。1953 年 1 月 13 日，中央人民政府委员会第二十次会议又通过了《中央人民政府委员会关于召开全国人民代表大会及地方各级人民代表大会的决议》，以制定宪法、选举新的中央人民政府和各级人民政府。1954 年 9 月 15 日至 28 日，召开第一届全国人民代表大会，通过了第一部《中华人民共和国宪法》，选举产生了新的国家领导机关。

三、有力地促进了国民经济恢复，为国家建设发展争取了长期的和平环境

战争本身要付出代价，也必将对经济建设正常进行带来不利影响。但得到人民拥护的正义战争，也会激发人民群众的工作生产积极性，从而刺激和促进经济增长。

中国进行抗美援朝战争，共开支战费 62.5 亿元，相当于当时的 25 亿美元，几乎等于中国 1950 年全年的财政收入（1950 年中国的财政收入相当于 26 亿美元），消耗各种作战物资 560 余万吨，中国靠近朝鲜边境的城乡和交通等经济设施也遭到破坏。为保证抗美援朝

战争能够取得胜利，中共中央和中央人民政府对刚刚确定的全面恢复国民经济的计划进行了调整。战争期间，苏联提供给中国的贷款和中国进口的武器装备主要用于朝鲜战场。抗美援朝战争的确对国内经济建设有不利影响。

但是，抗美援朝战争的主战场在朝鲜。中国虽倾全国之力保证抗美援朝战争的需要，但主要是将东北地区转为战时生产，全国其他地区仍以平时生产为主。中共中央和中央人民政府在保证抗美援朝战争需要的同时，积极采取措施恢复国民经济，边打边建。1951 年 2 月，中共中央决定，仍按原计划在 1952 年底前完成国民经济恢复，为大规模经济建设做好准备。为此，中共中央采取的有效措施之一，就是充分发挥中国共产党和各级人民政府的强大号召力与组织力，通过中国人民抗美援朝总会，组织动员全国人民，开展既轰轰烈烈又扎扎实实的抗美援朝爱国运动，最大限度地发挥工作生产能力。美国武装干涉朝鲜内战和武装侵略中国领土台湾，激起了中国人民的极大义愤和高度的爱国热情，全国各族人民充分发挥了工作生产积极性，订立爱国公约，开展生产竞赛，踊跃捐献财物，为中国人民志愿军的战场需要，为国家建设的恢复和发展做出自己最大的努力。因此，中国原定的国民经济恢复计划，虽因抗美援朝战争而进行了调整，但 1951 年中国财政实际收支和经济生产，都"出现了远比原来预计要好的情况"。当年的实际财政收入为 133.14 亿元人民币，比预算增长了 91.9%，比 1950 年的实际收入增加 104.2%。1952 年，中国的国民生产总值比 1949 年增长 344 亿元，达 810 亿元，3 年中平均每年增长 24.6%。至 1952 年 10 月，中国的工农业生产全部恢复到中国历史上的最高水平，并有了自己的制造工业，取得了新中国经济建设第一个具有战略意义的重大胜利。1952 年 12 月 11 日，周恩来在全国卫生工作会议和几个专业会议上作报告时指出："现在，三年的时间快走完了，我们的恢复工作也完成了。不论从经济上或从其他方面看都是如此。我们的经济恢复工作，不论农业、工业、交通运输的生产和业务所达到的水平，一般都超过了抗战以前最高年代的水平，只有极少数的还需要继续努力。这种恢复，就给了我们一种条件，使我们可以在进行抗美援朝的同时又可以进行国家的建设。"①1953 年,中国即开始了历史上第一个五年经济建设计划。这是中国人民在中国共产党和中央人民政府领导下,在抗美援朝战争期间,边打边建,创造的一个奇迹。②

抗美援朝战争对中国经济布局和经济结构也产生了积极影响。抗美援朝战争开始后,中国为保证工业生产安全,对东北南部地区的工业基地部分向北做了迁移,后来建设的工业基地在布局上也都考虑了战争的影响问题。同时,经过这场战争,中国领导人进一步看到,要改变中国经济落后的面貌,必须发展工业,而且首先应该发展重工业。从 1953 年开始的中国国民经济第一个五年计划,就把发展重工业作为重点工作。经过抗美援朝战争,中国在苏联等社会主义国家的支援帮助下,奠定了以重工业为主的现代工业基础。

总之,在抗美援朝期间,中国社会的凝聚力,全国人民的民族自信心、民族自豪感、生产积极性都有极大提高,国内经济建设非但没有受到大影响,而且还迅速得到恢复。正如 1952 年 1 月 1 日《人民日报》社论所指出的那样:"抗美援朝不但是我们一切工作的目的,而且又是我们一切工作的动力。……这个斗争不是推迟了而是加速了我们国内的建设工作和建设的准备工作的进行。"陈云也指出:"抗美援朝不但不是像帝国主义者所妄想的那样,使我们在经济上不能恢复和发展;相反的,我们的人民经济事业却在抗美援朝斗争中得到了促使迅速进步的动力。"③尤为重要的是,抗美援朝战争的胜利,为中国的经济建设赢得了和平的环境。毛泽东在讲到抗美援朝战争的意义时曾指出:"和朝鲜人民一起,打回到三八线,守住了三八线。这是很重要的。如果不打回三八线,前线仍在鸭绿江和图们江,沈阳、鞍山、抚顺这些地方的人民就不能安心生产。"④中国至

---

① 军事科学院军事历史研究所:《抗美援朝战争史(修订版)》下卷,军事科学出版社 2011 年版,第 283—285 页。

② 这里是作者观点。——编者注

③《陈云文集》第二卷,中央文献出版社 2005 年版,第 312 页。

④《建国以来毛泽东军事文稿》中卷,军事科学出版社、中央文献出版社 2010 年版,第 175 页。

今已赢得了 70 多年和平建设的环境。

四、极大地促进了人民解放军的现代化建设，强固了国防

抗美援朝战争是在敌我双方武器装备优劣悬殊的条件下进行的一场现代化战争。中国人民志愿军在参战前期，不但没有海军，也没有空军和坦克部队，虽有炮兵参战，但火炮质量很差，数量也极为有限。武器装备的优劣悬殊，给志愿军作战造成极大困难。美军飞机肆无忌惮，防空袭成了志愿军作战的第一要务，没有制空权，使志愿军整个作战机器的运转受到极大限制，部队行动和物资运输只能在夜间或美军飞机不能出动时进行；志愿军没有坦克并严重缺乏反坦克武器，对在战场上横冲直撞的美军坦克，不能打击其嚣张气焰；志愿军攻击火力太弱，对已包围的美军难以做到全歼，在美军突围后，志愿军的徒步追击又无法比得上美军的汽车轮子和其他机械化装备；等等。朝鲜战争实践使中共中央和中央军委领导人充分看到，没有现代化的武器装备难以打赢现代化的战争。在战争期间担任志愿军副司令员兼副政治委员、代司令员兼代政治委员的邓华，在总结抗美援朝战争经验时，依据亲身体验指出："朝鲜战争证明，现代战争一定要有必需的现代技术装备。没有必需的炮火既不能摧毁敌人的坚固阵地，也不能粉碎敌人的大举进攻；没有坦克和反坦克武器，便不能击毁敌人的坦克；没有空军和防空武器，便不能打击敌人的空军，掩护自己的战场。"[①] 1953 年 1 月 7 日，毛泽东在为中国人民解放军总高级步兵学校写的训词中强调："为了保卫祖国免受帝国主义者的侵略，依靠我们过去和较为落后的国内敌人作战的装备和战术是不够的了，我们必须掌握最新的装备和随之而来的最新的战术。我们必须向苏联的军事科学学习，以便迅速把我军提高到足以在现代化的战争中取胜的水平。"[②]

---

① 1954 年 1 月，邓华在全国军事系统党的高级干部会议上的发言，题为：《抗美援朝战争经验的介绍》。
② 《建国以来毛泽东军事文稿》中卷，军事科学出版社、中央文献出版社 2010 年版，第 108 页。

抗美援朝现代战争实践的刺激,使中国人民解放军和中国人民志愿军的武器装备在这场战争期间有了突破性地改善。当时中国工业技术水平落后,自己不能生产飞机、坦克和大炮,就决心从与中国签订有《中苏友好同盟互助条约》的苏联购买。中国经济贫穷,国家无力购买,就开展抗美援朝爱国运动,动员全国各行各业各族各界人民,节衣缩食,增加生产,捐献钱物购买飞机大炮。仅 1951 年 6 月 1 日至 1952 年 5 月 31 日的一年时间,全国人民就捐献了可供购买 3710 架战斗机的钱款。人民空军在这场战争中迅速成长发展起来,其航空兵部队从 1950 年 8 月的 1 个混成旅共 4 个团 110 余架飞机,到抗美援朝战争结束后的 1953 年底,发展到 28 个师共 70 个团,拥有各型飞机 3000 余架,并且装备了当时世界上最先进的战斗机,形成了由各种航空兵组成的有战斗力的空中力量。地面炮兵和高射炮兵有了明显的发展和加强,地面炮兵装备了当时先进的苏式 122 毫米、152 毫米口径榴弹炮和“喀秋莎”火箭炮;高射炮兵从抗美援朝战争开始时只有 16 个城防团,到抗美援朝战争结束时发展到 5 个野战高炮师、近 70 个野战高炮营和数十个城防高炮团。陆军(步兵)的武器装备也有了很大变化,抗美援朝战争开始时,中国人民解放军和中国人民志愿军所有的军,都没有军属炮兵团和坦克团,步兵轻武器是所谓“万国牌”的杂色武器,到抗美援朝战争结束时,中国人民解放军和中国人民志愿军几乎所有的军都在编制内有了军属炮兵团,有的还有军属坦克团和师属炮兵团,个别的师还编有自行火炮团,步兵轻武器统一换装苏式武器。装甲兵和工兵也有明显发展。抗美援朝战争期间人民解放军现代化建设的明显改善,既为取得战争胜利提供了有力的保障,又为 20 世纪 50 年代中后期人民解放军现代化建设奠定了雄厚的基础。

为加强人民解放军现代化建设,抗美援朝战争期间,通过与苏联方面谈判,签订了用苏联贷款订购 60 个师的苏联武器装备的协定。抗美援朝战争结束后,至 1954 年底全部兑现。1954 年和 1955 年,原驻中国安东(今丹东)、沈阳和大连地区的苏军撤回苏联时,中国又有选择地有偿接收这些苏军部队的大部分装备,还在苏联政府帮助下建设了国防工业基础。新中国第一个五年计划期间，苏联援助的 156 个建设项目中（实际施工 150 项），即有 41 个是国防工业项目。到 20 世纪 50 年代末，中国就建成了包括兵器工业、航空工业、船舶工业、电子工业等在内的一大批军工骨干企业，初步形成了自己的国防工业体系，先后成功仿制飞机、坦克。其间，决策研制导弹、原子弹和人造地球卫星，制定了《国防科学技术研究工作 10 年（1958—1967 年）规划纲要》。1964 年 10 月至 1970 年 4 月，中国第一颗原子弹爆炸、首次导弹核武器发射、第一颗氢弹爆炸和第一颗人造地球卫星发射先后试验成功。1966 年，组建了战略导弹部队第二炮兵。正如邓小平所指出的："如果六十年代以来中国没有原子弹、氢弹，没有发射卫星，中国就不能叫有重要影响的大国，就没有现在这样的国际地位。"[①]

此外，从抗美援朝战争一开始，中央军委就在广东、福建沿海作了防范美国和台湾国民党军联合登陆进攻的军事部署，在从上海到安东的整个海岸线选择要点部署了水雷和海岸炮。除在朝鲜战场的弧形防线上构筑了以坑道为骨干的坚固防御阵地体系外，从 1952 年下半年起，在中国的辽东和胶东半岛部署构筑海岸国防工事，1954 年起开始动工。工事构筑完成后，彻底改变了旧中国有海无防的局面。

这些都为新中国的国防和军队现代化建设奠定了坚实的基础。

五、创造了抗美援朝精神

在抗美援朝战争中，中国人民创造了伟大的抗美援朝精神。2000 年 10 月 25 日，中共中央总书记、国家主席、中央军委主席江泽民在首都各界纪念中国人民志愿军抗美援朝出国作战 50 周年大会上的讲话中，从志愿军角度归纳了如下精神："在党中央和毛泽东同志的英明领导下，志愿军充分发挥政治优势和我军的光荣传统，

---

① 《邓小平军事文集》第三卷，军事科学出版社、中央文献出版社 2004 年版，第 294 页。

与朝鲜人民军一道，面对世界上最强大的敌人，在极为艰难的条件下，扬长避短，以灵活机动的战略战术和一往无前的英雄气概，进行了艰苦卓绝的作战。志愿军指战员始终发扬祖国和人民利益高于一切、为了祖国和民族的尊严而奋不顾身的爱国主义精神，英勇顽强、舍生忘死的革命英雄主义精神，不畏艰难困苦、始终保持高昂士气的革命乐观主义精神，为完成祖国和人民赋予的使命、慷慨奉献自己一切的革命忠诚精神，以及为了人类和平与正义事业而奋斗的国际主义精神，这也就是伟大的抗美援朝精神。这种精神永远是中国人民的宝贵财富。"2010 年 10 月 25 日，时任国家副主席习近平在纪念中国人民志愿军抗美援朝出国作战 60 周年座谈会上指出："伟大的抗美援朝战争，弘扬和光大了中国共产党和人民军队的革命精神。抗美援朝战争不仅奏响了一曲曲可歌可泣的凯歌，而且锻造出伟大的抗美援朝精神……"①，重申了上述抗美援朝精神。

军事科学院军事历史研究部著的《抗美援朝战争史》一书，从战场上志愿军作战和国内抗美援朝运动相结合，从中共中央决策层与全国广大军民相结合的角度，将抗美援朝精神概括为如下四点。

一是不畏强敌，敢于斗争，敢于胜利的精神。新中国在各方面都面临严重困难的情况下，在敌我双方经济力量和军队武器装备对比强弱悬殊的情况下，面对美国的战争挑衅，中共中央能够作出组成中国人民志愿军"抗美援朝、保家卫国"的战略决策，是需要充分的勇气和胆略的，这种胆略是建立在维护国家和民族最大利益的基础上的，是建立在中朝两国人民当时和长远的共同利益基础上的，同时也是建立在科学分析，估计到最好和最坏等几种可能的战争结局上的，并为争取最好结局做了最大的努力。

二是上下一致，同心协力，团结对敌的精神。为抗击帝国主义的侵略，保证战争的胜利，中共中央、中央人民政府、中央军委以及各级党政军组织、各民主党派、各人民团体和全国各族各界广大

---

① 参见刘光明《抗美援朝精神的丰富内涵》，《光明日报》2020 年 8 月 26 日。

人民群众高度团结和统一，万众一心，同仇敌忾，空前表现了中华民族的强大凝聚力，表现了中华民族反抗侵略的决心和力量。

三是爱国主义与国际主义相结合的精神。这场战争教育了中国人民，唤醒了中国人民，也动员组织了中国人民，提高了中国人民的政治觉悟，增强了民族自尊心和自信心，极大地激发了中国人民的爱国热忱。"国家兴亡，匹夫有责"，除志愿军在战场上直接帮助朝鲜人民抗击美国侵略外，在国内开展了史无前例的轰轰烈烈而又扎扎实实的抗美援朝爱国运动，广大中国人民把自己和国家联系起来，把抗美援朝和保家卫国联系起来，把爱国主义和国际主义高度统一起来，积极参军参战和支前，订立爱国公约，开展生产竞赛，为抗美援朝战争的胜利，为国家建设贡献自己的最大力量。

四是特别能吃苦，特别能战斗的革命英雄主义精神。中国人民志愿军在朝鲜战场上的作战，由于敌我双方武器装备对比优劣悬殊，遇到了许多难以想象的困难，战争的艰苦性、艰巨性和残酷性，在人民解放军战争史上也是空前的。志愿军广大指战员，在强有力的思想政治工作的保证下，发扬了特别能吃苦，特别能战斗的革命英雄主义精神，战胜了困难，战胜了强敌，取得了战场上的胜利。[①]

抗美援朝精神是一种非常宝贵的民族精神，体现了中华民族的传统美德，在中国后来的社会主义建设和改革中发挥了巨大的作用，直至现在仍被广为传颂。

抗美援朝战争虽是新中国成立之初为反抗美国侵略被迫进行的一场战争，中国人民在这场战争中付出了重大牺牲和代价，但是，这场战争也成了新中国的立国之战，为新中国的巩固、建设和发展奠定了坚实的基础。抗美援朝战争的胜利，直至今天在中国仍具有重要积极影响。抗美援朝精神将永放光芒。

---

① 参见军事科学院军事历史研究部《抗美援朝战争史》第三卷，军事科学出版社 2000 年版，第 556 页。

抗美援朝战争是怎么回事[*]

先明确几个概念。

"抗美援朝"和"抗美援朝战争"是相联系的两个不同概念。从时间上说，"抗美援朝"，从 1950 年 10 月至 1958 年 10 月，是八年时间。"抗美援朝战争"，从 1950 年 10 月至 1953 年 7 月，是两年零九个月的时间。从具体内容来说，"抗美援朝"既包括抗美援朝战争，又包括朝鲜停战后志愿军帮助朝鲜人民恢复家园。而"抗美援朝战争"的两年零九个月是指打仗的时间，是作战的时间。

"抗美援朝战争"和"朝鲜战争"也是相联系的两个不同概念。国际上通常讲的概念是"朝鲜战争"。"朝鲜战争"从 1950 年 6 月 25 日开始，至 1953 年 7 月 27 日结束，共三年零一个月的时间。"抗美援朝战争"是朝鲜战争的主要部分，是专指中国人民志愿军参加的这场战争，是从中国的角度说的，时间是两年零九个月。

一、什么是抗美援朝战争

抗美援朝战争，是中华人民共和国成立之初，在国家面临各方面严重困难的情况下，中国人民被迫以志愿军名义在朝鲜与美国军队进行的一场战争，是中华人民共和国历史上的第一场反侵略战争，

---

[*] 本文是讲稿的一部分。2019 年 8 月 22 日，作者在云南石林为《自然的恩典》"爱我中华"青少年成长夏令营讲授。

也是中华人民共和国的立国之战，为中华人民共和国的巩固、建设和发展奠定了坚实基础。

在这场战争中，中国人民志愿军在基本没有制空权和完全没有制海权的条件下，依靠严重落后的武器装备，打败了具有世界一流现代化武器装备水平的美国军队。抗美援朝战争于1950年10月25日打响，这一天被定为"抗美援朝纪念日"。战争分两个阶段，从1950年10月25日至1951年6月中旬，是第一阶段。这一阶段，志愿军和朝鲜人民军连续实施五次战略性的战役，将以美国为首的"联合国军"从鸭绿江边打回到三八线，并将战线稳定在三八线南北地区，破灭了美国军事占领全朝鲜的计划，迫使美国不得不与我方举行朝鲜停战谈判。从1951年6月中旬至1953年7月27日，是第二阶段。这一阶段，边打边谈，志愿军越战越强，越战越主动，迫使以美国为首的"联合国军"签订《朝鲜停战协定》，胜利结束了抗美援朝战争。

整个战争期间，担任中国人民志愿军司令员兼政治委员的人是彭德怀，后来彭德怀回国治病，中央将他留在国内主持中央军委日常工作，陈赓主持志愿军全面工作，1952年6月，由邓华代志愿军司令员兼代政治委员。战争结束后，邓华、杨得志、杨勇先后任司令员。志愿军先后出动27个军（其中参加作战的有25个军），地面炮兵10个师共40余个团，高射炮兵5个师另20余个团和近70个独立营，坦克9个团，工兵部队15个团，铁道兵部队10个师又1个团，空军歼击机航空兵10个师共21个团、轰炸机航空兵2个师，还有后方勤务部队等，共计达290余万人次，以作战减员36.6万余人的代价歼灭"联合国军"71万余人。

这场战争，美国被打败了，美国人是认账的。朝鲜战争结束后，美国人写的所有关于朝鲜战争的书，包括参加这场战争的亲历者写的回忆录，没有一本认为美国在这场战争中取得了军事上的胜利。朝鲜战争结束后大约有10年左右的时间，美国人都不愿提起这场战争，美国人说这场战争是"被遗忘的战争"。美国军方的说法是打成了平手，这完全是自欺欺人的说法。美国西点军校的一位教官说，对美国军人来说，朝鲜战争是完完全全的军事失败，一个世界公认最强大的国家的陆海空三军联合立体作战，却没能打过一个贫穷国家装备原始的陆军。而且输得很惨。这是美国军队和美国国家永远的耻辱和疮疤。[①] 战争期间最后一任"联合国军"总司令、美国陆军上将马克·韦恩·克拉克（Mark Wayne Clark）战后说了一句名言："我成了历史上签订没有胜利的停战条约的第一位美国陆军司令官。我感到一种失望和痛苦。我想我的前任麦克阿瑟和李奇微两位将军一定具有同感。"[②]

对于中国来说，抗美援朝战争，创造了穷国、弱国打败富国、强国的范例，打破了美国不可战胜的神话，打疼了不可一世的美国军队，打出了中华人民共和国的国威和军威，打出了中国人民的自尊心和自信心。从此，美国再不敢轻视中国人民，在亚洲和国际事务中不得不把中国摆到适当位置。不但美国而且整个世界包括当时的社会主义国家，都不得不对中国刮目相看了。抗美援朝战争，是中国人民的扬眉吐气之战，是中华人民共和国的立国之战，也是中华民族真正屹立于世界民族之林的标志之战，在中华人民共和国和中华民族的历史上写下了光辉一页。抗美援朝战争表明：中国共产党是伟大的，中国人民志愿军是伟大的，中国人民是伟大的。

简单地说，这就是抗美援朝战争。

二、为什么要打这场战争

抗美援朝的出兵决策，是 1950 年 10 月上旬中共中央书记处和政治局召开多次会议后作出的。那么，当时是一种什么情况？为什么决策出兵？

---

① 参见《西点军人：朝鲜战争败给毛泽东不丢人》，2015 年 2 月 28 日，见 http://www.xinhuanet.com/mil/2015-02/28/c_127526430.htm。

② ［美］马克·克拉克：《从多瑙河到鸭绿江》，文士龙译，黎明文化服务中心 1956 年版，第 1 页。

第一个情况，这时中国的安全已面临严重威胁。

这里需要介绍一下朝鲜问题的由来和朝鲜战争的爆发。朝鲜半岛本来是一个国家。1905 年被日本占领，1910 年被日本吞并。1945 年 8 月，第二次世界大战结束时，美国和苏联将朝鲜以北纬 38°线为界划分为南北两部分，南方由美军占领和接受日军投降，北方由苏军占领和接受日军投降。美国和苏联社会制度不同，意识形态不同，第二次世界大战中为了反法西斯这一共同利益，临时结成了同盟。随着第二次世界大战的结束，共同利益消失，美、苏两国在国际事务上迅速由战争期间的同盟变为尖锐对立的斗争对手。对于如何建立和建立一个什么样的统一的朝鲜政府，美国和苏联的主张完全对立。于是，南方在美国控制下，于 1948 年 8 月 15 日成立了李承晚政府。北方在苏联支持下，于同年 9 月 9 日，成立了朝鲜民主主义人民共和国政府，首相金日成。朝鲜南北两个政府互相对立，互不承认，并都宣布代表整个朝鲜。国际社会也只承认朝鲜两个政府中的这个政府或那个政府。在北方政府的一再呼吁下，1948 年底，苏军撤出朝鲜；美国为了武装李承晚，故意推迟撤军时间，于 1949 年 6 月才撤出朝鲜。此后，美、苏两国在朝鲜问题上的对立和斗争就转为朝鲜南北两个政府之间的对立和斗争。南北双方都主张实现半岛的统一。1950 年 6 月 25 日，朝鲜半岛为实现统一问题爆发了大规模内战，美国立即进行武装干涉。6 月 26 日，美国派驻日本的空军和海军支援朝鲜南方作战。同时派海军第七舰队侵入台湾海峡，阻止中国人民解放军解放台湾，公然干涉中国内政，并声明支持法国在印度支那的殖民战争。美国地面部队于 6 月 30 日开始空运至朝鲜南方。8 月下旬开始，美国干涉朝鲜内战的空军飞机就不断侵入中国东北边境地区上空，轰炸扫射中国城镇、乡村。9 月中旬，美军仁川登陆成功后，9 月底，美国政府命令在朝鲜的美军地面部队越过三八线，向中朝边境进攻，严重威胁了中国的国家安全。这个时候，用毛泽东的说法就是，美国"要把三把尖刀插在我们的身上，从朝鲜一把插在我们的头上，以台湾一把插在我们的腰上，把越南一把插在我们的脚上。天下有变，它就从三方面向我们进攻"①。

第二个情况，中国国内面临各方面严重困难。

政治上，到 1950 年 5 月解放战争才基本结束，除台湾等少数沿海岛屿和大陆的西藏还未解放外，全国大陆其他地区已经解放。新中国的中央政权和大部分地方各级政权也已相继建立。但是，新解放区的基层政权有的还未建立，有的建立了还不巩固。国民党当局残留在大陆的残兵败将与土匪、特务和反动会道门等勾结在一起，向新生的人民政权发动进攻，残害革命干部和群众，扰乱社会秩序，严重危害社会治安。

经济上，中华人民共和国成立刚刚一周年，几十年的战争创伤亟须治理，当时还处于千疮百孔、百废待兴的状态。刚刚部署准备一心一意恢复国民经济。

军事上，大规模战争结束，除一部分部队准备进行解放台湾和进军西藏，还有一部分部队进行剿匪作战外，大部分野战军部队已转为担负恢复国民经济的工农业生产任务，并且 550 万的解放军需要裁减，进行正规化和现代化建设。

总之，这个时候，中国的政治秩序、经济秩序、生活秩序都还未走上正轨。

第三个情况，中、美两国经济力量和军队武器装备相差悬殊。

当时美国已有 175 年的资本主义发展历史，并在两次世界大战中发了横财，第二次世界大战后，一跃成为资本主义最强国。1950 年，中国的工农业总产值为 574 亿元（人民币新币值，按当时人民币与美元 2.5∶1 的比值计算，仅相当于 229.6 亿美元），而当年美国的国民生产总值为 2848 亿美元，是中国的 12 倍多。中国的钢产量少得很可怜，只有 60.6 万吨，而美国的钢产量为 8772 万吨，是中国的 144 倍多。美国具有强大的海军和空军，1950 年 10 月，美国投入朝鲜战场的作战飞机已达 1200 架、海军舰船艇近 300 艘、坦克 800

① 中共中央文献研究室编：《毛泽东年谱（1949—1976）》第一卷，中央文献出版社 2013 年版，第 230 页。

余辆。而人民解放军整个空军当时只有 1 个混成旅，能够勉强作战的飞机共 110 余架，无论飞机性能还是飞行员的技术水平都不如美军，更谈不上飞行员的作战经验。海军还未形成战斗力，装甲兵也在组建过程中。美军投入朝鲜战场的地面部队每个师都装备有各种火炮 950 余门、坦克 140 余辆、各种汽车 3800 余台，而当时人民解放军中装备最好的东北边防军，1 个军装备的各种火炮总共才 540 余门，仅比美军 1 个师火炮数量的 1/2 略强，没有坦克装备，出国时每个军临时配属运输汽车 100 台。美军每个师装备有各型无线电话机 1688 部、密码机 145 部，每个排装备有线和无线电话机各一部。而志愿军每个军才装备无线通信机 69 部、有线电话机 375 部，志愿军的有线电话最多能装备到营。除此之外，美国还握有原子弹。

第四个情况，朝鲜请求中国出兵援助。

朝鲜劳动党中央和朝鲜民主主义人民共和国政府以金日成和朴宪永联名致函毛泽东的形式，请求中国直接出兵援助。这封求援信是 1950 年 10 月 1 日写的，10 月 3 日送到毛泽东、周恩来手中。信中介绍了朝鲜战争爆发以来的有关情况，信的最后提出："在目前敌人趁着我们严重的危急，不予我们时间，如要继续进攻三八线以北地区，则只靠我们自己的力量，是难以克服此危急的。因此我们不得不请求您给予我们以特别的援助，即在敌人进攻三八线以北地区的情况下，亟盼中国人民解放军直接出动援助我军作战！"[1]

这种情况下，中国是出兵还是不出兵？出兵，解放军的这种装备情况，能跟美国军队作战吗？能打胜吗？

正是因为这种情况，中共中央书记处和政治局才多次召开会议研究这个问题。开始是主张不出兵或缓出兵的意见占多数。当然，出兵的意见和不出兵的意见都是为国家利益着想的。在 1950 年 10 月 5 日下午的政治局扩大会议上，形成了一致意见，决策出兵，抗美援朝、保家卫国。那么，中共中央政治局是怎么考虑的呢？

---

① 转引自军事科学院军事历史研究所《抗美援朝战争史（修订版）》上卷，军事科学出版社 2011 年版，第 160 页。

第一是因为有朝鲜的请求，他们需要帮助。朝鲜与中国同是无产阶级政党领导的国家。朝鲜与中国一江之隔，唇亡齿寒、户破堂危。在东北解放战争期间，朝鲜几乎发挥了东北民主联军（东北人民解放军）总后方基地的作用。有许多朝鲜人参加了中国革命战争。朝鲜有了请求，朝鲜需要帮助。如果没有朝鲜的请求，中国是不会派军队去的，即便派军队，形式和规模也是另外一回事了。

第二是为了维护中国的国家利益。这是最根本、最核心的一个考虑。维护中国的国家利益表现在什么地方？（1）维护国家主权。美国在武装干涉朝鲜内战的同时，就命令其海军第七舰队侵入台湾海峡，侵占了中国领土，阻止中国人民解放军解放台湾，干涉中国内政，中国不能没有反应，当时除了抗议、声讨之外，中共中央和国家领导人已经考虑可能要同美国打一仗。用周恩来的话说，就是："六月二十五日朝鲜战争爆发，给了我们新的课题：支援朝鲜人民，推迟解放台湾。"[1]（2）保卫东北地区的国防安全。美国投入朝鲜战争的空军飞机于 1950 年 8 月 27 日起不断轰炸、扫射中国东北边境地区城镇、乡村，地面部队准备越过三八线向中朝边界推进，严重威胁中国东北地区安全，中国不能不保卫自己国家的安全。（3）保障东北地区的经济建设。东北是全国解放最早的地区，东北地区的经济恢复和建设当时在全国具有领先地位和示范作用。中国工业基地一半在东北，而东北工业基地一半在辽东、辽南地区。如果中国不出兵，让美军压至鸭绿江边，整个南满电力将被控制，无法进行正常建设。毛泽东说，现在美帝的侵略矛头直指我国东北，假如它真的把朝鲜搞垮了，纵不过鸭绿江，我们的东北也时常在它的威胁中过日子，要进行和平建设也有困难。我们抗美援朝就是不许它的如意算盘得逞。"打得一拳开，免得百拳来。"[2] 我们抗美援朝，就是保家卫国。（4）维护中国社会稳定。美国出兵朝鲜后，国内各种反动势

---

① 《周恩来军事文选》第四卷，人民出版社 1997 年版，第 43 页。

② 中共中央文献研究室编：《毛泽东年谱（1949—1976）》第一卷，中央文献出版社 2013 年版，第 230 页。

力就活跃起来，活动明显猖獗。不将美国在朝鲜的气焰打下去，国内反动气焰就会更加增高，不利于新生人民政权的巩固和社会稳定。（5）军事考虑。如果不出兵，整个东北边防军将被吸住，1000多公里的边防线需要部署很多兵力，还要改善装备和修建机场，随时准备打仗，与其如此，从经济上说，从国家长远建设上说，迟打早打，早晚要打，晚打不如早打。

第三是中国有了必要的军事准备。朝鲜战争一爆发美国就武装介入，干涉朝鲜内战，虽然战前朝鲜没有向中国提出任何请求，且战事开始后朝鲜人民军势如破竹，发展很顺利。但毛泽东、周恩来考虑到，由于美国武装干涉，朝鲜战局形势发展有两种可能：一种可能是，虽然美国武装介入，但朝鲜人民军能一鼓作气，很快解放全朝鲜，战争很快结束，至少告一段落，美国再想援助南朝鲜李承晚集团，也需要长时间准备和调动更大兵力；另一种可能是，战争长期化，甚至战争形势出现逆转。因此中国不能没有防范准备。周恩来说："我们设想第一种情况下组织边防军，是备而不用；在第二种设想情况下，是加重了我们的责任，并且应该很快地积极准备。"[1] 所以，在朝鲜内战爆发不到两个星期，美军地面部队进入朝鲜仅一个星期，朝鲜人民军作战打得顺风顺水的情况下，中国于1950年7月7日就开始着手组建东北边防军，抽调国防机动部队第十三兵团等4个军、3个炮师等共25.5万余人，集中到辽宁东部和吉林东南部地区进行整训。边防军的全部准备都是以美军为作战对象、以朝鲜为作战地区而进行的。这为中共中央决策出兵准备了必要的军事力量。

以上三条考虑，对中共中央决策出兵抗美援朝具有决定性的因素。没有这三条中的任何一条，中共中央都不会作出出兵援朝的决策，或者即便出兵也可能不会是这种形式和规模。除此之外还有其他考虑，苏联答应作为中国的后盾，对出兵决策也有作用。苏联给了中国很大帮助和支援，但后来苏联并未完全兑现他们的承诺。

---

[1] 《周恩来军事文选》第四卷，人民出版社1997年版，第45页。

总之，朝鲜需要支援，中国的国防安全需要保卫。为什么决策出兵援朝，毛泽东于1951年10月23日在中国人民政治协商会议第一届全国委员会第三次会议的讲话中说："我们不要去侵犯任何国家，我们只是反对帝国主义者对于我国的侵略。大家都明白，如果不是美国军队占领我国的台湾、侵略朝鲜民主主义人民共和国和打到了我国的东北边疆，中国人民是不会和美国军队作战的。但是既然美国侵略者已经向我们进攻了，我们就不能不举起反侵略的旗帜，这是完全必要的和完全正义的，全国人民都已明白这种必要性和正义性。"[1]也就是说，出兵抗美援朝，是出于维护中朝两国的当前利益和长远利益的考虑，所以叫作"抗美援朝、保家卫国"。

"抗美援朝、保家卫国"，这两句话八个字，非常恰当地表达了中国人民抗美援朝战争的斗争性质、斗争对象和斗争目的，是我们完整准确理解抗美援朝战争的核心。

斗争性质是反抗美国的侵略和侵略威胁。斗争的主要对象是战场上的美国侵略军和华盛顿的美国政府，而不是南朝鲜军和南朝鲜李承晚集团，更不是美国借助的招牌——联合国，虽然在有些具体战役战斗中是以打南朝鲜军为主，但在军事上、政治上、外交上始终是最大限度地孤立和打击美军和美国政府这个主要对手，所以称为"抗美"。斗争的目的是支援朝鲜人民反抗美国侵略和保卫中国的国家安全。所以称之为"抗美援朝、保家卫国"。

这里讲个插曲。2006年6月，我应韩国国防部军事历史编纂研究所所长邀请，到该所参加中韩两国学者关于明朝时期中韩联合抗倭的国际研讨会。经预备会议介绍，韩国学者知道我是研究朝鲜战争史的专家。在该所所长为中国学者举行的欢迎晚宴上，一位70多岁的韩国学者，非常激动地向我发问："韩国战争是我们哥俩打架，你们为什么帮老大打老二？"我反问："你们南北双方哥俩打架，美国为什么进来帮你们老大打老二？"我接着进一步说明：你们哥俩打

---

① 《建国以来毛泽东军事文稿》上卷，军事科学出版社、中央文献出版社2010年版，第555页。

架，外来帮助老大打老二的是美国，而不是中国。是美国进到朝鲜，美国在朝鲜的行动严重威胁到中国的利益，中国才派中国人民志愿军到朝鲜。中国出动志愿军是对着美国军队来的，不是对着你们哥俩来的。[①]中国将这场战争称为"抗美援朝、保家卫国"。这位韩国学者听明白了我的说明，气色也变得平和了，向我点点头，并非常认真地用汉字在本子上写下了"抗美援朝、保家卫国"这八个字。

"抗美援朝、保家卫国"是中国人民抗美援朝战争的总方针、总政策，是中国人民抗美援朝战争的总目的、总目标，也是中国人民为抗美援朝战争进行动员、教育和国际国内宣传的中心口号。"抗美援朝、保家卫国"既是抗美援朝战争的出发点，也是抗美援朝战争的归宿。这两句话紧密相连，不可分割，不可偏废。

三、抗美援朝战争为什么能取得胜利

中国在敌我双方经济力量和军队武器装备强弱优劣极为悬殊的条件下进行的抗美援朝战争，为什么能取得胜利？有关这个问题，有许多总结。我在这里只谈以下四点。

（一）中共中央和中央军委正确的战略决策和作战指导

中共中央和中央军委正确的战略决策和作战指导，对取得抗美援朝战争的胜利起了决定性的作用。中共中央和中央军委的战略决策和作战指导包括很多内容，我在这里不一一列举。这里只介绍毛泽东的作战指导原则。毛泽东的作战指导原则向来是根据战争形势的变化适时调整作战指导方针，扬长避短，避强击弱，你打你的，我打我的，各打各的。毛泽东曾说："打仗并没有什么神秘，打得赢就打，打不赢就走，你打你的，我打我的。什么战略战术，说来说去，无非就是这四句话。"[②]毛泽东还说："打仗的办法就有两条，

---

① 此段中的"老大""老二"是相对的。——编者注
② 《建国以来毛泽东军事文稿》下卷，军事科学出版社、中央文献出版社2010年版，第308页。

你打你的，我打我的。什么军事道理，简单地说就这么两句话。"①
毛泽东指导战争和指挥作战，向来不按常理出牌，总是怎么对我有
利就怎么打，怎么对敌不利就怎么打。你打你的，我打我的，各打
各的，这是毛泽东指导战争和指挥作战的基本原则，是毛泽东战略战
术思想的核心和精髓。在抗美援朝战争中与美国军队作战，毛泽东的
作战指导也是本着这个原则，你打你的现代化，我打我的骡马化；你
打原子弹，我打手榴弹，抓住你的弱点，跟着你打，最后打败你。②

毛泽东在抗美援朝战争中作战指导的具体做法有以下几点。

一是实行打小歼灭战的方针。毛泽东指导中国革命战争向来强
调打歼灭战。他指出："对于人，伤其十指不如断其一指；对于敌，
击溃其十个师不如歼灭其一个师"③。在抗美援朝战争中，他也是贯
彻这一作战指导原则。由于敌我双方武器装备优劣极为悬殊，志愿
军在前五次战役的作战中，虽每次战役都可以对美军一个师到几个
师实现包围，但均未能将其成建制歼灭，只在第二次战役东线作战
中将成建制包围的美军第七师一个团级战斗队全部歼灭，歼其 3100
余人，其余成建制歼灭的美军只是其营以下单位。鉴于这种情况，
毛泽东总结志愿军五次战役作战的经验，根据敌我双方武器装备情
况，指示志愿军，对美、英军实行打小歼灭战的方针："只要求我军
每一个军在一次作战中，歼灭美、英、土军一个整营，至多两个整
营，也就够了。……每军每次只精心选择敌军一个营或略多一点为
对象而全部地包围歼灭之。"④ 毛泽东将打小歼灭战形象地喻为"零敲
牛皮糖"。1951 年 7 月停战谈判开始，志愿军贯彻打小歼灭战的方
针，于 1951 年 10 月底至 11 月底和 1952 年 9 月 18 日至 10 月 31 日，

---

① 《建国以来毛泽东军事文稿》下卷，军事科学出版社、中央文献出版社
2010 年版，第 302、303 页。
② 《建国以来毛泽东军事文稿》下卷，军事科学出版社、中央文献出版社
2010 年版，第 201 页。
③ 《毛泽东军事文集》第一卷，军事科学出版社、中央文献出版社 1993
年版，第 758 页。
④ 《建国以来毛泽东军事文稿》上卷，军事科学出版社、中央文献出版社
2010 年版，第 490 页。

两次组织战术反击作战，选择"联合国军"营以下兵力防守的阵地实施攻击，除个别未达到目的外，其余均攻则必克，攻则必歼，有效杀伤消耗了"联合国军"有生力量，打击了其士气。到了1953年夏季反击战役时，不但可以攻歼其营以下建制兵力，而且在金城战役时，一次就攻克南朝鲜军4个师防守的阵地，歼南朝鲜军4个师大部。"联合国军"方面不得不请求志愿军和朝鲜人民军方面早日签署《朝鲜停战协定》，结束朝鲜战争。

二是实行轮番作战和轮换作战的方针。中国革命战争中，各战略区部队可以利用作战间隙进行休整补充，坚持长期作战。然而在朝鲜战场上，敌我双方武器装备优劣悬殊，加上志愿军运输补给能力弱，跟进保障能力更弱。作战部队只能靠自身携带物资，一般进攻作战只能维持7至10天的消耗，美军称志愿军是"礼拜攻势"。针对志愿军这一弱点，美军利用其优势武器装备机动快速的特点，对志愿军采取了"磁性战术"，志愿军进攻时其撤退快，志愿军停止进攻准备转移休整时，其反扑也快。志愿军没有可资利用的作战间隙进行休整补充。为解决志愿军的休整补充问题，并保持战场上兵力的优势，以便坚持长期作战，我军在朝鲜采取了轮番作战的方针[①]，以21个军分为三番作战，轮番作战，轮番休整，每番作战部队为9至10个军，作战两个月左右即行休整，由下一番作战部队接替。第五次战役就是以第二番作战部队为主进行的。后因双方形成战略相持局面，停战谈判开始，轮番作战计划未继续实行。但从1952年9月开始，经毛泽东批准，又以锻炼部队为主要目的，分批由国内部队轮换志愿军部队，至朝鲜停战止，先后轮换两批共7个军。志愿军炮兵部队、高射炮兵部队、坦克部队、公安警卫部队、兵团和志愿军总部两级指挥机关及部分高级指挥员也进行了轮换。实施轮番作战和轮换作战的方针，既解决了志愿军的战场休整问题，又保持了持续作战的优势兵力，还更多地锻炼了部队。正如毛泽东

[①] 转引自军事科学院军事历史研究所《抗美援朝战争史（修订版）》上卷，军事科学出版社2011年版，第490页。

所指出的："抗美援朝战争是个大学校，我们在那里实行大演习，这个演习比办军事学校好。"①此外，志愿军每次战役均实施迂回包围战术。只要志愿军穿插迂回部队抄了美军的后路，美军的整个战役布势就发生了动摇。

（二）志愿军广大官兵的勇敢精神和智慧创造

在抗美援朝战争中，志愿军自始至终占有兵力优势，这本身对以美国为首的"联合国军"就是一种威慑。但取得抗美援朝战争胜利绝不仅仅是靠中国人多兵多，更不是靠有人说的"人海战术"。志愿军武器不如美军，靠的是勇敢加智慧。从第一次战役开始，志愿军就充分发动广大官兵研究防空、防炮、冬季野外露营防冻和用步兵武器打美军飞机、坦克的问题，研究避敌锋芒、击其弱点的战法问题。前五次战役期间，志愿军的进攻作战采取隔离美军步兵和坦克的联系，专打其步兵，组织小分队直捣敌军团、营指挥所和炮兵阵地的战法；阵地战期间，由防炮洞发展到坑道工事，形成真正的"铜墙铁壁"。毛泽东说：能不能守的问题也解决了，"办法就是钻洞子。我们挖两层工事，敌人攻上来，我们就进地道。有时候敌人占领了上面，但下面还是属于我们的。等敌人进入阵地，我们就反攻，给他极大地杀伤。我们就是用这种土办法捡洋炮。敌人对我们很没有办法"②。还有铁路抢修和运输，我们创造了许多有效办法：凌晨将架设好的铁路桥梁拆除几孔，黄昏时再架起来，以迷惑美军飞机；单轨铁路，夜晚搞合并突击前运或合并突击回空等。在公路上，夏季架设水下桥梁，美军空军轰炸看不到水下桥；汽车司机遇美军飞机轰炸扫射时，将事先准备好的废油桶等点燃迷惑美军飞机等，这些都是志愿军广大官兵的智慧创造，为保存自己、减少损失、消灭敌人都起了重要作用。毛泽东在1953年9月讲到抗美援朝战争的胜利时，高度赞扬了志愿军这些群众性的创造，指出："我们的干部和

---

① 《建国以来毛泽东军事文稿》中卷，军事科学出版社、中央文献出版社2010年版，第50页。

② 《建国以来毛泽东军事文稿》中卷，军事科学出版社、中央文献出版社2010年版，第51页。

战士想出了各种打仗的办法。我讲一个例子。战争的头一个月，我们的汽车损失很大。怎么办呢？除了领导想办法以外，主要是靠群众想办法。在汽车路两旁用一万多人站岗，飞机来了就打信号枪，司机听到就躲着走，或者找个地方把车藏起来。同时，把汽车路加宽，又修了许多新汽车路，汽车开过来开过去，畅行无阻。这样，汽车的损失就由开始时的百分之四十，减少到百分之零点几。"①志愿军的勇敢精神事例举不胜举，抗美援朝战争中被志愿军总部授予英雄称号的就有400余人，三等功以上的功臣30万余人。比较著名的英雄如杨根思、黄继光、邱少云、杨育才等。志愿军作战的英勇顽强，造成一种气势，对敌人也是一种威慑。

（三）尽力加强和改善志愿军武器装备，提高作战能力和水平

志愿军在战争中遇到的问题主要是能不能打，能不能守，能不能保证给养的问题，这些都是因为敌我双方武器装备优劣悬殊造成的。中共中央、中央军委和毛泽东、周恩来等，始终高度重视志愿军武器装备的加强和改善，以提高志愿军在现代战争条件下的作战能力。从组建东北边防军开始，就从国内其他部队中抽调武器装备，以使边防军按作战编制配齐，并抽调一些炮兵（含高射炮兵）、汽车部队编入东北边防军。决策出兵时，又派周恩来同苏联领导人商谈请苏联空军支援作战和武器装备援助问题。出兵后，随着这些武器装备的到达，就突击组建装甲兵作战部队，扩建空军和炮兵（含高炮）作战部队，还通过协商，请求苏联出动空军掩护朝鲜境内清川江以北地区两条铁路线的运输。组织全国各族人民开展捐献飞机大炮运动，捐献的钱款可供购买3710架战斗机。到1952年下半年，志愿军武器装备有了明显加强和改善，不但有坦克、飞机参战，而且火炮数量也明显增多、质量明显改善，主战火炮均装备了苏式122毫米、152毫米口径榴弹炮，还有了"喀秋莎"火箭炮。并且炮兵在作战中充分发挥了作用，一般攻击"联合国军"一个连，使用步兵

① 《建国以来毛泽东军事文稿》中卷，军事科学出版社、中央文献出版社2010年版，第174页。

一个连，而使用炮兵 8 至 10 个连，基本上可以做到攻则必克，攻则必歼。到 1953 年，志愿军火炮质量虽仍不比美军，但数量已超过美军。武器装备的加强和改善，使志愿军作战水平和作战能力大为提高，为取得抗美援朝战争胜利提供了重要物质保证。

（四）全国人民万众一心、同仇敌忾

中国共产党领导进行的所有战争都是为了人民、依靠人民的战争。毛泽东一向强调："只有动员群众才能进行战争，只有依靠群众才能进行战争。"① 抗美援朝战争是中华人民共和国成立后被迫进行的第一场战争。一则，这场战争是抗美援朝、保家卫国的正义战争；二则，这时可以充分发挥各级人民政权的作用，动员人民群众支援战争；三则，当时中国共产党不但具有极强的组织领导能力，而且在全国人民中具有极高的威望，因此也具有极强的号召力。中华人民共和国的成立，劳苦大众翻身得解放，成为国家的主人。中华人民共和国成立初期，中国共产党只用短短几年时间进行了新解放区土地改革，彻底消除了中国几千年的封建土地制度，广大翻身农民分得了土地；进行新解放区剿匪，安定了地方社会秩序；清除了黑社会组织，取缔了赌场、妓院，净化了社会环境；等等。这些都极大地激发了全国人民的爱国热情，极大地凝聚了全国人民的民心。翻身得解放的中国人民，非常感谢共产党，非常拥护共产党，这时毛主席、共产党一声号令，是一呼百应。因此，进行抗美援朝战争比起历次中国革命战争，动员和依靠人民群众更有条件。为支援抗美援朝战争，也为恢复国家建设，在抗美援朝战争期间，中共中央依托中国人民抗美援朝总会，开展了广泛深入、轰轰烈烈又扎扎实实的抗美援朝运动，开创了中华人民共和国历史上人民战争的新形式，充分调动了中国人民的爱国热情和工作生产积极性，虽然当时仅是东北地区转为战时体制，但支援志愿军作战是举全国之力予以保障，全国人民万众一心、同仇敌忾。广大青年踊跃参军参战，后方组织医疗队和战勤队开赴前方进行战地服务，增产节约，捐献钱

---

① 《毛泽东选集》第一卷，人民出版社 1991 年版，第 136 页。

物，为志愿军改善武器装备，组织慰问团代表中国人民赴战场慰问，等等。全国人民的极大爱国热情，形成强大的物质力量和强大的精神力量，既有力地支援了战争，保证了抗美援朝战争的胜利，又有力地保证了国民经济恢复按时完成和按计划开始进行大规模经济建设。

毛泽东在总结抗美援朝战争胜利经验时说："我们的经验是：依靠人民，再加上一个比较正确的领导，就可以用我们劣势装备战胜优势装备的敌人。"① 抗美援朝战争的胜利完全证明了这一点。用一句话概括，也可以说，抗美援朝战争的胜利，就是毛泽东军事思想的胜利。美国军方有人说，美国军队对朝鲜战争记忆犹新，美国军队不怕中国军队的现代化，怕的是中国军队的毛泽东化。所谓"毛泽东化"，指的就是毛泽东的战略战术思想，就是毛泽东的人民战争思想。在朝鲜战场上，美国人对毛泽东的战略战术还知之甚少，经过这场战争后，他们对毛泽东军事思想有了了解和研究，所以，毛泽东和毛泽东军事思想在美国军人中具有很高的地位，中国的毛泽东和孙武是许多美国军人崇拜的偶像。

四、抗美援朝战争有什么启示

抗美援朝战争提供了许多有益的启示。

第一，贫穷就会受欺负，落后就要挨打。这是中国近代史留给中华民族的教训，也是抗美援朝战争给中国人民的启示。中国近代史上受欺挨打，一个重要原因就是中国贫穷落后。霸权主义者不讲公理，欺软怕硬，看重的只是实力。第二次世界大战后，美国帝国主义之所以气势汹汹，不可一世，到处插手干涉别国内政，到处侵略扩张，除了帝国主义的本性决定其必然如此外，关键的因素就是它具有强大的经济力量和强大的军事力量，具有侵略扩张的强大物质基础，具有威慑力量。如果中国当时不是那样的烂摊子，而是具

---

① 《建国以来毛泽东军事文稿》中卷，军事科学出版社、中央文献出版社2010年版，第174页。

有相当规模的工业基础和相当规模的经济力量；如果志愿军当时武器装备水平不是相当落后，而是具有相当规模的现代化基础，尤其是具有一支相当规模的海军和空军，装备水平与美军相当或接近，那么美国当局对中国一再发出的警告，也就不敢置之不理而一意孤行了。即便其一意孤行，那么如果志愿军在战场上作战有后方强大经济力量为基础，发挥人民军队的优势和特长，加上有一定现代化基础的武器装备，则完全可以取得更大的胜利，甚至完全可能在朝鲜境内歼灭以美国为首的"联合国军"地面部队，或将其彻底赶出朝鲜。中国的国防战略方针一向是"积极防御"，中国不去侵犯任何国家，但中国也不容许任何别国来侵犯。然而，只有搞好中国的经济建设，增强经济实力，搞好军队现代化建设，增强军队现代作战能力，中国的国家安全才更有保证。

第二，对于帝国主义的战争挑衅不能示弱，必须坚决予以回击，妥协退让只能换来帝国主义者更大的贪心和自己国家的更大屈辱。这同样是中国近代史留给中华民族的教训，也是抗美援朝战争告诉中国人民的经验。中国近代史上的耻辱，是由于清政府腐败、软弱无能，一再妥协退让所致。日本帝国主义侵华，1931年迅速占领东北全境，1937年以后迅速占领大半个中国，是由于蒋介石国民党上层违背民意，实行不抵抗政策和消极抵抗政策的结果。美国侵朝，将战火烧到中国大门口，以毛泽东为主席的中共中央，代表中国人民的决心和意志，勇敢地作出"抗美援朝、保家卫国"的决策，教训了侵略者，维护了国家和民族的最大利益，重振了中华民族的雄威，整个世界对中国都不得不刮目相看。

第三，只要敢于斗争、善于斗争，弱国也能打败强国，武器装备落后的国家也能取得战争胜利。中国人民抗美援朝战争的胜利，堪称世界战争史上的奇迹，在现代战争史上树立了弱国打败强国、以劣势武器装备打败优势装备强敌的光辉典范。这里的关键是灵活正确的战略指导。强胜弱败是战争的客观规律，弱国打败强国，以劣势装备战胜优势装备的强敌，仍然必须遵循这一规律。战略指导的任务就是：千方百计增强经济力量，千方百计加强和改善军队武器装备，同时调动各方面因素和力量，同仇敌忾，团结对敌，以民族凝聚力的强大，弥补经济力量的弱小；变武器装备整体劣势为局部优势，充分发挥政治优势，以顽强的战斗意志，弥补武器装备的劣势；灵活利用政治、外交上的策略手段，使战争中各种因素综合作用的结果有利于己、不利于敌，从而争得战争中的有利形势。

抗美援朝战争是他们说的那个样子吗[*]

20世纪90年代中期以来，国内有的学者公开发表文章，全盘否定抗美援朝战争，主要指向是否定毛泽东。最具代表性的有如下三篇文章：一是发表在香港中文大学《二十一世纪》2000年10月号、后收入《毛泽东、斯大林与朝鲜战争》一书的《论中国出兵朝鲜决策的是非和得失》（以下简称为《是非和得失》）；二是发表在《炎黄春秋》2013年第9期的《中国在朝鲜战争问题上的教训》（以下简称为《教训》）；三是发表在《炎黄春秋》2013年第12期的《抗美援朝的得与失》（以下简称为《得与失》），后两篇文章是同一作者，并在其中一篇文章中申明用了《是非和得失》的材料。（以下将此两篇文章作者称为"两文作者"）。这三篇文章有一个总观点，即认为抗美援朝战争是错误的，是毛泽东推行世界革命的产物。这些文章中有如下四个基本观点：1.朝鲜战争是由于毛泽东的支持而打起来的；2.决策出兵抗美援朝是毛泽东为了推行世界革命；3.毛泽东设定了超越现实的战略方针；4.抗美援朝战争的胜利，很大程度是心理上的。那么，抗美援朝战争确如上述文章所说的那个样子吗？事实胜于雄辩，我们来看看事实吧。

---

　　* 本文发表在《军事历史》2018年第6期，原题目为：《驳抗美援朝战争问题上的历史虚无主义》。

一、朝鲜战争爆发与毛泽东有关系吗

"两文作者"在《教训》一文中说:"金日成南下是斯大林同意在先,但他又把决定权交给了中国。只要中国稍微具备一点独立自主精神,不完全'一边倒',跟着别人的指挥棒转,就有充分的理由,用委婉的方式提出自己的不同意见。""可是毛泽东一条也没提。"在《得与失》一文中又说:"正是由于毛泽东具有强烈的推进世界革命的国际主义情怀,所以中国革命刚一胜利就积极支持金日成发动朝鲜战争";"毛泽东由于坚持仍然处于战争与革命时代这一过时的错误判断,以在亚洲推进革命为己任,决心在朝鲜战场上狠狠打击美国,这就决定了他必然要进行抗美援朝。因此可以说,朝鲜战争是由于毛泽东奉行世界革命外交路线而打起来的"。

在 1994 年俄罗斯公布苏联有关朝鲜战争的档案以前,西方研究朝鲜战争的学者中有人认为,朝鲜战争的爆发是斯大林、毛泽东和金日成合谋的产物。在俄罗斯公布苏联有关朝鲜战争的档案以后,再也见不到西方学者有这种说法了。国内研究朝鲜战争的学者中,除了"两文作者"外,未见其他学者有这种说法,即便是对抗美援朝战争持否定态度的学者也未见有这种说法。那么,"两文作者"的这种说法是事实吗?且不说毛泽东是否"具有强烈的推进世界革命的国际主义情怀",单说朝鲜战争的爆发与毛泽东有关系吗?

了解朝鲜战争的人,几乎都清楚,朝鲜战争的爆发,是有其历史必然性及复杂动因的。第一,第二次世界大战末期,美、苏两国以三八线为界将朝鲜一分为二,分别在朝鲜三八线以南或以北接受日军投降和实施占领。这就埋下了朝鲜战争爆发的最初祸根。第二,美、苏两国在朝鲜问题上的对立和斗争,造成朝鲜南北分裂和对立,构成了朝鲜战争爆发的历史原因。第三,朝鲜南北两个政府成立后,在如何实现统一和统一于谁问题上的斗争,是导致朝鲜战争爆发的根本原因。第四,1949 年以来,朝鲜南方不断在三八线地区进行武装挑衅,是朝鲜战争爆发的导火索。据朝鲜北方的统计,1949 年 1

月至 12 月，李承晚当局在三八线上进行军事挑衅共计 1836 次。① 进入 1950 年，朝鲜半岛局势更加紧张，火药味越来越浓，一场内战已不可避免。面对日趋紧张的局势，朝鲜北方进一步加强了军事准备。同年 1 月，朝鲜劳动党和政府根据变化着的半岛局势，考虑如何尽快实现国家统一的方式问题，并要求苏联政府给予支持。4 月，金日成、朴宪永等朝鲜领导人访问苏联，斯大林同意了朝鲜领导人对局势的分析和准备以军事方式实现国家统一的设想。随后，金日成、朴宪永又于 5 月中旬访问中国，向毛泽东和周恩来等中国领导人通报了与斯大林会谈的情况。1950 年 6 月 25 日早晨，三八线上长期小规模的武装冲突和摩擦，终于发生质变，为实现统一问题的大规模朝鲜内战全面爆发。

如此看来，朝鲜战争的爆发与毛泽东没有丝毫关系，无论毛泽东对斯大林与金日成会商决定了的事同意与否，这场战争迟早都要爆发。

从以上事实和分析不难看出，"两文作者"将朝鲜战争爆发的责任归结到毛泽东身上，纯属是对毛泽东的欲加之罪。

二、决策出兵抗美援朝是毛泽东为了推行世界革命吗

"两文作者"在《教训》一文中说："在决定抗美援朝的同时，毛泽东却提出了'保家卫国'的口号，其实这只是为了说服和动员全国人民的一种策略手段。""毛泽东是为了推进世界革命，为了解放全朝鲜，让中国军民做出重大的牺牲。"《是非和得失》一文将毛泽东决策出兵抗美援朝的动机和目的归结为如下三点："把美帝国主义作为直接对手的革命情结，对社会主义阵营承担的国际主义责任，特别是保护新中国安全和主权的领袖意识"。这里虽对第三点加了"特别"二字，但作者真正强调的是"中国领导人已经站在了亚洲革命领导者的岗位上""更为重要的因素——国际主义的责任和

---

① 《朝鲜人民正义的祖国解放战争史》中文版，朝鲜外国文出版社 1961 年版，第 18—19 页。

义务""更多的成分是出于意识形态"。那么，我们来看看这些是否属实？

不错，在抗美援朝战争期间，国内最响亮的口号，就是"抗美援朝、保家卫国"。这个口号几乎家喻户晓，人人耳熟能详。但"抗美援朝、保家卫国"不仅是一个口号，而且是中国人民抗美援朝战争的总方针、总政策、总目的、总目标。"抗美援朝、保家卫国"既是抗美援朝战争的出发点，也是抗美援朝战争的归宿点。两句话紧密相连，不可分割，不可偏废。

如果说中共中央决策出兵抗美援朝是毛泽东为了推行世界革命，那么，当时新中国建立刚刚一周年，国家一穷二白、千疮百孔、百废待兴，新中国的经济秩序、政治秩序、生活秩序都还未步入正轨，医治战争创伤，恢复国民经济，这是中国迫切需要解决的问题，并且刚刚对解决这些问题作了全面部署。中国自己的这些问题尚未解决，毛泽东为什么要推行世界革命？毛泽东有什么资本来推行世界革命？退一步说，即便毛泽东是为了推行世界革命，那么中共中央政治局能够作出出兵决策吗？说抗美援朝是毛泽东为了推行世界革命，纯属一派胡言。

中共中央为什么决策出兵抗美援朝，当然是由多种因素决定的，但起决定性的因素只有以下三条。

第一条，直接因素，就是朝鲜劳动党中央和朝鲜民主主义人民共和国政府于1950年10月1日，以金日成和朴宪永联名致函毛泽东的形式，请求中国直接出兵援助。正是因为有了朝鲜的请求，中共中央书记处和政治局才在10月2日、4日、5日三个下午召开三次会议，研究讨论援助朝鲜的问题，在5日下午召开的政治局扩大会议上统一了认识，作出了出兵抗美援朝的战略决策。

第二条，根本因素，就是维护中国的国家利益。这是最核心、最本质的原因。古今中外，任何国家的最高决策层，在作出重大战略决策时，无不首先考虑维护本国家的根本利益。中共中央决策出兵抗美援朝，当然也不例外。一是维护国家主权。美国武装干涉朝鲜内战的同时，就命令其海军第七舰队侵入台湾海峡，干涉中国内政，阻止中国人民解放军解放台湾，中国对此不能没有反应，当时除了抗议、声讨之外，中共中央和国家领导人已经考虑可能要被迫同美国打一仗。用周恩来的话说，就是"六月二十五日朝鲜战争爆发，给了我们新的课题：支援朝鲜人民，推迟解放台湾"①。二是保卫东北地区的国防安全。美国投入朝鲜战争的空军飞机于1950年8月27日起，即不断轰炸、扫射中国东北边境地区城镇、乡村。9月底10月初，其地面部队准备越过三八线向中朝边境推进，严重威胁中国东北地区安全，故，周恩来说："这是敌人把火烧到了我们的大门口，并非我们惹火烧身"②。三是维护东北地区经济建设。东北是全国解放最早的地区，东北地区的经济恢复和建设在全国具有领先地位和示范作用。1950年10月24日，周恩来在一次会议上的报告中指出："中朝是唇齿之邦，唇亡则齿寒。朝鲜如果被美帝国主义压倒，我国东北就无法安定。我国的重工业半数在东北，东北的工业半数在南部，都在敌人轰炸威胁的范围之内。""如果美帝打到鸭绿江边，我们怎能安定生产。"③毛泽东也讲过，如果中国不出兵，让美国压至鸭绿江边，南满电力将被控制，沈阳、鞍山、抚顺这些地方的人民就不能安心生产。④四是维护中国社会稳定。美国出兵朝鲜后，国内各种反动势力就活跃起来，活动明显猖獗。不将美国在朝鲜的气焰打下去，国内反动气焰就会更加增高，不利于新生人民政权的巩固和社会稳定。五是着眼于国家长远建设的考虑。如果不出兵，整个东北边防军将被吸住，我国需要在1000多公里的边防线部署很多兵力，还要改善装备和修建机场，随时准备打，与其如此，从经济上说，从国家长远建设上说，迟打早打，早晚要打，晚打不如早打。

第三条，军事准备因素，即东北边防军的组建和临战训练。由

---

① 《周恩来军事文选》第四卷，人民出版社1997年版，第43页。

② 《周恩来军事文选》第四卷，人民出版社1997年版，第74页。

③ 《周恩来军事文选》第四卷，人民出版社1997年版，第73页。

④ 参见《建国以来毛泽东军事文稿》上卷，军事科学出版社、中央文献出版社2010年版，第252页。

于毛泽东敏锐的战略洞察力和英明的战略远见，在朝鲜内战爆发不到两个星期，美军地面部队进入朝鲜仅一个星期，在朝鲜人民军作战顺风顺水的情况下，中国于1950年7月7日就开始组建东北边防军，以保卫东北边防和必要时支援朝鲜人民反抗侵略。边防军的全部准备都以美军为主要作战对象、以朝鲜为作战地区进行的。这为中共中央决策出兵援朝准备了必要的军事力量。

以上三条原因，是中共中央决策出兵抗美援朝具有决定性的因素。缺少这三条中的任何一条，中共中央都不会作出出兵援朝的决策，或即便出兵也不会是这种形式和这种规模。

除此之外，还有三个因素，对出兵决策也有作用。

其一，历史因素。抗日战争结束后，美国站在与中国人民为敌的立场上，出枪出钱支持蒋介石打内战。在新中国成立后，美国仍然敌视中国人民，对新中国采取政治上颠覆、经济上封锁、外交上孤立、军事上包围的政策。但是，这一条无论如何构成不了毛泽东要"把美帝国主义作为直接对手的革命情结"。

其二，意识形态因素。朝鲜和中国同属社会主义阵营大家庭一员。朝鲜有难，中国有责任帮助他们。况且朝鲜是中国的友好邻邦，朝鲜劳动党许多党员和许多朝鲜人参加过中国革命战争，对中国人民取得革命胜利作出了贡献。唇亡齿寒，户破堂危。如果朝鲜不是中国的邻邦而仅仅与中国一样是社会主义阵营大家庭一员，恐怕中共中央是不会作出出兵决策的。也就是说，中共中央决策出兵抗美援朝，有意识形态因素，但意识形态因素绝对不是决策出兵抗美援朝的主要因素或决定性因素。

其三，苏联因素。一方面，中、苏签订了《中苏友好同盟互助条约》。根据这个条约，中国出兵援朝会有苏联作为后盾。对这一点，斯大林有明确的表示。另一方面，苏联在对中国出兵援朝问题上确有压力，但中共中央作出出兵决策绝对不是苏联压力的产物。在中共中央决策的过程中，斯大林曾积极建议中国出兵援朝。但在中国要求苏联出动空军掩护志愿军作战时，他拒绝兑现承诺。在这种情况下，中共中央政治局仍"一致认为我军还是出动到朝鲜为有利"。我们采取积极政策，"对中国，对朝鲜，对东方，对世界都极为有利；而我们不出兵让敌人压至鸭绿江边，国内国际反动气焰增高，则对各方都不利，首先是对东北更不利"。"我们认为应当参战，必须参战。参战利益极大，不参战损害极大。"①

历史的因素、意识形态因素、苏联因素，这三条都是中共中央政治局决策出兵时考虑的因素，但都不是决策出兵的主要因素或决定性因素。

为什么出兵抗美援朝，正如毛泽东1951年10月23日所说的那样："我们不要去侵犯任何国家，我们只是反对帝国主义者对于我国的侵略。大家都明白，如果不是美国军队占领我国的台湾、侵略朝鲜民主主义人民共和国和打到了我国的东北边疆，中国人民是不会和美国军队作战的。但是既然美国侵略者已经向我们进攻了，我们就不能不举起反侵略的旗帜，这是完全必要的和完全正义的，全国人民都已明白这种必要性和正义性。"②也就是说，出兵抗美援朝，是出于维护中朝两国当前利益和长远利益的考虑，所以叫作"抗美援朝、保家卫国"。

说抗美援朝是毛泽东为了推进世界革命，这是某些中国学者为了否定抗美援朝战争的必要性，为了诋毁毛泽东，而完全不顾事实的说法。与此相反，在西方学者的研究中却从未见到这样的说法，并且美国的一些客观学者，在谈到中国决策出兵时，都充分肯定了中国决策出兵的合理性。最为典型的是亨利·基辛格（Henry A.Kissinger），他在其所著的《大外交》（*Diplomacy*）一书中写道："毛泽东有理由认为，如果他不在朝鲜阻挡美国，他或许将会在中国领土上和美国交战；最起码，他没有得到理由去做相反的结论。"③

---

① 《建国以来毛泽东军事文稿》上卷，军事科学出版社、中央文献出版社2010年版，第252、253页。

② 《建国以来毛泽东军事文稿》上卷，军事科学出版社、中央文献出版社2010年版，第555页。

③ ［美］亨利·基辛格：《大外交》，顾淑馨、林添贵译，海南出版社1998年版，第431页。

三、毛泽东设定了超越现实的战略方针吗

《是非和得失》的作者在文中专门用一个标题说"毛泽东设定了超越现实的战略方针"。列举的根据是引用了毛泽东致斯大林的电报中的一句话："在朝鲜境内歼灭和驱逐美国及其他国家的侵略军"。《是非和得失》的作者说"毛泽东在未与美国开战之前就确定的战略方针是在最短的时间内消灭或驱逐美国军队"。这是事实吗？

第一，毛泽东究竟为抗美援朝战争设定了什么样的军事战略目标？《是非和得失》的作者所说的毛泽东设定的"战略方针"，准确地说应是"军事战略目标"，就是中国人民志愿军参战后，究竟要达到一个什么样的军事目的。那么，中国人民志愿军参战后，究竟要达到什么样的军事目的呢？在《是非和得失》作者引述那句话的同一电报中，毛泽东就讲了两种准备、两种可能。毛泽东在电报中说："我们认为既然决定出动中国军队到朝鲜和美国人作战，第一，就要能解决问题，即要准备在朝鲜境内歼灭和驱逐美国及其他国家的侵略军；第二，既然中国军队在朝鲜境内和美国军队打起来（虽然我们用的是志愿军名义），就要准备美国宣布和中国进入战争状态，就要准备美国至少可能使用其空军轰炸中国许多大城市及工业基地，使用其海军攻击沿海地带。"[①] 这就是电报中说的两种准备。接着，毛泽东在电报中讲了两种可能："在这两个问题中，首先的问题是中国军队能否在朝鲜境内歼灭美国军队，有效地解决朝鲜问题。只要我军能在朝鲜境内歼灭美国军队，主要的是歼灭其第八军（美国的一个有战斗力的老军），则第二个问题（美国和中国宣战）的严重性虽然依然存在，但是，那时的形势就变为于革命阵线和中国都是有利的了。这就是说，朝鲜问题既以战胜美军的结果而在事实上结束了（在形式上可能还未结束，

---

① 《建国以来毛泽东军事文稿》上卷，军事科学出版社、中央文献出版社2010年版，第226页。

美国可能在一个相当长的时期内不承认朝鲜的胜利），那么，即使美国已和中国公开作战，这个战争也就可能规模不会很大，时间不会很长了。我们认为最不利的情况是中国军队在朝鲜境内不能大量歼灭美国军队，两军相持成为僵局，而美国又已和中国公开进入战争状态，使中国现在已经开始的建设计划归于破坏，并引起民族资产阶级及其他一部分人民对我们不满（他们很怕战争）。"① 这就是电报中说的两种可能。况且，毛泽东的这个电报没有发出，也没有发给即将改为中国人民志愿军的东北边防军。而《是非和得失》的作者硬是抛开毛泽东讲的另一种可能不提，武断地说"毛泽东设定了超越现实的战略方针"，只能理解为该文作者是断章取义，别有用心。只要看到这个电报，《是非和得失》作者的说法，就不攻自破了。

那么，毛泽东究竟为抗美援朝战争设定了什么样的军事战略目标呢？根据当时毛泽东、周恩来、陈云等的电报、谈话、讲话等文献，中共中央的判断和估计有三种可能。

第一种可能，志愿军装备苏联武器并在苏联空军的掩护和支援下，协同朝鲜人民军作战，有可能在朝鲜境内歼灭和驱逐美国及其他国家的侵略军队，从而根本解决朝鲜问题。这种可能是建立在苏联曾承诺出动空军支援中国人民志愿军作战的基础上的。这是最理想的结果。前述未发出的毛泽东致斯大林的电报中，就讲到了这种可能。

第二种可能，苏联不能出动空军直接支援作战，但有苏联武器装备援助，志愿军实施灵活的作战指挥，充分发挥自己在作战上的战术特长，能够在朝鲜坚持作战，能够攻打除大、中城市以外的其他地区，那么，有可能迫使美国通过谈判解决问题。毛泽东在1950年10月23日致彭德怀并告高岗的电报中，在1950年12月3日与金日成的会谈中，都谈到了这种可能性。1950年10月24

---

① 《建国以来毛泽东军事文稿》上卷，军事科学出版社、中央文献出版社2010年版，第226—227页。

日，周恩来在全国政协常务委员会会议上的报告中也谈到了这种可能。

第三种可能，尽管中国军队是以志愿军名义参战，但美国仍可能对中国公开宣战，或至少以其空军轰炸中国许多大城市及工业基地，以其海军攻击中国沿海地带，并且支持台湾蒋介石军队进攻大陆。同时，由于志愿军武器装备落后，在朝鲜不能大量歼灭美军，战争形成僵局，影响中国整个恢复和建设计划，引起国内许多人不满。这是最不利的结果。在前面引述未发出的毛泽东致斯大林的电报中，已经讲到了这种可能。

中共中央在得知苏联不准备出动空军掩护志愿军作战后，认为出现第一种情况的可能性很小，基本态度是以实现第二种可能为基点，力争第一种可能，力避第三种可能。

如果说毛泽东为抗美援朝战争设定了战略方针，那么，1950年10月23日，毛泽东致彭德怀并告高岗的电报中说的："我们应当从稳当的基点出发，不做办不到的事。""我们应当在稳当可靠的基础上争取一切可能的胜利。"[1]这才真正是毛泽东为抗美援朝战争设定的战略方针，并且是抗美援朝战争军事战略指导总的最根本的战略方针。整个抗美援朝战争的军事战略指导，就是本着这个方针进行的。从这个战略方针中不但看不出有"超越现实"的问题，而且恰恰体现了毛泽东思想的精髓，体现了毛泽东思想的活的灵魂，即实事求是，一切从实际出发。

古今中外，任何战争指导者在战争指导中，都是努力争取实现最好的结果，努力避免出现最不利的局面。毛泽东指导抗美援朝战争当然也不例外。抗美援朝战争的战略指导表明，在经过努力后，主客观条件不具备实现战争最好的结果时，毛泽东非常及时地调整了军事战略目标。这是极为正常、极为"合乎逻辑"、无可厚非的事情。抗美援朝战争的结果完全实现了毛泽东的战略预想。《是非和得

---

① 《建国以来毛泽东军事文稿》上卷，军事科学出版社、中央文献出版社2010年版，第298、279页。

失》的作者，完全不顾这些事实，生生给毛泽东加上一个"罪名"——
"毛泽东设定了超越现实的战略方针"，其目的、意图已是昭然若揭、
不言而喻了。

四、抗美援朝战争的胜利仅仅是心理上的吗

《是非和得失》一文作者对抗美援朝战争的战略方针（实为军事
战略目标）作了一个错误断定，并以此为前提进行推理："所谓胜利，
应该是指战争决策者确定的战略方针得以实现，而毛泽东显然没有
实现他把美国军队赶出朝鲜的战略方针。"所以，作者在文中虽然承
认通常所说的抗美援朝战争取得的胜利，但他的结论是："这种'胜
利'在很大程度上只是心理上的。"由于他的前提是错的，那么由此
推理而得出的结论当然也不会正确。不错，抗美援朝战争，中国人
民确实付出了重大代价，但是，抗美援朝战争不但完全实现了军事
战略上的预想，而且由于抗美援朝战争的胜利，一改近代以来中国
倍受欺凌屈辱的历史，"西方侵略者几百年来在东方一个海岸上架起
几尊大炮就可霸占一个国家的时代一去不复返了"[①]，中华民族真正屹
立于世界民族之林了，难道这是心理上的胜利吗？这场战争极大地
提高了中国人民的自尊心和自信心，极大地激发了中国人民的爱国
热情和生产积极性，从而不但有力地保证了志愿军取得战场的胜利，
而且有力地保证了国内按预定计划完成了国民经济恢复工作，并开
始了有计划地进行大规模经济建设，难道这是心理上的胜利吗？抗
美援朝战争巩固了新中国人民民主政权，安定了中国的社会秩序，
难道这是心理上的胜利吗？美国军方人员说，对美国人来说，"朝
鲜战争则是完完全全的军事失败。""一个世界公认最强大的国家的
陆海空三军联合立体作战，却没能打过一个贫穷国家装备原始的陆
军。……而且输得很惨。这是我们美国军队和美国国家永远的耻辱

---

① 《彭德怀军事文选》，中央文献出版社 1988 年版，第 445 页。

和疮疤。"^①难道这是中国心理上的胜利吗？由此不难看出，"两文作者"也好，《是非和得失》的作者也好，为了否定抗美援朝战争，为了诋毁毛泽东，想怎么说、就怎么说，完全不顾历史事实，从而蒙骗和迷惑不了解抗美援朝战争历史真相的广大读者。

---

① 《西点军人：朝鲜战争败给毛泽东不丢人》，2015 年 2 月 28 日，见 http://www.xinhuanet.com/mil/2015-02/28/c_127526430.htm。

如何评价抗美援朝战争*

　　1950 年 10 月至 1953 年 7 月的抗美援朝战争，是中华人民共和国历史上的第一场反侵略战争，是中华人民共和国开国之初的重大事件。对这场战争的评价问题，是近 10 多年来中华人民共和国史研究的热点问题之一。在 20 世纪 80 年代末以前，国内有关抗美援朝战争的档案基本还没解密，国内研究这场战争的学者不多，研究成果更少，在学者中有关这场战争的评价，除了肯定战争的必要性、正义性和胜利的重大意义外，尚未反映出不同认识。进入 90 年代后，随着《彭德怀军事文选》、《毛泽东军事文集》第六卷、《周恩来军事文选》第四卷等陆续公开出版，以及美国、韩国、日本学者等研究著作的翻译出版增多，俄罗斯也解密了一批苏联时期有关朝鲜战争的档案，国内关于这场战争的研究掀起热潮。到 2000 年中国人民志愿军抗美援朝出国作战 50 周年时，这种研究达到一个高潮。有关这场战争的评价问题也出现了不同认识。在 20 世纪 90 年代末期以前，不同认识出现在一些口述表达的场合，尚未见诸公开文字。1999 年，广州《随笔》杂志在第 6 期上发表了《真相》一文；同年，《审视中学语文教育——世纪末的尴尬》一书出版。此外，1998 年，香港明报出版社出版了《第四座丰碑》一书。由此对抗美援朝战争提出全面质疑，甚至全面否定的意见公开见诸各类文章和著作中。综合这些质疑和否定的基本观点：一是认为中共中央出兵抗美援朝的

　　* 本文发表在《思想理论教育导刊》2010 年第 7 期。

决策是错误的，是在苏联领导人鼓动下毛泽东的个人决断；二是完全抹杀抗美援朝战争的正义性，认为抗美援朝战争是人为制造的与美国的民族仇恨；三是认为中国在抗美援朝战争中付出了极高的代价，损失大于所得。

其中第二种观点来自《审视中学语文教育——世纪末的尴尬》一书。书中对著名军旅作家魏巍于 1951 年 4 月 11 日发表在《人民日报》上的通讯、后来被选入初中语文课本的《谁是最可爱的人》进行攻击和批判，说这篇通讯把"美军……紧急驰援变成了'悍然侵略'，跨过鸭绿江的志愿军与'联合国军'作战则成了反对帝国主义侵略"："充斥于魏巍文章中对美国军人的仇恨"，"营造了把历史真相搞浑、把人的头脑搞糊涂"，"字里行间还透着偏狭的党派精神，透着宣扬国与国、民族与民族间仇恨的意味"。这一观点抹杀了正义与非正义的区别，把美国赤裸裸的霸权主义行径说成是"紧急驰援"，为其涂脂抹粉、大加赞赏；而把弘扬中国人民的爱国主义精神说成是"偏狭的党派精神""宣扬国与国、民族与民族间仇恨"，对中国人民志愿军抗美援朝、保家卫国的正义行为则表示极大愤懑，完全颠倒了是非。这种观点已不是一般的学术上的不同认识问题，而是完全站在了崇尚霸权主义和强权政治的立场上，是政治立场问题。

第一种观点和第三种观点主要来自《真相》一文和《第四座丰碑》一书。关于第一种观点，《第四座丰碑》一书说，抗美援朝战争"是当时的中共主要领导人在信息极不充分的情况下作出的错误判断。""将美国视为威胁中国安全的敌对国家或假想敌国，是完全错误的战略判断。由此作出的战略选择也将是错误的，危害深远的"。《真相》一文说："美国……并没有准备与中国作战"，"战争对中国并不是迫在眉睫"，是毛泽东"'有唇亡则齿寒，户破则堂危'之感。加之苏联领导人的一再鼓动和提供无偿援助的许诺"，而否定了中国共产党领导层反对中国参战的意见，终于下决心派大部队赴朝作战。"美国人认为，朝鲜战争是美国在错误的地点……打的一场错误的战争。中国都做对了吗？中国有没有更好的选择？中国人是不是应该对这场过去的战争有新的思考，从经验教训中得出正确的认识。"关于第三种观点,《第四座丰碑》一书说:抗美援朝战争,"我们付出了极高的代价:恶化了同美国的关系,失去了解放台湾的机会,牺牲了几十万人的生命,耗费了几十亿美元资财,错失了建国初期大好的经济发展时机。"《真相》一文说:中国在朝鲜战争中伤亡90万人,"全部战争费用多达100亿美元。中国人流了很多血,损失了很多财产,虽然通过战争巩固了新政权,但客观的外国史学家都认为战争的消极影响要多得多。""严重影响了中国同世界的交往,阻滞了中国经济和社会的进步。……无限期地延缓了统一台湾的目标"。而这一文、一书的作者都是根据国外一些作者的推测说法得出的结论。国内其他学者公开发表的文章或出版的著作中也有与第一种、第三种观点的类似意见。

究竟应该如何评价抗美援朝战争,笔者就以下几个问题谈些认识。

一、关于抗美援朝战争的正义性、必要性问题

抗美援朝战争是美国政府强加给中国人民的一场战争。新中国成立后,接收的是一个长期战争下千疮百孔的烂摊子,新中国需要和平,需要在和平环境下进行恢复和建设。1949年12月中旬至1950年2月中旬,毛泽东访问苏联,在1949年12月16日与斯大林第一次会谈时,互致问候后,毛泽东一开场就说:"现在,最重要的问题是保障和平。中国需要三到五年的和平喘息时间,用这段时间来恢复战前的经济水平和稳定全国的局势。解决中国最重要的问题,取决于和平的前景。"[①]在全国大陆(西藏尚待解放)和大部沿海岛屿解放后,1950年6月6日至9日,党的七届三中全会确定并部署了用三年左右时间恢复国民经济,争取财政经济状况根本好转。就在

---

① 1949年12月16日,斯大林与毛泽东会谈记录。参见军事科学院军事历史研究部第二研究室编印《关于朝鲜战争的俄国档案文件》,1996年10月,军事科学院图书馆藏,第56页。

这时，朝鲜南北双方为解决统一问题由长期武装摩擦演变成的大规模内战，于6月25日爆发。朝鲜内战爆发，本是朝鲜南北双方内部问题，但美国政府立即进行武装干涉。6月26日，美国驻日本的空军飞机和海军舰艇就出现在南朝鲜上空和海域，以掩护美国侨民撤退为名支援南朝鲜军作战，同时派出驻菲律宾的海军第七舰队侵入中国台湾及台湾领海，阻止中国人民解放军解放台湾，干涉中国内政。6月27日，美国总统杜鲁门公开发表声明宣布了上述事项，并宣称台湾地位未定。这已经是对中国领土的公开侵略和对中国的公开挑衅。7月1日，美国侵略朝鲜的第一批地面部队到达南朝鲜。7月7日，美国操纵联合国安理会通过组成"联合国军"的决议，将美国一国在朝鲜的侵略行动披上联合国的外衣，扩大朝鲜战争，使本来是朝鲜南北双方的内战变成了美国侵略和朝鲜人民反侵略的战争，变成了国际性的局部战争。8月下旬起，美军侵略朝鲜的空军飞机不断侵入中国东北地区边境上空，进行轰炸扫射，破坏中国边境地区的城乡财产，杀伤中国城乡居民，美军炮艇还炮击中国商船。9月中旬，美军仁川登陆成功后，10月初，美军地面部队越过三八线向中朝边境进攻，严重威胁中国东北地区大陆安全。这些情况表明：第一，美国已经侵略中国台湾和台湾领海；第二，美国空军对中国东北边境地区轰炸扫射已经给中国边境地区居民造成生命财产危害；第三，美军地面部队已经将在朝鲜的战火烧到中国大门口。10月初，毛泽东接到了斯大林建议中国出兵援助朝鲜的电报和金日成、朴宪永联名请求中国直接出兵援助的信。所有这些都构成了中共中央决策出兵抗美援朝的基本因素。

对于上述美国的一系列侵略行径，中国政府多次进行严正抗议和警告，但美国当局置若罔闻，所以，周恩来说：对美国侵略朝鲜，我们不能置之不理，"过去我们是理过管过的，例如向联合国控诉等。现在这样已经不够了，应有新的决策"①。这就是出兵抗美援朝。中共中央在决策出兵时的主要考虑可以归纳如下。一是唇亡齿寒，户

---

① 《周恩来军事文选》第四卷，人民出版社1997年版，第74页。

破堂危。朝鲜与中国是唇齿之邦，朝鲜处境危急，已经向中国求援，中国不能不帮。况且在中国东北解放战争中，朝鲜为中国东北民主联军（东北人民解放军）提供了重要的后方支援，朝鲜劳动党党员和许多革命者参加了中国革命战争。二是中国东北地区的安全和经济建设需要维护。东北是全国解放最早的地区，当时东北地区的经济恢复和建设在全国具有领先地位和示范作用。新中国工业基地一半在东北，而东北工业基地一半在辽东、辽南。如果中国不出兵，让美国压至鸭绿江边，整个南满电力将被控制，无法进行正常建设。三是维护中国社会稳定。美国出兵朝鲜后，中国国内各种反动势力的活动明显猖獗。不将美国在朝鲜的气焰打下去，国内反动气焰就会更加增高，不利于新生人民政权的巩固和社会稳定。四是军事上的考虑。如果不出兵，整个东北边防军将被吸住，中国1000多公里的边防线需要部署很多兵力，还要改善装备和修建机场，随时准备打仗，与其如此，从经济上说，从国家长远建设上说，迟打早打，早晚要打，晚打不如早打。因此，尽管中国当时在各方面存在严重困难，但美国政府已将中国逼到这个份儿上，中共中央不得不决策组成中国人民志愿军抗美援朝、保家卫国。

事实表明，不是中国要进行这场战争，而是美国政府逼得中国不得不进行这场战争。抗美援朝战争既是为了支援朝鲜人民反抗侵略，也是为了保护中国的根本利益。所以抗美援朝战争的总方针、总政策、总目标和中心口号，叫作"抗美援朝、保家卫国"。所以，中共中央决策出兵抗美援朝是完全正义的，是完全正确的。正如毛泽东所说："我们不要去侵犯任何国家，我们只是反对帝国主义者对于我国的侵略。大家都明白，如果不是美国军队占领我国的台湾、侵略朝鲜民主主义人民共和国和打到了我国的东北边疆，中国人民是不会和美国军队作战的。但是既然美国侵略者已经向我们进攻了，我们就不能不举起反侵略的旗帜，这是完全必要的和完全正义的，全国人民都已明白这种必要性和正义性。"①

客观的美国学者对中国决策出兵抗美援朝的必要性也有评论。1986 年 10 月，美国兰德公司（Research and Development，简称 RAND）研究员乔纳森·波拉特（Jonathan Borat）在北京举行的中美关系研讨会上提交的论文《朝鲜战争与中美关系》中指出："北京参加朝鲜战争是受形势的支配，而不是按计划"，"中国完全没有进行现代战争的准备，……特别是没有准备同主要依赖空中轰炸和优势的火力支援的美军作战"，当美国决定越过三八线，美国强大的军事力量出现在中国东北边境时，"中国领导人也似乎没有别的选择"。美国著名作家和历史学家约翰·托兰（John Toland）于 1989 年 5 月 5 日在中国人民解放军军事科学院进行学术交流谈到这个问题时说："中国出兵朝鲜是出于国家利益的考虑，是不得已的。如果苏联侵略墨西哥，那么美国在五分钟之内就会决定派军队去的。"②美国著名的外交家，曾在 20 世纪 70 年代担任美国总统国家安全事务助理和国务卿的亨利·基辛格，在其 1994 年出版的《大外交》一书中说："毛泽东有理由认为，如果他不在朝鲜阻挡美国，他或许将会在中国领土上和美国交战；最起码，他没有得到理由去做出相反的结论。"③

二、关于决策出兵是不是斯大林鼓动和施加压力的产物，是不是毛泽东个人决断的问题

除了《真相》一文认为中共中央决策出兵是斯大林鼓动和压力的产物，并是毛泽东个人决断外，国内接触过俄罗斯有关朝鲜战争档案的学者中，也有人认为中共中央决策是斯大林压力的产物。

---

① 《毛泽东文集》第六卷，人民出版社 1999 年版，第 184 页。

② 作者参加了这次学术交流活动，向约翰·托兰提问：你如何看待中国出兵朝鲜？约翰·托兰作了如此回答。约翰·托兰所著《漫长的战斗——美国人眼中的朝鲜战争》在美国有极大影响。

③ ［美］亨利·基辛格：《大外交》，顾淑馨、林添贵译，海南出版社 1998 年版，第 431 页。

在中国出兵援朝问题上，斯大林对中国确有鼓动和施加压力。但斯大林的鼓动不是在中共中央决策出兵时，而是在中国组建东北边防军时。美军第一批地面部队进入南朝鲜后，1950 年 7 月初，周恩来将中国准备组建东北边防军的意图通过苏联驻中国大使罗申转告斯大林。斯大林于 7 月 5 日致电罗申转告周恩来："我们认为，立即集中 9 个中国师于中朝边境，以便在敌人越过三八线时志愿军进入北朝鲜作战，这个做法是正确的。我们将尽力为这些部队提供空中掩护。"7 月 13 日，斯大林再一次致电罗申转告周恩来或毛泽东："如果您已做出决定，那么我们准备给您派去一个喷气式歼击机师——一二四师飞机，用于掩护这些部队。"①而在中共中央决策出兵时，中央委派周恩来和林彪与斯大林商谈有关苏联援助事宜，要求苏联为中国人民志愿军提供空中掩护时，斯大林却拒绝兑现承诺，表示，苏联空军没有准备好，两个月至两个半月不能出动空军掩护志愿军作战，后来又表示，两个月或两个半月后，也不准备进入朝鲜境内掩护中国人民志愿军作战。

斯大林施加的压力主要表现在他 10 月 5 日给毛泽东的电报上。毛泽东接到斯大林于 10 月 1 日建议中国出兵支援朝鲜的电报后，于 10 月 2 日通过罗申给斯大林回复一份电报，内容如下：

"我们原先打算，当敌人向三八线以北进攻时，调动几个师的志愿军到北朝鲜帮助朝鲜同志。但是，经过慎重考虑我们现在认为，这一举动会造成极为严重的后果。

"第一，靠几个师很难解决朝鲜问题（我军装备极差，同美军作战无胜利把握），敌人会迫使我们退却。

"第二，最大的可能是，这将引起美国和中国的公开对抗，结果苏联也可能被拖进战争中来，这样一来，问题就变得极其严重了。

"中共中央的许多同志认为，对此必须谨慎行事。

"当然，我们不派兵援助，这对于正处在如此困难境地的朝鲜同

---

① 参见军事科学院军事历史研究部第二研究室编印《关于朝鲜战争的俄国档案文件》，1996 年 10 月，军事科学院图书馆藏，第 79、82 页。

志来说，是十分不利的，我们自己也于心不忍；但如果我们出动几个师，随后又被敌人驱赶回来，并由此引起美国与中国的公开冲突，那么我们整个的和平建设计划将被全部打乱，国内许多的人将会对我们不满（战争给人民带来的创伤尚未医治，人民需要和平）。

"因此，目前最好还是克制一下，暂不出兵，同时准备力量，这样做在把握与敌作战的时机上会比较有利。

"由于暂时的失利，朝鲜应该换一种斗争方式，进行游击战。

"我们将召开党中央会议，中央各部门的负责同志都将出席。对此问题尚未作出最后决定，我们是想同您商量一下。如果您同意，我们准备立刻让周恩来和林彪同志到您的休养地，同您讨论这件事，并报告中国和朝鲜的形势。"

罗申于 10 月 3 日转发这份电报时，加上了他自己的看法。他说："在我看来，毛泽东的答复证明中国领导人改变了在朝鲜问题上最初的立场"，与中国政府以前表示的立场"是矛盾的"。"中国政府无疑能向朝鲜派遣五六个甚至更多的有战斗力的师。自然，这些中国军队需要装备一些反坦克武器和部分火炮。"导致中国领导人改变立场的原因，可能是"当前的国际形势和朝鲜局势恶化，英美集团阴谋通过尼赫鲁呼吁中国人采取克制的态度，以免陷入灾难。"[①]

关于这份电报，国内学者也有不同认识。笔者认为，这个电报是毛泽东的策略：中苏两国已签订了《中苏友好同盟互助条约》，根据这个条约，一旦中国出兵参战后，苏联将承担什么义务？特别是一旦战争打到中国境内，甚至苏联也将被拖进战争，苏联将是什么态度？对于这些，中国方面不能不需要苏联方面有个明确的表示，以便中国出兵后更好地把握这场战争。这才是毛泽东这份电报的真实意图。尽管有学者批驳了笔者的这种认识，但笔者仍坚持这种认识。

接到毛泽东 10 月 2 日通过罗申转来的电报，斯大林似也和罗申

[①] 参见军事科学院军事历史研究部第二研究室编印《关于朝鲜战争的俄国档案文件》，1996 年 10 月，军事科学院图书馆藏，第 97 页。

一样，认为中国不准备出兵援朝。于是，苏共中央政治局开会对毛泽东的电报进行研究后，以斯大林名义给毛泽东发了一份电报，内容如下。

"我向您提出派五六个师志愿军的问题，是因为我清楚地了解中国领导同志多次声明，如果敌人越过三八线，就准备派几个军去援助朝鲜同志。因此，我理解中国同志之所以准备派兵去朝鲜，是为了防止朝鲜变为美国和未来军国主义日本反对中国的军事基地，这与中国是利害攸关的。

"我向您提出向朝鲜派兵问题，而且至少而不是至多派五六个师，是出于以下几点对国际形势的考虑：

"1.如朝鲜战事表明的那样，美国目前还没有为发动一场大规模战争做好准备；

"2.日本因其军国主义势力尚未复原，没有能力给美国以军事援助；

"3.有鉴于此，美国将被迫在朝鲜问题上向有苏联盟国为其后盾的中国作出让步，将不得不接受就朝鲜问题进行调停的条件，这些条件将有利于朝鲜而使敌人无法将朝鲜变为它的军事基地；

"4.基于以上同样的原因，美国最后将不仅被迫放弃台湾，而且还将拒绝与日本反动派单独缔结和约，放弃复活日本军国主义的活动及使日本成为他们在远东的跳板的计划。

"由此我考虑到，如果中国只是消极等待，而不是进行一场认真的较量，再一次使人信服地显示自己的力量，那么中国就得不到这些让步。中国不仅得不到所有这些让步，甚至连台湾也得不到，美国人会把持台湾，把它当作基地。美国这样做，不是为了已没有取胜希望的蒋介石，而是为了他自己或者是为了明天的军国主义日本。

"当然，我也考虑过，美国尽管没有做好大战的准备，仍可能为了面子而被拖入大战，这样一来，自然中国将被拖入战争，苏联也将同时被拖入战争，因为它同中国签有互助条约。这需要害怕吗？我认为不需要，因为我们在一起将比美国和英国更有力量。德国现在不能给美国任何帮助，而欧洲其他资本主义国家更不成为重要的军事力量。如果战争不可避免，那就让他现在就打，而不要过几年以后。"①

从这份电报看，斯大林确有对毛泽东施加压力的意味。与此同时，斯大林对毛泽东所提问题也表示了明确的态度。笔者认为，毛泽东所要的就是斯大林的这个态度。

但是中共中央作出出兵决策绝不是因为斯大林这个电报的压力。斯大林这个电报于10月5日发出，莫斯科时间比北京时间晚5个小时，按时差计算，北京接到这个电报时应在10月5日夜或6日上午，而中共中央政治局在10月5日下午已经作出了出兵援朝的决策。退一步说，即便斯大林这个电报是在中共中央政治局作出出兵援朝决策之前到达的，也不能得出中国出兵援朝是斯大林施加压力的产物。

中共中央政治局作出出兵抗美援朝决策后，10月8日，毛泽东签发组成中国人民志愿军的命令，命令将东北边防军改为中国人民志愿军，"迅即向朝鲜境内出动，协同朝鲜同志向侵略者作战并争取光荣的胜利，"②同时通报给了金日成。而周恩来与斯大林商谈，斯大林说，苏联空军没有准备好，两个月至两个半月不能出动掩护志愿军作战。周恩来后来在谈到这次会谈时说：美国军队"逼近了鸭绿江，我们就下决心，去与斯讨论。两种意见：或者出兵，或者不出兵，这是斯说的。我们问：能否帮空军？他动摇了，说中国既然困难，不出兵也可，说北朝鲜丢掉，我们还是社会主义，中国还在"③。

会谈结束后，11日，斯大林与周恩来联名致电毛泽东，说明了会谈的情况。中共中央没有料到苏联拒绝兑现已作过的许诺。那么，志愿军出动后，两个月至两个半月将完全没有空中掩护，在这种情

---

① 军事科学院军事历史研究部第二研究室编印《关于朝鲜战争的俄国档案文件》，1996年10月，军事科学院图书馆藏，第101页。

② 《建国以来毛泽东军事文稿》上卷，军事科学出版社、中央文献出版社2010年版，第235页。

③ 中共中央文献研究室编、金冲及主编：《周恩来传（1949—1976）》上卷，中央文献出版社1997年版，第61页。

况下志愿军能否作战？事关重大。于是，10 月 13 日，毛泽东再次召集中共中央政治局成员进行研究。毛泽东于当日 22 时将讨论结果电告周恩来，指出："与高岗、彭德怀二同志及其他政治局同志商量结果，一致认为我军还是出动到朝鲜为有利。在第一时期可以专打伪军，我军对付伪军是有把握的，可以在元山、平壤线以北大块山区打开朝鲜的根据地，可以振奋朝鲜人民重组人民军。""我们采取上述积极政策，对中国，对朝鲜，对东方，对世界都极为有利；而我们不出兵让敌人压至鸭绿江边，国内国际反动气焰增高，则对各方都不利。""总之，我们认为应当参战，必须参战。参战利益极大，不参战损害极大。"[①]

至于中共中央决策"是毛泽东否定了不同意见"，"下决心派大部队赴朝作战"的个人决断说，或者有的人认为"把美帝国主义作为直接对手的革命情结，对社会主义阵营承担的国际主义义务，特别是保护新中国安全和主权的领袖意识，这三者构成了毛泽东决策出兵的基本动机和目的"说，也都是站不住脚的。一是中共中央出兵决策是中共中央政治局扩大会议集体研究讨论作出的，不是毛泽东一个人作出的，否则不会至少召开三次会议才作出决策。二是当时新中国成立刚刚一年，国家状态千疮百孔，面临的情况相当严峻，虽然毛泽东在党内已具有任何人无法相比的威望，但这时毛泽东的作风还是比较民主的，参加书记处或政治局会议、扩大会议的人都是敢讲真话的，否则在作出决策前也不会有多数主张不出兵或缓出兵。无论赞成出兵的意见或不赞成出兵的意见，都是党内民主的体现，都是正常的，况且无论哪种意见都是出于对党和国家利益负责的考虑。三是当时中共中央作出这个决策是很难下决心的。周恩来后来说："当着朝鲜正受到美帝国主义摧残的时候，美国侵略军越过了三八线迫近鸭绿江的时候，那时下这个决心，在我们革命的进展历史中是很不容易的。下这个决心，在当时的情况有许多顾虑，而从

---

① 《建国以来毛泽东军事文稿》上卷，军事科学出版社、中央文献出版社 2010 年版，第 252—253 页。

过渡时期来看这些顾虑是合乎实际的。"①胡乔木后来也回忆说："我在毛主席身边工作二十多年，记得有两件事是毛主席很难下决心的，其中一件事就是1950年派志愿军入朝作战。"②最后政治局还是一致赞成出兵援朝。从决策作出后，无论当时参加会议的当事人，还是后来历届中央高层领导，没有任何一个人对当时决策的必要性、正确性提出异议。这更说明中共中央出兵援朝的决策不是毛泽东的个人决断。

三、关于抗美援朝战争中国的损失问题

抗美援朝战争是在敌我双方武器装备优劣极为悬殊的条件下进行的，双方武器装备的差距，就像"叫花子与龙王比宝"，可以用"敌有我无，敌多我少，敌好我差"12个字来概括。"敌有我无"在志愿军参战初期表现得最为明显，美国投入到朝鲜战场上空军和海军飞机约1200架，海军各种舰船艇300余艘，坦克1000余辆，装甲车330余辆。这些武器装备志愿军在参战初期都没有，直至战争结束也没有海军参战。"敌多我少"是指敌我双方都有的主要武器。美国地面部队每个师除装备有坦克外，还有各种火炮959门，而志愿军1个军才编有各种火炮540门，仅相当于美军1个师火炮装备的54%。美军1个师装备各型有线和无线通信机1688部、密码机145部。志愿军1个军装备无线通信机只有69部、有线电话机375部，不到美军1个师同类装备的1/4。"敌好我差"是指敌我双方武器装备的性能和质量。美军火炮新、口径大、射程远、弹药足，最大射程可达20多公里，均有汽车牵引或吉普车载运，威力大，机动性能好。志愿军装备的火炮几乎全部是抗日战争和解放战争时期缴获的日军和国民党军的装备，火炮陈旧、型号杂、口径小、射程近（最远10公里）、弹药不足，多由骡马驮载或由人员携行，威力小，机

---

① 《周恩来军事文选》第四卷，人民出版社1997年版，第137页。
② 《胡乔木回忆毛泽东》，人民出版社1994年版，第92页。

动性能差。志愿军就是在这种武器装备条件下取得了战争的胜利的。而从敌我双方武器装备优劣悬殊对比看，志愿军没打败就是打胜了。当然，中国为进行这场战争也付出了代价。关于志愿军作战减员和非作战减员有如下几项统计。

1.1953 年 8 月 15 日，志愿军作战处关于志愿军作战减员统计：阵亡 115786 人，战伤 221264 人，失踪、被俘和投降 29095 人，共计366145 人。

2. 抗美援朝卫生工作统计资料（无统计时间）：阵亡 114084 人，负伤 383218 人，失踪及被俘等 25621 人，共计 522923 人（这个统计与 1953 年 8 月 15 日志愿军作战处关于志愿军作战减员的统计，主要在负伤的数字上相差较大，判断这个统计中的负伤数字计算的是人次）。

3. 1953 年 9 月 8 日，军委作战部关于志愿军非作战减员统计：非作战减员共 556146 人。其中病亡 4204 人，事故亡 10808 人，自杀786 人，处决 64 人，逃跑 17715 人，转业 53135 人，回乡生产 20554人，清洗 2473 人，解雇 450 人，犯人 3089 人，其他 228133 人，病和非战伤入院 214735 人。在非作战减员 556146 人中有 173405 人归队，实际非作战减员 382741 人。

4. 1958 年 9 月 20 日，志愿军军务处关于志愿军非作战减员统计：事故伤 25215 人，事故亡 20929 人，病亡 4909 人，病送 177317人，逃亡 33640 人，掉队 40713 人，其他 4818 人，共计 307541 人①。

从上述 4 项统计数据中可以看出三点：一是不同部门对同一事的统计，其结果是有差异的；二是任何统计都只能接近准确而难以达到十分准确；三是作战减员和非作战减员并不都是死亡和负伤。这三点不但过去如此，现在也是如此。将上述作战减员和非作战减员统计中最大数字相加，那么阵亡和非作战死亡共计为 141624 人，作战减员和非作战减员总数为 802980 人。怎么统计也计算不出《第四座丰碑》一书说的"牺牲了几十万人的生命"和《真相》一文说的"中国在朝鲜战争中伤亡 90 万人"的数字。另《解放军报》2000 年

---

① 原表统计为 307601 人，与各分项统计对不上。

10月16日第11版刊登丹东抗美援朝纪念馆刘升瑜提供的1992年各省市区统计志愿军在册烈士数字，总计为171705人，也达不到《第四座丰碑》一书说的牺牲了几十万人。[①]

据有关统计，中国为进行抗美援朝战争共消耗各种作战物资560余万吨，战费62.5亿元（相当于当时的25亿美元），也不是《真相》一文说的"全部战争费用多达100亿美元"。

美国官方公布美国人在朝鲜战争中的作战减员共计142091人，其中阵亡33629人，负伤103284人，失踪或被俘5178人。[②]按美国在朝鲜战争纪念墙上公布的数字是：阵亡54246人，失踪8177人，被俘7140人，伤103284人，总计172847人。美国在战争中的战费支出是400亿美元，消耗作战物资7300余万吨。

中国人民志愿军和朝鲜人民军1953年8月14日公布，从1950年6月25日至1953年7月27日，中国人民志愿军和朝鲜人民军共歼敌（包括毙、伤、俘）109.3万余人。1953年10月23日美联社公布的"联合国军"伤亡总数是147万余人。美国与韩国官方公布各自作战减员数字总和为113万余人（不包括其他"联合国军"作战减员）。[③]

---

① 2014年10月公布的、经官方确认的抗美援朝烈士为197653人，公布时明确说明，志愿军阵亡的统计数字并未增加，19万多烈士中，还包括失踪官兵、伤后亡、病亡，支前民兵民工、支前工作人员，以及停战后至志愿军撤军回国前帮助朝鲜恢复建设中牺牲病故的，还有参加朝鲜停战委员会工作牺牲和病故的，等等。也就是说，烈士和阵亡是两个概念。

② ［美］奥马尔·布雷德利著、［美］克莱·布莱尔整理：《将军百战归——布雷德利自传》，廉怡之译，军事译文出版社1985年版，第896页（"布雷德利"现通译为"布莱德雷"。——编者注）；［美］约瑟夫·格登：《朝鲜战争——未透露的内情》，于滨等译，刘兰荣校，解放军出版社1990年版（内部发行），第754页。

③ 美国在朝鲜战争纪念墙上公布的美军和"联合国军"伤、亡、失踪、被俘等数字是：死亡，美军54246人，"联合国军"628833人；失踪，美军8177人，"联合国军"470267人；被俘，美军7140人，"联合国军"92970人；受伤，美军103248人，"联合国军"1064453人。

四、关于抗美援朝战争与中国国民经济恢复和建设问题

战争总要有所消耗。这是为赢得战争必须付出的代价。整个抗美援朝战争期间，中国消耗各种作战物资 560 余万吨，战费开支包括苏联贷款在内共 62.5 亿元（相当于 25 亿美元）。战争期间，苏联提供给中国的贷款和中国进口的武器装备主要用于朝鲜战场。如果没有这场战争，将人力物力财力都集中用于中国国内建设，那当然更好。从这个角度说，抗美援朝战争的确对国内经济建设有不利影响。同时，中国为进行抗美援朝战争而调整了国民经济恢复计划。

但是，中共中央和毛泽东始终把握战略全局，统筹谋划，恰当把握战场作战、国内稳定和恢复建设三者之间的关系，实行"边打边稳边建"方针，以抗美援朝为中心，同时积极采取措施，稳定市场、安定社会秩序和恢复国民经济，确保在战场和国内、战争与建设两条战线上取得胜利。我们加快了土地改革、剿匪和镇压反革命的步伐并加大了力度，开展了"三反"、"五反"和"增产节约"运动，在全国掀起轰轰烈烈又扎扎实实的抗美援朝运动，趋利避害，扩展抗美援朝战争的积极影响，而将战争的负面影响降到最低程度。

采取的这些措施和志愿军在朝鲜战场上作战的胜利，极大地激发了全国各族人民的爱国热情和建设祖国的积极性。至 1952 年底，国民经济恢复工作全面顺利完成，取得新中国经济建设第一个具有战略意义的重大胜利。工农业生产得到全面恢复和发展，主要农产品产量接近、达到或超过了新中国成立前最高年产水平，主要工业品产量不仅大大超过 1949 年的水平，除个别产品外，也超过新中国成立前的最高年产量。随着生产技术水平提高和大型工业优先发展，中国工业基础薄弱的状况明显发生改变，初步奠定了工业、农业、交通运输和国防事业进一步发展的重要基础。国家财政状况根本好转，收支平衡，1951 年和 1952 年，中国在财政上都有结余，没有赤字。职工平均收入普遍得到提高，生活得到改善。从 1953 年起，开始执行国民经济建设第一个五年计划。

全国出现了空前统一和空前安定的政治局面。1952 年 8 月 4 日，毛泽东在中国人民政治协商会议第一届全国委员会常务委员会第三十八次会议上说：中国现在已"天下大定"①。

总之，在抗美援朝战争期间，中国的社会凝聚力，全国人民的民族自尊心、自信心、自豪感、生产积极性极大提高，国内经济建设非但没有受到大的影响，而且还得到迅速恢复。抗美援朝促进而不是推迟了国民经济的恢复与发展，特别是由于抗美援朝战争的胜利，中国至今已赢得了 70 多年和平建设的环境。

五、关于抗美援朝战争与中美关系

中华人民共和国成立后，美国在中国大势已去，并对蒋介石国民党当局失去信心，只好摆出面对现实的表现，同时等待"尘埃落定"，并对苏联施加压力（根据 1945 年《雅尔塔协定》，苏联对中国的东北和旅顺港享有特权）。1949 年 12 月 23 日，美国国务院作出了关于台湾问题的宣传指示；1950 年 1 月 5 日，美国总统杜鲁门发表了关于台湾问题的声明，宣布台湾是中国的领土，属于中国的一个省，"美国对台湾或中国其他领土从无掠夺的野心。现在美国无意在台湾获取特别权利或特权或建立军事基地"。就在这个宣传指示和杜鲁门的声明中，对美国日后直接插手台湾问题也留有了余地。

1950 年 2 月 14 日，《中苏友好同盟互助条约》签订，美国等待的"尘埃"已经落定，美国军方和国务院都认为杜鲁门 1 月 5 日的声明已经过时，必须进行修改，都主张对台湾问题不能撒手不管，必须迅速采取"激烈而强硬的立场"。麦克阿瑟更是把台湾看成美国的一艘"永不沉没的航空母舰"。美国军方主张，一旦中共发起解放台湾的战斗，美国立即进行军事干预。与此同时，美国国家安全委员会制定了《国家安全委员会第 68 号文件》，于 4 月 7 日提交总统

① 《建国以来毛泽东军事文稿》中卷，军事科学出版社、中央文献出版社 2010 年版，第 50 页。

杜鲁门。这个文件的中心内容是，把殖民地和半殖民地国家争取民族解放和独立的斗争，把纯属内政事务的国家、民族统一运动，把代表社会进步的民族民主革命，都视为对美国地位的挑战，对自由世界的"侵犯"，美国都要迅速作出最激烈的反应，直至进行武装干预。杜鲁门完全同意这一文件。但落实这一文件的要求，则需要大大增加国防预算，因此没有马上批准，而在等待时机。

1950 年 6 月 25 日，朝鲜内战爆发，为美国总统批准《国家安全委员会第 68 号文件》和为美国直接干涉台湾提供了一个时机和借口。正如杜鲁门的一位顾问后来所说的那样："1950 年 6 月，我们正为这项计划——国家安全委员会第 68 号文件——焦虑万分。接着，感谢上帝，朝鲜战争正当其时地爆发了"。①6 月 27 日，杜鲁门发表声明，声称由于朝鲜战争的爆发，"共产党部队的占领台湾，将直接威胁太平洋地区的安全"，"因此，我已命令第七舰队阻止对台湾的任何进攻"，并正式抛出了"台湾地位未定"论。美国海军和空军部队入侵台湾，公然阻止中国人民解放军解放台湾，统一祖国。

也就是说，美国武装侵略台湾，在朝鲜战争爆发之前已是美国的既定政策，不是因为朝鲜战争爆发，美国才改变对台湾的政策。就是没有朝鲜战争爆发，中国人民解放军进行解放台湾的作战，美国也会立即进行军事干预。中国也不见得能顺利解决台湾问题。解放台湾是渡海登陆作战，不同于陆地作战，也不同于解放海南岛的作战，其组织准备工作，本来就比陆地作战和解放海南岛的作战都艰巨复杂得多。美国海军第七舰队侵入台湾海峡，更增加了人民解放军攻台的困难，使人民解放军的攻台计划短时间内难以实现。

事实上，是美国对台湾的侵略在先，中国人民的抗美援朝战争在后，延缓了对台湾问题的解决不是朝鲜战争或抗美援朝战争造成的。正是由于美国政府继续坚持干涉中国内政、阻挠中国统一的政策，造成了台湾海峡地区长期紧张对峙局势，造成了台湾与祖国大

---

① ［美］迈克尔·谢勒：《二十世纪的美国与中国》，徐泽荣译，生活·读书·新知三联书店 1985 年版，第 186 页。

陆长期处于分离状态。

至于中国的对外交往和中美关系受到影响，也是由美国一手造成的。从抗日战争结束后开始，美国即全面插手中国内政，敌视中国人民和中国共产党，积极推行扶蒋反共政策，支持蒋介石发动全面内战。美国扶蒋反共的政策遭到失败后，在对华政策上又转为防止中国成为苏联势力的"附庸"。当时美国驻华大使司徒雷登与中国共产党方面进行了秘密接触。中国共产党对司徒雷登的举动予以积极回应，曾邀请司徒雷登回北平并访问燕京大学。但美国国务院指示司徒雷登"不得访问中国"。杜鲁门指示美国代国务卿詹姆斯·埃德温·韦布（James Edwin Webb），"对中共不能示弱，要观其行而听其言"。在新中国即将成立之际，美国政府在是否承认新中国政府问题上提出了三个条件：（1）实际控制该国领土和行政机构；（2）有能力并愿意履行国际义务;（3）其政权得到人民的广泛支持。[①]这是美国的一个试探。美国在第一条和第三条上对新中国政府难以提出异议。关键是第二条，如果新中国同意了，实际上就继续接受帝国主义强加给中国人民头上丧权辱国的不平等条约。美国正是在这一问题上大做文章，不仅自己不承认新中国，而且还积极鼓动其盟国不承认新中国。中华人民共和国成立后，美国政府对中国采取了孤立、遏制政策，继续承认国民党政府，操纵联合国拒绝恢复中华人民共和国的合法席位。朝鲜战争一爆发，美国第七舰队入侵台湾海峡，大大恶化了中美关系。也就是说，中国对外交往的障碍和中美关系的恶化是美国一手造成的。朝鲜战争结束后直至中美建交前，美国继续对中国采取敌视和孤立政策，不完全是因为中国进行抗美援朝战争，意识形态上的对立也是重要原因。

六、美国和日本学者对中国在这场战争中得失的评价

美国人沃尔特·G.赫姆斯在20世纪60年代所著的带有美国陆军

---

① 《美国对外关系文件》（*FRUS 1947, vol.IX*），第21页。

官方性质的《朝鲜战争中的美国陆军》一书第一卷，在评论朝鲜战争时说："在远东，从朝鲜战争中出现了两个比过去越来越强大的国家。其一便是韩国，……另一个在战争中提高了地位的国家是共产党中国。从中国人在整个朝鲜战争期间所显示出来的强大攻势和防御能力中，美国及其盟国已经清楚地看出，共产党中国已成为一个可怕的敌人，它再也不是第二次世界大战时的那个软弱无能的国家了。由于共产党中国有取之不尽的人力资源和坚强有力的领导，因此它也在朝鲜战场上赢得了自己的声誉，而且看来会成为远东与西太平洋地区共产党的领袖。""共产党中国和北朝鲜都从长期停战谈判中得到了外交上的好处。尽管美国没有正式承认这两个国家，而且美国代表是以联合国代表身份参加谈判和签署停战协定的，但要驳倒美国已在谈判过程中给予了他们事实上的承认的说法是很难的。同时，共产党在整个谈判中一直拒绝承认韩国政府和中国国民党政府的任何合法地位。在这个问题上，他们显然是占了上风"。①

比较客观的日本史学家和田春树 2003 年完成了他编写的《朝鲜战争全史》，在评论朝鲜战争影响时指出："如果说美中战争是美国和中国'军事、政治、经济、外交上的全面较量'的话，那么可以说结果是不分胜负。对于刚刚诞生的中华人民共和国来说，虽然在这场战争中牺牲了很多，但通过与美国对等作战，完全确立了革命中国在国际社会中的地位。另外中国人民解放军作为中国人民志愿军与美军作战，经受了'现代战争的考验'，成长为一支能够适应现代战争的正规军。从这个意义上说，中华人民共和国在这场战争中得到很多，可以说它是一个预料之外的胜利者。在国内，中国积累朝鲜战争时总体战的经验，从 1953 年到 1957 年开始了第一个五年计划，开展了农业合作化等苏联模式的社会主义变革，为国家社会主义打下了坚实的基础。"

上述美国和日本学者的评论，都表明抗美援朝战争提高了中华

① ［美］沃尔特·G.赫姆斯：《朝鲜战争中的美国陆军》第一卷，维新、李植谷等译，解放军国防大学出版社 1988 年版，第 565、566 页。

人民共和国的国际地位。事实正是如此，正是因为新中国当时在那样严重困难的情况下，中共中央为抗美援朝、保家卫国敢于作出决策，同世界上最强大的资本主义国家在朝鲜战场上进行较量，正是因为中国人民志愿军在抗美援朝战争中打疼了美国，打疼了美国军队，整个世界（包括当时的资本主义阵营和民主阵营）才对中国刮目相看，一改中国近代以来软弱可欺的无能形象，一扫中国近代历史上的耻辱。中国人民真正站起来了，中国人民真正地扬眉吐气了。可以说，这场战争对于中国人民是自鸦片战争以来最了不起的正气篇。正如毛泽东所说的："现在中国人民已经组织起来了，是惹不得的。如果惹翻了，是不好办的。"[①]美国在朝鲜战场上遭到中国人民的沉痛打击，从此不敢再轻视中国人民，在亚洲和国际事务中不得不把中国摆到适当位置。美国人总结朝鲜战争的重要教训之一，就是当初不相信中国人民的决心和力量，没有重视中国政府的一再警告。正是总结了这一教训，在20世纪60年代的越南战争中，美国约翰逊政府才没把中国政府的警告当作耳旁风，其地面部队才未敢越过北纬17°线。[②]1971年中国恢复在联合国的合法席位，1972年美国第37任总统理查德·尼克松访华，1979年美国同中国建立外交关系，甚至今天中国在国际社会中发挥重大作用等，都有中国人民取得抗美援朝战争胜利这个因素的影响。

　　总之，抗美援朝战争是正义的，抗美援朝决策是必要的、正确的。抗美援朝战争是中国近代以来历史上最长中国人民志气的一场战争，也是最值得大书特书、大加褒扬的一场战争。抗美援朝战争，中国虽然付出了重大代价，但这场战争对新中国、对整个世界的积极意义和影响，怎么评价都不过分。

---

　　① 《建国以来毛泽东军事文稿》中卷，军事科学出版社、中央文献出版社2010年版，第175页。

　　② 参见［美］马修·邦克·李奇微《朝鲜战争》，军事科学院外国军事研究部译，军事科学出版社1983年版，第256—257页。

对毛泽东《抗美援朝的胜利和意义》的学习理解[*]

  《抗美援朝的胜利和意义》是毛泽东在中央人民政府委员会第二十四次会议上的讲话的一部分。

  中华人民共和国中央人民政府委员会，于 1949 年 10 月 1 日宣告成立，毛泽东为主席，朱德、刘少奇、宋庆龄、李济深（民革）、张澜（民盟）、高岗为副主席，另有 56 人为委员，任命周恩来为政务院总理兼外交部部长，毛泽东为军事委员会主席，朱德为人民解放军总司令。抗美援朝战争结束后，中央人民政府委员会于 1953 年 9 月 12 日下午在北京召开第二十四次会议，出席会议的有中央人民政府主席毛泽东，副主席刘少奇、宋庆龄、李济深、张澜、高岗，另有委员 37 人，列席会议的有 296 人，中国人民志愿军司令员兼政治委员彭德怀在会上作《关于中国人民志愿军抗美援朝工作的报告》，毛泽东主席作了《抗美援朝的伟大胜利和今后的任务》的讲话，会议通过了中央人民政府委员会给中国人民志愿军的慰问电。

  毛泽东讲话时，只有一个简单的提纲。这个讲话的全文是根据录音整理的。毛泽东讲了三个问题：一是为什么能实现朝鲜停战和抗美援朝战争胜利的原因；二是抗美援朝战争胜利的重要意义；三是"施仁政"问题。在《毛泽东军事文集》和《建国以来毛泽东军事文稿》中，收入了前两个问题，定名为《抗美援朝的胜利和意义》。

---

  * 本文为 2017 年 6 月 16 日的讲稿。

我今天也只介绍这个讲话中的前两个问题。

一、为什么能实现朝鲜停战及抗美援朝战争胜利的原因

（一）为什么能实现朝鲜停战

毛泽东说："我们同美帝国主义这样的敌人作战，他们的武器比我们强许多倍，而我们能够打胜，迫使他们不能不和下来。为什么能和下来呢？"[①]毛泽东讲了军事、政治、经济三个方面因素。

第一，军事方面。毛泽东讲了三段话。第一段话是讲这场战争发展的总体趋势。"美国侵略者处于不利状态，挨打状态。如果不和，它的整个战线就要被打破，汉城就可能落入朝鲜人民之手。这种形势，去年夏季就已经开始看出来了。"[②]（去年夏季，是指1952年夏季。）到1952年夏季，志愿军和朝鲜人民军在三八线南北横贯朝鲜半岛的整个战线上，完成了正面250公里、纵深20至30公里的以坑道为骨干的坚固阵地防御体系；经过反"绞杀战"斗争，解决了作战物资的运输问题；经过全国各族各界人民捐献飞机大炮运动，武器装备有了明显加强和改善。从这时开始，志愿军越战越强，越战越主动。所以，毛泽东说，从去年夏季就已经开始看出来了。

第二段话讲敌我双方都把自己的战线称为铜墙铁壁，而志愿军方面确实是铜墙铁壁，敌人方面不是铜墙铁壁。这一点已为战争的实践所证明。没什么可说明解释的。

第三段话是讲我军越战越强，指出："我们方面发生的问题，最初是能不能打，后来是能不能守，再后是能不能保证给养，最后是能不能打破细菌战。这四个问题，一个接着一个，都解决了。我们的军队是越战越强。今年夏天，我们已经能够在一个小时内打破敌人正面二十一公里的阵地，能够集中发射几十万发炮弹，能够打进

[①]《建国以来毛泽东军事文稿》中卷，军事科学出版社、中央文献出版社2010年版，第173页。

[②]《建国以来毛泽东军事文稿》中卷，军事科学出版社、中央文献出版社2010年版，第173页。

去十八公里。如果照这样打下去，再打它两次、三次、四次，敌人的整个战线就会被打破。"①毛泽东这里讲的我们方面的问题，一个接着一个，都解决了，他自己也有解释。1952 年 8 月 4 日，在第一届全国政协常务委员会第十八次会议上讲话中就指出："能不能打，这个问题两三个月就解决了。敌人大炮比我们多，但士气低，是铁多气少。"②这里说的两三个月，是指从 1950 年 10 月 25 日战争打响，到 12 月 24 日志愿军第二次战役结束，正好两个月的时间。这时志愿军将进至鸭绿江边的美军和南朝鲜军，打退到三八线及以南地区，后来战线稳定在三八线南北地区。毛泽东说："能不能守，这个问题去年也解决了。办法是钻洞子。我们挖两层工事，敌人攻上来，我们就进地道。有时敌人占领了上面，但下面还是属于我们的。等敌人进入阵地，我们就反攻，给他极大的杀伤。我们就是用这种土办法捡洋炮。敌人对我们很没有办法。"③这就是我前面说过的构筑以坑道为骨干的坚固阵地防御体系。这个筑城行动，是从 1951 年底开始的。所以，毛泽东说"这个问题去年也解决了"。毛泽东说："吃的问题，也就是保证给养的问题，很久不能解决。当时就不晓得挖洞子，把粮食放在洞子里。现在晓得了。每个师都有三个月粮食，都有仓库，还有礼堂，生活很好。"④毛泽东这里只讲了粮食、物资的储存，这是一个方面，而主要是通过反"绞杀战"斗争，解决了物资运输问题。第一，志愿军在整个运动战期间，后勤保障最困难的问题，也是最核心的问题，是运输手段单一、运输工具极为有限，还有在美军飞机疯狂轰炸封锁下，如何保证作战物资的运输补给问题。所以，当时提出了"千条万条，运输第一条"的口号。至 1952 年 6 月，

① 《建国以来毛泽东军事文稿》中卷，军事科学出版社、中央文献出版社 2010 年版，第 173 页。

② 《建国以来毛泽东军事文稿》中卷，军事科学出版社、中央文献出版社 2010 年版，第 50 页。

③ 《建国以来毛泽东军事文稿》中卷，军事科学出版社、中央文献出版社 2010 年版，第 50 页。

④ 《建国以来毛泽东军事文稿》中卷，军事科学出版社、中央文献出版社 2010 年版，第 50 页。

通过反"绞杀战"斗争，这个问题解决了。关于反细菌战问题，是1952年初出现的，国内和志愿军采取了一系列措施，美军的细菌战未能达到军事目的，在政治上、道义上也遭到可耻失败。这段话的后边两句，讲的是1953年7月13日至27日的金城战役。当时，战争的政治形势和军事形势，对志愿军和朝鲜人民军都极为有利，而当时，停战是大势所趋，否则，志愿军继续发动攻势，完全可以打到汉城，甚至打得更远。

第二，政治方面。敌人内部有许多不能解决的矛盾，全世界人民要求和下来。

第三，经济方面。敌人在侵朝战争中用钱很多，它的预算收支不平衡。这个方面没有什么可解释的。

然后，毛泽东说："这几个原因合起来，使敌人不得不和。而第一个原因是主要的原因，没有这一条，同他们讲和是不容易的。美帝国主义者很傲慢，凡是可以不讲理的地方就一定不讲理，要是讲一点理的话，那是被逼得不得已了。"①

这段话揭示了美国帝国主义和霸权主义的本质。过去如此，现在也基本还是如此。朝鲜停战谈判形势的出现和朝鲜停战的实现，都是志愿军和朝鲜人民军有力作战打出来的结果。这里，我从战场情况来说明一下，美国"凡是可以不讲理的地方就一定不讲理"和"要是讲一点理的话，那是被逼得不得已了"。

美国"凡是可以不讲理的地方就一定不讲理"。自第二次世界大战结束以来，美国的霸权主义行径都是如此，在朝鲜战场上的表现也是如此。美国政府被迫同意停战谈判后，依仗他们有优势的海军和空军力量，在关于军事分界线问题的谈判上，他们就提出无理要求，先是说，他们海军和空军力量强大，其活动范围可抵达鸭绿江，因此，在军事分界线的划分上，他们的这种优势应得到"补偿"，就是要将军事分界线，划在地面战线双方实际接触线志愿军

---

① 《建国以来毛泽东军事文稿》中卷，军事科学出版社、中央文献出版社2010年版，第174页。

和朝鲜人民军后方数十公里的地区。这当然遭到朝中方面代表的有力驳斥：既然你们海军和空军力量那么强，你们为什么没在鸭绿江边站住脚，而被打退到三八线南北地区，甚至被打退到三七线附近地区，现在双方地面战线的实际接触线，就是双方陆海空军综合力量较量的结果。美方无言以对。接着，美方又非常可笑地提出与海空军优势自相矛盾的说法，他们说：你方陆军强，我方陆军弱，在军事分界线划分上，你也得给我陆军"补偿"。这当然也遭到朝中方面代表的有力驳斥：你说你们海空军强，你们要补偿，现在你又说，你们陆军弱，你们还要补偿，不管你们强还是你们弱，你们都要补偿，这不是失去理智的瞎说吗？美方在谈判中就是这样不讲理，他们的无理要求未得逞，遂在战场上同时发动了空中攻势和地面攻势。空中攻势就是以摧毁朝鲜北方铁路系统为主要目标的"绞杀战"，地面攻势就是 1951 年的夏季攻势和秋季攻势，企图通过军事进攻实现谈判中提出的无理要求。然而，他们的地面攻势前后进行了两个月，付出了重大伤亡，只将战线向志愿军和朝鲜人民军方面推进了几公里，遭到了美国国会和参谋长联席会议主席布莱德雷的指责。布莱德雷说："用这种战法，李奇微至少要用 20 年的光景，才能到达鸭绿江。"[①] 计划 90 天光景达到目的的"绞杀战"，结果进行了 10 个月，也不得不宣告失败了。

美国"要是讲一点理的话，那是被逼得不得已了"。"联合国军"地面部队发动的 1951 年夏季攻势和秋季攻势失败后，除了海空军继续狂轰滥炸和 1952 年 10 月中旬至 11 月下旬以 3 个多师发动的"金化攻势"（志愿军上甘岭战役）外，从 1951 年底起，直至朝鲜停战，在战场上基本没有什么作为。而"金化攻势"也成了当时"联合国军"总司令克拉克说的，是一次失败的、残忍的、为了面子的恶性赌博，美军付出重大伤亡，且寸土未得。而志愿军从 1952 年夏季开始就越战越强，越战越主动，秋季战术反击作战，攻击"联合国

---

① 转引自军事科学院军事历史研究所《抗美援朝战争史（修订版）》下卷，军事科学出版社 2011 年版，第 138 页。

军"营以下兵力防守的 60 个目标，除几个目标失利外，其余均是攻则必克，攻则必歼。到了 1953 年夏季反击战役，志愿军作战规模逐渐扩大，从打敌营以下兵力防守的阵地，发展到金城战役时进攻敌军 4 个师防守的坚固阵地，给敌军 4 个师以歼灭性打击，打进纵深最远达 18 公里。这个时候，在谈判中，已经不是美方代表团再提无理要求了，而是美方在恳求朝中方面别再打了，尽快停战吧。朝中方面要求美方保证：停战以后，南朝鲜李承晚集团能够遵守停战协定，美方代表就像做了错事的小孩在大人面前一样，乖乖向中朝方面作出了保证，朝中方面将其保证公之于世后，同意签订《朝鲜停战协定》。

（二）抗美援朝战争胜利的原因

在中央人民政府委员会第二十四次会议上，张治中委员、傅作义委员、陈嘉庚委员、李济深副主席、陈叔通委员相继发言，谈了抗美援朝战争胜利的意义和原因，发言者一致表示感谢毛泽东主席的正确领导和彭德怀司令员的卓越指挥。毛泽东在讲话中说："抗美援朝战争的胜利是靠什么得来的呢？刚才各位先生说，是由于领导的正确。领导是一个因素，没有正确的领导，事情是做不好的。但主要是因为我们的战争是人民战争，全国人民支援，中朝两国人民并肩战斗。""领导是一个因素，而最主要的因素是群众想办法。"[1]毛泽东在这里还举了一个例子。毛泽东总结说："我们的经验是：依靠人民，再加上一个比较正确的领导，就可以用我们劣势装备战胜优势装备的敌人。"[2]毛泽东这个讲话只有一个提纲，虽不是对抗美援朝战争胜利原因作系统总结，但这里讲的领导因素、依靠人民、干部战士想办法（智慧创造）这三条，概括了抗美援朝战争胜利的主要因素。

领导因素，主要指以毛泽东为主席的中共中央和中央军委高瞻

---

① 《建国以来毛泽东军事文稿》中卷，军事科学出版社、中央文献出版社 2010 年版，第 173 页。

② 《建国以来毛泽东军事文稿》中卷，军事科学出版社、中央文献出版社 2010 年版，第 174 页。

远瞩的战略筹划、战略决策和战略指导，包括尽力加强和改善志愿军武器装备，提高志愿军的作战能力和水平，也包括彭德怀等志愿军领导人灵活机动的战场指挥等。

依靠人民，主要指抗美援朝运动。进行抗美援朝战争比起历次中国革命战争，动员和依靠人民群众更有条件。为支援抗美援朝战争，也为恢复国家建设，在抗美援朝战争期间，中共中央依托中国人民抗美援朝总会，开展了广泛深入、轰轰烈烈又扎扎实实的抗美援朝运动，包括针对中国部分人民中存在的亲美、恐美、崇美情绪，开展的以仇视、鄙视、蔑视（"三视"）美帝国主义为中心内容的抗美援朝爱国宣传教育活动，动员青壮年参军参战，动员全国人民支援前方，组织慰问团慰问志愿军和朝鲜军民，开展订立爱国公约和增产节约运动，组织开展捐献飞机大炮运动，等等。抗美援朝运动开创了新中国历史上人民战争的新形式，充分调动了中国人民的爱国热情和工作生产积极性，正如周恩来曾经指出的那样：抗美援朝运动"动员的深入、爱国主义的发扬，超过了过去任何反帝国主义运动，这是一个空前的、大规模的、全国性的、领导与群众结合的运动，它的力量将是不可打破的。中华民族的觉醒，这一次更加高扬起来了，更加深入化了"①。抗美援朝运动，既有力地支援了战争，保证了抗美援朝战争的胜利，又有力地保证了国民经济恢复按时完成和按计划开始了大规模经济建设。

干部战士想办法（智慧创造），在抗美援朝战争中，志愿军自始至终占有兵力优势，这本身对以美国为首的"联合国军"就是一种威慑。但取得抗美援朝战争胜利绝不仅仅是靠中国人多兵多，更不是靠有人说的"人海战术"。志愿军武器不如美军，靠的是勇敢加智慧。从第一次战役开始，志愿军就充分发动广大官兵研究防空、防炮、冬季野外露营防冻和用步兵武器打美军飞机、坦克问题，研究避敌锋芒、击其弱点的战法问题。运动战期间，志愿军进攻作战，采取隔离美军步兵和坦克的联系，专打步兵，组织小分队直捣敌军

---

① 《周恩来军事文选》第四卷，人民出版社 1997 年版，第 230 页。

团、营指挥所和炮兵阵地的战法；阵地战期间，由防炮洞发展到坑道工事，形成了真正的"铜墙铁壁"。还有在铁路抢修和运输方面创造了许多有效的办法。在公路上，夏季架设水下桥梁，汽车司机遇美军飞机轰炸扫射时，将事先准备好的废油桶等点燃迷惑美军飞机等，这些都是志愿军广大官兵的智慧创造，为保存自己，减少损失，消灭敌人都起了重要作用。

抗美援朝战争的胜利，用一句话概括，也可以说，就是毛泽东军事思想的胜利。美国军方有人说，美国军队对朝鲜战争记忆犹新，美国军队不怕中国军队的现代化，怕的是中国军队的毛泽东化。所谓"毛泽东化"，指的就是毛泽东的人民战争思想。

二、抗美援朝战争胜利的重要意义

毛泽东讲了四条："第一，和朝鲜人民军一起，打回到三八线，守住了三八线。这是很重要的。如果不打回三八线，前线仍在鸭绿江和图们江，沈阳、鞍山、抚顺这些地方的人民就不能安心生产。""第二，取得了军事经验。我们中国人民志愿军的陆军、空军、海军，步兵、炮兵、工兵、坦克兵、铁道兵、防空兵、通信兵，还有卫生部队、后勤部队等等取得了对美国侵略军队实际作战的经验。这一次，我们摸了一下美国军队的底。对美国军队，如果不接触它，就会怕它。我们跟它打了三十三个月，把它的底摸熟了。美帝国主义并不可怕，就是那么一回事。我们取得了这一条经验，这是一条了不起的经验。""第三，提高了全国人民的政治觉悟。""由于以上三条，就产生了第四条：推迟了帝国主义新的侵华战争，推迟了第三次世界大战。"[①]毛泽东讲的第一条意义，其实也是中国出兵的重要目的。第二条意义，毛泽东1952年8月4日在政协第一届全国委员会常务委员会第十八次会议上讲话时也有一段话："抗美援朝战争是

---

① 《建国以来毛泽东军事文稿》中卷，军事科学出版社、中央文献出版社2010年版，第175页。

个大学校，我们在那里实行大演习，这个演习比办军事学校好。如果明年再打一年，全部陆军都可以轮流去训练一回。"①

除了毛泽东讲的这四条意义外，根据其他领导人的讲话和我们的研究，还有四条意义比较重要。

第一，极大地提升了中华人民共和国的国际地位。

第二，有力地巩固了新中国人民民主政权。

第三，有力地促进了国民经济恢复，为国家建设发展争取了长期的和平环境。

第四，创造了抗美援朝精神。

一段时间以来，国内的一些人，特别是一些别有用心的人，极力诋毁毛泽东，极力诋毁抗美援朝战争，实际上就是诋毁中国共产党，目的是推翻中国共产党的领导。尽管朝鲜停战至今已过去几十年了，中朝关系和中美关系都发生了重大变化，但无论如何，当时的抗美援朝战争都是必要的，抗美援朝战争的所得远远大于所失，抗美援朝战争不但在当时具有极大的积极意义，而且具有长远的积极意义。

---

① 《建国以来毛泽东军事文稿》中卷，军事科学出版社、中央文献出版社2010年版，第175页。

抗美援朝战争与新中国的国防建设[*]

新中国成立时，在具有中华人民共和国临时宪法性质的《中国人民政治协商会议共同纲领》中，就对新中国国防和军队建设作了规定，指出："中华人民共和国应加强现代化的陆军，并建设空军和海军，以巩固国防。"毛泽东在中国人民政治协商会议开会时的讲话中也郑重地强调了"我们的国防将获得巩固，不允许任何帝国主义者再来侵略我们的国土。在英勇的经过了考验的人民解放军的基础上，我们的人民武装力量必须保存和发展起来。我们将不但有一个强大的陆军，而且有一个强大的空军和一个强大的海军。"^①抗美援朝战争开始时，新中国成立刚刚一周年，新中国的国防建设尚处于起步阶段，经过抗美援朝战争，不但有力促进了人民解放军的现代化建设，而且全面促进了国防建设的开展。

一、极大地促进了人民解放军的现代化建设

抗美援朝战争是美国侵略当局强加给新中国的一场战争，敌我双方武器装备优劣悬殊，给中国人民志愿军作战造成极大困难。抗

---

　　* 本文为作者于 2010 年 11 月 12 日在中华人民共和国国史学会和中国军事科学学会军事历史分会联合举行纪念中国人民志愿军抗美援朝出国作战 60 周年座谈会上的发言。

　　① 《建国以来毛泽东军事文稿》上卷，军事科学出版社、中央文献出版社 2010 年版，第 4 页。

美援朝战争实践使中共中央和中央军委领导人充分看到，没有现代化的武器装备则难以打赢现代化的战争。当时，中国人民解放军和中国人民志愿军的许多高级将领都深有感触地表示，无论如何，就是"当了裤子也要买飞机"，改善志愿军和解放军的武器装备。抗美援朝现代战争实践的刺激，使中国人民解放军和中国人民志愿军武器装备在这场战争期间就有了突破性地改善。当时中国工业技术水平落后，自己不能生产飞机、坦克和大炮，就决心从与中国签订有《中苏友好同盟互助条约》的苏联购买。中国经济贫穷，国家无力购买，就开展抗美援朝爱国运动，动员全国各行各业各族各界人民，节衣缩食，增加生产，捐献钱物购买飞机大炮。仅 1951 年 6 月至 1952 年 5 月的一年时间，全国人民即捐献了可供购买 3710 架战斗机的钱款。中国人民解放军空军在这场战争中迅速成长发展起来，其航空兵部队从 1950 年 8 月的一个混成旅共 4 个团 110 余架飞机，到抗美援朝战争结束后的 1953 年底，发展到 28 个师共 70 个团，拥有各型飞机 3000 余架，并且装备了当时世界上最先进的战斗机，形成了由各种航空兵组成的有战斗力的空中力量。在这场战争期间就实现了新中国建设一支强大人民空军的设想。地面炮兵和高射炮兵有了明显发展和加强，地面炮兵装备了当时先进的苏式 122 毫米、152 毫米口径榴弹炮和"喀秋莎"火箭炮。抗美援朝战争期间人民解放军现代化建设的明显改善，既为取得战争胜利提供了有力的保障，又为 20 世纪 50 年代中后期人民解放军现代化建设奠定了雄厚的基础。

此外，抗美援朝战争期间，通过与苏联方面谈判，签订了用苏联贷款订购 60 个陆军师的苏联武器装备的协定，至 1954 年底全部兑现。1954 年和 1955 年，原驻中国安东（今丹东）、沈阳和大连地区的苏军撤回苏联时，中国又有选择地有偿接收这些苏军部队的大部分装备。至 20 世纪 50 年代后期，中国除放慢海军建设步伐外，中国人民解放军陆军已成为举世公认的最强大陆军，中国人民解放军空军也成为仅次于美军、苏军的世界第三大空军。

二、改变了有边无防、有海无防的状态

新中国的边防、海防和空防建设，基本上是从零起步的。抗美援朝战争开始之前，中国刚刚着手边防和空防部署，主要是将刚组建的唯一空军作战部队第四混成旅和仅有的十几个高射炮兵团部署在沈阳、鞍山、本溪、北京、唐山、天津、青岛、上海、南京、杭州、广州等沿海大中城市和工业基地担任防空任务；在美国武装干涉朝鲜内战和侵入台湾海峡后，中国组建了东北边防军，保卫东北边防。

抗美援朝战争开始后大大促进了边防、海防、空防建设。其一，中国人民志愿军在朝鲜的胜利作战及在战场上构筑的坚固阵地工事，客观上就是中国国防在东方巩固的前哨阵地。其二，从广东到鸭绿江口沿海作了防御部署，重点部署有两段，一段是辽宁的营口到安东（今丹东）段，不但部署了海防部队，而且在沿海布设了水雷；另一段是福建、广东两省的海防线，各部署了 4 个军担任防御。另外，从上海以北到营口的海岸，有重点地部署了海岸炮兵。其三，在原有空防部署基础上，在抗美援朝战争期间突击组建和扩建的空军歼击机部队和高射炮兵部队，除参加抗美援朝作战的部队外，其余全部部署担负国土防空任务。抗美援朝战争期间，经与苏联协商，还请苏联派出空军部队协助中国防空，主要部署在从北到南的吉林、公主岭、安东、沈阳、辽阳、鞍山、唐山、青岛、广州等地。这些防御部署，主要防御美国的侵略，在东南沿海是防御美国和台湾国民党军联合登陆进犯。

新中国国防工程建设也是在抗美援朝战争期间启动的。1952 年 8 月 25 日，中央军委作出了《关于建设国防工事的决定》，对沿海地区防御工程作了统一计划，包括东北区的晖春至图们江口及安东到貔子窝段，华北区以塘沽、大沽及秦皇岛为重点，华东区以胶东半岛与上海地区（例如嵊泗列岛、金山卫、崇明岛、乍浦）为重点，中南区以海南岛为重点进行设防，达到能独立作战的程度。规定第一步以东北与华东的胶东半岛为重点。第二步则以海南岛为主，同时协助上海地区设防的设计工作。华北地区只进行勘察计划，暂不施工。1953 年 3 月，中央军委确定，第一期修建完成 50 个营另 4 个

连的国防工事，具体区分为：辽东半岛 11 个营另 1 个连（含志愿军在朝鲜铁山半岛 2 个营）；塘沽、秦皇岛 5 个营；山东半岛 14 个营；定海、沪杭地区 8 个营另 3 个连；海南岛 12 个营。1953 年底前进行充分准备，于 1954 年开工修建。

这些措施，彻底改变了旧中国有边无防、有海无防的局面。

三、对国防建设进行了全面规划

为使国防和军队建设与国民经济建设发展计划相适应，1952 年在国家组织编制国民经济发展第一个五年计划的同时，中央军委责成总参谋部和各军兵种组织编制国防与军事建设五年计划。军委总参谋部经与各军兵种反复研究论证，于 1952 年 7 月上旬，制定完成了《1953 年至 1957 年军事建设计划纲要》（以下简称《纲要》），7 月 18 日，中央军委主席毛泽东批示："基本同意，可照此部署"。

这个《纲要》是在抗美援朝战争期间产生的，并且根据朝鲜战争期间的国际形势及可能的发展趋势，对未来可能向中国进犯的主要敌国军事现状及可能的发展趋势、主要敌国侵略中国可能用来进攻的总兵力、敌国地面部队进攻的主要方向等作了明确分析判断，并据此确定了五年军事建设计划的目的和指导方针。

《纲要》对"一五"计划五年中陆军（含各技术兵种）、空军、海军的编制人员、装备目标及实现步骤，对兵工建设目标、国防工程和兵工生产等作了明确规划。《纲要》根据对敌国未来可能入侵的主次方向判断，将全国划分五个战区。首先，陇海铁路以北包括东北、华北两个军区和山东（含徐州、连云港）为北战区。这是敌国进攻对中国危害最大的地区，也是中国要死守和与敌决战的地区；其次，华东战区，是敌国进攻的次要方向，是中国要坚守的地区，其重点则为宁、沪、杭、甬[①] 和舟山地区；再次，中南战区，其重点为海南岛。此外还有西北战区（含后藏）、西南战区。根据战区主次地位不

---

① 宁、沪、杭、甬，分别为南京、上海、杭州、宁波的简称。

同，确定国防部署的原则是集中最大的兵力于主要战区。北战区平时部署国防师总数的 54%，战时增加到 70%，部署战略炮兵部队的 83%、装甲兵部队的 90%、空军部队的 60%。对其他战区也根据主次地位不同确定了平时部署陆、海、空军所占比例。

这个五年军事建设计划纲要的制定，标志着中华人民共和国国防和军队建设与国家经济发展建设相一致、相适应，标志着国防和军队建设有了一个五年总体规划，使国防和军队建设形成了统一的计划性。虽然这一计划纲要在执行过程中有些调整，但对 20 世纪 50 年代中后期中国的国防和军队现代化建设起了极为重要的作用。

四、促成了国防工业体系的建立

抗美援朝战争加固了中苏友好同盟，从抗美援朝战争期间开始，新中国第一个五年计划期间，苏联援助中国的 156 个建设项目（实际施工 150 项）中，即有 41 个是国防工业项目。到 20 世纪 50 年代末，中国就建成了包括兵器工业、航空工业、船舶工业、电子工业等一大批军工骨干企业，初步形成了自己的国防工业体系，先后仿制飞机、坦克成功。其间，决策研制导弹、原子弹和人造地球卫星，制定了《国防科学技术研究工作 10 年（1958—1967 年）规划纲要》。1964 年 10 月至 1970 年 4 月，中国第一颗原子弹爆炸、首次导弹核武器发射、第一颗氢弹爆炸和第一颗人造地球卫星发射先后试验成功。1966 年，组建了战略导弹部队——第二炮兵。正如邓小平所指出的："如果六十年代以来中国没有原子弹、氢弹，没有发射卫星，中国就不能叫有重要影响的大国，就没有现在这样的国际地位。"[1]

总之，抗美援朝战争极大地强固了中国的国防，并有力地促进了新中国国防建设的全面展开，为新中国国防和军队建设奠定了坚实基础。

---

[1] 《邓小平军事文集》第三卷，军事科学出版社、中央文献出版社 2004 年版，第 294 页。

抗美援朝战争对国防和军队建设的启示[*]

抗美援朝战争是新中国成立初期美国政府强加给中国人民的一场战争，中国人民和中国人民志愿军在敌我双方经济力量和军队武器装备强弱、优劣极为悬殊的情况下，取得了抗美援朝战争的胜利。这场战争为中国的国防和军队建设提供了许多重要启示。

一、必须保持和发扬人民军队具有压倒一切困难和一切敌人的高昂士气

抗美援朝战争之所以能取得胜利，其中一个极为重要的因素，就是中国人民志愿军充分保持和发扬了人民解放军具有压倒一切困难和一切敌人的高昂士气。正如毛泽东所指出的："这个军队具有一往无前的精神，它要压倒一切敌人，而决不被敌人所屈服。不论任何艰难困苦的场合，只要还有一个人，这个人就要继续战斗下去。"①在朝鲜战场上，中国人民志愿军没有飞机和高射炮，就用机枪和步枪打击美军飞机；没有坦克和反坦克炮，就用手榴弹和炸药包炸毁美军坦克；没有制空权，昼间难以行动，就利用夜间作战和运输；野战工事难以抗御美军飞机大炮的轰击，就创造了坑道工事。为了胜利，他们忍受饥饿和严寒，一把炒面一把雪；他们冒着敌人飞机

---

* 本文是作者应《红旗画刊》之约而写，发表在该刊 2010 年第 10 期。
① 《毛泽东选集》第三卷，人民出版社 1991 年版，第 1039 页。

大炮的轰炸，徒涉冰河，冲向敌阵；他们在雪地里追击败退的敌人；他们所有弹药都打光时，与敌人展开肉搏和搬起石块砸向敌人；等等。抱起最后一包炸药冲向敌群与敌人同归于尽的杨根思，身负多处重伤仍以顽强的毅力勇猛扑向敌人机枪射孔掩护部队冲锋的黄继光，都是志愿军保持和发扬这种高昂士气的杰出代表。正是志愿军这种压倒一切困难和一切敌人而不是被任何困难和任何敌人所压倒的高昂士气，在相当程度上弥补了武器装备落后的不足。毛泽东说："敌人大炮比我们多，但士气低，是铁多气少。""我们的战士和干部机智，勇敢，不怕死。"① 美国官方战史也承认，志愿军"受到了充分的大无畏的教育"，"他们有高度的组织纪律性"，具有"勒紧裤带作战"的精神。"在这种情况下，技术上的优势不但不能轻易带来战争的胜利，而且根本不可能导致战争的胜利。"② 保持和发扬人民军队具有压倒一切困难和一切敌人的高昂士气，是抗美援朝战争取得胜利的极重要因素，更是和平时期军队建设极为重要的内容。

二、现代条件下作战必须加强国防和军队现代化建设

战争是力量的竞赛，物质力量必须用物质力量来摧毁。抗美援朝战争中敌我双方武器装备优劣悬殊，给志愿军作战造成了严重困难。中共中央和中央军委高度重视解决这个问题。从中国人民志愿军一组成，就派周恩来等与苏联领导人商谈，请求与中国签订有《中苏友好同盟互助条约》的苏联为中国人民志愿军提供现代武器装备。到 1952 年夏季以后，志愿军武器装备虽仍不能同美军相比，但已有了明显改善，志愿军空军在这场战争中成长发展起来，志愿军炮兵和高射炮兵有了明显加强，这些大大提高了志愿军的作战能力，志愿军越战越强，越战越主动，有力地保障了抗美援朝战争的胜利。

---

① 《建国以来毛泽东军事文稿》中卷，军事科学出版社、中央文献出版社2010 年版，第 51、173 页。

② ［美］沃尔特·G.赫姆斯：《美国兵在朝鲜》第一卷，国防大学出版社1994 年版，第 582—583 页。（本书未标示译者信息。——作者注）

与此同时，也大力加强了中国的国防现代化建设。在苏联政府的帮助下，中国奠定了国防工业基础，新中国第一个五年计划期间，苏联援助的 156 个建设项目（实际施工 150 项）中，即有 41 个是国防工业项目。到 20 世纪 50 年代末，中国就建成了包括兵器工业、航空工业、船舶工业、电子工业等在内的一大批军工骨干企业，初步形成了自己的国防工业体系。

三、加强国防和军队现代化建设必须突出重点，有所为，有所不为

抗美援朝战争开始时新中国刚刚成立一周年，还处于一穷二白状态，人民解放军的海军、空军、炮兵、装甲兵领导机关虽都已建立，但除炮兵部队较有基础外，其他军兵种作战部队都在组建过程中，都未形成作战能力。况且无论改善中国人民解放军的武器装备还是改善中国人民志愿军的武器装备，都是以从苏联贷款的方式从苏联购买。美国是世界头号资本主义强国，美国军队是世界上现代化水平最高的军队。美军在朝鲜战争中，握有整个战场的制空权和制海权，实行陆海空三军联合的全方位立体作战。志愿军在参战初期既无海军也无空军，地面部队也没有坦克，基本上是以陆军一军对美军的陆海空三军。中国没有能力、没有条件全面改善志愿军的武器装备，只能根据抗美援朝战争的需要，有所为，有所不为，有重点地进行改善。为解决志愿军在战场上打击肆无忌惮的美国空军飞机、打击在地面横冲直撞的美军坦克以及加强志愿军炮兵火力的急需，中央军委调整了国防军建设重点加强海军、空军建设的计划，改为重点加强空军和炮兵（包括高射炮兵和反坦克炮兵）建设，将原从苏联贷款 3 亿美元中计划用于海军建设的 1.5 亿美元，全部改用于加强空军和炮兵建设，而放缓了海军建设步伐。从而基本保证了志愿军在战场上作战的需要，并且使中国人民解放军空军和炮兵在这场战争中发展成熟起来，特别是空军，到抗美援朝战争结束后的 1953 年底，已发展到 28 个师共 70 个团，拥有各型飞机 3000 余

架，并且装备了当时世界上最先进的战斗机，形成了由各种航空兵组成、有战斗力的、仅次于美国和苏联的世界第三大空中力量。

四、加强国防和军队现代化建设必须依靠人民

抗美援朝战争期间，从 1950 年 10 月中国人民志愿军开赴朝鲜作战到 1952 年底，中国尚处于国民经济恢复期间，国家财政收入非常有限，1950 年和 1951 年的国家财政总支出中，超过 40% 都用于国防费以保证抗美援朝战争的需要。然而，即便如此，仍不能满足志愿军战场作战需要的大量现代化武器装备。为解决这个问题，中共中央充分发挥各级人民政权的作用，动员人民群众支援战争，依托中国人民抗美援朝总会，开展了广泛深入、轰轰烈烈又扎扎实实的抗美援朝运动，特别是动员全国各族各界人民开展订立爱国公约和增产节约运动，组织开展捐献飞机大炮运动，等等。仅 1951 年 6 月 1 日至 1952 年 5 月 31 日一年时间，全国各族各界人民（包括海外侨胞和驻外使领馆人员）捐献飞机大炮运动捐献的款物，即折合人民币新币值 5.56 亿余元，按当时每架米格 -15 战斗机 15 万元人民币计算，可供购买 3710 架战斗机，既减轻了国家的财政负担，又极大地改善了志愿军的武器装备。1952 年夏季以后，志愿军武器装备有明显改善，与动员全国各族各界人民开展捐献飞机大炮运动有直接关系。毛泽东在总结抗美援朝战争胜利经验时说："我们的经验是：依靠人民，再加上一个比较正确的领导，就可以用我们劣势装备战胜优势装备的敌人"。[①]

五、加强国防和军队现代化建设必须培养军事人才队伍

中国人民解放军是从土地革命战争时期的红军和抗日战争时期的八路军、新四军及人民抗日游击队发展起来的。到 1950 年 10 月

---

① 《建国以来毛泽东军事文稿》中卷，军事科学出版社、中央文献出版社 2010 年版，第 174 页。

东北边防军改为中国人民志愿军入朝参战时,志愿军汽车很少,还没有坦克。除了专业汽车司机外,志愿军广大官兵几乎没有人会驾驶汽车和坦克,致使在作战中缴获的汽车和坦克不能立即开走为我所用,绝大部分被美军的飞机和火炮炸毁。此外,志愿军虽有少量炮兵,但基本是一支步兵队伍。志愿军步兵中的许多中高级军事指挥员不懂炮兵。抗美援朝战争中,在 1950 年 10 月至 1951 年 6 月的整个运动战期间,对本来就极为有限的炮兵不能充分发挥其作用。在第二次战役中,有的师级指挥员甚至连配属的山炮都不愿使用。针对这种情况,志愿军首长对步兵指挥员加强了步兵、炮兵协同作战的教育,随着坦克部队入朝,又加强步兵、坦克兵协同作战,步兵、炮兵、坦克兵协同作战教育。到 1951 年夏、秋季防御作战时,步兵、炮兵、坦克兵之间的协同作战就有了明显进步。到 1952 年夏季以后,步兵、炮兵、坦克兵之间的作战协同更加密切,特别是步兵和炮兵的作战协同已经成熟,炮兵在作战中充分发挥了作用。此外,为使国内军队干部经受现代战争锻炼,取得经验,从 1952 年下半年开始,经中央军委批准,组织总参谋部、总政治部、总后勤部和当时 6 个大军区后勤部机关干部与志愿军司令部、政治部、后方勤务司令部(包括各分部)机关干部进行了轮换,组织各大军区司令部、政治部机关干部与志愿军各兵团司令部、政治部机关干部进行了轮换,由国内军队高级干部与志愿军高级指挥员(包括空军、炮兵、装甲兵、工兵指挥员)进行了轮换。还组织数批师、团职和个别军职干部到志愿军中参观见学和代职。与此同时,国内在全军开展了大规模文化教育,提高全军科学文化素质。这些都有效培养了适应国防和军队现代化建设的军事人才队伍。

以上各点,对当前中国实现建设信息化军队,打赢信息化战争的长远建设目标,均具有重要启示。

抗美援朝战争的胜利是
毛泽东人民战争思想的胜利[*]

　　抗美援朝战争中，敌我双方经济力量和军队武器装备强弱优劣极为悬殊，那么，为什么能取得战争的胜利？这当然是多种因素促成的。其中最关键的起决定性的因素，就是毛泽东军事思想在这场战争中的灵活运用和发展。毛泽东军事思想本质上就是人民战争思想。毛泽东人民战争思想的内容极为丰富，这里我只就抗美援朝战争中实行人民战争的大体情况做个介绍。

　　抗美援朝战争，是毛泽东人民战争思想在中国共产党执掌国家政权后的第一次实践。此时实行人民战争，比起历次中国革命战争，更有优势、更有条件。一方面，可以充分发挥各级人民政权的作用，动员组织人民群众支援战争；另一方面，当时中国共产党不但具有极强的组织领导能力，而且在全国人民中具有极高的威望，因此也具有极强的号召力。因此，中国在抗美援朝战争中充分发挥了人民战争的威力，并且创造了人民战争的新形式，这就是伟大的抗美援朝运动。抗美援朝战争中的人民战争与抗日战争中的人民战争表现有所不同。抗日战争中的人民战争，重点体现在抗日根据地人人皆兵、人人参战上，而抗美援朝战争中的人民战争重点体现在全国人民对战争的支援上。抗美援朝运动，由中国人民抗美援朝总会和各

　　*　本文是作者于 2015 年 10 月 25 日在乌有之乡网站举行纪念中国人民志愿军抗美援朝出国作战 65 周年座谈会上的发言。

级分会根据中共中央指示，在全国各级人民政权的支持下具体运作。
伟大的抗美援朝运动主要体现在以下几个方面。

一、广泛深入开展抗美援朝爱国宣传教育活动

宣传教育活动的中心内容，是针对当时一部分中国人存在的亲
美、恐美、崇美情绪，开展的仇视、鄙视、蔑视美帝国主义的"三
视"教育。宣传教育活动的中心口号是"抗美援朝、保家卫国"。宣
传教育活动的主要目的，是启发中国人民的民族自尊心和自信心，
普遍提高爱国主义觉悟，坚定取得抗美援朝战争胜利的信心。

抗美援朝爱国宣传教育活动，开动和利用了当时所有的宣传手
段和教育形式，中央和地方报刊、电台以及出版界，大量刊登、播
送和出版教育材料；学校师生和文艺工作者，纷纷组成宣传队走上
街头和下厂、下乡演讲、演出，进行宣传教育；利用墙报、宣传画、
声讨会、座谈会、报告会等形式，进行宣传教育；许多城市举行数
万人的集会、游行；各民主党派、人民团体及宗教界，普遍召开会
议，发表宣言；各地普遍召开抗美援朝代表会议，吸收各族各界人
民代表参加，统一思想认识，研究如何加强抗美援朝工作；等等。
总之，当时全国无论城市乡村、内地边疆，哪里都是一派"抗美援
朝、保家卫国"的气氛。毛泽东对这一宣传教育运动高度重视，多次
在有关报告上作出批示，并向全国转发了许多地区开展这一活动的
好做法、好经验。[①]

这种宣传教育，除了偏远山区外，几乎做到了家喻户晓，深入
人心。达到了宣传教育的目的，唤醒了中国人民，也动员、组织了
中国人民，提高了中国人民的政治觉悟，极大地激发了中国人民的
爱国热忱，将中国人民紧紧地凝聚在一起，在中国共产党的领导下，
同仇敌忾，万众一心，全力保障抗美援朝战争的胜利。这种教育也

---

① 参见《建国以来毛泽东军事文稿》上卷，军事科学出版社、中央文献
出版社 2010 年版，第 345、381 页等。

极大地激发了中国人民志愿军广大官兵特别能吃苦、特别能战斗的作战精神。志愿军在战场上的表现，既使美军极为恐惧，又使美军非常敬佩。

二、动员、组织参军参战支前

在抗美援朝战争期间，每年都征兵两次，每次征集 20 万左右的青年参军或参战，中央人民政府和中央军委并以东北行政区为抗美援朝战争总后方基地，动员民工，组织大车队、担架队以及各种技术人员，到朝鲜担负战场勤务。为做好这些工作，抗美援朝总会多次发出通知、指示，号召各地总分会、分会配合各地人民政府，动员人员参军参战支前，组织医务人员到朝鲜担负战地救护勤务。

在抗美援朝爱国宣传教育的基础上，1950 年底和 1951 年初，全国掀起了参军参战支前的热潮，各族青年踊跃参军参战，父母送儿子、妻子送丈夫、兄弟争相入伍的动人事迹屡见不鲜。许多地区报名参军人数都超过应征人数的十几倍。完成土地改革较早的东北、华北等老解放区，不少区、乡的民兵们，还组成"子弟兵连"，要求集体参加志愿军。山西省雁北专区有些村没有接到报名参军的通知，这些村仍有 100 多名青年主动要求参军，找村、乡干部将他们送到部队。内蒙古自治区扎赉特旗有个行政村，60 多个年轻人牵着自己家的马参加了志愿军。许多青年写血书要求参军，部队广大官兵纷纷写请战书要求直接参战。

据不完全统计，抗美援朝战争期间，全国先后参加志愿军赴朝参战的兵力达 290 余万人次，仅东北地区即动员了近 40 万人参军（其中参加志愿军的有 30 余万人），70 余万人组成大车队、担架队，还有汽车司机、铁路员工、医务人员等 4.5 万人到前线担负战场勤务工作，从人力上有力地支援和保证了志愿军作战的胜利。志愿军虽武器装备落后，但在战场上始终保持了兵力的优势。巨大兵力优势和源源不断的兵员补充，本身就是对美军的巨大威慑。1951 年 5 月，美国政府寻求通过停战谈判结束朝鲜战争，重要原因之一，就是看到了中国人民志愿军和中国人民的这种力量是不可战胜的。

三、组织慰问最可爱的人

志愿军第二次战役结束后，著名军旅作家魏巍到朝鲜进行战地采访，将志愿军第三十八军第三三五团第三连在松骨峰与美军作战的动人事迹，写成了通讯——《谁是最可爱的人》，于 1951 年 4 月 11 日发表在《人民日报》上。从此，祖国人民把志愿军称为"最可爱的人"。

抗美援朝战争开始后，中共中央多次发出指示，要求募集救济品、慰劳品，组织慰问志愿军和朝鲜人民军。抗美援朝总会据此发出号召，在全国掀起了慰问"最可爱的人"的热潮。

从 1950 年 11 月至 1951 年 5 月，仅半年时间，全国人民即捐献慰问金人民币 1186 万余元、慰问袋 77 万多个、慰问品 126 万多件及大量慰问信，慰问志愿军、朝鲜人民军和朝鲜灾民。这些慰问品，表达了全国人民对志愿军的热爱之情，激励着他们更加自觉地英勇战斗，为祖国争光。

为了更直接地向中国人民志愿军和朝鲜军民表达尊敬和爱戴之情，抗美援朝总会于 1951 年 4 月、1952 年 9 月和 1953 年 10 月，先后组织了三届大规模中国人民赴朝慰问团，前往朝鲜慰问中国人民志愿军和朝鲜人民军。慰问团带去了祖国人民大量的慰问金、慰问品和慰问信。随团的文艺工作者们不辞辛苦，不畏艰险，在美军飞机的经常袭扰下，为指战员们作了千百次精彩表演，不少演员还深入到前沿阵地为战士们进行演唱，把祖国人民的温暖送到每个战士的心坎上，有的还因此献出了宝贵生命。

这些给了中国人民志愿军巨大的精神鼓舞，从而更加激发了广大官兵的战斗士气和作战积极性。

四、开展捐献飞机大炮运动

中国人民志愿军参战后，由于战场上敌我双方武器装备强弱优劣极为悬殊，特别是志愿军没有空军参战，没有坦克参战，大炮数量和质量都比不上美军，虽然连续取得历次战役的胜利，但作战中的实际困难远远超出想象。当时，国家一穷二白，要进行抗美援朝战争，也要恢复国内建设，财政负担很重，没有能力再从财政上临时拨款购买志愿军作战所需武器装备，以改善作战条件。

鉴于这种情况，1951年6月1日，中共中央发出指示，决定"在全国普遍地开展爱国公约运动，开展增产、捐献武器运动和优待烈属军属及残废军人的运动，借以提高人民的政治觉悟和爱国热忱，借以鼓励前线的士气并解决一部分财政上的困难"①。同日，中国人民抗美援朝总会发出号召："建议全国各界爱国同胞们，不分男女老少，都开展爱国的增加生产、增加收入的运动，用新增加的收入的一部或全部，购置飞机、大炮等武器，捐献给志愿军和解放军，来加强他们的威力，巩固我们的国防。"②中国人民抗美援朝总会还专门就捐献武器运动的组织工作规定了若干具体办法。

在中国人民抗美援朝总会、各总分会、分会的具体组织领导下，抗美援朝捐献武器运动迅速在全国展开。全国各地、各族、各界人民及机关、团体、民主党派等采取多种方式，为捐献筹集资金。中国驻外使领馆工作人员、归国华侨和海外侨胞也积极作了捐献。全国人民非常踊跃，有钱的捐钱，没钱的捐物，民主人士、宗教界、文学艺术界的名人，都带头捐献。捐献中有很多动人、感人的事迹。当时抗美援朝总会规定，个人、集体、单位捐献钱物能购买一架飞机以上的都冠以飞机称号。大家都知道豫剧演员常香玉带领剧组巡回演出捐献了一架飞机，这架飞机冠名"香玉剧社号"。这只是个代表。其实，各界、各团体、各省市捐献的购机款都冠以了飞机的称号，比如文学艺术界的"鲁迅号"、宗教界的"基督教革新号"，其他的又如"××工人号""××农民号""中国青年号""中国学生号""中国妇女号""工商号""人民电影号""华侨号"等。山东人民

① 转引自军事科学院军事历史研究所《抗美援朝战争史（修订版）》下卷，军事科学出版社2011年版，第48页。
② 转引自军事科学院军事历史研究所《抗美援朝战争史（修订版）》下卷，军事科学出版社2011年版，第48页。

认捐"山东空军师"120 至 130 架，江西人民认捐"八一空军师"81架，苏南人民认捐"苏南空军师"120 架。

从 1951 年 6 月 1 日至 1952 年 5 月 31 日的一年时间里，全国各族各界人民，捐献钱物，共折合人民币 5.565 亿元，以每架飞机 15 万元计算，可供购买 3710 架飞机。

捐献飞机大炮运动，本身又是一次在全国人民中开展的普遍深入的爱国教育，给予中国人民志愿军以巨大的精神鼓舞和物质支援，使志愿军的武器装备得到明显改善和加强，同时也减轻了国家的财政负担。中国人民抗美援朝总会在对这次捐献运动的总结中指出："这次爱国捐献运动所获得的巨大成就，已经极大地加强了中国人民志愿军的威力，使他们更有效地打击美国侵略者"，并且"加强了国家的建设和改善了人民的生活"[①]。从 1952 年夏季开始，志愿军武器装备有了明显加强和改善，作战能力也明显提高，特别是炮兵在作战中充分发挥了作用。到 1953 年，志愿军火炮质量虽然还不如美军，但火炮的数量已超过美军。从 1952 年夏季到 1953 年 7 月朝鲜停战，志愿军在地面战场上始终处于主动地位，"联合国军"始终处于被动挨打状态。

此外，中国还举全国之力，为战场上生产和提供需要的各种物资，保证了志愿军作战的胜利。

开展抗美援朝运动的初衷有两个：一个是全力支援保障志愿军在战场作战的胜利，另一个是全力争取国民经济恢复工作按时完成。两个初衷全部实现了。

毛泽东在总结抗美援朝战争胜利经验时指出："领导是一个因素，没有正确的领导，事情是做不好的。但主要是因为我们的战争是人民战争，全国人民支援，中朝两国人民并肩战斗。""我们的经验是：依靠人民，再加上一个比较正确的领导，就可以用我们劣势装备战

---

① 转引自军事科学院军事历史研究所《抗美援朝战争史（修订版）》下卷，军事科学出版社 2011 年版，第 51 页。

胜优势装备的敌人"。① 美国军人从朝鲜战争中,得出一个结论:我们不怕中国军队的现代化,我们怕的是中国军队的毛泽东化。美国军人说的"毛泽东化",指的就是毛泽东的人民战争思想。毛泽东人民战争思想永远是中国人民的胜利之宝。

① 《建国以来毛泽东军事文稿》中卷,军事科学出版社、中央文献出版社2010年版,第173、174页。

抗美援朝战争战役指导的基本经验[*]

迄今为止，美国也不得不承认，朝鲜战争是美军历史上第一次没有取胜的战争，武器装备现代化水平最高的美国军队，败在了武器装备落后的中国人民志愿军手下，有失美军的颜面。在战后相当长一段时间，美国人都不愿提起这场战争，叫作"被遗忘的战争"。美国军方也从朝鲜战争中认识了中国军队，他们的说法是：美军不怕中国军队现代化，因为在这方面他们永远赶不上我们。怕的是中国军队的毛泽东化，中国军队离毛泽东越远，美军的胜算也就越大。

抗美援朝战争的突出特点是敌我双方经济力量和军队武器装备优强弱劣极为悬殊，这给志愿军作战造成了严重困难。毛泽东将这些困难概括为："一、能不能打；二、能不能守；三、有没有东西吃。"^①围绕这些问题，以毛泽东为主席的中共中央、中央军委和以彭德怀为司令员的志愿军总部，从战争客观实际出发，根据这场战争的新情况、新特点，实施了富有创造性的灵活的军事战略指导。除此，志愿军总部在战役指导上也积累了许多新的经验。

在整个抗美援朝战争中，中国人民志愿军组织进行的战役和战役规模的作战行动共有 11 次，包括运动战阶段的第一次至第五次战役，阵地战阶段的 1951 年夏季防御作战和秋季防御作战、1952 年秋

---

* 本文发表在《军事历史》2017 年第 1 期。

① 《建国以来毛泽东军事文稿》中卷，军事科学出版社、中央文献出版社 2010 年版，第 50 页。

季战术反击作战（战役规模的作战行动）、上甘岭战役、1953 年夏季反击战役、金城战役。这 11 次战役中，有 7 次战役是进攻性质的作战，3 次战役是防御性质的作战，还有 1 次战役是既有进攻也有防御性质的作战。

以彭德怀为司令员兼政治委员的志愿军总部，灵活运用毛泽东军事思想，在战役指导上，根据敌我双方的新情况、新特点，贯彻的仍是人民解放军的传统作战原则，即你打你的、我打我的，避强击弱、扬长避短。主要经验有如下几点。

一、抓住和利用美军作战中难以克服的弱点予以打击

（一）美国空军夜间不能充分发挥作用，并且美军部队怕夜战，志愿军则发挥夜战特长，充分利用夜间发起进攻

在朝鲜战场，美军地面部队作战，对其空军有很大的依赖性，一般是利用其空军优势进行昼间作战，拂晓发起进攻，黄昏转入防御。到了夜间失去空军支援，其步兵部队战斗意志和战斗士气就大为降低。志愿军就抓住和利用美军这一弱点，充分利用夜间作战。在整个抗美援朝战争中组织的进攻战役和战斗，几乎都是充分利用美军空军不能大规模出动的夜间进行的。一般是黄昏发起进攻，拂晓前结束战斗。当夜不能结束战斗的，则在拂晓前转入防御，次日黄昏再组织进攻，但发起进攻第一个夜间的作战极为关键（当夜不能解决战斗，到了白天美军空军出动支援，被围美军重新调整部署，第二个夜晚再攻就增加了困难）。运动战阶段志愿军进攻战役发起的时间，都在农历十五前后，所以美军称志愿军的进攻作战是"月圆攻势"。这期间，每到月圆期，美军步兵部队的士兵就有一种心理恐惧感。

（二）美军现代化装备怕离开道路和切断与后方的联系，志愿军在战役上则采取迂回包围战术，切断其后路，动摇其战役决心

第一次战役的西线作战，志愿军第三十八军沿清川江左岸于 1950 年 11 月 4 日拂晓迂回到军隅里以北地区受阻，虽未达成切断

清川江以北敌军后路的任务，但进至清川江以北的美军和南朝鲜军，除占领清川江以北个别桥头堡阵地外，主力于 11 月 4 日晚全部撤至清川江以南地区。志愿军遂于 11 月 5 日结束了第一次战役的西线作战。

第二次战役，志愿军西线部队发起反击后，第三十八军第一一三师在完成德川战斗任务后，向敌后穿插迂回，于 11 月 28 日和 29 日抢占了三所里及以西龙源里两个关卡，截断了进至清川江以北地区美军第九军的南撤退路，致使西线美军第八集团军的进攻全线动摇，于 29 日全线撤退，至 12 月 1 日，美军第九军指挥的美军第二师和土耳其旅遭到歼灭性打击，美军第二十五师遭到重创。在东线，志愿军 11 月 27 日晚发起反击的当夜，就将美军第十军指挥的美军陆战第一师和美军步兵第七师分割包围在长津湖东岸的新兴里、南岸下碣隅里和西岸的柳潭里等几个孤立的点上，特别是下碣隅里，是新兴里和柳潭里的美军南撤必经通路。志愿军第二十七军的 5 个团于 11 月 30 日深夜在新兴里展开全歼美军步兵第七师第三十一团级战斗队的激战，至 12 月 2 日，全歼该敌。12 月 2 日，美军第十军军长就下令柳潭里的美军部队突围，向下碣隅里收缩，于 12 月 6 日拂晓，在空军和炮兵的火力支援下，突出下碣隅里的包围南逃。

在第五次战役的第一阶段作战中，当志愿军进攻部队左右两翼向敌后穿插，在尚未形成合钳的情况下，美军即全线撤退。

第三次战役、第四次战役中的横城反击战，第五次战役的第二阶段作战、金城战役，打的都是南朝鲜军，也采取了迂回包围战术，有的还是采取的多层迂回包围战术。

（三）美军步兵战斗精神差，怕失去火力支援，怕近战

志愿军则采取战役上的迂回包围和战术上的分割包围相结合的战法，隔离美军步兵与坦克的联系，派出小分队，捣毁敌军炮兵阵地和团、营指挥所，实行近战，集中力量打其步兵。这在志愿军组织进行的进攻战役中，几乎都有体现。

二、根据自身装备特点和作战能力确定打法

（一）志愿军攻击火力弱，对美军实现战役包围后难以全歼，遂改变战略战役性大迂回大包围的战法，实行战术性的小包围，打小歼灭战，"零敲牛皮糖"，向打大歼灭战过渡

"零敲牛皮糖"，打小歼灭战，最典型的战例是1952年秋季战术反击作战，这是一次战役规模的战术反击作战。从1952年9月18日至10月31日，历时44天，志愿军和朝鲜人民军共选择"联合国军"（包括南朝鲜军）营以下兵力防守的60个阵地进攻77次（朝鲜人民军对3个阵地进攻3次），除对几个阵地的进攻未成功或敌守军逃脱外，对其余50多个阵地都是攻克阵地、全歼守敌，经过反复争夺后，巩固占领17个阵地，志愿军以伤亡10700余人的代价，歼敌27000余人，完全处于主动地位，打得"联合国军"疲于奔命，有8个师频繁调动，其中有5个师是两次调动。

打小歼灭战，向打大歼灭战过渡，最典型的战例是1953年夏季的反击战役（含金城战役）。战役的指导方针就是"稳扎狠打，由小到大"，战役共经历三个阶段（金城战役就是第三阶段的作战）。

第一阶段，是由第二十兵团和第九兵团打的，选择的是敌军连以下兵力防守的20个阵地，攻击29次，除攻击敌一个排的阵地未得手外，其余19个阵地，均攻克了敌阵地，全歼守敌，经反复争夺后，巩固占领2个阵地，以伤亡1600余人的代价，歼敌4100余人。

第二阶段，志愿军在第一线从西至东的第十九兵团、第九兵团、第二十兵团，3个兵团均有部队参加作战，选择攻击敌军防守兵力的规模已扩大到团级单位，共选择敌军团以下兵力防守的51个阵地，进攻65次，第六十军和第六十七军均创造了阵地战以来一次歼敌一个整团的战例，巩固占领阵地58平方公里，以伤亡19300余人的代价，歼敌41000余人。

第三阶段，志愿军以第二十兵团指挥5个军，和第九兵团第二十四军进行金城战役为主，第一线其他各军均进行了配合作战。仅金城战役，即选择金城以南南朝鲜军4个师防守的阵地，实施进攻，歼南朝鲜军4

个师大部，连同第一线其他各军作战（包括朝鲜人民军），以伤亡 33000余人的代价，歼敌 78000 余人，收复阵地 192.6 平方公里。

整个 1953 年的夏季反击战役（含金城战役），不但有力地促进了朝鲜停战的实现，而且有效地保证了停战后，《朝鲜停战协定》被有效遵守。

（二）志愿军没有摩托化、机械化装备，实行战役追击困难，遂只进行相应追击

中国人民解放军在全国解放战争中同国民党军作战，当国民党军败退时，均实行了大规模的战役追击，并且追击战果较大。而在抗美援朝战争中，许多情况与中国人民的全国解放战争不同。一方面，敌我双方武器装备优劣悬殊，志愿军以两条腿难以追上"联合国军"的机械化和摩托化装备，即便追上也难以将其歼灭，而自身徒增疲劳，并且追击过远，在遇敌反扑时易陷被动。彭德怀司令员 1951 年 8 月曾指出："在朝鲜战场敌有大量飞机、坦克和美英军的机械化部队，而我军无飞机和战车配合作战，只靠徒步追击实有困难，追击效果亦不大。"[①]另一方面，朝鲜战场南北狭长，三面环海，志愿军追击越远，侧后越加暴露，侧后安全受到的威胁也就越大。加之，志愿军后勤跟进补给能力弱，追击越远，补给越加困难。此外，有时还考虑到利于尔后歼敌，不使敌军过于集中，而不宜远追。因此，在抗美援朝战争中，志愿军未实行大规模的深远战役追击，而只进行了相机追击，适时决定战役进止，保持了战略、战役上的主动。

第一次战役时，当西线"联合国军"从清川江以北全线向清川江撤退后，志愿军以第四十军和第三十九军两个师实施了战役追击。当时志愿军首长考虑，粮弹供应已发生困难，在清川江以北歼敌机会已失，并且歼敌数量不多，志愿军主力尚未暴露，敌军稍做喘息还会发动大规模进攻，为了保持主动，以利尔后作战，于是，当追至清川江时，遂适时停止了追击，结束战役。

第二次战役西线作战，志愿军在西线价川、军隅里地区完成作

① 《彭德怀军事文选》，中央文献出版社 1988 年版，第 425 页。

战任务，并占领平壤后，"联合国军"西线部队全线向三八线撤退，志愿军遂集中主力展开追击。考虑到下次战役将越过三八线作战，有利于歼敌，遂在追至三八线时，结束了追击，而转入新的战役准备。此次战役中，担任东线作战任务的第九兵团，对突围逃跑的美军陆战第一师以及向南撤退的美军第十军指挥的其他部队，实施了全力追击。此时，朝鲜人民军部队已收复元山，截断了美军第十军从陆路南撤的退路。"联合国军"遂出动240余艘舰船赶往兴南港，从海上接援。志愿军第九兵团一直追到兴南港，其中对美军陆战第一师的追击尤为出色。1950年12月3日至6日，被围于柳潭里和下碣隅里的美军陆战第一师3个陆战团（欠1个营）及2个炮兵营和1个坦克营等部，在其空军的支援掩护下，先后突出包围，向南逃跑。志愿军第九兵团随即展开战役追击。以第二十军在北起死鹰岭，南至上通里、下通里长约70公里的路段上，依托已占阵地步步紧追、层层阻击。首先是第五十九师在死鹰岭地区展开堵击；其次是第五十八师、第六十师在古土里、真兴里地区展开堵击；再次是第八十九师追至上通里、下通里地区展开堵击，以第二十六军跟踪追击，以第二十七军主力从右翼向咸兴以西方向攻进，以断敌退路。战至12月12日，美军陆战第一师被歼过半，并丢弃大量重装备，才在美军第三师的接应下逃至五老里，尔后在其海军接应下从海上撤逃。

第三次战役，志愿军于1951年1月1日凌晨突破"联合国军"三八线既设阵地后，"联合国军"于1月2日，即开始全线溃退。志愿军随即展开追击，除第五十军追歼英军第二十九旅1个营及1个坦克中队、第三十九军追歼英军第二十九旅2个连外，整个追击战果不大，并且追击越远，物资补给越困难，侧后更加暴露，而敌军似有计划地撤退，为避免追击过远为敌所乘，遂在将敌军追至三七线附近时，果断停止了追击。

金城战役志愿军第一步作战达成拉平战线的目标后，南朝鲜军向南溃逃。志愿军第二步作战，仅以东集团第六十军第一八〇师2个团、中集团第五十四军第一三五师1个团和西集团一部有限度地向纵深扩大战果。其中东集团第一八〇师2个团，向敌纵深挺进最远，约8公里，待敌展开全面反扑后，主动撤至金城川一线以北巩固已占阵地。

志愿军根据朝鲜战场作战的具体情况，只作相机追击，适时决定战役进止，从而较好地掌握了战略、战役上的主动权。在第四次、第五次战役中也进行了相机追击，但第五次战役第二阶段前伸过远，对粮弹供应和伤员转运都增加了困难，致进攻作战结束后，不能迅速脱离战场。

（三）志愿军运输补给困难，持续进攻作战能力弱，遂每次进攻作战更加强调速战速决

战略上的持久战，战役战斗上的速决战，这是中国共产党领导人民军队以弱胜强的基本作战原则之一。抗美援朝战争中，志愿军每次进攻战役战斗都实行了这一原则。只有战役战斗上速战速决，才能减少自己不必要的消耗，使敌军被攻击部队在来不及得到支援的情况下即被歼灭，并有利于自己转用兵力，各个歼敌。志愿军实施战役战斗的速战速决，还有一个重要原因，就是志愿军后勤保障能力很弱，而跟进保障能力更弱，在运动战期间，部队作战所需粮食、弹药，基本上靠自身携带，带几天打几天，一般只能维持7至10天。所以，志愿军的每次进攻作战持续时间基本在一个星期左右。美军称志愿军的进攻是"礼拜攻势"。

（四）志愿军实行坚守防御困难，遂在前期运动战中采取"兵力前轻后重，火力前重后轻"的部署原则

志愿军依山傍水节节抗击，而在后期则创造了地面战场上以坑道为骨干的坚固阵地防御体系，并采取相应的坑道战术。志愿军在第一次战役东线长津湖以南的阻击作战中和第四次战役西线汉江南岸的阻击作战中，就已看出，武器装备落后，依托野战工事，面对"联合国军"飞机、大炮和坦克的猛烈火力攻击，组织坚守防御是相当困难的。"联合国军"在进攻中，对志愿军一个连至一个团防守的阵地，在一天之内即可发射炮弹和投掷炸弹数百发（枚）至上万发（枚），志愿军伤亡很大，多数连排阵地只能坚持数小时，许多阵

地在弹药耗尽，人员大部或全部伤亡的情况下失守。鉴于这种情况，志愿军在第四次战役第二阶段转入防御作战后，就实施了以空间换取时间的运动防御战法，依山傍水，节节抗击，并采取"兵力前轻后重，火力前重后轻"的部署原则，尽量减轻防御部队的伤亡损失。

转入阵地战以后，则创造了地面战场上以坑道为骨干的坚固阵地防御体系，并采取相应的坑道战术。1952 年 10 月 14 日至 11 月 25 日的上甘岭战役，敌我双方在志愿军的两个连阵地上反复争夺 43 天，志愿军之所以能够守住阵地，并全面恢复被敌军占领的表面阵地，一个重要原因，就是有了以坑道为骨干的坚固阵地。当时美国的军事专家曾感叹：即使用原子弹也不能把狙击兵岭（指 537.7 北山阵地）和爸爸山（指五圣山）上的共军部队全部消灭。[1]

三、步炮密切协同，充分发挥炮兵火力的作用

1951 年 6 月 1 日至 1952 年 5 月 31 日开展的捐献飞机大炮运动，全国各族各界人民、海外侨胞和驻外使领馆人员踊跃捐献，共折合人民币相当于 1955 年新币值 5.56 亿余元，按照当时购买一架苏联米格 -15 飞机 15 万元人民币的价格计算，可供购买 3710 架战斗机。经过这次捐献运动，从 1952 年夏季开始，志愿军的武器装备虽与美军还无法相比，但有了明显改善和加强。特别是炮兵的数量有明显增多，质量也有明显提高。从 1951 年的夏、秋季防御作战开始，志愿军炮兵在作战中逐渐有了经验，发挥作用越来越明显。经过 1952 年春、夏巩固阵地的作战，志愿军炮兵在作战中的使用越来越成熟，步兵、炮兵作战中的协同越来越密切。从 1952 年秋季战术反击作战开始，更加注重步兵和炮兵的密切协同，充分发挥炮兵的火力作用。

1952 年秋季的战术反击作战中，一般攻击"联合国军"一个连的阵地，使用步兵一个连，而使用炮兵 8 至 10 个连、火炮 30 至 40

---

[1] 转引自军事科学院军事历史研究所《抗美援朝战争史（修订版）》下卷，军事科学出版社 2011 年版，第 333 页。

门予以支援，步兵、炮兵间的协同已相当默契，炮兵发挥了重要作用。志愿军之所以能对敌军阵地攻则必克、攻则必歼，炮兵火力的充分发挥是一个重要因素。同年 10 月 14 日至 11 月 25 日的上甘岭战役中，志愿军的火炮数量和质量虽然不能与"联合国军"相比，但在不到 4 平方公里的作战地区里，集中了山炮、野炮、榴弹炮 133 门，火箭炮 24 门，高射炮 47 门，迫击炮 292 门，共发射 35 万余发炮弹，火炮的密度和发射的炮弹数均创造了志愿军参战以来的最高纪录。"联合国军"方面称"这是共军炮火最强大最猛烈的一次"。[①]1952 年 12 月 16 日，由周恩来起草、以毛泽东名义给斯大林的电报中，总结 1952 年秋季志愿军作战胜利的原因时说："今年秋季作战，我取得如此胜利，除由于官兵勇敢、工事坚固、指挥得当、供应不缺外，炮火的猛烈和射击的准确实为致胜的要素"。[②]

到 1953 年夏季，志愿军和朝鲜人民军的火炮虽在质量上仍不如"联合国军"，但在火炮数量上已超过"联合国军"（志愿军和朝鲜人民军的火炮合计 19702 门，"联合国军"的火炮合计 16169 门）。7 月 13 日至 27 日的金城战役，志愿军火炮和炮火的密集度都达到了志愿军抗美援朝战争中的最高水平。在金城以南 25 公里的正面上，第二十兵团和第二十四军集中 82 毫米口径以上各种火炮共 1000 余门，平均每公里 45 门。整个金城战役消耗炮弹 1.9 万吨，相当于志愿军在运动战期间五个战役中消耗炮弹总量的 2.2 倍。尽管与第二次世界大战中苏联军队作战平均每公里需 100 至 120 门火炮的标准还无法相比，但这已达到了志愿军的最高水平，并且在这次战役中充分发挥了作用。由于在突破中炮火准备充分，破坏"联合国军"工事可达 70%，"联合国军"的冲锋约 40% 左右是被志愿军的炮火击退的。

志愿军炮兵在战争中不断得到加强和走向成熟，为战争后期志愿军越战越强、越战越主动和取得抗美援朝战争胜利，发挥了巨大

---

① 转引自军事科学院军事历史研究所《抗美援朝战争史（修订版）》下卷，军事科学出版社 2011 年版，第 332 页。

② 参见《周恩来军事文选》第四卷，人民出版社 1997 年版，第 310 页。

作用。

四、军事服从政治，作战紧密配合谈判的需要

1951 年 7 月 10 日朝鲜停战谈判开始，此后，志愿军的作战就与停战谈判紧密配合。作战为了谈判，作战服从谈判，作战促进谈判。同时，谈判为作战规定任务，谈判为作战提出要求，作战打击重点目标的选择、打击时机的确定和打的规模大小，均根据谈判需要而定。

1953 年夏季反击战役，是抗美援朝战争中军事服从政治，作战与谈判紧密配合，以打促谈的典型杰作。志愿军作战和谈判的主要对手是美军，因此谈判能否有所进展，关键决定于美国的态度。因此，志愿军确定以打促谈，发动 1953 年夏季反击战役，首先决定以美军为重点打击目标，美军在第一线部署的兵力主要在西线第十九兵团正面，因此确定以第十九兵团方向为主要作战方向，以兵团为单位，准备好了再打。而东线第二十兵团准备较充分，战役首先由第二十兵团于 5 月 13 日发起，接着中线第九兵团于 5 月 15 日发起，这两个兵团攻击的均是当面的南朝鲜军，至 5 月 25 日，第一阶段作战结束，第十九兵团部队仍在加紧准备中。

这时谈判只剩战俘问题一项议程，由于美方无理坚持强迫扣留中国人民志愿军和朝鲜人民军被俘人员而久拖没有进展。这一阶段的作战，虽没打美军，但也有力地促进了谈判的进展。美方代表在谈判中的态度有明显好转，在 5 月 25 日的谈判会上，美方撤回了无理要求强迫扣留志愿军和朝鲜人民军被俘人员的方案，基本接受了朝中代表团关于战俘问题的解决方案，停战谈判可望很快达成全部协议。然而，南朝鲜李承晚集团阻挠、破坏停战谈判的活动加剧。李承晚及其政府官员公开申明：不能接受"联合国军"的新方案；南朝鲜坚决反对不规定国土统一的任何国际协定。叫嚣"反对任何妥协"，要"进军鸭绿江"，"单独打下去"，仍要强迫扣留朝鲜人民军被俘人员，并指使其谈判代表退出谈判，还在汉城、釜山等地导演了

反对停战的所谓"群众游行"。

鉴于谈判形势的这种情况，志愿军总部决定调整战役重点打击对象，由重点打击美军改为重点打击南朝鲜军，将作战的重点方向调整为东线第二十兵团。志愿军总部在 6 月 1 日的命令中指出："根据目前的形势和板门店的谈判，为使此次战役打得更策略一些，和使我新入朝的部队迅速开赴一线得到锻炼"，确定"目前反击作战打击对象主要是李伪军，应坚决打击，求得大量歼灭其有生力量，对英国等仆从军队暂不攻击，对美军亦不作大的攻击（只打一个连以下的）。但原定之作战准备仍应进行，以便必要时再打，不管任何敌人，凡是向我们进攻，就应该坚决地彻底粉碎之，请各兵团、各军根据原作战计划适当修正并报志司审核"①。据此，战役第二阶段，以打击南朝鲜军为主，以第二十兵团为重点作战方向，并扩大了打击的规模，至 6 月 16 日结束，第二十兵团在金城以东北汉江两侧给予南朝鲜军第五师、第八师以歼灭性打击，占领南朝鲜军 3 个团正面12 公里、纵深 3 至 6 公里的防御阵地。

尽管南朝鲜李承晚将其谈判代表撤出谈判会议，但停战谈判仍于 6 月 8 日达成了关于战俘遣返问题的协议，至此，停战谈判各项议程全部达成协议，《朝鲜停战协定》签字在即。然而，南朝鲜李承晚集团公然破坏刚刚达成的关于战俘遣返问题的协议，于 6 月 17 日深夜起，以"就地释放"为名，强迫扣留朝鲜人民军战俘共 2.7 万余人。李承晚集团的这种行为遭到包括美国在内的国际舆论的强烈谴责。朝中方面提出了强烈抗议，并以金日成和彭德怀名义致函"联合国军"总司令马克·克拉克，指出："鉴于这次事件所产生的异常严重的后果，我们不能不质问你方：究竟联合国军司令部能否控制南朝鲜的政府和军队？如果不能，那么，朝鲜停战究竟包括不包括李承晚集团在内？如果不包括在内，则停战协定在南朝鲜方面的实施有什么保障？如果包括在内，那么，你方就必须负责立即将此次所

---

① 转引自军事科学院军事历史研究所《抗美援朝战争史（修订版）》下卷，军事科学出版社 2011 年版，第 444 页。

有'在逃'的、亦即被'释放'和胁迫扣留并准备编入南朝鲜军队中去的二万五千九百五十二名战俘，全部追回，并保证以后绝对不再发生同类事件。"[①]

与此同时，经彭德怀建议，毛泽东批准，推迟停战协定签字，再给李承晚当局以严厉惩罚。于是有了1953年夏季反击战役的第三阶段，将作战目标改为专打南朝鲜军，并进一步扩大了打击规模。志愿军总部在命令中指出："为给敌以更大压力，配合板门店谈判，并经彭总同意，决在军事上继续予李伪军以狠狠地打击。……对美军及外国帮凶军，仍不作主动攻击，但对任何向我进犯之敌，均必须予以坚决打击。"[②]志愿军在金城以南25公里的正面上，歼灭南朝鲜军4个师大部，突入纵深最远达18公里，迫使李承晚集团不得不同意停战，并对战后遵守停战协定作出了保证。

五、采取了指导国内革命战争战役的许多有效做法

抗美援朝战争战役指导上的经验，除上述四条外，志愿军也采取了国内革命战争的许多有效做法。

一是利用和创造战役的突然性，予敌突然打击。第一次战役就是利用美国军政当局判断中国没有能力出兵，不会出兵，也不敢出兵的错误，造成了战役的突然性，予敌突然打击，一举将进至清川江以北的美军和南朝鲜军打退到清川江一线以南地区。第二次战役，志愿军示弱于敌，诱敌深入，造成美军的错觉，认为志愿军是怯战败走，在将敌军诱至预定作战地区后，突然发起反击，将以美国为首的"联合国军"从鸭绿江边打回到三八线及以南地区，打得美军不知所措，打蒙了"联合国军"总部，打蒙了美国军政当局。第五次战役第二阶段，采取声东击西，瞒天过海的做法，以第十九兵团在西

---

① 转引自军事科学院军事历史研究所《抗美援朝战争史（修订版）》下卷，军事科学出版社2011年版，第463页。

② 转引自军事科学院军事历史研究所《抗美援朝战争史（修订版）》下卷，军事科学出版社2011年版，第470页。

线积极佯动，造成进攻汉城的态势，由中线第三兵团掩护，第九兵团秘密转兵东向，与朝鲜人民军前线指挥部的部队，在县里地区突然发起进攻，歼灭南朝鲜军两个师大部，并重创其两个师，圆满达成战役目的。

二是拣弱的打。志愿军入朝前，毛泽东和彭德怀就确定，志愿军入朝后，主要是打南朝鲜军和孤立的小股美军。入朝后，虽然战场情况千变万化，但在有可能的情况下，还是拣弱的打。第一次战役主要是打南朝鲜军。第二次战役打开战役突破口，选择的也是南朝鲜军部队，即在德川、宁远地区的南朝鲜军第二军团，歼灭其两个师大部，为整个战役的顺利进行开了个好头。第三次战役，"联合国军"方面将南朝鲜军部署在第一线，因此这次战役打的主要是南朝鲜军。第四次战役，"联合国军"发动全线反扑，志愿军选择反击目标，就选择了在东线横城地区态势突出的南朝鲜军第八师，一举歼灭其三个团。第五次战役第二阶段，东线全是南朝鲜军，并形成了东北、西南的斜线态势，志愿军转兵东向，一举歼灭其两个师大部，并重创其两个师。

三是以强有力的政治工作保证各次战役的顺利进行。抗美援朝战争中志愿军的思想政治工作很有特色，并具有极强的思想政治鼓动性、现实针对性、可操作性。

运动战期间，敌我双方武器装备优劣悬殊的程度巨大。志愿军依靠劣势武器装备，难以对付美军飞机的肆无忌惮和美军坦克的横冲直撞；物资运输极为困难，战役发起后的跟进保障更为困难，部队常有断粮挨饿的情况，就是有了粮食，为防美军空袭，昼间不能冒烟，夜间不能发光，难以生火做饭，也长时间吃不到热食；因作战损耗，被服供应不及，有时部队没有鞋袜，不得不赤脚在寒冷的雪地里行军作战。这期间，战场情况变化急速，战役没有间隙，或间隙很短，作战频繁、紧张、激烈，部队连续行军作战，得不到休整补充，加之大部分时间处于朝鲜的冬季，气候寒冷，特别是朝鲜东部地区风大雪大，气温降到 $-40℃$，自然环境恶劣，部队长期在野外雪地露营。因此，在抗美援朝战争运动战期间，对志愿军来说，战争是空前残酷的，作战行动是空前艰难的，物质生活是极为艰苦的，人员物资消耗大，战士体力消耗大。如何战胜和克服这些困难，如何解决部队随时出现的思想问题，如何激励部队保持高昂的战斗士气，保证作战的胜利，这是志愿军思想政治工作遇到的新问题，也为志愿军思想政治工作提出了新的要求。这时期政治工作的主要做法如下。

第一，配合每次战役或战役的不同阶段，进行强有力的思想政治动员，战后都有政治工作总结。运动战中的每个战役或战役中的不同阶段，均由志愿军政治部（有的则由志愿军党委）发出政治工作指示，或政治动员令，或告志愿军全体党员书等，对志愿军全体官兵进行思想政治动员。在动员中主要明确战役的任务和意义，分析敌我双方的有利和不利条件，宣传各次战役的胜利，鼓舞官兵克服困难、战胜敌人的斗志和坚定取胜的信心，号召订立歼敌计划、开展战场竞赛和战场立功，要求各级党委充分发挥核心领导作用，基层党支部充分发挥战斗堡垒作用，号召共产党员和干部做克服困难、英勇杀敌的模范等。

第二，组织部队群策群力，开展想办法运动。既对部队进行思想政治教育，解决思想认识上的问题，又组织部队想办法克服困难和解决实际问题，这是人民解放军思想政治工作的优良传统。在运动战阶段作战中，志愿军的思想政治工作继承和发扬了这一优良传统，在注重解决部队思想认识问题的同时，非常注重解决部队在战场上遇到的一些实际问题。组织和发动部队群策群力想办法，根据当时的条件研究作战的具体战术，研究如何筑工事、如何防空、如何对付美军坦克，研究野外露营如何防冻和如何保证部队吃上饭、如何消除疲劳的具体办法等。在第三次、第四次战役时，部队粮食供应极为困难，志愿军把部队筹粮作为政治工作的一项重要任务，要求各师、团以政治部（处）主任或本级副政治委员负责，抽调各级政治机关 3/5 的干部，与后勤部门一起组织筹粮队，到朝鲜当地政府和朝鲜人民中为部队筹粮。仅第三次战役发起前，东西两线共筹粮 3 万吨，缓解了部队的粮食困难。对于不具备条件无法解决的问题，则提倡部队坚韧不拔，忍受艰苦，说明"忍受困难就是光荣"，"克服困难就是胜利"。这样的思想政治工作，实际、亲切、温暖，从而在残酷、艰苦的条件下，有力地保证了部队的士气和战斗力。

第三，进行革命英雄主义教育，开展创造英雄部队和战场立功运动。志愿军从一开始，就用中国人民解放军历史上的英雄事迹教育部队，号召部队和广大官兵发扬革命英雄主义精神，创造无数的英雄集体和个人。

抗美援朝战争阵地战期间的基本特点是：作战与谈判紧密结合，战线稳定，部队构筑阵地任务较重，并长期坚守阵地，作战主要是依托阵地进行攻防，作战规模由小到大，小规模的战术性作战较多。

随着作战形式转入阵地作战，志愿军部队的思想变化也出现了新情况，主要是：有些官兵对停战谈判抱有不切实际的幻想，对长期战争感到厌倦；阵地条件艰苦，筑城任务艰巨，特别是长期坚守坑道作战，生活枯燥，容易产生精神疲劳和作风纪律松懈。这些都对志愿军的思想政治工作提出了新的要求。根据这些情况，这期间志愿军的思想政治工作也有许多新的特点，主要集中在以下几个方面。

第一，进行持久作战教育，树立长期作战的思想。

第二，进行打和谈的关系教育，树立坚决打、争取和的思想。这一教育是与长期作战思想教育结合进行的。

第三，开展阵地文化生活和改善部队物质生活条件，保持部队的旺盛士气。开展阵地文化生活和改善部队物质生活条件，一直是志愿军政治工作的重要内容。进入阵地战以后，特别是以坑道为骨干的坚固阵地体系基本形成以后，部队长期坚守坑道阵地进行攻防作战，生活艰苦、枯燥、单调。为解决这一问题，1952年7月志愿军政治工作会议对改善部队文化、物质生活条件，特别是改善第一线阵地部队的文化、物质生活条件，专门作了强调和要求。

据此，根据当时的条件，志愿军绝大部分连队都建立了俱乐部和图书室，大量文娱器材和书报、杂志被送进了坑道和阵地，留声机、收音机、扑克牌、球类、棋类和锣鼓、口琴、胡琴、笛子等也发到基层。军、师、团各级组建文工团、队，深入火线，利用战斗和施工间隙进行演出，连队也组织业余演出队进行演出。演出的节目与战斗紧密结合，与所在部队的英雄模范事迹紧密结合，活跃阵地文化生活。二线部队还组织了各种类球队和开展军事体育活动。军事技术比赛项目有步枪、冲锋枪、轻机枪、重机枪、无坐力炮、迫击炮、山炮射击，体育比赛有篮球、跳高、跳远等。

因战线稳定和运输问题的解决，阵地的物质生活条件逐步得到改善，纸烟、牙膏、肥皂、手电筒、纸张等日常生活用品逐渐有了保证；条件许可的阵地修建了暖炕、澡堂、礼堂，并美化了阵地；伙食质量有了提高，战士能吃到各种肉类、豆类、干菜等。二线许多部队开荒种菜，使部队能吃上新鲜蔬菜。

这样，从精神上和物质上有力地保证了部队战斗士气的巩固。

第四，普及深入开展立功运动。这期间的立功运动，在前线和后方，在作战部队和保障部队，在步兵部队和其他军兵种部队，在部队和机关进行了全面深入地开展。志愿军政治部还制定了《中国人民解放军战时立功条例（草案）》，规定了功臣、英雄、模范的等级，统一了评定标准、评定办法和批准权限。这期间涌现的英雄模范大大多于运动战时期。立功运动全面深入地开展，极大地调动了部队作战积极性和工作的热情，从而有力地保证了这期间作战任务的胜利完成。

志愿军在抗美援朝战争中的思想政治工作发挥了巨大的威力，及时有力地保证了在敌我武器装备优劣悬殊的条件下作战的胜利，为人民解放军战时政治工作积累了新经验，对人民解放军的现代化建设和未来作战中的思想政治工作均具有重要的借鉴意义。

除此之外，志愿军特别强调战役准备。不打无准备之仗，不打无把握之仗，这是人民解放军的十大军事原则之一。抗美援朝战争历次战役都强调准备工作的重要，特别是阵地战时期，每次进攻战斗和战役，准备得更为充分。这为战役战斗的胜利，提供了重要保证。

抗美援朝战争的战役指导也提供了重要启示。一是避强击弱，扬长避短，你打你的，我打我的，各打各的，这是人民解放军作战指导的一条基本原则，也是一条永恒的真理。中国共产党领导人民军队进行 20 多年革命战争，靠这一原则打了胜仗，抗美援朝战争靠这一原则打了胜仗，今后进行作战，也得靠这一原则打胜仗。二是与时俱进，按照实际情况决定工作方针。必须针对战争中敌我双方实际情况指导作战，研究新情况，采取新对策，破解新难题，作战才有取胜的把握。

战役战斗篇

清川江战役

——抗美援朝战争第二次战役西线作战[①]

关于"清川江战役"，在中国人民志愿军战史中没有这样一个正式的战役名称，一般是讲抗美援朝战争第二次战役的西线作战。我们曾在编写《抗美援朝战争史》时，在抗美援朝战争第二次战役西线作战的题目下，立个题目叫"清川江地区围歼战"。

一、战役背景

战役背景有如下三个情况。

（一）"联合国军"虽遭到志愿军第一次战役打击，但并没有停止进攻；志愿军虽取得了第一次战役胜利，但还没有根本站稳脚跟

志愿军第一次战役将"联合国军"西线部队从鸭绿江边打退到清川江一线以南地区，但"联合国军"整个进攻态势没有根本改变。东线美军第十军指挥的部队一直在进攻，志愿军第四十二军部队仍在节节阻击进攻之敌。西线美军第八集团军指挥的部队，于1950年11月6日开始，也发起试探进攻。"联合国军"总司令麦克阿瑟仍在向

① 本文是作者于2012年9月25日为解放军第十六集团军战役集训授课的讲稿。

第一线增调兵力。经美国政府批准，其指挥的远东空军和海军飞机，于11月8日开始对鸭绿江桥和鸭绿江以南他们尚未占领的地区实施了猛烈轰炸。

志愿军取得第一次战役的胜利，对鼓舞朝鲜人民士气，稳定人心，使志愿军站稳脚跟，坚持继续作战，均具有重要意义。但志愿军在朝鲜只是有了立足之地，还没有根本站稳脚跟。对志愿军来说，整个战场形势仍然是严峻的。根本的问题是要粉碎"联合国军"的再次进攻和解决站稳脚跟问题。

（二）"联合国军"总部和美国当局对志愿军参战处于茫然状态，作出了错误判断和决策

"联合国军"总部和美国当局虽已知道有中国人组成的建制部队参战，但不知道有多少中国军队进入朝鲜，更不知道中国军队参战要达到什么目的。"联合国军"总部和美国参谋长联席会议多方收集情报，作了种种分析和猜测。美国参谋长联席会议主席奥马尔·布莱德雷说："中国在北朝鲜使用正规军作战的消息在华盛顿比在东京引起了更大的忧虑"，"我们既搞不清赤色中国向北朝鲜实际投入了多少部队，也不知道他们可能的军事目标是什么"[①]。美国国务卿艾奇逊也说："总统所有的顾问，不论文职的还是军事的，都知道出了大差错，但不明白出了什么差错，也不知道错在哪里，更不晓得如何处置，因此，人人手足无措。"[②] "我们的困惑集中在两个主要问题上：中国军事力量在北朝鲜的实际情况究竟是怎样的，以及他们的企图是什么？……麦克阿瑟将军面对使人眼花缭乱和神出鬼没的军事行动怎样办。"[③] 对这些问题他们都不能作出肯定的回答。

参谋长联席会议要求麦克阿瑟对中国军队参战后有关朝鲜局势

---

① ［美］奥马尔·布雷德利著、［美］克莱·布莱尔整理：《将军百战归——布雷德利自传》，廉怡之译，军事译文出版社1985年版，第754页。

② 转引自［美］奥马尔·布雷德利著、［美］克莱·布莱尔整理《将军百战归——布雷德利自传》，廉怡之译，军事译文出版社1985年版，第755页。

③ ［美］迪安·艾奇逊：《艾奇逊回忆录》下册，上海《国际问题资料》编辑组、伍协力合译，上海译文出版社1978年版，第320页。

作出明确估价。麦克阿瑟认为中国部队最大的建制单位是师级，最多不过 4 万至 6 万人，最大的可能是象征性出兵，并且设想只有在南朝鲜军队到达了边界地区的情况下，中国军队才敢于作战。最终的结论还有待于积累情报。

美国当局虽然对中国军队参战产生担忧，但这种担忧并不足以改变其占领全朝鲜的既定方针，况且在华盛顿和东京上下都弥漫着对战争前途的乐观情绪，和对中国人民决心与力量的轻蔑态度，使得美国决策者们最终作出了错误判断和决策。11 月 9 日，美国国家安全委员会决定，不改变麦克阿瑟将军军事占领全朝鲜的使命，允许他在军事上"相机行事"。

（三）敌我双方兵力和武器装备情况

敌我双方兵力："联合国军"在西线的部队统归美军第八集团军指挥，共有 8 个师和 3 个旅、1 个空降团，24 万余人（当时志愿军判断"联合国军"西线部队为 13 万余人），其中美军 4 个师 1 个空降团（美军骑兵第一师，步兵第二师、第二十四师、第二十五师，空降第一八七团），南朝鲜军第一师、第六师、第七师、第八师，英军第二十七旅、第二十九旅和土耳其旅。志愿军在西线的部队为 6 个军，共 23 万余人，即第三十八军、第三十九军、第四十军、第四十二军、第五十军、第六十六军。

敌我双方武器装备情况：敌我双方武器装备优劣极为悬殊，志愿军与美军武器装备的差距，就像"叫花子与龙王比宝"，可以用"敌有我无，敌多我少，敌好我差"12 个字来概括。

敌有我无，主要是指海空军的飞机、海军舰艇、陆军的坦克和装甲车。此时，美国投入到朝鲜战场上的飞机约 1200 架，包括战斗截击机（歼击机），战略轰炸机，轻轰炸机，战斗轰炸机和运输、救护、指挥等飞机，地面部队每个师还编有 22 架炮兵校正机；投入到战场上的海军的各种舰船艇 300 余艘，其中包括航空母舰、巡洋舰、战列舰、驱逐舰、登陆舰、扫雷艇等。美军地面部队全部机械化或摩托化，西线美军共有坦克约 600 辆（每个美军师各编有 140 余辆）、装甲车 220 余辆（每个师各编有 35 辆），每个师还编有各种车辆 3800 余辆。志愿军既没有空军参战，也没有海军参战，地面部队也没有坦克和装甲车编制，每个军只临时配有 100 辆左右负责物资运输的汽车。

敌多我少，主要是指各种火炮和通信装备。美军地面部队每个师除装备坦克外，还有各种火炮 959 门，包括榴弹炮 72 门、各种直射炮（山炮、野炮、无坐力炮）120 门、各种迫击炮 160 门、高射炮 64 门、火箭筒 543 具，其中 70 毫米以上口径火炮 330 余门。西线美军第八集团军计有各种火炮 3170 余门，其中榴弹炮 350 余门、高射炮 500 门左右（均不包括南朝鲜军和其他"联合国军"的）。志愿军 1 个军才编有各种火炮 522 门（有的军为 540 门），包括有直射炮 108 门、各种迫击炮 333 门、火箭筒 81 具，而没有坦克，也没有榴弹炮和高射炮，其中 70 毫米以上口径火炮仅 190 余门。志愿军 1 个军的火炮还不如美军 1 个师装备得多，仅相当于美军一个师火炮装备的 54%。志愿军西线 6 个军（其中第五十军和第六十六军火炮编制更少），加上志愿军炮兵火炮在内，共有各种火炮不足 3000 门（其中榴弹炮 320 门、高炮 36 门），还不如西线美军的火炮数量多，这里还未计西线南朝鲜军和其他"联合国军"部队的火炮。志愿军没有空军、没有坦克，而防空和反坦克武器也少得可怜。另外，美军一个师装备各型有线和无线通信机 1688 部、有线电话机 1100 部、密码机 145 部。志愿军 1 个军装备无线通信机只有 69 部、有线电话机 375 部，不到美军 1 个师同类装备的 1/4。

敌好我差，指的是除敌有我无、敌多我少外，志愿军火炮和枪支在性能上和质量上也都不能与美军相比。美军火炮新、口径大、射程远、弹药足，最大射程可达 20 多公里，均有汽车牵引或吉普车载运，威力大，机动性能好。志愿军装备的火炮几乎全部是抗日战争和解放战争时期缴获的日军和国民党军的装备，火炮陈旧、型号杂、口径小、射程近（最大射程 10 公里左右）、弹药不足，多由骡马驮载或由人员携行，威力小，机动性能差。美军步兵的枪支都是自动或半自动的；志愿军步兵装备的枪支，美制、俄制、德制、日制和旧中国制造的都有，自动枪极少。

二、敌我双方战役企图、战役准备和兵力部署

（一）敌我双方战役企图

1. "联合国军"的战役企图

1950 年 10 月上旬，美军地面部队越过三八线大举北进后，其战略目标就是占领全朝鲜。麦克阿瑟原计划在感恩节（当年是 11 月 23 日）前结束朝鲜战争，但中国人民志愿军的出现，打破了麦克阿瑟的美梦。尽管美国当局对中国在朝鲜有多少兵力和企图是什么仍不清楚，但是军事灾难的不祥之兆，根本改变不了美国上下急于在朝鲜取得军事胜利的情绪。11 月 9 日，美国国家安全委员会会议批准了参谋长联席会议的建议，在军事上，允许麦克阿瑟继续执行占领全朝鲜的计划，发动一次进攻，或进行威力侦察，矛头直指鸭绿江。

根据美国国家安全委员会 11 月 9 日的决定，麦克阿瑟的计划是：首先以地面部队进行试探性进攻，以查明志愿军在朝鲜的实力和企图，同时以远东空军摧毁鸭绿江上的所有桥梁，摧毁鸭绿江以南尚未被他占领地区的所有交通运输手段、军事设施、工厂、城镇和乡村，以阻止中国人民志愿军后续部队进入朝鲜和运进物资，以及使在朝鲜的志愿军和朝鲜人民军部队无法生存，为发动总攻做准备；尔后发起总攻，以美军第八集团军在西线、美军第十军在东线全面向中朝边境的鸭绿江和图们江推进，消灭在朝鲜境内的所有志愿军和朝鲜人民军部队，圣诞节前全部结束朝鲜战争。他最初将总攻时间定为 11 月 15 日，但由于美军第八集团军的供应准备不足，而将总攻时间推迟到 11 月 24 日。

2. 中国人民志愿军的战役企图

对"联合国军"还要发动进攻，毛泽东和彭德怀都有预料。

在第一次战役结束的前一天，11 月 4 日，毛泽东和彭德怀都指出："因消灭敌人不多，我军实力尚未完全暴露，美伪军还可能重新组织反攻。""如敌再进，让其深入后歼击之"。[①] 毛泽东在电报中指

---

① 1950 年 11 月 4 日 15 时，彭德怀致毛泽东并告高岗电。转引自军事科学院军事历史研究所《抗美援朝战争史（修订版）》上卷，军事科学出版社 2011 年版，第 304 页。

出："尤其注意德川方面。"同时，着手部署再战的具体准备工作。

接到彭德怀 4 日的电报后，毛泽东又进一步提出了根本扭转朝鲜战局的战略考虑。毛泽东在 11 月 5 日凌晨 1 时回复彭德怀并告高岗的电报中，同意彭德怀的部署，同时指出："德川方面甚为重要，我军必须争取在元山、顺川铁路线以北区域创造一个战场，在该区域消耗敌人的兵力，把问题摆在元山、平壤线的正面，而以德川、球场、宁边以北以西区域为后方，对长期作战方为有利。"同时决定由以宋时轮为司令员兼政治委员的第九兵团（3 个军共 12 个师）入朝，"全力担任"东线作战，也"以诱敌深入寻机各个歼敌为方针"[2]。毛泽东于 11 月 9 日又指示志愿军："争取在本月内至十二月初的一个月内东西两线各打一二个仗，共歼敌七八个团，将战线推进至平壤、元山间铁路线区域，我军就在根本上胜利了。"[3]

毛泽东这一战略考虑，是基于志愿军第一次战役后战场形势的变化和志愿军作战的需要及可能而提出的，是对志愿军入朝前确定的在德川、宁远一线以南，平壤、元山一线以北建立防线思想的进一步发展，不但要站稳脚跟，而且要根本改变战场形势，使志愿军掌握战略上的主动。

毛泽东特别强调了"德川方面甚为重要"。这是由德川地区所处的地理位置所决定的。德川位于朝鲜北部妙香山脉中部东麓，宁远、孟山在德川以东和东南，距德川各约 20 公里，位于朝鲜北部北大峰山脉的西北麓。这一地区恰好是朝鲜半岛蜂腰部东西海岸连线的中间位置，向南距元山—顺川铁路线约 50 公里，向东南距元山、向西南距平壤各约 100 公里，向东距咸兴、向西距安州各约 80 或 70 公里。控制了德川地区，朝鲜北部和西北部地区的巩固就有了保证，

---

① 《建国以来毛泽东军事文稿》上卷，军事科学出版社、中央文献出版社 2010 年版，第 334 页。

② 《建国以来毛泽东军事文稿》上卷，军事科学出版社、中央文献出版社 2010 年版，第 335、340 页。

③ 《建国以来毛泽东军事文稿》上卷，军事科学出版社、中央文献出版社 2010 年版，第 342 页。

志愿军就有了一块巩固的立足之地；从作战上说，不仅这一地区山地地形有利，而且有利于运输补给，有利于部队东西调动，进攻有后方依托，可以迅速出击到平壤、元山一线，防御有空间余地，并且有利于东向元山、咸兴，西南向顺川、平壤截断东西两线进攻之敌的后路。因此，控制了德川、宁远、孟山区域，将战线摆到平壤、元山一线正面，就可以根本扭转朝鲜战局，使志愿军坚持长期作战在战略上获得主动。

为贯彻毛泽东关于根本扭转战局的战略考虑，实现下一步作战任务，11 月 13 日，彭德怀主持召开了志愿军党委扩大会议，进一步研究了作战方针和部署，决定在 1950 年内"还必须要打一仗，将战场推到平壤、元山地区，再消灭敌人至少六七个团，使敌人由进攻转入防御，以便我军将来大举反攻"，战役的打法是"内线作战，诱敌深入，各个击破和歼灭敌人"。主力后撤至第一次战役比较熟悉的地区休整和构筑反击阵地，以逸待劳；以小部兵力与敌保持接触，故意示弱，骄纵敌军和诱敌深入，将西线之敌诱至大馆洞、温井、妙香山一线地区，东线诱至长津水库地区，然后突然举行反击。如果敌军不进，志愿军就打出去。"打出去有两个办法：一是围点打援，调动敌人，准备包围永兴附近美三师一个团，让敌人来援，从运动中来歼灭敌人；二是集中三十八军、四十二军从德川打出去，直插顺川、肃川，如力量不够，再将四十军调过去。总之，必须集中力量作战。东线则完全由九兵团负责，首先求得歼灭美陆战一师两个团。""此役如能消灭美伪军二至三个师，则朝鲜战局将起基本变化。"[①]

（二）敌我双方战役准备

1. "联合国军"的战役准备

"联合国军"的战役准备，从志愿军第一次战役结束第二天的 11 月 6 日即开始了。

一是进行试探进攻，以侦察志愿军的情况。在麦克阿瑟的督令

---

① 《彭德怀军事文选》，中央文献出版社 1988 年版，第 341—342 页。

下，西线美军第八集团军以南朝鲜军第一师由新安州北渡清川江，前出孟中里，向大宁江两岸及博川以西出击搜索，南朝鲜军第七师攻击5日被志愿军第三十八军第一一二师占领的位于价川以东、清川江南岸的飞虎山阵地，南朝鲜军第八师攻击志愿军第四十二军第一二五师占领的德川阵地，在安州以北、清川江北岸占领桥头堡阵地的美军第二十四师和英军第二十七旅各一部，于7日和8日，向博川地区出击，实施火力侦察。同时以两个工兵连抢修清川江大桥。

二是倾巢出动美国远东空军飞机和远东海军所属舰载航空兵部队，对鸭绿江上的所有桥梁和鸭绿江至清川江之间地区的各类目标进行毁灭性轰炸。11月8日开始，美军远东轰炸机指挥部的全部90架B-29型战略轰炸机，以及美军第五航空队的B-26型轻轰炸机和美海军舰载机全部投入了这一轰炸行动，在战斗机掩护下，重点轰炸了位于新义州、朔州、楚山、满浦、惠山等鸭绿江上的6座桥梁，和新义州、义州、朔州、碧潼、楚山、满浦、江界、武坪里、别河里、熙川、南市、龟城等城镇。

鸭绿江上的桥梁，是中朝两国之间的主要通道，也是美国飞机的主要攻击目标。仅11月8日，美国远东空军就先后出动两批79架次B-29型战略轰炸机，对安东、新义州的鸭绿江大桥投掷了大量1000磅炸弹。11月9日开始，美军从3艘航空母舰上起飞的舰载机，连续3天对这一桥梁进行了轰炸。此后，美军的B-29型战略轰炸机和海军舰载机对新义州、长甸河口、辑安等地的鸭绿江大桥轮番攻击，而且美军飞机轰炸鸭绿江上的桥梁时，均侵入了中国领空，有的还对中国边境的城镇进行轰炸扫射。

与此同时，美军飞机对朝鲜北部的城镇、交通线和各种民用设施也进行了毁灭性的轰炸，并在轰炸行动中，大量使用燃烧弹，仅11月8日一天，美军即出动70架B-29型战略轰炸机，向新义州投掷500磅燃烧弹弹束584.5吨，新义州城区的建筑60%被毁，居民被炸死烧死达数千人。

此次轰炸行动于12月5日结束。鸭绿江上的公路桥梁大部被炸断，朝鲜北部的重要城镇几乎全被夷为平地，成千上万的朝鲜平民在美军飞机的狂轰滥炸中丧生。

三是后勤补给准备。美军占领平壤以后，美军第八集团军在向鸭绿江推进过程中，后勤补给大部分是靠空运解决的，空运量每天只能保证 1000 吨，而美军第八集团军发动进攻时每天需要量为 4000吨，仅靠空运无法满足需要，于是，美国海军紧急调派扫雷部队，清扫镇南浦港口的水雷，同时修复通往平壤的铁路，从海路和陆路对部队进行补给，至 11 月 20 日，美军第八集团军的后勤准备工作全部完成。

四是加强进攻力量。美军第八集团军将担负后方"清剿"任务的美军第二十五师及配属该师的土耳其旅调往前线，参加西线的进攻。"联合国军"总部则将刚到朝鲜的英军第二十九旅调往西线担任预备队。

至 11 月 21 日，"联合国军"已经完成了"总攻势"的一切准备。

2. 志愿军的战役准备

毛泽东指导作战，向来强调战前的准备，指出："不打无准备之仗，不打无把握之仗，每战都应力求有准备，力求在敌我条件对比下有胜利的把握。"[1]

志愿军的战役准备有如下各项：

第一，专门召开作战会议，部署第二次战役。11 月 13 日，志愿军党委专门召开扩大会议，对第一次战役进行总结，部署第二次战役。会议明确了第二次战役的任务、作战方针、战役打法及各项准备工作。会议及志愿军部队普遍认为：美军虽然火力强，但作战精神差，对技术装备的依赖性很大，尤其怕近战、怕夜战、怕抄后路，南朝鲜军则经常是一击即溃。只要志愿军很好地运用近战、夜战和迂回包围战术，能够先打掉敌军指挥机关和炮兵阵地，就有把握取得胜利，另外要注意搜剿扩大战果。因此从战术上树立了打赢第二次战役的信心。

---

[1]《毛泽东军事文集》第四卷，军事科学出版社、中央文献出版社 1993年版，第 354 页。

第二，主力隐蔽后撤，完成休整。第三十八军、第三十九军、第四十军主力和第五十军、第六十六军隐蔽后撤，利用短促时间在预定地区完成了休整，部队恢复了体力。

第三，对敌后浅近纵深内敌情、地形、道路进行了侦察。由志愿军统一部署，规定侦察区域和具体侦察任务，要求各军派出 1/2 或 1/3 的侦察力量，以军为单位组织，结合第一线各师诱敌深入的行动展开侦察。从西至东，第五十军对宣川东西及龙岩浦方向，第六十六军对定州东西及安州、博川方向，第三十九军对云田洞、安州及海岸方向，第四十军对球场、军隅里、安州方向，第三十八军对德川、院里、价川、顺川、安州方向，第四十二军第一二五师对孟山、顺川、价川方向进行了侦察，大体上摸清了这些地区敌军兵力、番号和兵要地志等情况。

与此同时，为直接配合正面作战行动，还以志愿军第四十二军第一二五师两个营和朝鲜人民军部分部队组成两支挺进支队（游击支队），在第一二五师副师长王淮湘和副师长兼参谋长茹夫一分别率领下，于 11 月上旬进入孟山、阳德、成川、江东、顺川等敌后地区，进行破坏敌交通、袭击敌军据点等游击活动。

第四，利用第一次战役胜利及针对作战中遇到的困难进行了思想政治教育。志愿军政治部于 11 月 7 日就关于第一次战役政治工作致电各军政治部，8 日又发出了《朝北反击战役胜利宣传教育大纲》，军委总政治部还于 11 月 7 日专门为志愿军发出了开展政治攻势，加强敌军工作，瓦解敌军的指示。19 日至 20 日，志愿军政治部又专门召开了有各军和炮兵政治部主任参加的政工会议，总结了第一次战役政治工作经验，部署了第二次战役政治工作任务。在部队中广泛宣传了第一次战役的胜利，学习中国各民主党派联合宣言，宣扬英雄模范事迹，评功、记功，根据现有条件研究防空、防寒和改善食宿的办法。通过这些活动，部队树立了战胜敌人、克服困难的信心。同时在部队中进一步强调了俘虏政策和在朝鲜作战的政治纪律、群众纪律，并要求每个人学会几句英语和朝鲜语，用英语和朝鲜语进行战场喊话。

11月24日，志愿军政治部发布《第二次战役政治动员令》(以下简称《动员令》)，指出：这一战役十分重要，关系到整个战局发展的趋势。只有狠狠地再消灭敌人几个师，才能巩固第一个战役的胜利。《动员令》分析了敌我双方的情况，指出：志愿军通过第一次战役，已经取得了对敌作战的经验，同时增加了新的有生力量，提高了胜利的信心。志愿军党委号召各军多歼灭敌人，师、团、营、连各级根据各自情况均作出具体计划，在东西两个战场之间，在东西战场的各个军之间，展开订立歼敌计划与立功竞赛，各军各部队展开"打胜仗捉俘虏比赛"。最后，特别提出了"勇敢加战术就是胜利"的口号。

第五，国内尽最大努力保证志愿军在朝鲜作战的物资补给。中国政府紧急借用驻辽东半岛苏军汽车500辆，中央军委和东北军区紧急动员200辆商用汽车和约600辆大车入朝，为志愿军运送了部分物资。志愿军统一部署各部在朝鲜向当地政府和群众筹借部分粮食。

中央军委和东北军区还调整了朝鲜战场的后勤部署，加强了志愿军的后勤保障力量，分别为后勤第一分部、第二分部、第三分部充实了力量，并由华东军区组建了第四分部。同时对各分部任务作了调整：第一分部负责辑安—熙川线，保障第三十八军、第四十军、第四十二军及炮兵第八师的补给；第二分部负责临江—长津线，保障第二十六军、第二十七军的补给；第三分部负责安东—温井线，保障第三十九军、第五十军、第六十六军及炮兵第一师、第二师的补给；第四分部负责江界—平南镇线，保障第二十军的补给。

志愿军还以各军工兵营和工兵第六团抢修熙川经杏川洞至德川、宁远公路。为解决部队露营防寒问题，军委总后勤部已组织做了1200顶帐篷，于11月初开始前运，另外再做1200顶备用。

为解决部队昼间防空袭不能生火做饭、夜间行军打仗无暇做饭的问题，东北军区后勤部于11月8日提出以做炒面为主供应熟食的建议。经征得志愿军司令员彭德怀同意后，东北人民政府首先动员沈阳市内各党、政、军系统做炒面。至11月底，国内送达前线第一批炒面2000吨。

第六，根据中央军委的命令和志愿军总部的部署，志愿军第九兵团于 11 月 7 日开始从辑安、临江等地渡过鸭绿江，隐蔽开赴朝鲜东线战场。

第七，专门发出指示，号召部队打击低空飞行的敌机。11 月 10 日，志愿军司令部专门发出指示，命令各部有计划、有组织地选择有经验的射手，用轻重机枪对空射击，以团为单位远离驻地布置假目标，在敌机轰炸扫射时打击之。11 日，志愿军司令部还专门通报了第一二四师于 11 月 6 日用步兵武器击落敌机两架、第一一二师第三三六团 8 日用步兵武器击落敌机一架的情况，鼓励部队用步兵武器对空射击。

第八，专门发出通信工作指示，对第二次战役通信工作提出要求。为保证战役中的通信联络，中央军委为志愿军补充了一部分通信装备。志愿军司令部对第一次战役中的通信工作进行了总结，并专门发出了第二次战役通信工作指示，要求各部在战役打响后注重使用报话机，用规定的暗语联络；敌机临空时，电台不应停止工作；各军、师要有专台与志愿军司令部保持联络。还对电台增加敌机侦测困难作了具体规定。

第九，释放俘虏，扩大志愿军的政治影响。为贯彻志愿军优俘政策，打破敌军怕杀心理，经毛泽东主席批准，11 月 18 日夜，由志愿军政治部组织释放了 103 名战俘，其中美俘 27 人，南朝鲜俘 76 人。11 月 24 日，毛泽东在给彭德怀、邓华、朴一禹、洪学智并告高岗、贺晋年的电报中指出："你们释放美俘的行动，已在国际上收到极好的效果。请准备于此次战役后再释放一大批，例如三四百人。"[①]

第十，成功完成诱敌深入，将敌诱至预定战场。除上述各种准备外，志愿军还在战场进行了诱敌深入，骄纵敌人，进一步造成了"联合国军"在战略上的判断错误，将其地面部队诱至志愿军预定战场。

---

① 《建国以来毛泽东军事文稿》上卷，军事科学出版社、中央文献出版社 2010 年版，第 358、367 页。

根据战役方针和部署，彭德怀于 11 月 6 日即开始了诱敌深入的"造势"行动。为造成志愿军无力再战的假象，西线以第三十九军第一一七师、第四十军第一一九师、第三十八军第一一二师和第四十二军第一二五师，展开于第一线，节节阻击，故意示弱，骄纵敌军，诱敌深入，主力则后撤隐蔽休整。

志愿军第三十八军第一一二师，与南朝鲜军和美军共一个多师在飞虎山进行了激烈争夺，吸引了敌军后，彭德怀即令该师及在清川江及以西担任诱敌任务的第四十军第一一九师、第三十九军第一一七师，于 9 日、10 日和 11 日主动放弃现阵地后撤，继续诱敌。

美军第八集团军由于遭到志愿军第一次战役的打击，特别是对志愿军的兵力和部署情况不明，因此行动较为谨慎，加之，发动总攻势的供应准备尚未完成，准备参加"总攻势"的美军第九军部队尚未到达第一线，因此整个试探进攻，进展比较缓慢。至 16 日，仅向北推进 9 至 16 公里，距志愿军预定歼敌地区较远。

彭德怀、邓华等鉴于这种情况，为进一步造成敌军错觉，实现将敌军诱至预定地区歼灭的目的，于 16 日中午和晚上两次发出指示，指出："我西线不后撤，东线之敌不敢冒进，即便我西线后撤，东线之敌亦有可能不进。"因此，命令诱敌各部从 17 日起停止向前出击，继续北撤，让敌放胆前进。①

从 11 月 17 日起，志愿军在东西两线均与"联合国军"脱离了接触，并制造一些"狼狈撤逃"的假象。18 日夜，志愿军在释放战俘时，向他们散布志愿军的粮弹供应困难，要撤回国内去，以迷惑敌军。

东京的麦克阿瑟和美国的华盛顿政府果然为志愿军的后撤行动所迷惑，进一步产生错觉。他们认为：志愿军是"怯战退走"，估计在朝鲜的中共军队只有 6 万至 7 万人，并不是不可侮的势力，这些军队没有得到很好的补给，补给的困难和寒冷的天气可能是他们撤

---

① 参见军事科学院军事历史研究所《抗美援朝战争史（修订版）》上卷，军事科学出版社 2011 年版，第 316 页。

退的原因。麦克阿瑟尤其相信，他的空中轰炸，会使鸭绿江以南地区成为"一片焦土"。

麦克阿瑟终于上钩了，从 18 日开始，西线美军第八集团军全线放胆向北推进，至 21 日，全部到达其预定的攻击开始线。至此，志愿军完成了预定的诱敌任务。志愿军部队此时已全部进至预定的集结位置，完成反击作战的准备。根据"联合国军"的进展和志愿军的准备情况，彭德怀、邓华等于 11 月 20 日决定，西线于 25 日晚、东线于 26 日晚发起反击。

11 月 24 日，麦克阿瑟下令发动了"总攻势"，并公开向新闻界宣布了他的总攻计划，他认为立即就可实现军事占领全朝鲜的目标了。然而，他高兴得太早了。他万万没有想到，彭德怀已经把他的部队装进了口袋。

（三）敌我双方战役部署

1. "联合国军"的进攻部署

麦克阿瑟发动"圣诞节前结束战争的总攻势"，在西线的美军第八集团军布势为：美军第一军位于左路，指挥美军第二十四师、英军第二十七旅、南朝鲜军第一师，由嘉山、古城洞地区分向新义州、朔州方向进攻；美军第九军居于中路，指挥美军第二十五师、美军第二师、土耳其旅，由立石、球场地区分向朔州、碧潼、楚山方向进攻；南朝鲜军第二军团位于右路，指挥第七师、第八师、第六师，分由德川以北寺洞和宁远地区向熙川、江界方向进攻。美军骑兵第一师位于军隅里、顺川地区，美军第一八七空降团位于平壤，英军第二十九旅位于开城，作为集团军预备队。

2. 志愿军的反击部署

志愿军将"联合国军"诱至预定作战地区后，11 月 21 日，彭德怀和邓华等志愿军首长作出反击部署，决定首先歼灭清川江东岸的南朝鲜军第二军团，打开战役缺口，造成整个战役扩张战果的战机。具体部署是：集中第三十八军、第四十二军和第四十军一部，当南朝鲜军第六师、第七师、第八师进到熙川以南虎狼岭、妙香山、下杏洞之线后，以我第三十八军主力向内仓、姑城山以北、球场攻击，一个师抓住并分割正面之敌；我第四十二军主力夹大同江两岸向宁远、德川进攻，一个师向孟山、新仓里攻击前进；我第四十军向球场至新兴洞及以北地区攻击，配合我第三十八军、第四十二军行动。占领德川、宁远后，第四十二军分向军隅里、三所里方向攻进，断敌退路，第三十八军则由球场向宁边、博川插进，第四十军协同第三十八军向宁边、龙山洞攻击前进。

西线其他志愿军部队在第三十八军、第四十二军、第四十军于清川江东岸发起进攻后，必须迅速抓住清川江西岸之敌，尔后再集中主力分割包围各个歼灭敌军部队。志愿军总部决定由志愿军副司令员韩先楚统一指挥第三十八军、第四十二军的作战行动。

这样部署，一是我第四十二军在德川、宁远作战任务很重；二是除我第四十二军攻占德川、宁远后，在清川江以南穿插迂回、断敌退路外，其他各军均在清川江以西以北作战。

中央军委接到志愿军总部关于西线作战的部署之后，根据对敌情的判断认为，反击发起后，一旦清川江以西美军东援或坚守清川江桥头堡阵地，则我第三十九军、第四十军均难达到配合第四十二军、第三十八军歼灭南朝鲜军第七师、第八师两师之目的，我第三十八军、第四十二军两军也将因迂回突击力量不够，使战局难以发展。因此，于11月23日电示彭德怀等志愿军首长，建议以我第四十军东进与我第三十八军靠拢，增强我军左翼的突击力量。而以我第四十二军三个师全部首先歼灭宁远地区的南朝鲜军第八师，然后向孟山、北仓里进击南朝鲜军第六师，以第三十八军全力首先歼灭德川地区的南朝鲜军第七师，以第四十军对付球场、院里方面可能向东增援美军，以保证我第三十八军、第四十二军两军首先歼灭南朝鲜军第七师、第八师两师，并对下一步对美敌作战造成战役迂回的有利条件。如果第四十军东移，则同时应令第三十九军、第六十六军、第五十军向前推进至适当地区，牵制美军东援。

根据军委上述指示和当时敌情的变化，为集中兵力首先歼灭南朝鲜军第六师、第七师、第八师，志愿军首长于11月24日7时调整西线歼敌部署，决定以我第四十军东移苏民洞、新兴洞及以北地区，以一个师接替第三十八军第一一二师的防务，主力配合我第三十八军、第四十二军向龙门山、杜日岭之敌攻击，尔后向德川以西的西仓插进，阻止美军东援或北援；我第四十军东移后，以第三十九军、第六十六军、第五十军亦逐次东移，逐次接防，保持战线的完整，当我发起进攻后，积极钳制和抓住各自当面之敌，并求得歼敌一部。部署得到中央军委批准。

根据上述精神，韩先楚也对歼灭南朝鲜军第二军团的部署作了调整。

三、战役基本过程

11月21日，西线美军第八集团军到达其攻击开始线后，志愿军为进一步造成敌军错觉，继续以运动防御诱其深入。至11月25日，志愿军发起反击前，美军第八集团军对志愿军部队的位置和反击意图仍毫无察觉，仍在继续进攻。11月25日黄昏，志愿军第三十八军、第四十二军在西线正面各军的积极配合下，按照预定计划，乘敌立足未稳，出其不意地发起反击。

（一）德川、宁远战斗

位于德川地区的南朝鲜军第七师以第三团在左、第八团在右，展开进攻，但在志愿军第一一二师的阻击下进展缓慢，至25日方进至牛岘洞、项谷山一线。为加快北进速度，南朝鲜军第七师将预备队第五团主力也投入牛岘洞方向作战，在德川只留下了一个营作为预备队。

志愿军第三十八军针对当面敌情，决定：以第一一二师、第一一三师从南朝鲜军第七师的两翼发起攻击，迅速前出至德川以西、以南地区；以第一一四师从正面突击，将南朝鲜军第七师合围歼灭于德川地区。

战斗发起后，我第一一三师从封印第七师右翼向德川以南迂回，由巨门洞、松下里两个方向发起攻击，于25日晚21时从新坪里涉过大同江，击破了南朝鲜军第六师部队的阻击，于26日8时到达德川以南的济南里、遮日峰和龙洞南山地区，切断了德川、宁远两地之敌的联系及德川之敌的南逃退路。

志愿军第一一二师完成第二次战役诱敌深入任务后，立即于25日16时从南朝鲜军第七师左翼的中草洞、杜门洞转入进攻，于26日5时占领德川以西的钱三里、云松里、安下里，切断了德川与军隅里之敌的联系，堵住了德川之敌西逃价川、安州的道路。

志愿军第一一四师从正面进攻，首先击溃南朝鲜军第八团2个营，随即向德川发展进攻。第三四一团查明敌军炮兵阵地的位置后，组织精悍的小分队，直插沙坪站，于26日7时歼灭南朝鲜军第七师榴炮营。师主力于26日11时占领德川以北的葛洞、斗明洞、马上里一线，完成了对德川之敌的正面压缩任务。

由第三十八军军直侦察连、第一一三师侦察连及两个工兵排组成的侦察支队，于战斗发起前隐蔽渗透敌军后方，于26日8时进至德川西南之武陵里，炸毁公路大桥，击毁、截获敌军汽车40余辆，封闭了敌军南逃北援的通道。八一电影制片厂拍摄的电影故事片《奇袭》，反映的就是这次奇袭行动。

至此，志愿军第三十八军已经完成了对德川地区南朝鲜军第七师的合围。南朝鲜军第二军团得知第七师被包围后，急忙令第七师向顺川方向突围。志愿军第三十八军原准备于26日晚发起总攻，在发现敌突围迹象后，立即决定提前对被围之敌发起总攻。

26日15时，南朝鲜军第七师余部5000余人在飞机的支援下，分三路向德川西南之西仓、安山洞、长安里方向突围。志愿军第三三四团、第三三八团立即实施截击，南朝鲜军乱作一团。南朝鲜军在南撤不成的情况下，转而向西逃窜。志愿军第三三六团迅速出击，抢占南坪站附近高地，封闭南朝鲜军的退路。志愿军第一一四师也从正面发起进攻，最终将敌压缩于南坪站附近地域。战至26日19时，将被围南朝鲜军第七师大部歼灭。

占领宁远后的南朝鲜军第八师，以第十团在左，第二十一团在右，向北进攻，至25日，进至丰田里、凤德里、松日德山、麻撞潭里、直里一线，其预备队第十六团位于龙德里一线，保护侧翼安全。

志愿军第四十二军的作战部署是：以第一二五师由宁远以北向宁远城实施正面突击；以第一二四师、第一二六师从宁远东北向宁远以南攻击前进，对敌侧后实施多路迂回。第一二四师附第一二六师第三七七团，由宁远东南进至德岩里、箕垡里、石幕里后，转而向北攻击，协同第一二五师会歼宁远之敌；第一二六师主力进至龙德里、南中里线，切断宁远之敌退路，阻击孟山、北仓里、龙泉里可能北援之敌，并相机攻占孟山。

11月25日黄昏，志愿军第四十二军侧翼迂回的第一二六师和第一二四师首先开始行动。第一二六师第三七六团先后击溃南朝鲜军两个连的阻击，但在中里遭到南朝鲜军第十六团的阻击，随后跟进的第一二四师立即以第三七二团投入战斗，协同第三七六团经两个小时激战，突破敌军阵地，随后，第三七二团迅速向宁远西南急进，至26日2时30分堵歼由宁远南逃之敌一部。经审问俘虏得知宁远之敌已经南逃后，第三七二团不停顿地实施追击，最终在新粟里歼灭南朝鲜军第十团一个营。与此同时，第一二六师第三七六团和第三七八团也向预定目标推进，于26日拂晓分别进至龙德里、孟州里。

担任正面进攻的第一二五师乘敌混乱，于25日23时从三个方向对敌发起猛攻，第三七四团尖刀连一营三连经20分钟激战，攻占凤德里。随后，向敌纵深猛插，直扑宁远城，在击溃南朝鲜军一个连的阻击后，冲入宁远城，打掉了南朝鲜军第十团指挥所。第一二五师其他各部趁势发动猛攻，将宁远以北之敌大部歼灭。

激战至26日拂晓，宁远战斗结束。第四十二军攻占宁远，大部歼灭南朝鲜军第八师。该军随即以一部在作战区域内搜剿残敌，主力集结整顿。

在志愿军第三十八军、第四十二军发起攻击的同时，第四十军也对当面之敌发起攻击。该军的任务是：在清川江东岸新兴洞、苏民洞地区割裂南朝鲜军第二军团与西面美军的联系，保障德川、宁远地区的作战。

24日晚，美军第二师已经进占新兴洞和苏民洞，其基本布势是：

以第九团夹清川江两岸，控制清川江渡口，主力位于新兴洞；以第三十八团位于苏民洞；以第二十三团及配属的 3 个野战炮兵营位于球场及以北地域，作为师预备队。

志愿军第四十军决心以第一一九师首先歼灭苏民洞、龙水洞之敌，然后继续向西仓穿插，分割德川与价川之间的联系；以第一一八师攻歼新兴洞和柳洞之敌；第一二〇师以一个团强渡清川江，攻占鱼龙浦及江东岸高地，阻击球场之敌北援，堵击新兴洞敌南逃，主力位于清川江西岸，保障军主力翼侧安全。

25 日晚，第四十军各师开始发起进攻。第一二〇师第三五九团四个尖刀连，不顾美军密集火力的封锁，冒着零下二十多度的严寒，徒涉一米多深的清川江，破冰前进，首先发起冲击的六连和五连两个排全部牺牲，后续部队冲过 200 多米宽的清川江，突破美军一个步兵营、一个炮兵营和一个坦克营的江防阵地。登上东岸后，官兵们的枪栓被冻住不能拉动，就以刺刀和手榴弹与守敌展开白刃战，首先攻占美军炮兵阵地，缴获 105 毫米榴弹炮 18 门，随即攻占鱼龙浦，歼灭美军第九团两个连，占领公路旁的制高点，切断了新兴洞美军第九团的退路。美军第二师立即以预备队第二十三团在飞机、坦克掩护下由南而北向鱼龙浦攻击，配合第九团反扑，企图打开通路。志愿军第三五九团顽强固守，第二连激战 12 小时，两个排全部壮烈牺牲，阵地仍岿然不动。

志愿军第一一八师发起进攻后，攻占新兴洞外围阵地。26 日，美军第九团被迫撤出新兴洞。第一一八师在第三五九团的协同下，对美军第九团展开围堵作战，美军第九团余部于 27 日晨乘隙绕路逃回球场。新兴洞战斗遂告结束。

第一一九师于 25 日 20 时 30 分向苏民洞之美军第三十八团发起进攻，击溃美军一个多营，于 26 日 5 时占领苏民洞。26 日上午，美军第三十八团主力在飞机、坦克的支援下进行反扑，复占苏民洞。26 日晚，第一一九师对苏民洞发起攻击，战至 24 时，再次攻占苏民洞。守敌一部溃散，大部在坦克掩护下向西逃窜。

志愿军第四十军在清川江畔的战斗，虽然未能完成向西仓的穿插任务，但有力地打击并抓住了美军第二师，使其无法东援，从而支援了德川、宁远地区的战斗。

德川、宁远地区的战斗，志愿军大部歼灭南朝鲜军第二军团两个师，割断了"联合国军"东西线的联系，在美军第八集团军的战线翼侧打开了战役缺口。美军第八集团军主力的右翼完全暴露，西线志愿军形成了对敌实施侧后战役迂回、正面突击分割，各个歼灭敌军的有利态势，控制了战场主动权。

（二）侧后迂回结合正面突击，志愿军三面包围美军第九军

志愿军在清川江以东发起反击后，清川江以西的美军第八集团军主力除美军第二十四师一部继续西犯外，其余部队基本上停止北进，在原地与志愿军部队对峙。此时，美军第八集团军对志愿军西线部队的反击意图仍未判明，认为与第八集团军对峙的志愿军部队最多不过 10.1 万人，志愿军的作战是为了不使"联合国军"的攻势立即见效。但在接到南朝鲜军第二军团崩溃的报告后，美军第八集团军司令沃尔顿·沃克，担心志愿军会利用德川、宁远地区的战果，从东北方向对第八集团军纵深实施迂回攻击，迫使第八集团军再次后撤。因此立即采取措施，调整部署，堵塞战线缺口，保护第八集团军主力右翼的安全。令位于军隅里、顺川地区担任保护补给线的任务的集团军预备队美军骑兵第一师配属美军第一八七空降团、菲律宾营立即南下，沿顺川至孟山公路建立阵地；令美军第九军派预备队土耳其旅，由军隅里沿公路向东推进，收复德川。同时，将英军第二十九旅由平壤前调作为第九军的预备队。

为歼灭清川江以北地区美军部队，在德川、宁远地区打开战役缺口后，11 月 26 日，志愿军首长电令位于清川江以西的各军，立即包围歼灭敌人一部，积极抓住当面之敌，不使逃脱。同时决定我第四十二军歼灭南朝鲜军第八师后，准备向顺川、肃川攻击前进，以截断西线"联合国军"退路；令我第三十八军在德川战斗结束后，主力准备迅速向军隅里攻击前进，一部轻装取捷径向三所里前进，进至新安州、永柔等地区破路，阻敌撤退或增援，协同第四十军围歼院里、球场地区的美军第二师。

当晚，西线志愿军各部对当面之敌展开进攻。至 27 日晚，第三十九军在上九洞地区予美军第二十五师由坦克、步兵、工兵、侦察等分队共 1 个营又 4 个连和 1 个排组成的"特遣队"以沉重打击，歼其一个侦察连和 1 个步兵连，并在柴山洞附近，以军事压力和政治攻势迫使美军 1 个工兵连集体缴械投降。美军第二十五师和第二师分别后撤数英里，在立石、球场一线建立防御阵地。第六十六军向进至泰川东北松川洞之敌攻击，第五十军向进至定州之敌攻击，该两处敌军均在遭到攻击前撤逃。

至 28 日晨，志愿军正面第四十军逼近球场；第三十九军逼近宁边；第六十六军进至泰川至宁边之间古城洞、龙山洞；第五十军进至纳清亭以北五龙洞。担负侧后迂回任务的第四十二军于 28 日 3 时攻占北仓里，突破南朝鲜军第六师的防御，并歼敌一部。

志愿军第三十八军担负由德川向敌侧后迂回的任务。该军除以第一一三师第三三九团两个营及各师教导队于德川继续清扫战场外，主力于 27 日 17 时开始向西急速前进。为提高迂回速度，形成多层迂回，保证有力截击清川江以北之敌，志愿军韩先楚副司令员和第三十八军军长梁兴初决定：以军主力沿德川至军隅里公路及其北侧攻击前进，构成截击敌军的对内正面，以第一一三师（欠第三三九团）沿安山洞、船街里、龙沼里的山间小路，向三所里实施穿插迂回，构成截击敌军的对外正面。另以第三三九团三营经三所里直插安州、肃川间破路炸桥，阻敌后撤。

此时，美军第八集团军堵塞战线右翼缺口的行动也已开始。土耳其旅于 27 日进至瓦院一线，准备继续东进；美军骑兵第一师所属第五骑兵团由军隅里南下，正向顺川推进，准备与师主力在顺川会合。

志愿军第三十八军第一一三师主力沿安山洞至三所里的山间小路疾速前进，途中不顾疲劳，不顾敌机威胁，坚持白天行军，14 小时前进 70 余公里，前卫第三三八团于 28 日 7 时到达三所里，以突然的冲击全歼南朝鲜军一个连。部队刚刚占领阵地，南下的美军骑兵第一师所属第五骑兵团即于 10 时 30 分进至三所里，第三三八团突然开火，歼灭美军一个侦察排，与美军第五骑兵团展开激战。顺川的美军骑兵第一师主力得知第五骑兵团在三所里被堵的消息后，立即派兵北上增援，但被志愿军第三三八团在三所里东南的杨井站截住。志愿军首长命令第三十八军主力立即向价川及其以南地区攻击前进，靠拢第一一三师。

战至 28 日 16 时，第三三八团在源源到达的师主力支援下，先后击退了由北向南突围的美军第五骑兵团的 10 余次进攻，并以两个营出击，击溃当面之敌，同时击退北援的美军。

与此同时，志愿军第三十八军主力以第一一四师沿公路、第一一二师在公路北侧向西开进。第一一四师先头第三四二团于 28 日 2 时在嘎日岭与土耳其旅 1 个营遭遇，歼其 300 余人，于 28 日 6 时占领裴德站和瓦院东侧高地。第一一二师于 28 日占领瓦院西北的於口站后，遭到美军第二师第三十八团（配属有南朝鲜军第七师第三团）的反击，遂在桥洞以北高地转入防御。

28 日 5 时 30 分，毛泽东致电彭德怀等志愿军首长，祝贺志愿军歼灭南朝鲜军第二军团主力的胜利，并指出："目前任务是集中我四十二军、三十八军、四十军、三十九军歼灭美骑一师、第二师、第二十五等三个师的主力。只要这三个师的主力歼灭了，整个局势就很有利了。"强调："这是很重要的一仗，望令各军努力执行之。"①

据此，彭德怀命令：志愿军第四十二军向假仓里、月浦里、新仓里攻击前进，迅速攻占顺川，得手后，以一个师向慈山攻击，并随后向平壤推进，军主力向肃川攻击前进，截断安州敌南退要道；第三十八军以一个师向价川进行钳制攻击，军主力向价川以南包围攻击南撤之敌，得手后向安州、肃川间攻击前进；第四十军尾追由球场南退之敌，在进至军隅里、价川之后，转向安州以南攻击前进；第三十九军协同第六十六军围攻宁边之敌，得手后，在军隅里附近渡过清川江，沿铁路向安州攻击前进；第五十军向博川以南攻击前

---

① 《建国以来毛泽东军事文稿》上卷，军事科学出版社、中央文献出版社 2010 年版，第 369 页。

进，截断博川、宁边间敌之退路，尔后协同第六十六军歼灭清川江北岸退逃不及的敌军。彭德怀强调："此役于朝鲜战局关系甚大，望克服一切困难和以巨大代价换取之。"①

28日晚，各军根据志愿军首长的部署，继续发展进攻。

在三所里以西几十公里处，还有一条由军隅里经龙源里通往顺川的公路，并在龙源里以北有公路与三所里相接。美军第九军在三所里被堵后，很有可能转道龙源里南撤。

志愿军第一一三师首长在分析了敌情后，果断决定：以第三三八团三营继续坚守三所里，一营、二营追歼逃敌；以第三三七团西进，抢占龙源里，切断美军第九军的另外一条南逃退路；另以第三三九团三营继续向安州、肃川间前进，执行破路炸桥任务。

28日黄昏，志愿军第三三七团疾速西进，先头分队于29日4时进至龙源里，正好与南下的美军第二师侦察连遭遇，在第三十八军先遣支队的配合下，第三三七团一营突然攻击，随即抢占龙源里东北葛岘岭高地，炸毁公路桥梁。

美军第二师得知侦察连受阻后，师长凯泽立即派出一个步兵连、一个炮兵连和一个坦克排，组成特遣队，增援侦察连，随即又以美军第九团投入战斗，向志愿军阵地发动进攻，力图打开通道。

志愿军第三三七团一营坚守阵地，顶住了美军的进攻。战至29日，第三三七团主力和第三三八团一个营赶到，遂以四个营对当面之敌展开反击，经3个小时激战，歼敌一部，余敌向军隅里地区撤退。第一一三师遂停止追击，转入防御。

至此，志愿军已从北、东、南三面将美军第九军指挥的美军第二师、美军第二十五师、土耳其旅全部，美军骑兵第一师、英军第二十九旅和南朝鲜军第一师等各一部，包围于价川附近的清川江南北地区。

---

① 1950年11月28日午时，彭德怀、邓华等志愿军首长致韩先楚、西线志愿军各军电。参见《彭德怀军事文选》，中央文献出版社1988年版，第347—348页。

11 月 28 日 24 时，毛泽东电示彭德怀等志愿军首长，对志愿军的作战指导作明确指示："此次是我军大举歼敌根本解决朝鲜问题的极好时机。……望你们鼓励士气，争取大胜。"[①]

在此期间，志愿军第三十八军第一一四师先头第三四二团与土耳其旅在阳站遭遇，该师即以第三四〇团协同第三四二团，歼灭进至阳站地域的土耳其旅主力 700 余人，缴获汽车 130 余辆、榴弹炮 17 门。第一一二师则于 28 日 16 时击退美军第二师第三十八团的进攻，向桥洞、新立里方向前进，沿途经过大小 10 余次战斗，于 29 日 5 时插至价川以北之龙成里、梧里洞地区。

28 日晚，志愿军第四十二军主力开始由北仓里沿公路向顺川攻击前进。29 日拂晓，第一二五师前卫团第三七三团经长途急行军，突然包围月浦里，歼灭南朝鲜军第八师残部百余人，继续向假仓里推进。

正面的志愿军各军也奋勇前进。第四十军尾追由球场南退的美军第二师，进至院里地区；第三十九军尾追由宁边南退的美军第二十五师，进至宁边东南之偃武洞地区；第六十六军进至宁边以南之凤舞洞；第五十军进至博川以西之大成洞。

（三）清川江地区围歼战，重创美军第九军

麦克阿瑟搞不清这么多志愿军部队是从哪来的，好像是神兵从天而降。在志愿军突然猛烈的反击面前，麦克阿瑟蒙了、呆了。此时，已经不是他如何歼灭志愿军部队，打到鸭绿江边的问题了，而是他的部队如何从志愿军的包围中逃脱出去，免遭全军覆没的命运的问题了。此时的麦克阿瑟怎么也乐不起来了。他已从乐观的顶点坠入了沮丧的深渊，从信心百倍，胜利在握，转而惊慌失措，乱了方寸。11 月 28 日，一方面惊恐地向华盛顿报告，他遇到了全新的敌人，一方面错乱地将美军第八集团军司令沃克和美军第十军军长阿尔蒙德两位前线指挥官，紧急召到东京商讨对策，决定全线向平壤、元山一线撤退。

---

① 《建国以来毛泽东军事文稿》上卷，军事科学出版社、中央文献出版社 2010 年版，第 371 页。

东京会议结束后，沃克立即令美军第八集团军主力全线撤过清川江，美军第一军在肃川至顺川占领阵地，美军第九军在顺川至成川建立阵地，从而在平壤以北约 30 英里（约合 48 公里）处的肃川、顺川、成川一线形成新的防线，令英军第二十九旅准备由平壤北上，协同美军第二师打开后撤通路。

29 日，西线美军开始实施全线退却。美军第一军由清川江北岸撤至安州，准备经肃川向平壤方向撤退。美军第九军撤至军隅里、价川地区后，则沿军隅里经龙源里、三所里至顺川的两条公路向南突围。

志愿军西线部队则在清川江畔西起新安州，东至军隅里、价川，南至龙源里、三所里地域中，对美军第八集团军发起猛烈进攻，展开了激烈的围歼战斗。

11 月 29 日，美军第九军军长库尔特得知美军第二师部队在龙源里受阻的消息之后，命令英军第二十九旅立即北上，接应美军第二师南下。30 日，英军第二十九旅进至龙源里以南地区。美军第二师则以第九团开路，师主力跟进，由军隅里地区南下。此时，美军第二师指挥 4 个步兵团（包括南朝鲜军第七师第三团），并配属土耳其旅和 6 个炮兵营、2 个坦克营及一批特种兵分队，总兵力达 2 万余人。

美、英军在大量飞机、坦克和炮兵的支援下，南北夹击，向志愿军第一一三师所在的三所里、龙源里阵地猛攻。志愿军在龙源里地区担任阻击任务的部队只有 4 个营，但官兵们以与阵地共存亡的决心，顽强战斗，顶住了美、英军潮水般的轮番进攻，牢牢地守住了阵地，使南撤和北援之敌相隔不到 1 公里，却只能相望而不能会合，彻底粉碎了美军第二师由此处向顺川突围的企图。

志愿军第三十八军主力及时赶到，于 30 日晨占领龙源里西北龙兴里、双龙里地区，将南撤的美军第二师和土耳其旅拦腰截成数段，与敌展开激战。

志愿军第一一二师第三三五团第三连进至松骨峰后，与敌遭遇，该连立即占领路旁高地，在毫无工事依托的阵地上，与蜂拥而来的美军激战 5 个多小时，始终未让美军前进一步。美军在屡攻不下的情况下，集中数十门火炮和近20辆坦克对志愿军该连阵地猛烈轰击，并以飞机投下了凝固汽油弹，将高地打成一片火海，步兵随后一拥而上。志愿军第三三五团第三连在人员伤亡较大，粮弹殆尽的严重情况下，毫不畏惧，所有能战斗的人员，包括伤员，带着满身的火焰，奋勇扑向敌军，用枪托、刺刀、石头，甚至牙齿与敌人展开了殊死肉搏，谱写了一曲革命英雄主义的赞歌。

后来，著名军旅作家魏巍主要依据三连的英雄事迹，写成了通讯《谁是最可爱的人》，于1951年4月11日在《人民日报》上发表。三连的壮举迅速传遍长城内外，大江南北。从此，祖国人民把一个崇高的称号——"最可爱的人"，送给了志愿军全体将士。

在志愿军第三十八军与敌激战的同时，第四十军于30日3时攻占军隅里，歼灭美军第二师一个营，随即军主力向安州方向攻进，另以一部向军隅里以南攻进，配合第三十八军围歼逃敌；第三十九军第一一七师于30日晨渡过清川江，进至军隅里西北之中兴里、下站地区，随即协同第四十军同敌展开激战。

战至30日16时，美军第二师逐渐被志愿军压缩至数个狭小地域之中。30日17时，志愿军第三十八军在第四十军、第三十九军配合下，向被围之敌发起总攻。以团为单位，兵分多路猛烈冲击。至12月1日19时，志愿军西线部队歼灭美军第二师主力、土耳其旅大部，重创美军第二十五师，美军第九军丢弃大量重装备，残部西逃安州。我第四十军紧紧尾追逃敌，于当晚占领安州。

据美国陆军官方战史透露，美军第二师在清川江地区的战斗中，遭受歼灭性打击。至12月1日，该师按战时编制18000人，战后收拢人员时，只剩下8662人，重装备丢失殆尽，单兵装备丢失达40%。

志愿军第三十八军在第二次战役中，英勇作战，对战役的顺利发展起到了重要作用。彭德怀司令员亲自起草电文稿，于12月1日与邓华等志愿军首长联名致电第三十八军军长梁兴初、政治委员刘西元转第三十八军全体同志，嘉奖第三十八军："此战役，克服了上次战役中个别同志某些过多顾虑，发挥了三十八军优良的战斗作风，尤以一一三师行动迅速，先敌占领三所里、龙源里，阻敌南逃、北援。敌机坦克各百余终日轰炸，反复突围，终未得逞，致昨三十日战果辉煌，计缴仅坦克、汽车即近千辆。被围之敌尚多，望克服困难，鼓起勇气，继续全歼被围之敌，并注意阻敌北援。特通令嘉奖，并祝你们继续胜利。中国人民志愿军万岁！三十八军万岁！"①

在志愿军西线主力围歼美军的同时，担任侧后迂回任务的志愿军第四十二军先后在清溪里、新仓里与美军骑兵第一师展开激战，于12月1日进至顺川东南殷山里和丫波里地区。

美军第八集团军从清川江畔撤退后，在肃川、顺川、新成川一线整顿队势，构筑防线。

此时，志愿军已经连续作战7天，部队已很疲劳，且敌军已形成新的防线，在肃川、顺川堵击退敌的时机已失。志愿军遂于12月2日结束了西线作战。

至此，第二次战役西线作战告一段落。从11月25日至12月1日，志愿军西线部队经过连续7昼夜作战，彻底粉碎了麦克阿瑟的"总攻势"，歼灭南朝鲜军第七师、第八师两师大部，予美军第二师和土耳其旅以歼灭性打击，重创美军第二十五师。共计歼敌2.3万余人，缴获与击毁各种炮500余门，坦克100余辆，汽车2000余辆，各种枪5000余支。

12月2日，美军第八集团军全线向平壤以南收缩，12月5日全部撤离平壤，12月6日，志愿军第一一六师和朝鲜人民军一个团收复平壤。12月12日，志愿军西线部队向三八线攻进，至23日全线进抵三八线。

这里也简单介绍一下志愿军在东线的作战。

志愿军在东线作战的是第九兵团的3个军，于11月27日黄昏对进攻的美军第十军指挥的部队发起反击，当夜，就将美军陆战第一师（也是美军王牌部队）全部和美军步兵第七师大部分割包围于长津湖地区的几个点上。东线长津湖地区冬季特别冷，昼夜平均气温

---

① 1950年12月1日，彭德怀、邓华、朴一禹、洪学智、韩先楚、解方、杜平致梁兴初、刘西元并转第三十八军全体同志电。转引自军事科学院军事历史研究所《抗美援朝战争史（修订版）》上卷，军事科学出版社2011年版，第339页。

在 -20℃左右，夜晚达到 -40℃。志愿军第九兵团是从华东地区来的部队，原计划是他们先到东北整训两个月再入朝作战。但由于战场作战的需要，他们到东北没有停留就直接入朝参战了。他们穿的防寒冬装是华东地区的冬装，东北一时还没有准备好 15 万人部队的北方防寒冬装，只是他们坐火车进入东北后，在沈阳等车站停留时，东北军区临时紧急将军区机关和直属队人员穿的冬装脱下来，补给第九兵团一些，但数量很有限。所以第九兵团部队到达长津湖后，寒冷对部队就是一个很大的威胁。美军都有鸭绒睡袋还冻得瑟瑟发抖，可想而知志愿军第九兵团部队会冻成什么样子。有的整建制成排成连成战斗队形冻死在阵地上。即便是这样，这支部队仍然整建制地包围歼灭号称"北极熊"团的美军第七师第三十一团级战斗队，歼其 3100 余人，缴获美军这个团的团旗收藏在北京的军事博物馆。这是抗美援朝战争中志愿军歼灭美军最大的建制部队，也是唯一一次整建制歼灭美军一个团。美军王牌部队陆战第一师突围向南逃跑时，志愿军第九兵团早有布置，在美军向南撤逃的 80 公里的沿路，第九兵团布置了多道阻击阵地，美军一路撤退，一路遭受阻击，后面还有追击志愿军部队。

美军陆战第一师从 12 月 3 日开始突围南逃以来，几乎是步步被截，第二任"联合国军"总司令李奇微后来曾说："这是一次漫长而曲折的撤退，一路上战斗不断，似乎是在一寸一寸地向后挪动。"[①] 美军陆战第一师一路苦战，一路惊慌，一路遭受伤亡损失，损失过半，已溃不成军，直至 12 月 12 日，赖以坦克、大炮的火力优势，赖以空运的源源补给和空军的支援掩护，其残部才在美军第三师的接应下，艰难地突破志愿军的最后阻击，狼狈逃至五老里，幸免于全军覆没的灾难。这是美国这支"王牌"部队有史以来，遭受损失最为严重，逃跑景象最为狼狈的一次败退。几十年后，当时的美军高级官员，回忆起美军陆战第一师在长津湖地区险遭全军覆没的境况时，仍觉非常可怕，

---

① ［美］马修·邦克·李奇微：《朝鲜战争》，军事科学院外国军事研究所译，军事科学出版社 1983 年版，第 86 页。

不寒而栗。美国人写的书里说，从 10 月 26 日至 12 月 15 日，美军陆战第一师的战斗伤亡总数为 4418 人，另有 7313 人非战斗减员。[①] 因此，美国人把长津湖之战称作"陆战队历史上最为艰辛的磨难"。

到 12 月 23 日，东线美军第十军指挥的部队约 10 万人，由美国海军派出 300 余艘舰船载运，从海上撤逃。

志愿军没有飞机、没有军舰，没有远程大炮，只能看着美军从海上撤逃。

12 月 24 日，整个第二次战役结束。这次战役共歼敌 3.6 万余人，其中美军 2.4 万余人。美军投入到朝鲜战场上的 7 个师中，有美军第二师、第七师和陆战第一师遭到歼灭性打击，撤到后方休整，美军第二十五师遭受重创。"联合国军"撤到三八线一线及以南转入防守。"联合国军"总司令麦克阿瑟也从欢乐的顶点跌到了悲观的深渊，从胜利的巅峰跌到失败的低谷，同时铸就了他成为美国朝鲜战争失败替罪羔羊的结局。1951 年 4 月 11 日，麦克阿瑟被解除了在远东和"联合国军"的一切职务。

这一仗，打蒙了麦克阿瑟，打蒙了美国，也震惊了全世界。中国如此贫穷落后，面临的困难那样多，竟然敢于出动如此大规模的军队同美军较量，志愿军仅仅依靠步兵作战和有少量炮兵的支援，竟然打败了武器装备如此精良、陆海空军联合作战的美军，实在不可理解。直至几十年后，美国及其他西方国家的许多人仍觉是个谜。从 1950 年 10 月 31 日，美国确认有中国军队参战，到 12 月底，是美国最为难过的 60 天，从总统到政府和军队最高层的决策人，都忧心忡忡，不知所措。当时的美国参谋长联席会议主席奥马尔·布莱德雷在其回忆录中写道："这 60 天，是我们职业军人生涯经历最严峻的考验的时刻，……朝鲜战争出乎预料地一下子从胜利变成了丢脸的失败——我军历史上最可耻的一次失败。"[②]

---

① ［美］约瑟夫·格登：《朝鲜战争——未透露的内情》，于滨等译，刘兰荣校，解放军出版社 1990 年版（内部发行），第 468 页。

② ［美］奥马尔·布雷德利著、［美］克莱·布莱尔整理：《将军百战归——布雷德利自传》，廉怡之译，军事译文出版社 1985 年版，第 754 页。

四、志愿军此次战役组织指挥上的几个特点

此次战役，是志愿军在抗美援朝战争中对美军打击最为严厉的一次战役，也是志愿军在抗美援朝战争运动战阶段打得最为精彩的一次战役。这次战役在指导上有如下几个特点。

第一，正确判断战场形势，果断确定根本扭转朝鲜战局的决心。根据第一次战役结束后战场上敌我双方的情况，为改变战场形势，根本解决志愿军站稳脚跟的问题，毛泽东果断决定，第二次战役，志愿军将战场摆在平壤、元山线的正面，而以德川、宁远以北以西地区为后方，从而根本改变朝鲜战局。并据此决定，集中第一次战役时的 6 个军于西线，紧急调第九兵团 3 个军入朝担任东线作战，东西两线全力作战。这一决心既符合志愿军的作战需要，又符合战场形势，从而使志愿军第二次战役有了明确方向和目标。

第二，抓紧有限时间进行较全面的战役准备。从 11 月 5 日第一次战役结束，到 11 月 25 日发起反击，志愿军只有 20 天的时间进行准备，我在前面列举了志愿军的各项准备工作。这个准备工作是比较全面的，在当时的条件下，对于能想到的问题、能解决的问题都做了准备，这些准备为取得战役胜利奠定了重要基础。

第三，利用麦克阿瑟的骄狂心理，示弱诱敌，造成敌军更大错觉。志愿军参战前麦克阿瑟认为中国人没有能力也不敢参战，即便参战也不足为患。志愿军参战后，美国当局和麦克阿瑟虽然搞不清志愿军的参战兵力和参战目标是什么，但断定志愿军参战兵力不多，并且只是象征性地参战。志愿军充分利用了美军战略上的判断错误和麦克阿瑟的骄狂心理，将计就计，以小部故意示弱，诱敌深入，隐蔽企图，扩大了"联合国军"的错觉，将其诱至预定的战场上，造成了志愿军集中主力突然予以打击的效果。

第四，抓住美军作战中的弱点，发挥志愿军的战术特长，打击敌军。一是大胆实施战役上迂回包围和分割包围的战术。战役反击开始后，首先选择美军第八集团军战役布势上的薄弱环节，集中力量包围歼灭其进攻右翼战斗力较弱的南朝鲜军第二军团两个师，打

开战役缺口。志愿军第三十八军的德川战斗、第四十二军的宁远战斗，都实施了迂回包围战术。德川、宁远战斗结束后，则集中第三十八军、第四十二军两个军，多路向美军第八集团军侧后实施战役迂回，切断了美军第九军南撤的退路，将美军第九军主力三面包围于以价川、军隅里为中心的清川江南北地区，从而动摇了"联合国军"整个进攻布势，造成了歼敌的有利态势。二是组织精干小分队，捣毁敌军炮兵阵地。第三十八军德川战斗中正面突击的第一一四师，组织小分队捣毁了南朝鲜军第七师榴弹炮营，缴获榴弹炮18门；志愿军第四十军第一二〇师第三五九团攻占鱼龙浦阻击球场美军北援，首先攻占美军炮兵阵地，缴获105毫米榴弹炮18门；第三十八军第一一四师在阳站与土耳其旅的遭遇战斗，也是捣毁土耳其旅炮兵阵地，缴获榴弹炮17门。事实证明，敌军步兵一旦失去炮兵的支援，就大大丧失了战斗精神。

第五，抓住美军动摇的时机，乘势扩大胜利。西线在清川江南北地区重创美军第九军后，已完成了战役的预定任务。但此时，撤至平壤及东西一线布防的美军，决心已动摇，毛泽东、彭德怀抓住这一时机，组织志愿军西线部队向平壤追击，待美军从平壤南撤后，又组织志愿军西线部队全线向三八线攻进，从而使整个战役取得了大大超出预想的胜利。

经过这次战役，进一步证明，志愿军虽然武器装备与美军相比强弱悬殊，给作战造成很多难以想象的困难，但仍然可以同美军作战，并且可以取得作战的胜利。后来，毛泽东、周恩来都说过，能不能打的问题，"两三个月就解决了。敌人大炮比我们多，但士气低，是铁多气少。""经过三个多月的时间，证明我们能够把敌人打退，我们把美帝国主义打回到三八线附近了"。[①]

---

① 《建国以来毛泽东军事文稿》中卷，军事科学出版社、中央文献出版社2010年版，第50—51页；《周恩来军事文选》第四卷，人民出版社1997年版，第293页。

上甘岭战役[*]

上甘岭战役，是中国人民志愿军在朝鲜上甘岭地区进行的坚守防御战役，是抗美援朝战争中的著名战役。这次战役于 1952 年 10 月 14 日开始，11 月 25 日结束，历时 43 天。在不足 4 平方公里的志愿军两个连的阵地上，以美军为首的"联合国军"发动进攻（"金化攻势"），先后投入美军第七师，南朝鲜军第二师、第九师等共 3 个多师 6 万余人的兵力、300 余门大炮、近 200 辆坦克、3000 余架次飞机，发射炮弹 190 多万发，投掷炸弹 5000 多枚。志愿军防御作战也陆续投入第十五军第四十五师、第二十九师和第十二军第三十一师、第三十四师 1 个团等 3 个多师 4 万余人的兵力，山炮、野炮、榴弹炮 133 门，火箭炮 24 门，高射炮 47 门，迫击炮 292 门，共发射炮弹 35 万余发。志愿军防守部队依托以坑道为骨干的坚固阵地，在炮兵火力的支援下，发扬革命英雄主义精神，机动灵活地运用战略战术，以伤亡 1.1 万余人的代价，胜利击退了"联合国军"的进攻，击退了"联合国军"营以上兵力冲击 25 次，营以下兵力冲击 653 次，全部守住了阵地，共毙伤敌 2.5 万余人，击落击伤飞机 274 架，击毁击坏敌军大口径火炮 61 门、坦克 14 辆。上甘岭山头被敌军炮弹、炸弹削低 2 米，石土被炸成 1 米多厚的粉末，但志愿军部队像钉子一样牢

* 本文是作者于 2014 年 9 月至 11 月先后为中国人民解放军原北京军区所属部队进行军训的外交部新选调的毕业硕士博士研究生、北京理工大学新入学的本科生等讲课时的讲稿。

牢地扎在了那里，彻底粉碎了"联合国军"的进攻。

这次战役，无论在抗美援朝战争史上，还是在世界战争史上，都具有极为重要的影响。

一、上甘岭战役的背景

上甘岭战役的发生有如下背景。

一是停战谈判的背景。在以美国为首的"联合国军"发动"金化攻势"前，朝鲜停战谈判仅剩下战俘问题一项议程没有达成协议。关于这项议程的谈判不但陷入了僵局，而且由于美方代表团单方面宣布无限期休会而中断。1951 年 7 月 10 日，朝鲜停战谈判开始，至 7 月 26 日才通过谈判议程，议程共有五项：（一）通过议程；（二）确定军事分界线以建立非军事区；（三）实现停火与休战的具体安排；（四）关于战俘的安排；（五）向双方有关各国政府建议事项。第二至第五项议程是实质性议程。到 1952 年 5 月，除了关于战俘问题的谈判没有达成协议，其他三项实质性议程均已达成协议。在战俘问题上，由于美方无理提出并顽固坚持所谓"自愿遣返"原则，企图强行扣留志愿军和朝鲜人民军被俘人员，谈判陷入僵局。从 1952 年 5 月下旬开始，美方代表团以一种流氓无赖的态度对待谈判，不但不接受朝中方面关于战俘遣返问题的任何建议和方案，而且要么到会一言不发，甚至在会场打瞌睡，要么一到会就提议休会 3 天，甚至不待朝中方面作出答复，便退出会场。10 月 8 日，美方代表团根据美国政府和"联合国军"总司令的指示，按早已预定的计划单方面宣布无限期休会。

二是战场背景。此时，以美国为首的"联合国军"方面，除其占据优势的空中力量仍施行狂轰滥炸外，在地面战场上已处于无所作为、被动挨打状态，而志愿军越战越强，越战越主动。自停战谈判进入实质性问题讨论后，"联合国军"为配合谈判，对志愿军和朝鲜人民军施加军事压力，于 1951 年 8 月中旬起，同时发动了地面攻势和空中攻势。地面攻势就是 8 月中旬至 10 月下旬，"联合国军"先后对人民军和志愿军防守的阵地发动的夏季攻势和秋季攻势，被人民军和志愿军粉碎，"联合国军"占去一些山头，但付出重大人员伤亡代价，遭到美国国会议员和参谋长联席会议主席布莱德雷的指责。空中攻势就是"联合国军"集中其投入到朝鲜战场上 80% 的空中作战力量，以摧毁朝鲜北方铁路系统为目标发动的"绞杀战"，1952 年6 月也宣告失败了。而志愿军和朝鲜人民军方面从 1951 年底开始，在 250 公里的整个正面战线上，构筑了以坑道为骨干的坚固防御阵地，并依托这样的阵地积极进行战术活动，包括挤占敌我中间地带，夺取"联合国军"阵地前沿个别连排支撑点；广泛开展冷枪冷炮狙击活动，打得"联合国军"前线人员昼间龟缩在工事内不敢出来，将斗争的焦点推向"联合国军"阵地前沿。特别是到了 1952 年 8 月，志愿军正面第一防御地带以坑道为骨干的坚固阵地工事全部完成，经过反"绞杀战"斗争，已建立了"打不烂，炸不断"的钢铁运输线，根本解决了作战物资运输补给问题，加上全国各族各界人民捐献飞机大炮，使志愿军武器装备有了明显加强和改善。此时，志愿军方面正如毛泽东所说的："现在是方针明确，阵地巩固，供给有保障，每个战士都懂得要坚持到底。"[①] 于是，志愿军为使第一线部队得到锻炼，取得经验，也为配合谈判，于 9 月 18 日至 10 月 31 日在全线发起战术反击作战，对"联合国军"营以下兵力防守的 60 个阵地发动进攻 77 次（其中朝鲜人民军对 3 个阵地进攻 3 次），除对几个阵地的攻击未得手或守军撤逃外，其余都是攻克阵地，全歼敌守军，经过反复争夺后巩固占领 17 个阵地，打得"联合国军"频繁调动，疲于奔命，完全处于被动挨打的境地。美国和韩国官方战史均承认，此时"联合国军"方面"在战争精神上处于萎靡状态"，"共产党已越

---

① 《建国以来毛泽东军事文稿》中卷，军事科学出版社、中央文献出版社 2010 年版，第 51 页。

来越明显地掌握了地面作战的主动权"①。

三是国际背景。第七届联合国大会即将于 1952 年 10 月 14 日开幕，朝鲜问题将要被提交至这一届联合国大会讨论，美国当局需要"联合国军"在朝鲜战场上军事行动方面的配合，以便占据政治上的有利地位，同时，给参加"联合国军"的其他国家一点儿"胜利"的刺激，让他们投入更多的金钱和生命。

就是在这样的背景下，"联合国军"为配合第七届联合国大会，同时也为鼓舞一下部队的士气，并对志愿军的战术反击作战进行报复，经美军第八集团军司令官詹姆斯·阿尔沃德·范佛里特（James Alward Van Fleet）积极建议，"联合国军"总司令马克·克拉克批准，于 10 月 14 日，联合国第七届大会开幕的同一天，以夺取志愿军防守的上甘岭阵地为目标，发动了"金化攻势"，代号"摊牌行动"。

二、上甘岭阵地的战场价值

上甘岭不是一座很大的山岭，上甘岭是朝鲜的一个村庄，位于三八线以北战线的中部。上甘岭阵地是指上甘岭以南 597.9 高地和 537.7 高地北山，由志愿军第三兵团（副司令员王近山、副政治委员杜义德）所属第十五军（军长秦基伟、政治委员谷景生）第四十五师（师长崔建功、政治委员聂济峰）分别以一个连防守。上甘岭阵地是志愿军中部战线战略要点五圣山的前沿阵地，位于五圣山主峰以南 4 公里处。五圣山位于金城、金化、平康这一三角地区的中央，主峰海拔 1061.7 米，是战线中部地区的最高峰。它西临平康平原，东扼金化经金城到东海岸的公路，南距"联合国军"占据的金化只有 7 公里。

上甘岭以南这两个高地，537.7 高地北山在东，597.9 高地在

---

① （南朝鲜）战史编纂委员会编：《韩国战争史》，参见中译本《朝鲜战争》第四卷，固城等译编，黑龙江朝鲜民族出版社 1988 年版，第 308 页；[美]沃尔特·G.赫姆斯：《朝鲜战争中的美国陆军》第一卷，维新、李植谷等译，解放军国防大学出版社 1988 年版，第 346—347 页。

西。这两个高地互为犄角，是五圣山的屏障，可直接瞰制金化东北"联合国军"防守的鸡雄山阵地和金化以南的开阔地带，总面积达 3.7 平方公里。537.7 高地北山和"联合国军"据守的 537.7 高地共处一条山梁，两个阵地相距只有 150 米。该阵地位置极为重要，是志愿军防御的要点，它可直接控制金化至金城的唯一公路，控制"联合国军"中线与东线的连接点。在志愿军开展的"冷枪冷炮"狙击活动中，"联合国军"过往车辆和人员成为志愿军狙击的目标，所以"联合国军"称 537.7 高地北山为"狙击兵岭"。597.9 高地由三个小山头组成，最高峰在南面，"联合国军"称之为"三角形山"。该高地与"联合国军"占据的鸡雄山阵地北南对峙，中间仅隔一条公路。

志愿军上甘岭地区的这两个阵地向"联合国军"战线突出约 12 公里，使"联合国军"如芒在背，如鲠在喉，倍感难受，但同时也受到"联合国军"东、南、西三面火力夹击，防守起来也不是很容易。上甘岭有失，五圣山就直接受到威胁；五圣山若失，"联合国军"居高临下，志愿军在平康平原就很难立足。因此，志愿军必须守住上甘岭阵地。志愿军第十五军第四十五师在"联合国军"发动进攻之前，从南朝鲜军第二师投诚的一个参谋那里得知了"联合国军"的企图，将上甘岭两个高地的防守兵力各增加到一个营。

三、上甘岭战役基本过程

上甘岭战役大体经历三个阶段。

（一）第一阶段，抗击"联合国军"进攻，转入坑道坚守（10月 14 日至 20 日）

"联合国军"总司令克拉克批准美军第八集团军司令官范佛里特以美军第七师和南朝鲜军第二师各一个营的兵力，在 300 门大炮的支援下，以 5 天时间、伤亡 200 人的代价，夺取了志愿军上甘岭以南两个阵地。

"联合国军"经过两天的炮火准备后，于 10 月 14 日 5 时开始进攻。但"联合国军"发起进攻后，遭到志愿军顽强抗击，第一天即投入了美军第七师和南朝鲜军第二师各一部共7个营的兵力，并动用了300余门大口径火炮、30余辆坦克、40余架次飞机进行支援，发射炮弹30余万发，投掷炸弹500余枚。美军和南朝鲜军采取多路多波方式，连续发动猛攻。志愿军第四十五师防御分队顽强抗击，先后击退一个排至一个营兵力的10余次冲击。战至17时，我军表面阵地大部失守，防御分队转入坑道坚持战斗。当天夜间，志愿军第四十五师组织4个连进行反击，全部恢复表面阵地。"联合国军"的进攻"一开始就挨了中国军队当头一棒"。"联合国军"第一天的进攻，什么也没有捞到，可伤亡已达2000多人。但范佛里特不甘心第一天进攻就受挫，继续投入力量争夺上甘岭。从15日起，"联合国军"又先后投入2个团另4个营的兵力，在密集炮火和航空兵火力支援下轮番进攻。志愿军第四十五师调整部署，不断增加防守兵力，依托坑道工事，白天阻击，入夜反击，与美军和南朝鲜军激烈争夺表面阵地。至20日，在大部表面阵地被敌占领后，志愿军防御分队全部转入坑道坚守作战。在第一阶段作战中，美军与南朝鲜军先后投入了17个营（美军9个营、南朝鲜军8个营）的兵力，志愿军第四十五师先后投入21个步兵连的兵力。志愿军共毙伤敌7000余人，自身也伤亡3200余人。著名战斗英雄黄继光的事迹就发生在这一阶段。

（二）第二阶段，坚持坑道斗争，准备决定性反击（10月21至29日）

本来"联合国军"发动这次攻势，是为了扭转被动局面。但是，结果却适得其反，遭到迎头痛击，伤亡重大。在此之前，志愿军的战术反击作战，几乎攻无不克，攻无不歼。而"联合国军"集中了那么多兵力和火力，只是攻击志愿军原来各以一个连防守的两个小小的山头，连攻7天都不能解决问题。无论作战的时间、使用的部队和人员的伤亡，都大大超出了克拉克和范佛里特的原定计划。这不免使克拉克和范佛里特觉得大失"联合国军"的面子。为了挽回面子，他们只好硬着头皮，继续干下去。克拉克后来说："这个开始为有限目标的攻击，发展成为一场残忍的挽救面子的恶性赌博。"①

"联合国军"在第一阶段的进攻作战中遭受损失后，调整部署，10月25日，将遭受重创的美军第七师撤出战斗，将进攻任务全部交给南朝鲜军第二师，并将南朝鲜军第九师调至金化以南地区作为战役预备队。

对此，南朝鲜人非常恼火。《韩国战争史》这样写道："此次战线调整的实质是，在军团'摊牌作战'同一计划下，美第7师同第2师并肩作战，进攻并占领'三角'高地。然而，因敌人顽强反击，截至25日的12天内，先后投入9个步兵营作战，伤亡2000多人，战斗演变成持久战，因而将美第7师的防线交给了韩第2师。结果，第2师单独担负了中部前线的要地。当时军团的这一措施立刻激起舆论，给人一种只顾减少美军伤亡的印象。"②

根据当时任南朝鲜军第二师师长的丁一权战后回忆说，美军第七师尽管遭受重大损失，都始终未能坚守住三角高地群。美军感到束手无策，请求我师担任此项任务，我师下属第十七、第三十一、第三十二、第三十七等4个团，就答应下了。接替丁一权任师长的姜文奉说：那本来是预定由美军第七师担任的进攻任务。可是它每天付出200多人的伤亡代价也夺不回来，受到报纸的抨击。因此，把此项任务交给了我师。换句话说，是叫我们当美国兵的替身。所以在接受换班命令时，我就感到美国人、韩国人同样都是人，这不是叫我们替他们牺牲吗？③

面对"联合国军"的"赌博"，志愿军也决心打下去，决心全部恢复上甘岭地区的两个阵地，因而也调整了部署。为准备进行决定性反击，志愿军第十五军令第四十五师全力投入597.9高地和537.7高地北山两个阵地作战，并重点进行坚守坑道作战；以第二十九师

---

① ［美］马克·克拉克：《从多瑙河到鸭绿江》，文士龙译，黎明文化服务中心1956年版，第72页。

② （南朝鲜）战史编纂委员会编：《韩国战争史》，参见中译本《朝鲜战争》第四卷，固城等译编，黑龙江朝鲜民族出版社1988年版，第333页。

③ 转引自军事科学院军事历史研究所《抗美援朝战争史（修订版）》下卷，军事科学出版社2011年版，第321页。

接替第四十五师其他地段防务。同时，以第四十四师、第二十九师部队在相邻地区加强对当面敌军阵地的反击作战，牵制敌军力量，配合第四十五师作战。第三兵团将刚从第一线撤下来准备休整的第十二军第三十一师调往五圣山地区，作为战役预备队；志愿军总部和第三兵团为第十五军增加 2 个炮兵营又 7 个炮兵连、1 个高射炮兵团和 1 个工兵营，为第四十五师补充了 1200 名新兵。

21 日至 29 日，占领表面阵地的美军和南朝鲜军采取轰炸、爆破、放毒、熏烧、堵塞、封锁等手段，企图消灭志愿军坚守坑道的分队。志愿军坚守分队充分发挥党支部的战斗堡垒作用和政治思想工作的威力，团结一致，克服缺粮、缺弹、缺水和空气污浊等令人难以想象的困难，顽强坚守坑道，并组织班或战斗小组向表面阵地出击 158 次，除 9 次未奏效外，均获得成功，毙伤敌 2000 余人，并夺回 7 处阵地。志愿军纵深部队以 19 个炮兵连组成炮兵群，支援坚守坑道分队作战，保护两个高地的主要坑道口，并多次组织阵地外的部队在坚守坑道分队配合下实施反击，减轻坚守坑道分队压力，还利用反击时机，部分轮换坚守坑道的分队，补充物资。在坑道内外部队的有力配合下，志愿军有效地坚持了坑道斗争，为准备决定性反击赢得了时间，创造了有利条件。

（三）第三阶段，实施决定性反击，全部夺回并巩固表面阵地（10 月 30 日至 11 月 25 日）

10 月 30 日夜，志愿军第十五军以第四十五师 5 个连、第二十九师 2 个连与坚守坑道的 3 个连相配合，在百余门火炮支援下，对 597.9 高地进行反击，一举全部夺回了该高地表面阵地。11 月 1 日至 5 日，"联合国军"每日都以 1 至 6 个营的兵力对 597.9 高地实施攻击。志愿军第十二军于 1 日开始投入战斗，以第三十一师第九十一团全部兵力和第九十三团 1 个营与第四十五师防守部队紧密配合，粉碎了"联合国军"的进攻。其间，"联合国军"在 1 日和 2 日的反扑中，分别发射炮弹 12 万余发和 15 万余发。

"联合国军"在 597.9 高地吃尽了苦头，从 11 月 5 日以后，停止了对这一阵地的进攻。根据《韩国战争史》，停止进攻"三角"高地，

是军团长决定的。自从"摊牌作战"开始以来，美军第七师打了 12
天，南朝鲜军第二师打了 11 天，只是增加伤亡，加上"狙击"棱线
连日不断的血战，继续进攻也无所作为。因此，决定从即日起结束
"三角"高地战斗。

11 月 6 日，美军无可奈何地宣布："到现在为止，联军在'三角
形山'是打败了。"美军战史说："联合国军司令部所属部队……在'三
角山'5 天的战斗中，他们由最初的两个营的兵力发展到两个师以
上的兵力，死伤人数由 200 人增加到 9000 人。……'三角山'之战，
中国军队以他们不屈不挠的斗争……迫使联合国军停止进攻。"①

11 月 5 日，第三兵团根据志愿军司令部"坚决战斗下去"的指
示，决定第十二军第三十一师（政治委员刘瑄、副师长李长林）所属
3 个团全部投入作战，第三十四师两个团为预备队。为便于指挥，决
定由第十二军组成五圣山战斗指挥所，副军长李德生负责统一指挥；
由炮兵第七师师长颜伏组成炮兵指挥所。这两个指挥所仍归第十五
军军长秦基伟直接指挥。第十五军除炮兵、通信、后勤保障部队外，
其余全部撤出战斗进行休整。

11 日 16 时 25 分，志愿军第三十一师第九十二团以 2 个连的兵
力，在 110 余门火炮的支援下，分两路对 537.7 高地北山阵地发起反
击，激战至 17 时夺回了该阵地。12 日至 14 日，第九十二团击退南朝
鲜军 2 个营至 1 个团兵力的多次冲击。14 日夜，第九十三团主力加入
战斗。至 17 日，我军又击退南朝鲜军 1 个排至 1 个团兵力的冲击 70 余
次。18 日，第三十四师第一○六团接替第九十三团加入 537.7 高地北山
作战，激战至 25 日，击退南朝鲜军多次进攻，巩固了 537.7 高地北山
阵地。"联合国军"伤亡惨重，被迫停止进攻，上甘岭战役遂告结束。

整个战役，志愿军共歼敌 2.5 万余人，全部夺回并巩固了 597.9
高地和 537.7 高地北山阵地。志愿军作战减员 1.15 万余人。

上甘岭地区只有不到 4 平方公里的面积。上甘岭两个山头原来

---

① ［美］沃尔特·G.赫姆斯：《朝鲜战争中的美国陆军》第一卷，维新、
李植谷等译，解放军国防大学出版社 1988 年版，第 355 页。

只有志愿军两个连分别防守，这里发生的作战应该被称为战斗，可为什么被称为上甘岭战役呢？这是由以下两点决定的。

一是双方投入的兵力火力规模。在上甘岭不到 4 平方公里的战场范围内，"联合国军"先后投入美军第七师、南朝鲜军第二、第九师另 1 个团共 3 个多师 6 万余人、300 余门大炮、近 200 辆坦克、3000 余架次飞机，发射炮弹 190 多万发，投掷炸弹 5000 多枚。志愿军也陆续投入第十五军第四十五师、第二十九师，第十二军第三十一师和第三十四师 1 个团，也是 3 个多师 4 万余人，参战各种炮，计有山炮、野炮、榴弹炮 133 门，火箭炮 24 门，高射炮 47 门，迫击炮 292 门，共发射 35 万余发炮弹。此战兵力火力之密集，在世界战争史上是罕见的。

二是双方指挥层次。"联合国军"方面是由美军第九军直接指挥，但许多部署是由"联合国军"总部和美军第八集团军总部作出的。志愿军方面是由第十五军直接指挥，第三阶段由第十二军组成五圣山战斗指挥所，副军长李德生负责统一指挥，由炮兵第七师组成炮兵指挥所，这两个指挥所仍归第十五军军长秦基伟直接指挥。而上甘岭作战的许多部署是由志愿军总部和第三兵团部作出的。

从这两个方面说，上甘岭作战已完全构成了战役规模。无论兵力火力规模还是指挥层次都是逐步发展形成的，不是作战一开始就如此。因此，11 月 7 日，毛泽东拟稿以军委名义给志愿军首长杨得志等的电报中指出："此次五圣山附近的作战已发展成为战役的规模"。[①]

四、上甘岭战役取得胜利的原因

上甘岭战役取得胜利，原因是多方面的。

（一）有了以坑道为骨干的坚固阵地工事

这种工事本身就是由志愿军广大官兵在抗美援朝战争中创造的。

---

① 转引自军事科学院军事历史研究所《抗美援朝战争史（修订版）》下卷，军事科学出版社 2011 年版，第 330 页。

在 1951 年夏季，战争双方都转入战略防御后，阵地战成了双方作战的主要形势。而对志愿军来说，仅仅依靠野战工事抗御"联合国军"飞机大炮的轰击是很难坚守阵地的，在抗美援朝战争运动战阶段第四次战役的汉江南岸坚守防御和转入阵地战后于 1951 年夏、秋季的防御作战中，志愿军依托野战工事，一个连的阵地最多只能坚持几小时，就被"联合国军"飞机大炮的轰击摧毁，阵地失守，许多时候还人地双亡。而在 1951 年夏、秋季的防御作战中，阵地上出现的"猫耳洞"和将两个"猫耳洞"挖通形成的雏形坑道，则为志愿军保存自己、消灭敌人发挥了重大作用。1952 年春、夏，志愿军大规模构筑坑道工事，并统一标准，要求坑道工事同野战工事相结合，依托坑道要能打、能防、能生存，并在同期攻防作战中经受了考验。上甘岭战役正是因为有了这样的坑道工事，虽然"联合国军"的飞机大炮将阵地表面工事摧毁，石土被炸成 1 米多厚的粉末，但坑道工事基本安全；"联合国军"占领表面阵地，但坑道阵地仍在志愿军手中，并依托坑道工事实施反击，最后全部夺回表面阵地。美国军事专家悲叹道：即使用原子弹也不能把狙击兵岭和爸爸山（指五圣山）上的共军部队全部消灭。[①]

（二）志愿军炮火力量有了明显增强

这次战役，志愿军参战各种炮 496 门，计有山炮、野炮、榴弹炮 133 门，火箭炮 24 门，高射炮 47 门，迫击炮 292 门，共发射 35 万余发炮弹。按与"联合国军"同等口径火炮计算，志愿军投入的山炮、野炮、榴弹炮和火箭炮共 157 门，仅相当于"联合国军"投入火炮数量的 1/2，发射炮弹总数仅相当于"联合国军"发射炮弹总数的 18.5%，但这是整个抗美援朝战争中，志愿军在单位面积内集中火炮和发射炮弹最为密集的一次。志愿军在上甘岭战役中炮火力量的增强，对抗御"联合国军"的进攻和反击，夺回表面阵地，都发挥了巨大作用。由周恩来起草、以毛泽东名义于 1952 年 12 月 16 日给斯大林的电报中曾指出，"今年秋季作战，我取得如此胜利，除由于官兵勇敢、工

[①] 转引自军事科学院军事历史研究所《抗美援朝战争史（修订版）》下卷，军事科学出版社 2011 年版，第 333 页。

事坚固、指挥得当、供应不缺外，炮火的猛烈和射击的准确实为致胜的要素"。① "联合国军"称"这是共军炮火最强大最猛烈的一次。"②

（三）志愿军坚决战斗下去的决心和部队协调一致的战斗合力

"联合国军"于 10 月 14 日向上甘岭发起进攻，从 10 月 15 日起直至战役结束，志愿军第三兵团首长、志愿军总部首长乃至中央军委，都高度关注此次作战，从一开始就不断指示第十五军集中力量，粉碎敌人的任何进攻；再接再厉，彻底粉碎敌人的进犯；决心坚决打下去，准备与敌进行长期多次反复争夺，逐渐消耗杀伤敌人，一个坑道、一个山头的争夺；鼓励全军，坚决作战，为争取全胜而奋斗，并为坚决打下去提出许多具体战术要求和增调兵力火力。各参战部队，包括第十五军和第十二军两军之间、步兵和炮兵之间、坑道内部队和坑道外部队之间、友邻阵地部队之间团结一致，密切协同，形成了抗击"联合国军"进攻和反击夺回阵地的合力。

（四）充分发挥党支部的战斗堡垒作用和党团员的先锋模范作用，保持部队英勇顽强的战斗精神

志愿军第一三四团八连，坚守 597.9 高地 1 号坑道 14 昼夜。该连原参战 135 人，在艰苦的坑道战中，先后补充来自 16 个建制连的335 人。连长李保成、指导员王士根充分发挥党支部的战斗堡垒作用和党团员干部的模范带头作用，及时整顿组织，以八连的光荣历史教育战士，使该连始终保持高昂斗志。坚守坑道期间，进行大的反击 13 次，班、排小反击 80 次，小部队出击 12 次，以伤亡 254 人的代价，歼敌 1760 余人，缴获轻、重机枪 53 挺，其余长短枪 600 余支，为巩固和恢复 597.9 高地作出重要贡献。战后经志愿军政治部批准，为该连记特等功。

坚守 597.9 高地 2 号坑道的 80 名指战员来自 4 个单位，大多是勤杂人员，缺少战斗经验，其中又有伤员 35 人，在坑道口被敌军封

---

① 《周恩来军事文选》第四卷，人民出版社 1997 年版，第 310 页。

② 转引自军事科学院军事历史研究所《抗美援朝战争史（修订版）》下卷，军事科学出版社 2011 年版，第 332 页。

锁，坚守 3 天，坑道内断水断粮，弹药极度缺乏的严重困难情况下，第一三四团第四连指导员赵毛臣立即召集党员，决定建立临时党支部，由他担任支部书记，并将干部和党团员组成 3 个小组，党支部和党团员发挥核心、骨干作用，使战士们保持了坚强的战斗意志和高昂的士气，顽强地克服各种困难，坚持坑道斗争，守住了坑道。

上甘岭战役涌现了 50 多名战斗英雄，其中包括著名的特级英雄黄继光，一级英雄孙占元、胡修道，二级英雄牛保才等。

战役期间，毛泽东以中央军委名义对上甘岭作战部队的鼓励和将志愿军总部对上甘岭作战部队的嘉奖批转全军，中国人民第二届赴朝慰问团到达前线慰问，这都极大地鼓舞了官兵的士气。

正是志愿军部队这种高昂的士气和英勇顽强的战斗精神，有力地保证了上甘岭战役的胜利。

五、上甘岭战役的意义

上甘岭战役，无论在抗美援朝战争史上，还是在世界战争史上，还是对新中国精神风貌的建设上，都具有极为重要的意义。

（一）经过上甘岭战役，彻底打掉了以美国为首的"联合国军"在正面战线发动进攻取胜的信心

"联合国军"自 1951 年发动的夏季和秋季局部攻势失败后，直至 1952 年 10 月 14 日发动"金化攻势"之前的一年时间里，除其海空军飞机继续对朝鲜北方狂轰滥炸和实施了细菌战外，其地面部队在正面战线一直没有大的作为，只是进行小规模的进攻和巡逻活动，其进攻行动使用的最大规模兵力为营级。而志愿军则采取了战术上积极活动的方针，在巩固阵地构筑坑道工事的同时，挤占敌我中间地带和敌军前沿班排支撑点，将正面战线斗争的焦点推向"联合国军"阵地。1952 年秋季，又在整个正面战线实施战术反击作战，攻击"联合国军"营以下兵力防守的 60 个阵地，几乎是攻则必克，攻则必歼。而"联合国军"发动"金化攻势"是其一年来最大的一次地面进攻作战，动用如此多的兵力火力，连攻 40 余天，付出 2.5 万余

人伤亡，却寸土未得，以彻底失败而告终。从此，直至朝鲜战争结束，"联合国军"再未动用一个营以上规模的兵力发动进攻。韩国战史承认："在整个冬季，无论防御或进攻，主动权均被以优势兵力为后盾的敌人所夺去。"①

（二）经过上甘岭战役，证明志愿军正面战线已经巩固，可以集中精力彻底解决侧后海岸防御薄弱的问题

参与策划"金化攻势"的美国军事专家悲叹道：即使用原子弹也不能把狙击兵岭（指上甘岭537.7高地北山）和爸爸山（指五圣山）上的共军部队全部消灭，如果在爸爸山上投一颗原子弹，你会发现那里仍有军队。美联社从朝鲜报道说，中国军队的坑道工事，无论联军的炸弹还是炮火，到现在都没能摧毁它们，美国的战斗轰炸机曾向坑道工事投下若干500磅炸弹，但是堵塞不住这些坑道口。正是上甘岭战役，充分表明，志愿军不但能够做到攻则必克，而且可以做到守则必固，正面战线已经获得巩固，完全掌握了正面战场的主动权，可以集中精力解决后顾之忧。此后，直至1953年4月底，志愿军和朝鲜人民军除在正面战线保持必要的防御力量，则集中主要精力，解决自1950年12月下旬第二次战役结束以来一直被困扰的后顾之忧，即侧后海岸防御薄弱的问题，进行了规模巨大的反登陆作战准备，部署具有朝鲜战场作战经验的主要作战部队于侧后海岸，构筑了比1952年春、夏巩固阵地规模还要大的永久性坚固防御阵地体系，新建两条铁路线和纵横共8条公路线，大量储备了粮食、弹药和其他作战物资，从而彻底解决了后顾之忧，掌握了除海空军作战之外的整个战场的作战主动权，为抗美援朝战争的最后胜利铺平了道路。

（三）上甘岭战役的胜利创造了世界现代战争史上坚守防御的典范

当时美联社的报道将上甘岭的激烈争夺比之为第一次世界大战中的凡尔登战役，说："这次战役实际上却变成了朝鲜战争中的凡尔

---

① （南朝鲜）战史编纂委员会编：《韩国战争史》，参见中译本《朝鲜战争》第四卷，固城等译编，黑龙江朝鲜民族出版社1988年版，第6页。

登"。① 凡尔登是法国东北部的一座小城市，是巴黎的东部门户，有"巴黎钥匙"之称。第一次世界大战时，此处是法军整个战线的支撑点，也是德军通往巴黎的主要交通要道，法军统帅部非常重视保卫这个战略要地，德军统帅部则企图集中兵力夺取这个战略要地，进而夺取巴黎，迫使法国投降，尔后集中力量对付英国和俄国。从 1916 年 2 月开始，德军就集中 18 个师的兵力，在 1200 余门火炮、约 170 架飞机的支援下，对法军 2 个师防守的凡尔登要塞发起进攻，后又不断增加进攻兵力。法军在战役初期因防守兵力薄弱，处于被动状态，但稳住了阵脚，进而不断增加兵力，将德军一次次的进攻阻于要塞之外。法军反攻开始以后，逐次收复了凡尔登以东大片土地，德军节节败退。至当年 12 月，双方在 10 个月的交战中，共投入兵力 200 万人，发射炮弹 4000 万发，伤亡人数近百万（法军损失 54.3 万人，德军损失 43.3 万人），创造了战争史上的记录，使凡尔登成了骇人听闻的"绞肉机"和"人间地狱"。德军在这一战役中耗尽了元气，这次战役成了第一次世界大战的转折点，德意志帝国也从此逐步走向最后失败。

上甘岭战役，虽在作战地域范围、双方投入兵力规模和激烈争夺的时间方面，均不能与凡尔登战役相比，但战役的性质、双方投入兵力火力的密度、战役的结局，则与凡尔登战役极其相似。中国人民志愿军在上甘岭战役中的作战表现，创造了第二次世界大战以来世界战争史上坚守防御作战的典范，与此同时，还丰富和完善了志愿军的坑道战术。

（四）上甘岭战役创造了"上甘岭精神"

上甘岭精神可以概括为如下三点：一是为了祖国、为了人民、为了胜利的奉献精神。上甘岭战役时，敌我双方的战略方针都是积极防御，这时阵地的得失与停战时军事分界线的划定紧密相连，所以，双方在第一线的指导思想都是有失必反，寸土必争。正是因为如此，志愿军战术反击作战攻击"联合国军"60 个阵地时，"联合国

---

① 转引自军事科学院军事历史研究所《抗美援朝战争史（修订版）》下卷，军事科学出版社 2011 年版，第 333 页。

军"几乎都进行了反扑，对于许多阵地，双方还争夺得相当激烈。正是因为如此，志愿军才在上甘岭地区与敌反复争夺43天。为了这次战役的胜利，志愿军牺牲或负伤共有1.15万余人。

二是不屈不挠、团结战斗、战胜困难的拼搏精神。上甘岭战役第二阶段是坚守坑道部队最为艰难的阶段。"联合国军"采取轰炸、熏烧、施放毒气等种种残酷手段，破坏坑道，封锁坑道口。坑道空间缩小，人员行动极为困难；坑道内空气极度污浊，常引起人员窒息；粮弹缺乏，特别是饮水困难……在这样令人难以想象的困难条件下，坚守坑道的志愿军各部队，依靠坑道内党组织的坚强领导，紧密团结在一起，克服困难，坚持战斗。前边已讲到，第四十五师第一三四团第八连、第四连坚守坑道的事例，都体现了这种精神。广为传颂的"一个苹果"的故事，成为上甘岭战役中干部战士团结友爱、克服困难的典范。第十五军与第十二军的团结战斗、炮兵部队和步兵部队的团结战斗、坑道内外部队的密切配合战斗、前线部队和后方保障部队的密切配合，等等，都体现了我军不屈不挠、团结战斗、战胜困难的拼搏精神。

三是英勇顽强、坚决战斗、血战到底的胜利精神。上甘岭战役开始后，担负上甘岭地区防御任务的志愿军第十五军不断调整部署，充实上甘岭地区的防御力量，第十五军、第三兵团和志愿军总部都决心坚决打下去，直至全部恢复阵地。志愿军总部和第三兵团决定由撤出第一线准备休整的第十二军为第十五军的预备队，第三兵团和志愿军总部还抽调部分炮兵部队参加上甘岭地区防御作战。中央军委也鼓励上甘岭地区的部队"坚决作战，为争取全胜而奋斗"。这次战役涌现出50多名战斗英雄，还有很多无名英雄。正是这样，志愿军与"联合国军"在上甘岭地区反复激烈争夺43天，最终志愿军全面恢复并牢牢守住了阵地。

"上甘岭精神"在国内广为传颂，在20世纪50年代，是中国人民战胜困难、取得胜利的象征。上甘岭战役已过去几十年，但上甘岭精神仍具有现实意义，一个国家、一支军队、一个团体、一个企业在遇到困难的时候，只要有"上甘岭精神"，有坚定胜利的信心，有坚持战斗下去的顽强意志，就能走向光明的前途。

第三十八军第三三五团
飞虎山战斗和松骨峰战斗*

主持人：《谁是最可爱的人》开头这样写道："在朝鲜的每一天，我都被一些东西感动着；我的思想感情的潮水，在放纵奔流着；它使我想把一切东西，都告诉给我祖国的朋友们。但我最急于告诉你们的，是我思想感情的一段重要经历，这就是：我越来越深刻地感觉到谁是我们最可爱的人！"这是作者魏巍在 1951 年 4 月 11 日《人民日报》上发表的一篇战时通讯，这篇文章的主人公正是照片上的队伍——中国人民志愿军第三十八军一一二师三三五团，这群最可爱的人究竟经历了怎样的一场惨烈的战斗？今天的访谈，我们请来了中国人民解放军军事科学院原军史部副部长齐德学研究员给我们讲述战场背后的故事。

齐德学：谈起这支部队，得从飞虎山战斗开始说起。飞虎山战斗发生在抗美援朝战争第一次战役即将结束、第二次战役诱敌深入开始的时候，具体时间是 1950 年 11 月 4 日到 9 日。

飞虎山位于清川江左岸，清川江是从东北流向西南，飞虎山也可以说是位于清川江南岸。南边有价川和军隅里，飞虎山与价川和军隅里基本呈等边三角形。价川是朝鲜平壤北部的重要交通枢纽，从平壤经价川至鸭绿江江边的满浦有一条铁路，满浦对面就是中国

* 本文是北京市委网络讲师团宣讲家网编导对作者的访谈，题目为：《和平的保卫者——纪念抗美援朝战争中最可爱的人》，访谈时间是 2016 年 7 月 26 日。

吉林省的辑安（今集安）。价川向西有横向铁路直通新安州，向东有公路通往德川。所以，价川是平壤北部的一个交通枢纽。军隅里当时是"联合国军"北进的重要物资补给基地。所以，飞虎山是"联合国军"北进的桥头阵地，也是"联合国军"军隅里补给基地的北面屏障。志愿军夺取飞虎山，既可控制价川这个交通枢纽，又可夺取或威胁军隅里"联合国军"的补给基地。

这个时候，第一次战役即将结束，志愿军第三十八军第一一二师成了第三十八军的前卫。拿下飞虎山，任务交给谁？第一一二师师部决定由第三三五团拿下这个山头。第三三五团团长是范天恩，政治委员是赵霄云。随第一一二师师部行动的是副军长江拥辉。江拥辉与师长杨大易和师政委李际泰研究，决定将这个任务交给范天恩来完成。师部当时住在瓦洞附近的一个铁路隧道里，也是指挥所。指挥所南面有个山头被敌军占领着，这对师指挥所来说是一个威胁，对第一一二师向价川、军隅里的发展也是一个障碍。把拿下飞虎山的任务交给范天恩的时候，让他先拿下这个山头。范天恩接到命令后，马上来到师指挥所，见到副军长江拥辉，还未等江拥辉说话，范天恩就先说了一句："首长，先让我睡半个小时吧。"说完，还未等副军长说话，他靠着隧道的墙壁就打起了鼾声。

主持人：他太累了。

对，志愿军入朝作战十几天了，连续行军作战，他太疲劳了。看到他疲劳的样子，江拥辉都不忍把他叫醒，但任务紧急，还是把他推醒了，向他交代了任务。一说有任务，范天恩马上来了精神，表示："好，一定拿下这个山头。"他指挥一个连，也是他这个团的第一连，很快将这个山头拿下来了。拿下来后，师长又命令他拿下飞虎山。飞虎山由南朝鲜军第七师的部队据守着。

飞虎山的形状像一把弯曲的镰刀，海拔高度600余米，刀背朝向军隅里，山上油松茂密，杂草丛生，便于隐蔽，但也便于敌人火攻。范天恩带着营长们亲自勘察了地形，决定以第二营在第一营、第三营的配合下，攻取飞虎山，于11月4日拂晓发起攻击。范天恩问二营营长：拂晓发起进攻，9时前你能不能拿下飞虎山？二营营长回答：没问题。实际上，拂晓发起攻击，两个小时就拿下了飞虎山主峰，第一营、第三营策应第二营的行动，也攻占了飞虎山东西两侧山冈。为什么我军这么痛快就拿下了飞虎山？因为这时，进到清川江以北的美军和南朝鲜军处在撤退的状态。拿下飞虎山后，美军和南朝鲜军几乎都撤到了清川江南岸及以南地区。彭德怀鉴于在清川江以北歼敌的机会已没有了，就决定11月5日结束第一次战役。

本来范天恩的计划是首先拿下飞虎山，然后向军隅里进攻，师里给他的任务也是这样的。拿下飞虎山后，范天恩就派第一营在第三营协助下于5日黄昏时攻击军隅里。一营已前行10余里了，正待发起攻击时，范天恩突然接到了师部的命令"停止攻击，就地防御"。

主持人：这个时候应该是乘胜追击的好时机，为什么师部给他下达了停止进攻，就地防御这个命令？

齐德学：其实说白了，这时虽然停止进攻的命令是师长、政委下达的，但实际上这是上边下达的命令，他们也不清楚是怎么回事。就是随师部行动的副军长江拥辉也不清楚上级的意图。范天恩正打得起劲儿的时候，要停止进攻，就地防御，他也很不理解。

这是怎么回事呢？我前边讲了，飞虎山战斗发生在抗美援朝战争第一次战役即将结束、第二次战役诱敌深入开始的时候。此时停止进攻，就地防御，正是第一次战役结束的时候，进到清川江以北的"联合国军"部队已被打退到清川江以南，沿清川江左岸建立桥头阵地。

彭德怀在结束第一次战役前，就考虑了下一次战役怎么打。"联合国军"虽然知道中国军队参加作战，但他们当时不知道我们叫"志愿军"，他们叫我们"中共军队"。那么，中国究竟有多少部队参战？中国军队要达到什么目标？"联合国军"甚至美国政府都在猜测，都在判断，搞不清楚，完全是一笔糊涂账。鉴于这种情况，志愿军司令员彭德怀在11月4日，即第一次战役结束的前一天分析认为：敌军虽遭我打击，但我主力尚未暴露，敌军还会发动进攻。遂决定，我向敌军示弱，采取诱敌深入的方针，以一部兵力在第一线作为"诱饵"，诱敌深入，主力后撤到预定歼敌地区隐蔽休整并作反击准备，待将敌诱至预定地区后，突然发起反击。彭德怀将自己的想法电告了毛泽东。而毛泽东在未接到彭德怀的报告时，同样于11月4日发电指示彭德怀，下一战役采取诱敌深入的方针。将帅的分析判断和决心不谋而合。

彭德怀在下命令结束第一次战役的同时，即命令第三十九军、第四十军、第三十八军各留一个师和第四十二军第一二五师执行诱敌任务。这样从西向东是，第三十九军第一一七师、第四十军第一一九师、第三十八军第一一二师和第四十二军第一二五师，展开于第一线诱敌，主力隐蔽后撤休整，准备反击。第二次战役的决心和部署只有军以上首长清楚，对师以下指挥员和部队都是保密的。

果然不出毛泽东和彭德怀所料，志愿军于11月5日结束第一次战役，"联合国军"于11有6日即开始试探进攻。志愿军第三三五团占领的飞虎山，是"联合国军"试探进攻时双方争夺最激烈的一个要点。南朝鲜军第七师全部和美军第二师一部，在航空兵和炮兵密集火力的支援下，每天动用1至3个团的兵力轮番攻击。双方争夺很激烈。第三三五团这时就是"诱饵"，按彭德怀的意图，就是坚决顶住，顶到一定程度再后撤，撤到有利地形后还要坚决顶，不能让敌人看出我们是在有意引诱他们。

第三三五团转入防御后遇到许多具体困难。第三三五团进攻飞虎山时就已断粮。当时朝鲜铁路全被美军空军炸断，美军的海空军非常强大，有强大的海空军优势。志愿军入朝时，美军投入朝鲜战场的飞机就达1200架，而志愿军没有飞机，防空武器也很少，靠近中朝边境的朝鲜铁路都被炸断，铁路不通。志愿军的运输汽车数量极为有限，有限到什么程度呢？美军一个师就装备有各种车辆3800余辆，而志愿军一个军入朝鲜时只临时配属了100辆汽车负责物资运输，东北军区往前方派了一个后勤指挥所，这个指挥所也只有几百辆汽车，同美军没法比。鸭绿江以北有物资，但运到鸭绿江以南很困难，物资运不上去，部队只能靠出发时自身携带。第三十八军是10月22日入朝，到这时入朝已近两周了，部队自身携带的粮食已吃光了。

主持人：您刚才说过，部队已基本断粮了，那么飞虎山的阻击战，第三三五团坚持5昼夜，战士们是怎么坚守下来的呢？

齐德学：他们遇到很多困难，第一个困难就是吃饭的问题。没有粮食怎么办？11月6日，五连有个机枪手叫梁仁江，他在挪动机枪时，无意中看到一个圆圆亮亮的小石子，就放到嘴里咕噜起来，增加了口水，饿感也能减轻一点儿。旁边一个战士就问他："老梁，你在咕噜什么呢？"梁仁江告诉他，是把一块石头放在嘴里了，你可以试一试。于是整个阵地上的战士都含起小石子来解渴，饿感也有所减轻。正在大家又饥又渴的时候，文化教员戴笃伯是个湖南人，带着担架组爬上阵地，不但带来了锹、镐，而且背满一身军用水壶，都是装满了水的，为战士们解渴。阵地防御，每天要打退敌军数次进攻，而战士们又渴又饿。没有饭吃，团领导着急，就派民运股长下山为部队找粮食。民运股长在书堂站附近的一条沟里看到许多矿工宿舍，他去说明了情况，得到里委员长（相当于我们的村长吧）和矿工们的支持，他们也没粮食吃，就为阵地上的志愿军煮稀饭，里委员长还将自家的耕牛杀了，为志愿军煮牛肉和牛肉汤，由8名男女朝鲜群众往阵地上送，中途遭敌军炮火，6人伤亡，只有2人来到了阵地上。第三三五团二营指挥所在一个铅矿洞里，这个洞的深处，隐藏着许多朝鲜老百姓，志愿军刚刚入朝，他们对志愿军还不了解，营部联络员是会说朝鲜语的，与他们接触，向他们介绍说明志愿军的情况，他们得知志愿军是为他们来打仗的，洞内的一个里委员长和里妇女同盟委员长组织几十人，冒着敌人封锁的炮火下山，为志愿军找粮食做饭，又冒着炮火把粮食送到阵地上，阵地上的战士非常感动。坚守飞虎山阵地的第三三五团，吃饭问题的解决极大得益于当地的朝鲜群众。

第二个困难，就是筑防御工事问题。防御不能没有工事，而筑工事要有工具。在进攻飞虎山时，部队轻装，都未带锹、镐。怎么办？战士们就冒着蒙蒙细雨用刺刀和双手扒石块和泥土，筑掩体和防空洞。战士们的手磨破了，血和泥土粘在一起，没有一个人叫苦叫疼。后来，恰好五连文化教员戴笃伯带着担架组爬上阵地，带来了小铁锹，为战士筑做工事解决了很大问题。

第三个困难是弹药问题。第三三五团于 11 月 4 日攻取了飞虎山，尔后坚守到 9 日，连续几天作战，弹药基本打光了。也是因为敌军飞机封锁破坏，弹药运不上来，连队找团长范天恩要弹药，团长说我也没有弹药，连一颗手榴弹都没有。师里都没有储存的弹药。范天恩说，我有一颗心，只要你们在阵地上，我这个指挥所绝对不会撤出阵地。阵地上采取的办法，一是等敌军靠近了再打，就是等敌军行进到 20 米以内再打，这样子弹打得更准，手榴弹的效果更好，有效地发挥了有限弹药的作用。二是搜集阵地前敌军尸体上的弹药，用来消灭敌人，但搜集来的也很有限。三是搜集山上的石头和敌军的枪托，弹药打光了，就用石头砸，再近了就展开肉搏，拼刺刀，用枪托砸。

第三三五团正打得起劲儿的时候，特别是刚刚把被敌军占领的一个排的阵地夺回来时，就突然接到上级命令：放弃阵地，后撤 30 公里。原本好好的攻势改成了防御，现在又要放弃阵地后撤 30 公里，当时范天恩甩给师长杨大易一句话：退，拼死拼活没让敌人前进一步，就落了个撤退，再退就到鸭绿江了。范天恩不明白为什么让他撤退，是整个战局出了什么问题，还是上面认为他范天恩守不住这个飞虎山。但这是命令，他必须坚决执行。

第三三五团就是这样克服困难，在飞虎山上与敌拼杀 5 昼夜，击退敌军百人以上的进攻 57 次，歼敌 1800 余人，牢牢守住了阵地。

第三三五团在飞虎山阵地上给朝鲜当地群众留下深刻印象。事后，朝鲜群众在飞虎山上建了一个纪念碑，上面镌刻着四句诗："飞虎山上万虎飞，成仁取义英名垂，血洒朝鲜金碧土，中朝友谊共日晖。"

主持人：您刚才说第三三五团刚刚夺回被敌人占领的一个排的阵地，这个时候范天恩接到命令，要后撤 30 公里，这是为什么呢？

齐德学：其实这个时候，师长、政委也不知道怎么回事。实际上，这是彭德怀诱敌深入的部署。彭德怀要的就是这个效果。敌人进攻了，你要坚决打，给敌人的感觉是我们在坚决打。打得差不多了，再往后撤，撤到一定程度接着还坚决跟敌人打。给敌人的感觉是，志愿军确实在打，也确实是打不过了才撤的。根据彭德怀的命令，第三三五团于 11 月 9 日撤出了飞虎山阵地。第一一二师的另外两个团和第三十九军的第一一七师、第四十军的第一一九师，于 10 日和 13 日也向后撤了。只有第四十二军的第一二五师还在前边坚持，一直坚持到 11 月 16 日。到了 16 日，彭德怀下令：我西线诱敌深入的部队不撤，敌人就不敢大胆进攻，就不能达到我们诱敌的目的。因此，从 17 日开始，西线担负诱敌深入的部队停止反击，继续后撤。从 17 日起，志愿军诱敌深入的部队同敌人脱离了接触。一脱离接触，敌人就搞不清共军到哪儿去了。他们判断共军在朝鲜的部队也就 6 万至 7 万人，没有什么了不起的力量。麦克阿瑟要发动圣诞节前结束朝鲜战争的总攻势，命令远东空军的所有飞机出动，把鸭绿江上的所有桥梁炸断，对靠近中国边境的朝鲜村镇也进行了大规模轰炸。他们通过空中侦察，没有发现从鸭绿江上来朝鲜的军队，也没有在朝鲜发现有大规模的中国军队集结。11 月 21 日，麦克阿瑟的部队就到达了他总攻势的发起线。11 月 24 日，他命令部队发起总攻，并公开宣布了他的总攻计划。他发起进攻的这一天，志愿军又往后撤了一步。这个时候，志愿军完全实现了诱敌深入的目的，将麦克阿瑟的部队诱到了我们预定的战场。

11 月 25 日，志愿军在西线的 6 个军，就是第三十八军、第三十九军、第四十军、第四十二军、第五十军和第六十六军，突然发起了反击。首先，第三十八军和第四十二军歼灭了"联合国军"进攻的右翼，在德川和宁远进攻的南朝鲜军第二军团指挥的第七、第八 2 个师大部，打开了战役缺口。接着，彭德怀命令部队多路向进至清川江以北的"联合国军"实施迂回包围。给第一一三师的任务是插到三所里。当时只知道三所里是"联合国军"向南突围逃跑的通路。第一一三师于 14 个小时急行军 70 多公里，抢先占领了三所里。刚到三所里几分钟，由北向南突围的美军部队就向三所里进攻，第一一三师展开了顽强阻击。

第一一三师首长在地图上发现西边龙源里还有一条南北通道。这时军部也给第一一三师下命令，要他们派部队到"龙泉里"。他们在地图上查找，只有"龙源里"，没有"龙泉里"，认定军部指的就是"龙源里"，遂派一个团即第三三七团，抢占龙源里。实际上，军部的命令就是抢占龙源里，军部发的电报错了一个字。第三三七团部队刚到龙源里，"联合国军"的突围部队也到了龙源里。位于平壤以北的美军骑兵第一师部队向北接应突围的部队。第一一三师压力很大，既要阻击北面敌军突围，又要阻击南面敌军向北接援。其中，美军第二师曾集中坦克、汽车100余辆载着步兵向龙源里突围。但第一一三师两面作战，顽强阻击，卡住了这两个关口。至11月30日，志愿军从北、东、南三面包围了美军第九军指挥的第二师、第二十五师和土耳其旅等部队。此时，对于麦克阿瑟来说，中国的大部队简直是从天而降，麦克阿瑟方寸大乱，宣称的圣诞节前结束朝鲜战争的总攻势，变成了大撤逃。

主持人：第一一二师的第三三五团和其他几个师起到了"诱饵"的作用，这个作用非常大，您刚才说到"联合国军"突围，在他们刚刚结束飞虎山战斗的时候，还没来得及休整，第三三五团又接到一个紧急的命令，好像就是阻击您刚才说的美军第二师？

齐德学：对！第一一三师卡住了三所里和龙源里这两个关口，北面的敌人向南突围攻击三所里和龙源里，南面的敌人向北接应也攻击三所里和龙源里，但由于志愿军第一一三师的顽强阻击，南北两面的敌军相距约一公里，始终可望而不可即。这时，第一一二师接到命令，就是要派部队到松骨峰阻击向南突围的美军部队。而第一一二师部队都参加会战了，杨大易师长正苦于手中无兵时，恰好第三三五团与师部取得了联系，师长乐坏了，说第三三五团归队真是时候，便将占领松骨峰的任务交给第三三五团。

第三三五团在完成诱敌深入任务后，正在归队准备参加攻打德川的战斗。听说德川战斗已结束了，就追赶主力部队。但不巧的是，途中电台出了故障，与军和师无法联系，他们就按大致的方向追赶师主力部队，缴获了美军电台，经调试，可以用。他们刚刚与师部取得了联系，就接受了抢占松骨峰的任务。

松骨峰，实际是书堂站北侧的无名高地，它位于价川、军隅里以南，龙源里东北，与三所里、龙源里成鼎足之势，主峰高 288.7米，从山顶向东延伸 100 米左右，有条公路在此转弯，是便于扼守歼敌的好地形，但是这个小山包，是半石半土的光秃秃的山包，不便于部队隐蔽。

范天恩将抢占松骨峰的任务交给了一营，该营三连于 11 月 30日拂晓，先敌占领高地，当即歼灭到来的敌军尖兵小分队。从这里向南突围的是美军第二师第九团的部队。汽车、坦克、大炮和士兵，一眼望不到头，像潮水一样，沿公路从北向南涌来。敌人的炮火很猛烈。而志愿军的火炮本来就不多，作为一个团也就有几门炮。志愿军步兵指挥员大多不懂炮，觉得用炮兵很麻烦，给步兵部队配属了炮兵他们也不愿意使用。第三三五团三连在没有像样阵地依托的情况下，对敌展开阻击，营长王宿启命令一连和二连在左右两侧策应三连，吸引了一部分敌军。范天恩命令第二营策应第一营，也吸引了一部分敌军。战至下午 2 时，三连已打退敌军的 3 次进攻，敌军进攻的兵力也由 1 个连增至 1 个营。敌军的飞机发了疯似的向第三三五团三连阵地投掷了大量炸弹、燃烧弹，阵地上呈现一片火海，石头都烧红了。许多战士被烧伤，仍坚持战斗。三连压力很大，人员伤亡近半。连长戴如义、指导员杨少成在战斗间隙召集党支部委员开会，鼓舞士气。他们强调：三连是有光荣传统的连队，天大的压力也要顶住，关键时刻共产党员更要发挥模范作用，把全连剩余的官兵带动起来，誓与阵地共存亡。

敌军发起第五次进攻时兵力达 1000 余人，并有 30 余架飞机、18辆坦克和几十门大炮支援。三连打得英勇惨烈。连长和指导员烧毁了所有文件和笔记本，哪里战斗最危险，他们就出现在哪里。连长、指导员和副连长先后牺牲。连长牺牲前，他的腿被打断了，他继续指挥连队作战，最后他头部中弹牺牲了。指导员牺牲时有六七个美国人围上了他，指导员就拉响了身上的手榴弹，与敌人同归于尽了。正如魏巍在通讯里写的：烈士们的遗体，保留着各种各样的姿势，有抱住敌人腰的，有抱住敌人头的，有掐住敌人脖子，把敌人摁倒在地上的，同敌人倒在一起，烧在一起。还有一个战士，他手里还紧握着一颗手榴弹，弹体上沾满脑浆；和他死在一起的美国鬼子，脑浆崩裂，涂了一地。另有一个战士，嘴里还衔着敌人的半块耳朵。战斗到黄昏，第三三五团出击，第三连最后只剩7个人，共歼敌300余人。

松骨峰战斗，有力地阻击了敌人由此南逃，为减轻第一一三师的压力作出了贡献。

抗美援朝战争的第二次战役，是这场战争中对美军打击最为沉重的一次战役，彭德怀指挥志愿军取得了大大超出预期的胜利，共歼敌3.6万余人，把美国为首的"联合国军"从鸭绿江边打退到三八线及其以南。战场上的"联合国军"部队被打怕了，麦克阿瑟被打蒙了，美国华盛顿的五角大楼和白宫也被打蒙了，当时的美国参谋长联席会议主席布莱德雷在回忆录中说，这是美军历史上最丢脸的失败。当时的美国国务卿艾奇逊说，总统的顾问们，不管是文的还是武的，都知道出了问题，但问题出在哪儿，大家一片茫然。

志愿军第三十八军前指得知第三三五团三连在松骨峰战斗的惨烈场景时，全部肃然默立。战斗结束后，师长杨大易和副师长李忠信到松骨峰去看望三连，看到了三连烈士们英勇惨烈的场景，深受感动和震动。后来随第三十八军行动的军旅作家魏巍了解了这个情况后，写下了感人肺腑的战地通讯——《谁是最可爱的人》，发表在1951年4月11日的《人民日报》上。这篇战地通讯影响很大，在中南海的毛泽东、周恩来和朱德都看到了。据说，毛泽东、周恩来看到文章后很高兴，批示印发全军。从此"最可爱的人"成了中国人民志愿军的代名词，也成了中国人民解放军的代名词。

主持人：您刚才也提到，"最可爱的人"是志愿军的代称，"最可爱的人"也是解放军的代称。虽然现在我国没有战争，在没有硝烟的战场上，比如说在抗洪抢险、抗震救灾的第一线，执行联合国维和任务，等等，都能看到咱们这些最可爱的人的身影。

齐德学：人民解放军是最可爱的人，不仅仅表现在保卫祖国作战的战场上，在和平时期，更多地表现在抢险救灾中。我生于1950年，在我的印象中，20世纪70年代的唐山抗震救灾，80年代大兴安岭的扑火救灾，90年代的长江和松花江抗洪抢险救灾，进入21世纪，2008年初对南方冰雪灾害的抢险救灾，同年5月的四川汶川抗震救灾，后来还有玉树的抗震救灾，还有2016年南方的抗洪抢险救灾，这些都证明了人民解放军是最可爱的人。

主持人：您说的这些画面，使我的脑海浮现出去年的一个漫画，叫"最帅的逆行"，消防战士留下一个背景，在黑白的人群中勇敢的逆行着，跟那些撤离的群众形成一个鲜明的对比。

齐德学：什么是最可爱的人？最可爱的人就是能为国家和人民群众的利益奉献一切，甚至献出生命的人。不光解放军是最可爱的人，志愿军是最可爱的人，刚才您说的消防武警也是最可爱的人，包括人民警察保护人民生命财产，还有20世纪60年代县委书记的好榜样焦裕禄，党的好干部孔繁森，他们一心为老百姓做事，为国家做事，这样的人都是最可爱的人。

主持人结束语：真正的英雄是经过鲜血与火的考验和洗礼的，那些舍生忘死的抗美援朝战士，他们继承党和军队的优良传统作风，有着在战场上誓死抗敌的决心和信心，他们这种浓浓的镶嵌于灵魂的血液，同样流淌在今天的解放军官兵的军魂之中。如今虽然没有战争了，但是在抗洪抢险、抗震救灾的第一线，在联合国的维和任务中都能看到他们的身影，他们仍然在用血肉之躯守护中华大地。

第六十三军铁原阻击战[*]

一、第六十三军铁原阻击战的战场背景

第一个背景：中朝联合司令部结束第五次战役第二阶段作战，部署主力转移休整。

志愿军后勤补给能力太弱。至 1951 年 5 月 21 日，第五次战役第二阶段作战取得了重大胜利，但前方部队粮弹告罄，虽有继续歼敌战机，却也无能为力。加上雨季将近，军队已连续作战一个月，为避免被动，并为下一步作战做准备，中朝联合司令部于 21 日下达了主力转移休整的命令，除朝鲜人民军第一军团主力转移至开城地区休整外，志愿军各兵团主力和朝鲜人民军前线指挥部的部队主力，均转移至三八线以北靠近三八线的地区休整，命令志愿军各兵团留 1 个师到 1 个军现地展开，采取节节阻击方式，掩护主力转移，具体要求是：第十九兵团留 1 个军到 4 个师在议政府至清平川线展开，掩护该兵团主力转移；第三兵团留一个军在加平至春川一线展开，掩护该兵团主力转移；第九兵团留一个师利用昭阳江及华川湖节节阻击敌人，掩护该兵团主力转移。中朝联合司令部对朝鲜人民军留置掩护部队和展开地区也有明确要求，并明确规定了各兵团及

---

   * 本文是解放军电视宣传中心制作中国人民志愿军第六十三军铁原阻击战（定名为《铁在烧》）编导对作者的采访，采访时间为 2013 年 12 月 2 日。

朝鲜人民军阻击部队的战斗分界线，规定各部主力统于 23 日晚开始转移。

据此，志愿军各兵团先后下达停止进攻、主力北移的部署命令，并确定了殿后掩护部队的任务。第十九兵团决定：以第六十五军殿后掩护，在南起议政府、清平川一线，北至涟川、文岩里（以南）地区，选择有利地形，采取运动防御的方式，争取用 15 至 20 天的时间，节节抗敌至涟川地区。

第三兵团决定：以第六十军殿后掩护，同时令第十二军、第十五军各留一个团于现地掩护伤员转移。其中第十五军所留之团须于加山里地区坚持至 25 日，待第二十七军接替后，再开往集结地区。

第九兵团决定：以第二十七军 1 个师担任阻击任务，采取有阵地的运动防御，于 26 日前进入指定地区，暂定阻击一个月。

为避免部队转移时过分拥挤，5 月 22 日，志愿军司令部令第三十九军提前一天于当晚开始向北转移。第三兵团也命令所属各部队统于 22 日晚开始转移。

第二个背景："联合国军"展开全线反扑，造成志愿军主力转移初期的被动局面。

5 月 23 日晚，志愿军和朝鲜人民军主力开始向北转移。预定担负掩护任务的部队也开始向指定防御阵地展开。然而，志愿军和朝鲜人民军主力的北移行动尚未开始，部署调整也未完成，战场形势就突然发生变化，"联合国军"利用志愿军和朝鲜人民军补给困难的弱点，全线展开大规模的猛力反扑。

"联合国军"的反扑自 5 月 20 日即已开始，由西而东逐次展开。为了减轻其东线的压力，首先于 5 月 20 日，以美军第一军指挥 3 个师一个旅，即南朝鲜军第一师、美军骑兵第一师、美军第二十五师、英军第二十九旅，沿议政府—铁原轴线在西线展开反扑。5 月 23 日晨开始，在中线以美军第九军指挥 4 个师，在东线以美军第十军指挥 5 个师另 2 个团展开反扑。5 月 26 日，在东海岸以南朝鲜第一军团指挥 2 个师展开反扑，自此展开全线反扑。

"联合国军"在反扑中，共动用了 14 个师又 1 个旅和 2 个团的兵力，另有 3 个师和 3 个旅为预备队。"联合国军"此次反扑，利用了志愿军的进攻能力只能维持 7 至 10 天的特点，在志愿军和朝鲜人民军刚刚停止进攻时，即突然全线反扑，并采取了新的战术，以摩托化步兵和坦克、炮兵组成的"特遣队"，在航空兵和远程炮兵的支援下，沿汉城至涟川、春川至华川、洪川至麟蹄公路，寻找志愿军和朝鲜人民军防线空隙，多路突击，快速推进，破坏志愿军和朝鲜人民军主力向后转移的部署，割裂志愿军和朝鲜人民军的防线。

志愿军和朝鲜人民军对"联合国军"的反扑虽有估计，并作出了迎击其反扑的部署，但是，由于对"联合国军"有计划地实施如此大规模和如此形式的反扑估计不足，以致转移的计划不够周密。特别是担任掩护的部队，有的尚需要两天行程，作横向运动，方能进入防御地区；有的需要在 26 日方能交接防务，承担预定的掩护任务；有的掩护部队虽然进入了防御地区，但尚未形成防线，尤其没有很好地控制要点和公路。当"联合国军"实施反扑时，志愿军和朝鲜人民军主力刚刚开始或正准备北移，防线出现多处空隙，致使美军"特遣队"得以乘隙而入。

志愿军和朝鲜人民军完成第五次战役第二阶段作战，停止进攻，主力向后转移，本来是胜利回师的主动行动，却由于对"联合国军"的反扑估计不足，部署不周，导致出现了转移初期十分被动的局面。

5 月 20 日，美军第一军指挥的骑兵第一师、第二十五师、英军第二十九旅和美军第九军指挥的第二十四师，向议政府、清平川一线反扑。

此时，志愿军第十九兵团主力尚未开始向北转移。22 日晚，第十九兵团主力开始北移，担负阻击掩护任务的第六十五军开始展开，并与美、英军部队展开激战。

在此期间，南朝鲜军第一师向汶山和高阳地区反扑，突破朝鲜人民军第一军团阵地，占领高阳，进至马智里、斗浦里一线，朝鲜人民军部队于 23 日晚撤至临津江以北的汶山至高浪浦里一线。志愿军第六十五军的右翼因此暴露。

5 月 24 日，担负掩护第三兵团主力转移任务的第六十军第一八〇师（本是第六十军1个军担负掩护任务，但第一七九师和第一八一师在第五次战役第二阶段分别配属第十二军、第十五军作战，尚未归建）已经处于三面受敌背水作战的不利态势。

在东线，志愿军第九兵团第二十七军尚未开始转移，即被反扑之敌插至纵深，被隔阻于敌后，原指定担负掩护任务的1个师无法进入指定的防御地区。配属第九兵团作战的第十二军主力由丰岩里出发后，于24日转移至自隐里、于论里地区，尚未归建，即被反扑之敌阻隔于洪川至麟蹄公路以东。其第九十一团则被远隔于下珍富里以北三巨里地区。

截至5月24日晚，志愿军和朝鲜人民军最初确定的机动防御开始线未及形成，即被敌军突入，并且在西线的加平和东线的麟蹄两个方向被敌分割，形成了缺口，一时陷于被动。

25日，"联合国军"部队全部展开，多路继续向北进攻。志愿军部队顽强抗击敌人的进攻，与各路敌军展开激战。

在西线，第六十五军节节抗击优势敌军的进攻，在国赐峰阻击战中，第一九四师第五八〇团一连坚守阵地6个小时，歼敌240余人。在加郎山阻击战中，第一九三师主力与敌激战4昼夜，出色地完成了阻击任务。25日晚，第六十五军除以一部在七峰山、海龙山继续阻敌外，主力撤至磨叉山、逍遥山、钟悬山、佛舞山一线，继续阻敌北进。26日夜，该军主力撤至汉滩川以北、涟川以南地区（即预定该军阻击地区的底线——涟川至文岩里线），因而未能完成在议政府至清平川地区阻敌15至20天的任务。

在中线，被隔断于敌后的第十二军主力于24日晚乘敌先头部队向前推进的空隙，越过洪川至麟蹄公路，继续向华川、杨口方向转移。

第二十七军于28日摆脱了敌军的反扑，全部转移到安全地区。

26日下午2时左右，第一八〇师陷入被围状态。18时，第一八〇师开始向西北方向突围。至27日9时，全师集中人员已不足千人，突围未成。

27日晚，第一八〇师将部队组成3个连，全力向史仓里方向攻击前进。因走错路，中途返回，转向西北方向突围，在突破敌军三个阵地后，队伍伤亡很大，无力继续攻击。第六十军组织的两次接援也未达目的。在这种情况下，第一八〇师主要指挥员采取了分散突围的办法，决定人员分路向史仓里方向突围，到伊川、铁原集中，以致该师遭到严重损失。5月29日至6月中旬，该师先后突出包围集中的有师长、副师长、师参谋长、团长以下近4000人（含先期掩护军后勤转移的一个营）。

志愿军第十二军第九十一团，在"联合国军"实施反扑后，孤悬于敌后90余里，转移路线被敌层层隔断，与主力失去了联系。在敌情不明、地形不熟、缺粮少弹、伤员增多和通信联络极为不畅的严重情况下，该团沉着冷静，向东翻越雪岳山，绕道北撤。在转移过程中，全团官兵团结一致，不畏艰难，发扬红军团的优良传统，夺取敌军的武器弹药和粮食补充自己，边打边行，粉碎了敌军的围追堵截，带着全部伤员，于5月29日胜利突出重围，与主力在文登里会师。

第三个背景：志愿军和朝鲜人民军主力对敌展开阻击。

5月27日，鉴于"联合国军"的进攻仍未停止，且有继续发展的趋势，而志愿军和朝鲜人民军主力尚未形成完整防线，为制止敌军进攻，稳定战局，彭德怀司令员决定：停止部分军和军团的休整计划，立即转入防御，令志愿军第六十三军、第六十四军、第十五军、第二十六军、第二十军和朝鲜人民军第五军团、第二军团、第三军团共5个军和3个军团，展开于临津江、汉滩川以北芝浦里、华川、杨口、杆城地区，进行防御，坚决制止敌军进攻。确定第九兵团两个军（指第二十六军、第二十军）从华川、山阳里、水上里、丰岩里、细岘里、金城地区，"须阻击敌二十天至一个月，求得消灭美军两三个建制营（每次两个连至一个营）"；第三兵团采取同样的动作，"在金化以南及金城地区阻击二十天，由金化至平康十天"。[①]以便主力调整部署，补充粮弹，对敌进行反击。

---

① 转引自军事科学院军事历史研究所《抗美援朝战争史（修订版）》上卷，军事科学出版社2011年版，第605页。

在志愿军司令部的统一指挥下，各部停止休整，迅速展开，构筑工事，阻击"联合国军"北进。

志愿军第六十三军就是在这样的情况下担负铁原地区阻击任务的。

二、第六十三军铁原阻击战的基本情况

此时，"联合国军"开始向西线涟川、铁原方向增加反扑兵力。这一方向成为"联合国军"的主要进攻方向。5 月 28 日，美军第一军和第九军集中 4 个师的兵力，猛攻志愿军第六十五军阵地，占领了涟川以南金谷里、永平及汉滩川一线，直逼铁原。位于铁原以北的志愿军后方基地受到严重威胁。

彭德怀司令员对"联合国军"在此方向的进攻极为关注，决心在涟川、铁原方向坚决挫败"联合国军"的进攻，狠狠打击其进攻气焰，彻底制止其反扑，同时保障志愿军和朝鲜人民军在铁原以北地区后方基地的安全，掩护志愿军和朝鲜人民军主力的休整和补充。

5 月 28 日 17 时，彭德怀直接电令第六十三军，并指挥第六十五军第一九四师接替第六十五军防御，迅速在涟川、铁原之间，东起古南山，西至临津江畔，正面 25 公里、纵深 20 公里的地域组织防御，坚决阻止敌军进攻。命令指出："敌人追击性进攻的很快，你们在文岩里（不含）、朔宁、铁原之间地区，应取坚守积极防御朔宁、高公山一线阵地，无志司、兵团命令不得放弃。"[①]第十九兵团将配属兵团的 2 个炮兵团加强给第六十三军，并明确命令第六十三军：要"不惜代价，坚守阵地，阻止敌人进攻，无上级命令不准撤退。"[②]5 月 27 日 21 时和 28 日 18 时，第十九兵团根据志愿军司令部的部署，连续电令第六十五军：在汉滩川北岸坚决阻击，没有命令再不得北撤。"立即组

---

① 转引自军事科学院军事历史研究所《抗美援朝战争史（修订版）》上卷，军事科学出版社 2011 年版，第 607 页。

② 转引自军事科学院军事历史研究所《抗美援朝战争史（修订版）》上卷，军事科学出版社 2011 年版，第 607 页。

织力量，打击敌人侧背，阻滞敌人前进，便于六三军抢修工事，否则铁原失守，你们要负责任"。[1]28 日 20 时，志愿军司令部电令第六十五军："你们必须在现阵地取积极防御动作，绝不允许随便撤退，致影响全局。必须清楚认识敌军并无增加，只是受到我严重打击后的报复行动，望全军指战员深刻体会此意。"[2]

志愿军第六十五军、第六十三军坚决执行志愿军司令部和第十九兵团的命令，与北进之敌展开激烈的战斗。

第六十五军第一九三师的防御地域，位于铁原以南地区，扼守由汉城通往铁原的交通要道，态势突出，是美军向铁原方向推进的必经之路。根据兵团和军的命令，第一九三师党委提出了"誓死保卫铁原"的口号，组织部队展开了坚守防御作战。第五七九团位于南峰岘地区。该团以连续的反冲击，与优势之敌反复争夺阵地，坚守 4 昼夜，直接威胁北进之敌的侧背，迟滞了敌军的行动。

29 日，美军向志愿军第五七七团防守的 233.2 高地发动猛烈攻击。233.2 高地地势突出，扼制汉城通往铁原的公路。志愿军第一九三师以第五七七团成两个梯队展开，在该地域实施坚守防御。白天抵抗美军的空、坦、步、炮联合攻击，晚上则组织部队进行坚决的反击。阵地得而复失，失而复得，争夺异常激烈。

5 月 30 日晚，志愿军第一九三师趁敌连续进攻疲惫之机，以第五七七团在第五七六团一部的配合下，对敌实施反击。战至 31 日零时，第五七七团全部收复美军占领的阵地，毙伤敌 230 余人，志愿军仅伤 2 人。随后，又打退了美军的疯狂反扑，巩固了占领的阵地。

在涟川地区的阻击战中，志愿军第一九三师以坚强的战斗意志，顶住了美军的连续进攻，并果断地对敌实施坚决的反击，成功后又顽强固守阵地。

在志愿军和朝鲜人民军一线部队坚决阻击和反击下，"联合国军"

---

① 转引自军事科学院军事历史研究所《抗美援朝战争史（修订版）》上卷，军事科学出版社 2011 年版，第 607 页。

② 转引自军事科学院军事历史研究所《抗美援朝战争史（修订版）》上卷，军事科学出版社 2011 年版，第 607 页。

的反扑势头已被遏制。与此同时，6月1日，志愿军第四十七军、第四十二军、第二十六军、第二十七军在新幕、伊川、鸡雄山、黑云吐岭一线构成了纵深防线，全线防御布势基本完成。志愿军已经稳定战局，扭转了转移初期的被动局面。

但在涟川、铁原方向上，美军的进攻仍未停止。6月1日，美军第八集团军司令官范佛里特下达命令，要求其他部队加强对"堪萨斯线"的防御，而以美军第一军和第九军继续向"怀俄明线"进攻，并在占领此线后，在其北面建立巡逻基地，"尽最大可能发起有限目标的进攻"，以摧毁志愿军和朝鲜人民军的后勤补给基地，破坏志愿军和朝鲜人民军发动新的攻势的准备。[①]

5月30日，志愿军第六十三军已全部接防第六十五军的阵地，并指挥第六十五军第一九四师担负涟川、铁原地区坚守阻击任务。此时，第六十三军第一八七师、第一八九师已在夹涟川至铁原公路展开，构筑了防御阵地，实施坚守防御，并把主要力量放在卡口子上，坚决制止敌军沿涟川、铁原公路两侧向纵深推进，第一八八师为预备队。

6月1日，美军第八集团军集中第一军和第九军主力开始向志愿军第六十三军阵地展开进攻，并把主攻方向指向涟川。美军在不足3公里阵地的进攻正面上，集中2个师，在大量航空兵、炮兵的支援下，以整连、整营、整团的兵力，轮番猛攻志愿军第一八七师的阵地，企图夺取涟川两侧有利地形，中央突破，直插铁原。

志愿军能否彻底阻止敌军的进攻，第六十三军的阻击作战关系全局。彭德怀密切关注第六十三军的阻击作战。在敌军进攻的第一天，即3次打电话给第六十三军军长傅崇碧，询问战斗情况，并指示：要不惜一切代价顶住敌军的进攻，打掉敌军的进攻势头。第十九兵团首长也全力支援第六十三军的作战，从兵团机关抽调干部、战士500人，补充第六十三军。

---

① ［美］詹姆斯·F.施纳贝尔:《朝鲜战争中的美国陆军》第二卷，王琪等译，解放军国防大学出版社1990年版，第455页。

中共第六十三军党委发出指示，要求全体指战员"敢于挑重担，敢于打恶仗，不叫苦，不叫累，不怕孤军作战，不怕流血牺牲，发挥独立作战能力，像钉子一样，钉在前沿阵地上；要机智勇敢，活在阵地上，战斗在阵地上，将敌人消灭在阵地前"。[①]

第六十三军全体指战员以"誓与阵地共存亡"的革命英雄主义气概，与进攻之敌展开长达 12 天的激烈战斗。

战斗最激烈的地点在右翼涟川山口地区。美军进攻第一天即投入 5 个步兵营，并得到 4 个炮兵营的支援，气焰极为嚣张。志愿军第一八七师第五六一团三营在师团炮兵火力的支援下，坚守阵地四天三夜，顶住了数倍于己的敌军十余次进攻，与敌反复争夺，毙伤敌达 1300 余人，为稳定一线阵地起到了重要作用，被第六十三军授予"守如泰山"锦旗。

在左翼的志愿军第一八九师防区的种子山、233.2 高地等地，美军的进攻也连续受挫。6 月 3 日，美军第二十五师主力投入进攻，兵分三路，在航空兵密集火力支援下，以坦克为先导，多路猛攻志愿军第一八九师阵地。志愿军第一八九师全力以赴，与敌军殊死战斗，反复争夺阵地。在战斗最紧张的时刻，师预备队全部投入，师直属队及部分机关勤务人员也加入战斗。前线连队大部分连排干部伤亡，许多官兵在最后时刻，毅然拉响手榴弹，与敌人同归于尽，决不后退一步。

为保持部队战斗力，争取防御时间，6 月 3 日 24 时，志愿军司令部及时电示第六十三军由坚守防御改为机动防御，要求部队"敌试探性进攻时，我则可灵活歼敌。敌主力配合坦克、炮兵、空军全面进攻时，我则以小部队分散节节阻击，以火力袭击。如有可乘时，则反击之。只有此种动作阻击，积极灵活地反击，方达争取时间，消耗敌人之目的。不宜坚守一地"。[②]

---

① 转引自军事科学院军事历史研究所《抗美援朝战争史（修订版）》上卷，军事科学出版社 2011 年版，第 608 页。

② 转引自军事科学院军事历史研究所《抗美援朝战争史（修订版）》上卷，军事科学出版社 2011 年版，第 608 页。

6月4日，美军孤注一掷，对志愿军第六十三军阵地全线展开波浪式的疯狂进攻，甚至在双方交战人员已经短兵相接的情况下，仍实施炮击。志愿军第六十三军以预备队第一八八师接替第一八九师防御，继续坚守阵地，以大无畏的英雄气概，与进攻之敌展开血战。

根据志愿军司令部的指示，第六十三军于6月5日转入二线阵地，进行机动防御，继续阻击敌军进攻。

6月10日，第六十三军胜利地完成了防御任务。在历时12个昼夜的防御作战中，第六十三军在涟川、铁原地区25公里的防御正面和20余公里的防御纵深地域，克服种种困难，顽强抗击美军4个师的轮番进攻，共歼敌1.5万余人，有力地打击了美军的嚣张气焰，粉碎了敌军抢占铁原，摧毁志愿军后方基地和交通线，割裂志愿军和朝鲜人民军防线的企图，为稳定战场局势作出了重大贡献。

志愿军司令员彭德怀在战后专门到第六十三军看望指战员，看到这些衣不遮体、灰头土脸，虽然疲惫，但个个挺起精神的勇士们，疼爱地夸奖道："同志们，你们打得好，打得很好！你们吃了不少苦，我们牺牲了不少好同志。祖国人民忘不了你们，祖国和人民感谢你们！"彭德怀在离开第六十三军时问傅崇碧有什么要求，傅崇碧说："部队减员太严重了，有的连队只剩下一两个人了。"彭德怀说："给你补。给你补些老兵，能打仗的老兵。"还要"给你们发新衣服，新装备"。不久，从祖国西北地区调来1.3万名老兵补给第六十三军。[1]

随着第五次战役的结束，战线稳定在三八线南北地区，交战双方均转入了战略防御，朝鲜战场的大规模运动作战告一段落。此后，随着朝鲜停战谈判的开始，朝鲜战争便进入了边打边谈的阶段。

---

[1] 转引自《杨得志回忆录》，解放军出版社1993年版，第568页。

有关问题和故事篇

有关抗美援朝问题以讹传讹的几件事*

　　有关抗美援朝的问题，有几件事自 20 世纪 80 年代末以来直至现在，一直以讹传讹。一是中国谁最早判断美军可能在仁川登陆，二是金日成、朴宪永联名的求援信是谁送到北京呈给毛泽东的，三是使用"志愿军"的名义是因黄炎培的建议而确定的吗？四是对当时美国参谋长联席会议主席布莱德雷一段名言的引用。作者最近看到 2009 年 9 月第一版的一本书（恕这里隐去这本书的书名），从第 90 页到第 98 页共 9 页约 10000 字的内容中，上述四件事中至少有三件事是以讹传讹。对于上述四件事中的第一件事和第三件事，作者于 1995 年和 1997 年专门写过文章，对第二件事和第四件事，作者虽未专门写过文章，但在作者自著的《巨人的较量》（第一版，中共中央党校出版社 1999 年版；第二版，辽宁人民出版社 2010 年版）和作者主编的三卷本《抗美援朝战争史》（军事科学出版社 2000 年版）两部著作中都交代得十分清楚。但遗憾的是，可能作者文章和著作的读者群不大，致使很长时间过去了，对于上述几件事仍在以讹传讹。

一、中国是谁最早判断美军可能在仁川登陆

　　1950 年 6 月 25 日，朝鲜内战爆发，美国立即进行武装干涉，并操纵联合国安理会通过决议组成"联合国军"支援南朝鲜军作战。朝

---

* 本文发表在《百年潮》2010 年第 3 期。

鲜人民军向南一路势如破竹，进展顺利。8 月上旬后，由于战线延长和美军兵力增多，朝鲜人民军攻势减弱，战争在洛东江一带呈胶着状态。9 月 15 日，麦克阿瑟指挥美军在仁川登陆成功，截断了朝鲜人民军的后路，南北夹击朝鲜人民军，朝鲜战场形势逆转。

对于美军在仁川登陆，中国方面是有预判的。那么，是谁最先作出了判断？

1989 年出版的一部关于抗美援朝战争的纪实文学问世，首次披露了原军委总参作战室主任雷英夫，于 1950 年 8 月下旬最早作出了美军可能在仁川登陆的判断，并且毛泽东、周恩来对他的判断很感兴趣，毛泽东召见他当面听汇报。此后，一些史学研究工作者和纪实文学作者对此大加引用，直到现在。雷英夫本人也多次发表回忆文章，谈到此事。他在 1995 年就此事撰写文章指出，总参作战室不仅预测了美军的登陆地点是仁川，而且判断出美军的登陆时间是 1950 年 9 月 15 日。对此，国内许多报刊竞相转载，甚至有的官方性质的权威著作，也以此为据加以引用。然而，对于这种说法，在国内关于抗美援朝战争的历史档案中均找不到任何佐证，多年从事抗美援朝战争史研究的一些学者也一直持质疑态度。一位当时曾在军委总参作战室工作、曾是雷英夫部下的老同志也对此持质疑态度。

那么，在中国，雷英夫是否是最早作出美军可能在仁川登陆判断的人呢？

1994 年，俄罗斯总统叶利钦将苏联时期关于朝鲜战争的部分档案赠送给当时的韩国总统金泳三。韩国外交部东欧科外交事务官白宙铉，根据这些档案，整理了《苏联朝鲜战争档案摘编》（1949 年 1 月—1953 年 8 月）。这个摘编表明，毛泽东、周恩来等中国领导人，早在朝鲜战争爆发刚一个星期时，就对美军仁川登陆的可能性有所判断。1950 年 7 月 2 日，苏联驻华大使罗申应邀前往拜访周恩来。周恩来要求把毛泽东等中国领导人有关朝鲜半岛政治、军事形势的估计转告苏联政府。中国估计，美国在日本的 12 万驻军中，大约有 6 万兵力能够投入朝鲜；这些兵力可能在釜山、木浦、马山等港口登陆，然后沿铁路线向北进军。建议朝鲜人民军应迅速向南推进，以便占领这些港口。毛泽东认为，美军将有可能在仁川登陆，为了防守汉城，朝鲜人民军应该在仁川地区构筑巩固的防守阵地。此摘编还表明，在8月直至9月美军仁川登陆以前，毛泽东、周恩来等中国领导人曾多次通过苏联政府和直接向朝鲜同志指出过美军在仁川登陆的可能性。这期间，毛泽东曾两次接见朝鲜政府的代表，同他们讨论朝鲜战争形势的发展。毛泽东分析，朝鲜战争的形势可能出现两种基本情况：第一种是朝鲜人民军全歼美军，把他们赶下海；第二种是战争的持久化。如果是后一种情况，他估计美军会加强大邱、釜山地区的防御，把朝鲜人民军的全部兵力牵制在这个地区，同时从其他地方登陆。毛泽东提醒朝鲜代表，注意应付后一种可能性，确保充分的后备兵力，更要注意敌人可能前来进攻的防御据点，如仁川—汉城和镇南浦—平壤地区。如果韩国整理的苏联档案资料，对中国的研究者来说，属于"出口转内销"的话，那么1950年10月2日毛泽东起草给斯大林的电报（未发出）中也讲了这个情况。这个电报中说："还在今年四月间，金日成同志到北京的时候，我们就告诉他，要严重地注意外国反动军队侵略朝鲜的可能性。七月中旬，七月下旬和九月上旬，我们又三次告诉朝鲜同志，要他们注意敌人有从海上向仁川、汉城前进切断人民军后路的危险，人民军应当作充分准备，适时地向北面撤退，保存主力，从长期战争中争取胜利。"[①]逢先知和李捷于2000年由中央文献出版社出版的《毛泽东与抗美援朝》一书中引用了毛泽东这个电报的内容。但是，毛泽东、周恩来的提醒和建议没有引起朝鲜同志的重视。9月15日，美军仁川登陆一举成功。

由此看来，毛泽东、周恩来等中国领导人早在雷英夫之前一个多月就对美军可能在仁川登陆作出了明确判断。雷英夫在8月下旬判断美军可能在仁川登陆并向毛泽东、周恩来汇报可能是事实，但

---

① 逢先知、李捷：《毛泽东与抗美援朝》，中央文献出版社2010年版，第12—13页。

说雷英夫是中国最早作出美军可能在仁川登陆判断的说法则是缺乏根据的。

二、金日成、朴宪永联名的求援信是谁送到北京呈给毛泽东的

在作者于1999年出版《巨人的较量》一书前，涉及这个事的几乎所有文章和著作都说是朝鲜内阁副首相兼外相朴宪永到北京，将求援信交给了毛泽东。作者在《巨人的较量》一书的第二章第二个问题中，正面纠正了上述说法。书中交代："朝鲜民主主义人民共和国内务相、人民军次帅朴一禹，持金日成、朴宪永10月1日写给毛泽东的求援信，前往北京。10月3日，朴一禹将这封求援信当面呈递毛泽东。"[①] 作者主编的《抗美援朝战争史》第一卷中的交代与此基本相同。作者之所以这样写，是看到过在金日成、朴宪永联名给毛泽东的求援信原件复印件上，有周恩来亲笔所注的"一九五〇年十月三日朴一禹面呈主席"字样。中央文献出版社2008年2月出版的《建国以来周恩来文稿》第三册第380页上，1950年10月2日周恩来的手稿——《关于朴一禹来京事给倪志亮的电报》也能证明这一事实（倪志亮是中国驻朝鲜大使）。这个电报指出："估计张一杜同志二号夜可抵沈，三号当派飞机接来北京。"电报里说的张一杜就是朴一禹。

三、抗美援朝使用"志愿军"的名义是因黄炎培的建议而确定的吗

有的著述写道，中共中央为中国人民志愿军最初定的名称是"支援军"，在作出抗美援朝出兵决策之前（有的说是作出出兵决策后），毛泽东征求党外民主人士的意见，听取了当时担任政务院副总

---

① 齐德学：《巨人的较量》，辽宁人民出版社2010年版，第44页。

理职务的民主人士黄炎培的建议后，才将"支援军"改为"志愿军"。对此种说法，国内多家报纸和杂志争相刊载。

这种说法值得商榷。当然，毛泽东可能征求过民主人士的意见，黄炎培也可能提出过此种建议。但出兵抗美援朝采用"中国人民志愿军"的名称，绝不是出兵决策前或之后由于黄炎培的建议才确定的。

1950年7月7日，鉴于美国大规模武装干涉朝鲜内战，将会威胁中国东北地区的安全，周恩来根据毛泽东的指示，主持召开研究讨论组建东北边防军的第一次国防会议，同日会后，周恩来和聂荣臻各组织整理了一份内容相同的会议讨论情况报告给毛泽东。周恩来组织整理的报告在后勤准备一项中明确指出，必要时边防军将来一旦赴朝参战，"部队均改穿志愿军服装，使用志愿军旗帜"（作者当时看到的这个报告是打印件，后来看到了这个电报原件的复印件）；聂荣臻组织整理的报告在边防军指挥机构一项中，使用的是"支援军"一词，在后勤准备一项中说部队一旦赴朝作战时"改穿朝鲜军装"。

此前，7月2日，周恩来通过苏联驻中国大使罗申转告斯大林，中国准备在东北集结3个军，以便必要时支援朝鲜人民军作战。斯大林于7月5日通过罗申转告周恩来："我们认为，在敌人越过三八线时，集中9个中国师于中朝边境以便志愿军入朝作战是正确的。我们将尽力为这些部队提供空中掩护。"[①]斯大林这里就使用了"志愿军"的名称。

8月上旬，中央政治局会议分析朝鲜局势时，毛泽东曾说，对于朝鲜，我们是要帮助的，要以志愿军的形式进行帮助。

8月13日，东北军区司令员兼政治委员高岗在边防军军事会议上的报告中，讲到边防军将来可能到朝鲜作战时说："到朝鲜去是以志愿军的名义出现，穿朝鲜服装，用朝鲜番号，打朝鲜人民军的旗帜，主要干部改用朝鲜名字。这样处置，可以使朝鲜人民喜欢，又很策略。"（作者看到的这个报告是原件复印件）

---

① 1950年7月5日，斯大林致罗申电。1996年10月，参见军事科学院军事历史研究部第二研究室编印《关于朝鲜战争的俄国档案文件》，军事科学院图书馆藏，第79页。

9月以后，在边防军部队中已陆续公开进行了可能到朝鲜作战的动员，"志愿军"一词不但出现在各军、师、团办的小报上，而且出现在许多连队的墙报上。

此外，10月1日，斯大林在接到金日成、朴宪永联名请求苏联直接出兵援助的求援信后，给苏联驻中国大使转毛泽东或周恩来的电报中建议中国出动军队援助朝鲜，并说"中国部队可以志愿者身份出现"。这里用了"志愿者"。10月2日，毛泽东起草致斯大林但没有发出的电报正文第一句就说"我们决定用志愿军名义派一部分部队至朝鲜境内和美国及其走狗李承晚的军队作战"[①]。而此时中共中央尚未开会研究出兵抗美援朝问题，中共中央最高决策层尚未研究，恐毛泽东不会就这个问题去征求民主人士的意见。

据此看来，赴朝鲜作战时使用"志愿军"的名称，至少是在7月7日讨论组建东北边防军的国防会议上就是明确的，7月7日讨论组建边防军，只是中共中央和中央军委在战略上未雨绸缪的准备，还不是决策出兵，因此，毛泽东这时更不会去征求民主人士的意见。至于聂荣臻在7月7日报告中使用"支援军"一词，可能是对"志愿军"一词的音同字误，并且这个报告是由中央军委作战部整理的。10月8日，毛泽东签署的组成中国人民志愿军的命令，也是军委作战部起草的，起草的原文内容共有四点，也是用的"支援军"一词。毛泽东签署这个命令时作了重大修改，将"支援军"改为"志愿军"，将内容增加到六点。有的著述上说毛泽东听了黄炎培的建议，将"支援军"改为"志愿军"，就是依据这份电报。

四、关于当时美国参谋长联席会议主席布莱德雷一段名言的引用

至少从1953年朝鲜战争结束直至现在，在有关著述中讲到美

---

① 《建国以来毛泽东军事文稿》上卷，军事科学出版社、中央文献出版社2010年版，第226页。

国人对朝鲜战争的认识或评价时，都引用当时美国参谋长联席会议主席布莱德雷的一段名言：朝鲜战争是美国在错误的时间、错误的地点、同错误的敌人打的一场错误的战争。其实，这段名言恰恰不是布莱德雷的意思。布莱德雷的这段话出自 1951 年 5 月 15 日美国参议院组织的"麦克阿瑟听证会"。所谓"麦克阿瑟听证会"，是麦克阿瑟于 1951 年 4 月 11 日被解除"联合国军"总司令和在远东的一切职务后，在美国统治集团内部引起了美国在朝鲜究竟应采取什么样的政策问题的辩论和争吵。于是由美国参议院军事委员会和外交委员会联合主持召开了听证会，讨论美国关于朝鲜战争的政策问题。听证会于 1951 年 5 月 3 日开始，断断续续至 6 月 25 日结束，前后共 50 多天，先后有麦克阿瑟、国防部部长乔治·卡特利特·马歇尔（George Catlett Marshall）、参谋长联席会议主席布莱德雷、陆军参谋长约瑟夫·劳顿·柯林斯（Joseph Lawton Collins）、空军参谋长霍伊特·桑福德·范登堡（Hoyt Sanford Vandenberg）、海军作战部部长福雷斯特·谢尔曼（Forrest Percival Sherman）、国务卿迪安·艾奇逊、前美军驻华总司令阿尔伯特·科蒂·魏德迈（Albert Coady Wedemeyer）、前国防部部长路易斯·约翰逊（Louis Arthur Johnson）等共 13 个美国军政要员出席作证。

麦克阿瑟是第一个出席作证的对象。他在 5 月 3 日作证时，仍然主张以军事手段彻底解决朝鲜问题，即要将战争扩大到中国境内，发挥美国具有优势的海空军的作用，以海军封锁中国海岸，加强军事禁运；以空军轰炸中国的机场、车站和工业基地；让台湾的蒋介石集团进行反攻大陆的行动，采取这些行动，不必担心会引起苏联参战。麦克阿瑟认为只有采取这些行动，才是迅速结束朝鲜战争的最好办法，他甚至主张，如果联合国其他国家不愿协助，而由美国单独采取行动。[①]

---

① 参见《麦帅证词》，台湾"中央文物供应社"1951 年印行，第 11—12、43 页；参见军事科学院军事历史研究所《抗美援朝战争史（修订版）》下卷，军事科学出版社 2011 年版，第 10 页。

艾奇逊、马歇尔、布莱德雷、三军参谋长和前国防部部长约翰逊等，在出席作证时，均支持解除麦克阿瑟的职务，认为麦克阿瑟的主张既难以达到目的，也有巨大风险，反对将战争扩大到中国。相反，他们均主张在朝鲜打一场有限战争。

布莱德雷在 5 月 15 日出席作证时，有一段闻名的言论，他认为赤色中国不是一个足以寻求世界霸权的强盛国家，如果把战争扩大到共产党执政的中国，"参谋长联席会议认为，这一战略将使我们在错误的地方，错误的时间，同错误的敌人打一场错误的战争"，"进攻共产党中国并不是一个能起决定作用的行动，不能保证朝鲜战争的结束，也不会使中国屈服。"[①] 本文作者第一次看到布莱德雷的这段话是在他和他夫人写的回忆录《将军百战归》的中译本上，这本书的中译本 1985 年由军事译文出版社出版。因看到的这段话与作者印象中的意思大相径庭，于是本文作者又查阅了国内 1951 年的《参考消息》和台湾"中央文物供应社"印行、1951 年版的中译本《麦帅证词》，在《参考消息》和《麦帅证词》中查阅的结果，与在布莱德雷回忆录上看到的是一致的。所以在作者所著的《巨人的较量》一书中引用布莱德雷这段话时，注了两个出处，一个是布莱德雷的《将军百战归》，一个是 1951 年 5 月 17 日《参考消息》。作者《巨人的较量》一书于 2010 年 1 月由辽宁人民出版社再版时，在书中引用布莱德雷这句话的后面特意用括号加了一句话："关于布莱德雷的这段话，近 60 年来在中国一直被许多人做与布莱德雷原意完全相反的错误引用。"

---

① 参见军事科学院军事历史研究所《抗美援朝战争史（修订版）》下卷，军事科学出版社 2011 年版，第 10 页；参见［美］奥马尔·布雷德利著、克莱·布莱尔整理《将军百战归》（副书名：布雷德利自传），廉怡之译，军事译文出版社 1985 年版，第 837 页。

第五十军在抗美援朝战争中的
辉煌业绩*

今天是中国人民解放军第五十军被授予番号 70 周年纪念日，联谊会在这里举行纪念座谈会，缅怀第五十军先烈、先辈们的英雄历史和不朽业绩，弘扬他们的光荣传统和爱国精神，对全面建成小康社会，实现中华民族伟大复兴具有重要的现实意义。借此机会，我对这次座谈会的召开表示衷心的祝贺！

曾强①会长给我打电话，让我在这个座谈会上介绍一下第五十军在抗美援朝战争中的光辉业绩。我虽是研究抗美援朝战争史的学者，但我主要是从抗美援朝战争的角度、从整个志愿军的角度进行了解和研究，只了解参战各个军在战争中的基本情况，对于许多精彩生动的细节，肯定不如在座的各位了解得多，了解得细，所以，我只能介绍第五十军在抗美援朝战争中的一些基本情况。

第五十军是由国民党起义部队第六十军改编的，入朝参战时改编尚不足两年，但是这支部队在抗美援朝战争中表现得非常出色，其战斗力、战斗意志毫不逊色于人民解放军的其他部队。

1950 年于 9 月 6 日，中央军委下达命令："为增强边防军的力量，

＊　本文是作者于 2019 年 1 月 2 日在第五十军后代联谊会纪念中国人民解放军第五十军授予番号 70 周年座谈会上的发言。

①　曾强是曾泽生之子，是第五十军后代联谊会的会长。

决定从中南抽调第五十军开赴东北，编入边防军序列"。[①]

第五十军的前身，是 1948 年 10 月辽沈战役期间在长春起义的原国民党第六十军，1949 年 1 月被正式改编为中国人民解放军第五十军。经过一年多的整训和作战，部队面貌发生了根本性的变化，已经成为一支坚强的革命军队。1950 年 9 月，第五十军下辖第一四八师、第一四九师、第一五〇师和第一六七师，在湖北沙市地区整训，并担负水利建设和生产任务，全军共 3.6 万余人。

接到中央军委的命令后，第五十军迅速于河南驻马店和湖北孝感地区集结，车运至东北，10 月中旬到达吉林省西丰、辽源、海龙、磐石地区，编入边防军序列，转入临战准备。在整训期间，第一六七师的番号被撤销，部队分别编入了该军其他各师。

第三次战役开始后，第五十军在第三十九军的协同下，于 1951 年 1 月 1 日 2 时从茅石洞至高浪浦里突过临津江，突入敌阵地 2 公里，占领了紫长里地区。于 2 日 11 时，先后占领汶山以东的栗谷里、文平里、黄发里地区。汶山地区之南朝鲜军第一师在志愿军第三十九军、第五十军的攻击下，于 2 日 12 时南逃。

志愿军各部于 2 日晚和 3 日上午继续向南挺进。

志愿军第五十军向高阳追击，第一四九师第四四六团在高阳以北碧蹄里击退美军第二十五师 1 个营，继续追击，在高阳以南佛弥地，截断了由议政府经高阳向汉城方向撤退的英军第二十九旅的退路。经 3 小时激战，全歼英军皇家奥斯特来复枪团第一营及一个坦克中队。战斗中，志愿军第四四六团各连反坦克小组用集束手榴弹和爆破筒，一举击毁和缴获敌坦克 31 辆、装甲车和汽车 24 辆。此次战斗，第四四六团在第四四五团的协同下，共毙伤俘英军 700 余人。1 月 11 日，彭德怀、邓华、朴一禹、洪学智、韩先楚通令表扬了第一四九师第四四六团。

1 月 4 日下午，志愿军第三十九军第一一六师和朝鲜人民军第一

---

① 转引自军事科学院军事历史研究所《抗美援朝战争史（修订版）》上卷，军事科学出版社 2011 年版，第 80 页。

军团占领汉城。第五十军第一四九师于当日晚进入汉城。第三十八军第一一四师、第三十九军第一一七师各有一部侦察分队于 4 日进入汉城。朝鲜人民军第一军团进入汉城时与美军 1 个坦克营发生激战，毙伤俘敌约 200 人，缴获坦克 2 辆、汽车 46 辆。由于"联合国军"在撤离汉城时，对这座城市进行了疯狂的破坏，此时的汉城已面目全非，许多建筑物化为瓦砾。

5 日当晚，志愿军第五十军和朝鲜人民军第一军团在志愿军第一一六师已占领汉江南岸滩头阵地的 1 个团的掩护下，渡过汉江开始行动。同时，第四十军第一二〇师 1 个团从广州东北渡过汉江，配合第五十军行动。

第五十军渡过江汉后，分两路继续向南追击，其右路第一四九师、第一五〇师经果川、军浦场向水原方向追击；左路第一四八师经弥巨里、上笛里向水原方向追击。第一四九师在果川、军浦场歼灭南朝鲜军第一师一部。

1951 年 1 月 15 日，李奇微开始了代号为"狼狗行动"的试探进攻，以位于平泽、安城、天安地区的美军第二十五师、第三师，南朝鲜军第一师及土耳其旅，以营、连规模兵力乘汽车，在飞机、坦克的掩护下，采取昼伸夜缩、游动窜扰的战术，向志愿军第五十军前哨阵地发安场、乌山里、金良场里、阳智里线，进行了试探性的进攻。15 日至 23 日，美军第二十五师从平泽 3 次进出乌山里，攻击志愿军第五十军第一四八师前哨阵地；美军第三师和南朝鲜军第一师从安城 4 次进出金良场里，攻击志愿军第五十军第一五〇师前哨阵地。

志愿军第五十军和第三十八军第一一二师，积极打击窜扰之敌。第五十军第一五〇师第四四九团 1 个营，在 18 日夜袭击金良场里，歼美军第三师搜索连 50 余人，缴小汽车 7 辆、各种枪 17 支（挺）、迫击炮 3 门，19 日，受到志愿军总部的通令嘉奖。

1 月 27 日 8 时，第五十军副军长蔡正国和副参谋长李佐，指示所属各部，要以最大的努力和责任，决心完成此项光荣任务。29 日 20 时，参加中朝两军高级干部联席会议的第五十军军长曾泽生和政治委员徐文烈，指示该军指挥部队作战的军、师首长："坚持好汉江南岸滩头阵地，关系着第四次新的伟大战役胜利的组织，为我军出国以来头等光荣任务，因此必须动员我全党全军每个人员，人人出主意，逐级严密组织与领导，以对党对中朝人民，对世界和平民主事业的无限忠诚与英勇，克服任何困难，不惜一切牺牲，以达决不失去一个阵地，坚定完成这一光荣任务的目的。"[1]要求"在全军中必须贯彻积极防御、寸土必争的思想与坚决行动"，[2]并对战术问题作了具体指示。

1月27日，坚守七宝山阵地的第五十军第四四二团四连，遭到美军5路700余人在坦克20余辆、飞机30余架支援下的攻击。志愿军该连在副营长的指挥下，顽强作战，毙伤敌约200人，在全连大部阵亡和负伤、阵地全部被毁的情况下，仅剩10余人突出重围，有力地打击了敌军。第四四三团七连于29日在谷沙里阵地，打退美军1个连至1个营的兵力在8辆坦克、8架飞机、10余门火炮掩护下的8次进攻，毙伤敌200余人。第四四四团八连于29日在速达里阵地，打退美军一个营的兵力在5辆坦克、10余架飞机、10余门火炮配合下的4次进攻。该连在弹药耗尽时，同敌人白刃格斗，毙伤敌167人，守住了阵地。第四四七团于30日在东远里阵地，打退敌人3000余人在坦克80余辆、飞机20余架的配合下的4次猛烈进攻。同日夜，第五十军组织第一四八师、第一四九师2个师共2个营又4个连进行反击，全部夺回被美军突破的前沿阵地。第一四九师从28日至31日，连续抗击美军进攻4昼夜，共毙伤敌700余人，守住了阵地。第三十八军第一一二师在部队伤亡减员较大的情况下，仍顽强抗击。该师各团，每日抗击美军骑兵第一师等部1个团至1个师兵力在飞机、坦克支援下的猛烈攻击，守住了基本阵地。第四十二军第一二五师1个团在29日击退美军第二十四师300余人的攻击，歼

---

① 转引自军事科学院军事历史研究所《抗美援朝战争史（修订版）》上卷，军事科学出版社2011年版，第471页。
② 转引自军事科学院军事历史研究所《抗美援朝战争史（修订版）》上卷，军事科学出版社2011年版，第471页。

其大部。朝鲜人民军第五军团在 28 日全歼进抵原州东北的美军第二师一个排。第五十军和第三十八军弹药告急，手榴弹基本打光。

志愿军首长于 1 月 31 日通令表扬了第五十军全体指战员，特别表扬了第一四八师。通令说："你们数日鏖战坚守阵地，反复争夺，表现了高度的国际主义与爱国主义精神。你们的英勇鼓舞了全军，尤以一四八师是值得学习的。现通令表扬。我们已严令三分部，速将弹药前运，并望你们继续坚守，组织灵活的反突击。只要你们阻止了敌人前进，争取了战役准备时间，就保证了第四次战役胜利。"[1]同时，以彭德怀、邓华、金雄、朴一禹名义，向志愿军各军、朝鲜人民军各军团通令表扬了第四四三团七连、第四四四团八连、第四四七团。通令说："以上三个部队英勇顽强的战斗作风，是值得全军学习的，特通令表扬。"[2]2 月 1 日，志愿军总部将第一四九师的作战情况向志愿军各军、中央军委并东北军区作了通报。

志愿军司令部根据第一四八师防御作战的情况和经验，于 1 月 31 日向部队发出了战术指示。指示说：进行阵地防御，必须做好工事，采取疏散的纵深的兵力配备（每一阵地只以少数兵力加强轻火器进行防守），才能减少伤亡，保持防御的稳定性；必须以短促、突然、猛烈的火力，配合阵前反冲击，才能有效地阻止敌人的进攻；必须做好对敌实施反击的充分准备，较大的反击必须于夜间进行，才能收到大的效果。指示提出，不能死守一地，在争取到一定时间或无力防守时，应主动地转移阵地，并尽力坚持夜间转移，以减少伤亡。上述战术指示，及时指导了汉江南岸部队的防御作战。

2 月 3 日，向西线进攻的"联合国军"占领了修理寺南山、军浦场、光教山、文衡里、发利峰、天德峰、梨浦里一线阵地。志愿军第五十军和第三十八军第一一二师转至第二线阵地继续防御。此时，志愿军上述各部已连续作战 10 昼夜，在"联合国军"绝对优势

---

① 军事科学院军事历史研究所：《抗美援朝战争史（修订版）》上卷，军事科学出版社 2011 年版，第 472 页。

② 军事科学院军事历史研究所：《抗美援朝战争史（修订版）》上卷，军事科学出版社 2011 年版，第 472 页。

的炮兵、坦克和航空兵火力的猛烈突击下，伤亡较大，第五十军能坚持作战的连以上建制单位只有1个团另2个团大部和4个连；第一一二师各团也减员将半。为了保持汉江南岸阵地，继续钳制"联合国军"主要进攻集团，保障志愿军主力集结在东线实施反击，联司首长决心缩小第五十军防御正面，加强纵深防御力量，于2月4日13时半，令朝鲜人民军第一军团接替原归第五十军防守的南泰岭、果川、军浦场一线以西14公里正面的防御任务，5日晚接替完毕；同时令第三十八军主力进至汉江南岸，并在汉江南北两岸构筑阵地，加强第一一二师的防御，在第五十军遭到猛烈攻击时，派小部侧击敌军，以减轻第五十军的压力。此时，韩先楚已到达前线，统一指挥第三十八军、第五十军和朝鲜人民军第一军团的作战。2月6日，志司命令第九兵团的第二十六军于2月15日进抵议政府、清平川地区，建立纵深防线。

西线"联合国军"占领志愿军汉江以南第一线阵地后，从3日开始，美军第二十五师、第三师和土耳其旅，仍全力向志愿军第五十军和朝鲜人民军第一军团阵地猛烈进攻，4日、5日的战斗更为激烈，集中坦克100至200余辆、飞机数十架至100余架，实施轮番攻击。志愿军进行了顽强抗击，对许多阵地进行了反复争夺，弹药打光后即与敌军展开肉搏，予敌军以重大杀伤后，于5日晚，逐次向后作了有限度的转移。

此时，汉江已开始解冻，朝鲜人民军第一军团、志愿军第五十军第二线防御地带，已被突破，在汉江南岸的防御地幅已缩小。为避免背水作战，根据韩先楚的建议，2月5日晚，彭德怀和朴一禹指示：志愿军第五十军主力和朝鲜人民军第一军团主力，于6日晚开始向江北转移，在江南留一部，置于要点上，节节阻击，迟滞敌人的进攻。2月7日晚，朝鲜人民军第一军团留4个营、志愿军第五十军留1个团又1个营的兵力控制汉江南岸桥头阵地，主力撤至汉江北岸组织防御。第三十八军奉命仍留汉江南岸坚守原阵地，以掩护东线志愿军主力向横城地区集结，保障东线部队的侧翼安全。

从2月8日至18日，第三十八军、第五十军第四五〇团及第四四八团第一营和朝鲜人民军第一军团 4 个营,在汉江南岸又顽强地进行了 11 个昼夜的坚守,于 2 月 16 日和 18 日,按联司统一部署,西线汉江南岸志愿军和朝鲜人民军部队全部撤至汉江北岸。

1951 年 7 月上旬,第五十军第二次入朝,展开于清川江口北岸至铁山半岛龙岩浦一线。

9 月 27 日,彭德怀提出请东北军区研究攻取西朝鲜湾一带岛屿的方案。东北军区研究后,于 10 月 6 日,提出了由第五十军在空军配合下攻岛作战的方案。10 月中旬,西海岸指挥所韩先楚司令员决定,由第五十军副军长蔡正国统一指挥攻岛作战,第五十军即着手进行准备,侦察沿海敌情,制定作战方案,进行渡海登陆训练,并由东北军区协助准备渡海工具。10 月底,按照志愿军总部的决定,志愿军空军司令员刘震和第五十军副军长蔡正国等,一起商定了协同作战计划,确定志愿军空军部队的主要任务是:保障攻岛部队在集结地域不受空袭,对椴岛、大和岛、小和岛进行航空照相侦察,摧毁大、小和岛上敌人的情报指挥设施,轰炸大和岛、小和岛附近海面的美国和南朝鲜军舰,配合地面部队夺取这两个岛屿。志愿军司令部为第五十军确定了"由近而远,逐岛作战"的方针。

11 月 2 日,志愿军空军第二师和第三师,以拉 -11 和米格 -15 飞机各 4 架,对椴岛、小和岛、大和岛进行两次照相侦察,查明了岛上的敌军部署和工事情况,为第五十军登岛作战提供了可靠情报。

11 月 5 日夜,第五十军第一四八师 2 个步兵营,首攻位于铁山半岛南 2 公里的椴岛。18 时 25 分,2 个营的突击队,乘 17 只小汽船和 49 只折叠舟,分两个梯队开始起航,在炮火掩护下,于 22 时 54 分开始登岛,23 时 09 分第一梯队全部登上椴岛,第二梯队亦于 24 时登上该岛。部队登陆后即向纵深穿插,守敌溃散逃窜。志愿军于 6 日 3 时占领全岛,共毙伤俘匪特武装 75 人。

为巩固椴岛守备,11 月 6 日下午,志愿军空军轰炸机首次出动,由第二师 16 架拉 -11 歼击机直接护航,第三师 24 架米格 -15 歼击机,在宣川南面身弥岛上空负责警戒,以第八师 9 架图 -2 轰炸机,对大和岛进行了轰炸。由于作战行动突然,各机种配合默契,未遭美机拦阻。轰炸机把全部炸弹投向大和岛上的目标，命中率达 90%，有力地配合了登陆部队巩固椵岛的任务。位于铁山半岛东南 20 余公里的大加次岛、小加次岛及蝶岛的匪特武装，鉴于椵岛已失，遂于 11 月 7 日和 8 日纷纷闻风而逃。第五十军第一四八师以一部占领上述各岛。

11 月 16 日 23 时 15 分和 23 时 05 分，第五十军以第一五〇师 2 个团从两个不同方向，向位于定州南浅水海面之艾岛发起进攻，至 17 日 5 时 20 分结束战斗，计毙敌 85 人，俘 158 人。

椵岛、艾岛被攻占后，残余匪特均集中于铁山半岛正南 20 公里的大和岛、小和岛，每晚有 2 艘兵舰由白翎岛来大和岛东南停泊，向椵岛射击，然后离去。志愿军为夺取大、小和岛，11 月 29 日以空军第十师在夜间出动 10 架图 -2 轰炸机，对大、小和岛附近海面的美国和南朝鲜的军舰进行了轰炸，为第五十军攻占该两岛扫清了外围。

11 月 30 日 14 时 20 分，志愿军空军第八师出动 9 架图 -2 轰炸机，由第二师 16 架拉 -11 歼击机直接护航，再次轰炸大和岛。但由于轰炸机起飞后提前转弯，加上速度较大，比预定与第三师米格 -15 歼击机编队的时间提前了 5 分钟。轰炸机群向目标区前进途中，突然遭到美国空军 30 多架 F-86 战斗机的袭击，志愿军轰炸机被击落 4 架，其余 5 架也有 4 架负伤。但在拉 -11 歼击机的掩护下，领队长机坚定沉着指挥，始终保持队形，按计划把全部炸弹倾泻在大和岛上。待第三师米格 -15 歼击机按计划时间起飞赶到时，美军飞机已逃逸。这次空战，志愿军空军轰炸机和拉 -11 歼击机击落美军 F-86 飞机 3 架、击伤 5 架，志愿军飞机被击落 8 架、击伤 7 架。第二师副大队长王天保，以拉 -11 飞机接连击落 F-86 飞机 1 架、击伤 3 架，创造了以活塞式飞机击落美军最先进喷气式飞机的范例。

当晚 21 时 21 分，志愿军第五十军第一四八师以 1 个营又 2 个连，分乘 30 只登陆船、7 只炮兵火力船，向大、小和岛发起攻击。部队很快完成登陆任务，并继续搜剿溃散之敌，战至 12 月 1 日 18 时，全部占领两个岛屿，共歼敌 249 人。

11 月 5 日至 12 月 1 日，志愿军第五十军对鸭绿江口至清川江口之间的沿海岛屿，连续进行了 4 次渡海攻岛作战。在空军配合下，志愿军先后攻占了椴岛、艾岛、炭岛、大和岛、小和岛、大加次岛、小加次岛、牛里岛、云雾岛等 14 个岛屿，共歼灭武装匪特 570 余人。这次攻岛作战，是抗美援朝战争中唯一的一次陆空联合作战，也是中国人民解放军历史上第一次陆空协同作战、人民解放军空军第一次多机种协同作战，其经验教训对人民解放军后来的协同作战具有重要意义。

就韩国交还中国人民志愿军烈士遗骸问题接受强国论坛访谈[*]

齐德学：各位网友好，今天很高兴和网友们就韩国交还中国人民志愿军烈士遗骸问题与大家交流。欢迎提问。

问：今天（28日）上午中韩双方举行了在韩中国人民志愿军烈士遗骸交接仪式，437具中国志愿军烈士遗骸以及相关遗物回归祖国。请问齐研究员，您怎么看待这个交接仪式？它有哪些积极意义？

齐德学：中韩双方都很重视这件事。这件事是人道主义精神的体现，无论对中国还是韩国，都是一件暖人心、得人心的好事。对中国方面更是如此。

安置好阵亡志愿军烈士遗骸，是对烈士英灵的敬慰，也是对烈士亲属、对健在的所有志愿军老战士以及全国人民心灵的安慰。这有利于凝聚全国各族人民的爱国之心，有利于团结全国各族人民为中国的国家建设，为实现中华民族伟大复兴的中国梦作出贡献。

安置好阵亡志愿军烈士遗骸，是对军人的敬重，是对军人从事的事业价值的尊重和肯定，是有力的无声的政治工作，有利于凝聚军心，激励军人为自己从事的事业英勇奋斗，本身就有利于提高军队的战斗力。

安置好阵亡志愿军烈士遗骸，也是重要的国防教育行为，有利于提高全民的国防意识。

---

* 本文是作者于 2014 年 3 月 28 日接受强国论坛访谈时写的稿子。

安置好阵亡志愿军烈士遗骸，也是彰显中国是世界负责任大国形象的体现。

问：2013 年 6 月底，韩国总统朴槿惠访华时向国务院副总理刘延东提议，将送还 360 具中国人民志愿军烈士遗骸。请问您怎么看待韩国送还"敌军"遗骸这一举动？国际上的惯例是什么？

齐德学：1992 年，中韩两国结束了长期隔绝状态，建立了外交关系。此后，两国关系迅速发展，不断开展高层往来，增进互信共识，拓展合作领域，深化合作层次。1998 年，中韩两国同意建立 21 世纪合作伙伴关系。2003 年，两国关系提升至全面合作伙伴关系，2008 年，两国关系提升至战略合作伙伴关系。韩国送还中国军人遗骸的举动，无论主观上还是客观上，都是增进中韩两国战略合作伙伴关系的举动。据韩媒报道，韩国国防部负责人说，两国就归还中国军人遗骸达成协议，是韩中关系史上的里程碑。

送还敌国军人遗骸至少是第二次世界大战以来的国际惯例。就朝鲜战争本身而言，朝鲜停战以后，敌对双方都互相送还过对方阵亡军人的遗体遗骸，只是以前是通过朝鲜军事停战委员会送还的。1991 年，朝鲜军事停战委员会已经解散。1997 年，通过"联合国军"司令部和朝鲜送还过志愿军阵亡烈士遗骸。这次是韩国与中国双边进行协商送还志愿军阵亡烈士遗骸。

越南战争结束后，越南也多次向美国交还被发现的越南战争中阵亡的美军遗骸。

2010 年 5 月，科威特将发现的 55 具伊拉克军人遗骸送还伊拉克。

问：60 年前的抗美援朝战争，双方对抗激烈，战争异常残酷。造成了作战双方的大量人员伤亡，志愿军烈士遗骸及其境外墓地的情况成为国人热议的焦点。请齐教授谈谈这方面的情况。

齐德学：志愿军烈士在中国境外的墓地，有韩国在京畿道坡州市建的墓地，于 1996 年建立。韩国将发掘的、鉴定后的志愿军烈士遗骸安葬在这里。2012 年，韩方全面整修墓地，改善设施条件，称为"中国军公墓"。根据最新报道，当地时间今天上午 7 时 30 分，中韩双方在韩国仁川国际机场举行在韩中国人民志愿军烈士遗骸交接仪式，中方交接在韩志愿军烈士遗骸代表团团长、民政部优抚安置局局长邹铭，与韩方代表韩国国防部军备控制次长文尚均准将现场签署了交接书，确认交接 437 具志愿军烈士遗骸以及相关遗物。随后中方为烈士遗骸覆盖国旗，并举行了简短的纪念仪式，烈士遗骸由中方礼兵护送登上运送遗骸专机，将运抵沈阳。祖国人民将以庄严的礼仪迎接烈士英灵回家。

除此以外，志愿军在境外的烈士墓地都在朝鲜。朝鲜战争期间，特别是战争初期，志愿军阵亡烈士大部分在战场附近就地安葬，其中包括毛泽东的儿子毛岸英烈士，随着战事的稳定，志愿军各军、师、团开始建立本单位的烈士陵园和墓地。1954 年 5 月，志愿军总部专门成立了中国人民志愿军烈士陵园修建委员会。大规模修建、迁葬、整理烈士陵园和墓地，相对集中安葬烈士。中国政府拨出建设专款，并从国内选派了优秀的工程技术人员、设计人员和雕塑家到朝鲜直接参加陵园的建设。经过几年努力，在朝鲜境内共建起 8 处中心烈士陵园。其中的桧仓志愿军烈士陵园是建设规模最大的一个志愿军烈士陵园，毛泽东的儿子毛岸英烈士就安葬在这里。此外还有云山志愿军烈士陵园、价川志愿军烈士陵园、长津湖志愿军烈士陵园、开城志愿军烈士陵园、上甘岭志愿军烈士陵园、金城志愿军烈士陵园、新安州志愿军烈士陵园。除以上 8 处志愿军烈士陵园外，朝鲜还修建了 62 处志愿军墓地，建有 243 个烈士合葬墓，将分散在各地的大部分志愿军烈士，集中安葬于这些烈士合葬墓中。中国人民志愿军撤出朝鲜回国后，朝鲜方面高度重视在朝志愿军烈士纪念设施的保护管理工作，多年来为此投入了大量人力、物力，有关设施总体保存完好，中国方面多次向朝方表达谢意。

2012 年，中朝两国有关方面积极合作，共同实施了桧仓志愿军烈士陵园修缮工程；2013 年，又对开城、新安州志愿军烈士陵园进行了勘察设计，拟定了修缮议案；2014 年，依据与朝方达成的共识，全面启动了修缮在朝鲜的志愿军烈士陵园。

2013 年 7 月，中共中央办公厅、国务院办公厅、中央军委办公厅印发的《关于进一步加强烈士纪念工作的意见》要求：高质量高标准完成零散烈士纪念设施抢救保护工程，积极稳妥推进境外烈士纪念设施保护管理工作，建立健全保护管理长效机制。

问：去年12月下旬，韩国投入万余名人力进行的志愿军士兵遗骸的整理工作正式开始。据您了解的情况，大致的发掘整理工作怎么样？

齐德学：根据中韩双方达成的共识，双方本着人道主义精神，确保归还工作的顺利完成。送还志愿军阵亡烈士遗骸的准备工作由韩国负责，归还过程由中国负责。韩方从2013年12月19日开始，发掘志愿军阵亡烈士遗骸，进行清洗、整理和自然干燥工作。另外，还对遗骸、遗物和鉴定记录进行整理。遗物包括印章、钢笔、徽章、钱包和军装等。韩方对此项工作高度重视，具体工作人员认真负责，工作做得很细致。到2014年3月17日，中韩双方启动遗骸装殓工作，共用了3个月时间。今天已经启运，由专机接回到中国沈阳。

问：中国人民志愿军烈士遗骸移交工作从抗美援朝战争结束到现在，时断时续，好像一直都没有停止过，请您给我们梳理一下这个交接的过程。

齐德学：战争期间，特别是战事繁忙的情况下，志愿军阵亡烈士都直接掩埋在战场附近，以便战后妥善安葬。朝鲜停战以后，收寻志愿军阵亡烈士遗体遗骸，包括收寻掩埋在韩国境内的志愿军阵亡烈士遗体遗骸，是志愿军的一项重要工作。

1954年9月1日，朝鲜停战双方交接军事人员遗体的工作开始，朝中方面送交了在朝鲜境内挖掘的"联合国军"军事人员遗体200具，其中193具是美国人，无法识别国籍的有7具。每一具美方军事人员遗体均用防雨布特制的布袋封装。随同送交的有军号牌、军人证及其他可能搜集到的识别物等亡者的各项遗物。美方也于当日交来以纸袋封装的在韩国境内挖掘的朝中方面军事人员遗体600具，其中500具是朝鲜人，100具是中国人。当年9月份，从"联合国军"方面接回志愿军阵亡烈士遗体共1万余具。这些烈士遗体都安葬在朝鲜开城志愿军烈士陵园内。

1958 年，志愿军全部撤出朝鲜回国后，志愿军在板门店的军事停战委员会有一个工作小组，负责协调接收在韩国境内发现、转交的疑似志愿军失踪人员遗骸，参与鉴定，并把志愿军的纪念章、尸骨、标志牌等遗物移送国内。通过这个工作小组，我国于 1981 年，从"联合国军"方面接回志愿军阵亡烈士遗骸 1 具；1984 年，接回 5 具；1986 年，接回 1 具；1989 年，接回 19 具。1991 年，朝鲜军事停战委员会解散。1997 年，我国通过朝鲜接回遗骸 1 具。据统计，1981 年至 1997 年，我国接回志愿军在韩国境内的阵亡烈士遗骸共 43 具，全部安葬在开城志愿军烈士陵园。

问：抗美援朝战争结束后，志愿军烈士遗骸没能运回国内安葬，主要有哪些原因？

齐德学：一是在战场所在国安葬阵亡将士是国际惯例。在我国东北就有许多俄军和苏军的阵亡将士墓地。东欧的许多国家也有"二战"期间苏军阵亡将士的墓地。抗美援朝战争中的志愿军阵亡烈士绝大部分被安葬在朝鲜，包括毛泽东的儿子毛岸英烈士也安葬在了朝鲜。目前已查明，在世界上有 20 个国家建有中国烈士纪念设施。这些纪念设施是中国与相关国家友好交往的见证，是传承、发展双边友谊的重要体现。

二是新中国成立之初处在一种百废待兴的状态，政治秩序、经济秩序和生活秩序都未走上正轨，存在的困难很多。朝鲜战争结束时，虽然中国已开始了第一个经济建设的五年计划，但也不具备将在朝鲜战场阵亡的志愿军烈士全部接回国内安葬的条件。

在抗美援朝战争期间，中国政府要求将阵亡将士就近掩埋，团级以上干部及特级、一级战斗英雄可运回国内安葬。1951 年 10 月 23 日，东北人民政府、东北军区下发的《沈阳市烈士陵园革命烈士灵柩安葬暂行规定》中规定："凡中国人民志愿军、解放军及其他直接在朝参加抗美援朝战争之团（或相当于团）以上干部，或由军（或相当于军）之领导机关批准的特等英模牺牲病故者，得依本条例之规定入园安葬之。"部分符合这个规定的志愿军阵亡烈士运回国内安葬在沈阳抗美援朝烈士陵园和丹东抗美援朝烈士陵园，此外，在这两个陵园中安葬的烈士还有负伤回国后治疗期间死亡的烈士。国内安葬的志愿军烈士数量极为有限。

问：请问志愿军烈士遗骸在韩国大概还有多少？现在的情形怎么样？还有多少没找到？

齐德学：抗美援朝战争的第三次战役、第四次战役和第五次战役，都是在三八线以南、三七线以北地区进行的，即基本是在韩国境内进行，这三次战役，志愿军作战伤亡和失踪被俘共12.3万余人。

1953年夏季的金城战役纵深作战也是在韩国境内进行的，整个金城战役，志愿军共伤亡3.3万余人，但纵深作战只是志愿军第六十军的第一八〇师一个师进行的，我手头没有准确的统计材料，估计这个师伤亡1000人左右。

在韩国境内作战阵亡的志愿军大约有2.5万至3万人。到目前为止，韩国发现并交还1万余具遗骸，大约还有1.5万具遗骸没找到。这仅仅是我的估测，没有官方档案统计依据。

问：抗美援朝战争是第二次世界大战后第一场大规模的国际性局部战争，60年后的今天回过头来看，您如何看待那场战争？

齐德学：无论从中共中央决策的角度看，还是从战争的结果看，抗美援朝战争都是必要的、正确的。中共中央在新中国成立之初那样困难的情况下，决策组成中国人民志愿军抗美援朝，主要考虑的是维护国家利益、支援朝鲜人民。美国政府武装干涉朝鲜内战的同时就侵入了台湾海峡，美国地面部队越过三八线大举向中朝边境进攻，美国空军飞机已侵入中国领空，对中国边境城镇进行扫射轰炸，侵占了中国领海，又严重威胁和侵害了中国东北地区的安全。中国的工业半数在东北，而东北的工业半数在辽南，无法进行安全生产，朝鲜处境危急，迫切请求中国直接出动军队给予支援。正是在这样的情况下，中共中央作出抗美援朝、保家卫国的战略决策。

这场战争的突出特点是敌我双方经济力量和军队武器装备优劣极为悬殊，而战争的结果是配置落后装备的中国人民志愿军打败了配置现代化优势装备的美国军队，经济贫穷落后的中国打败了资本主义世界最强大的美国，此举震惊了全世界，使得全世界都不得不对中国刮目相看。美国人觉得美国军队败给了中国军队，是丢脸的，可耻的。所以在战后相当长的时间内，美国人都不愿提起这场战争，将其称之为"被遗忘的战争"。正是这场战争，中国人民自近代以来第一次真正扬眉吐气了；正是这场战争，中华民族才真正屹立于世界民族之林了。这场战争，中国付出了人力、物力、财力的重大代价，但也极大地增强了中国人民的自尊心和自信心，极大地激发了中国人民的爱国热情，不但没有阻碍中国国民经济的恢复和发展，反而有力地促进了经济的恢复和发展，并且为国家建设创造了几十年的安全环境。战争中形成的抗美援朝精神，给中国人民留下了宝贵的精神财富。

抗美援朝战争的有关问题问答（一）[*]

一、朝鲜战争爆发的有关问题

（一）三八线的由来是什么？三八线的划分是否对中国东北解放战争产生过积极作用？

三八线本是地图上的一条纬度线，但在 1945 年法西斯日本战败宣布投降后，横跨朝鲜半岛的这条北纬 38° 线就具有了政治性质。

在德国法西斯战败投降后，1945 年 7 月 17 日至 8 月 2 日，苏联部长会议主席斯大林、美国总统杜鲁门、英国首相丘吉尔（后为艾德礼）及三国外长，在柏林西南的波茨坦举行会议。这次会议是第二次世界大战中的盟国举行的最后一次会议。会议发表了《波茨坦协定》和《中美英三国促令日本投降之波茨坦公告》。公告中，对朝鲜问题重申了《开罗宣言》中的内容（1943 年 12 月 1 日，在美国、英国、中国联合发表的《开罗宣言》中，对朝鲜问题表示了这样的态度："我三大盟国轸念朝鲜人民所受之奴役待遇，决定在相当的时期，使朝鲜自由独立"）。波茨坦会议期间，苏联通报准备于 8 月 8 日对日宣战，并探询美国是否有同苏联在朝鲜联合登陆的意向。而美国的愿望，最好是独占朝鲜。杜鲁门曾说："国务院极力主张在整个朝

---

　　* 本文是《口述历史》采编人员于 2011 年 10 月 12 日对作者的采访，文中的几部分是作者划分的。

鲜的日本部队应由美国受降，但是我们要是以必要的速度把军队运送到朝鲜北部，那就无法保证我们在日本抢先登陆。"①此外，美国估计攻占朝鲜将付出重大代价，因而想把攻占朝鲜的战役连同"可能遭到的重大伤亡"留给苏联去承担，美国则坐收渔利。因此，美国虽然知道苏联将于8月8日对日宣战，但并未准备近期在朝鲜实施登陆作战。因此，美、苏两国只划定了空中和海上对日作战的分界线，而没有划定地面部队作战的分界线。

8月6日和9日，美军在日本广岛和长崎先后投掷两颗原子弹。美国万万没有料到，苏联于8月8日对日宣战后，立即于9日对日本关东军发起了进攻，并且发展很快。10日，日本内阁决定投降，并通知了美国等有关国家。这时美国才有点儿着急了。美国距离朝鲜最近的地面部队尚在600公里以外的冲绳岛，无论如何都无法很快赶到朝鲜，倘若日本宣布投降，整个朝鲜都将被苏军占领。美国不甘心这个结果。于是，美国迫不及待地要同苏联在朝鲜划出一条接受日军投降的分界线。

8月10日，美国国务院、陆军部、海军部协调委员会举行会议，研究对策。在地图上，北纬38°线（下称"三八线"）恰好位于朝鲜半岛南北中央。于是美国陆军部建议以三八线为界，该线以北为苏军对日受降区，该线以南为美军对日受降区。这个建议立即得到美国军方和国务院的同意，8月14日，获得了美国总统杜鲁门的批准。然而，这不是美国单方面一厢情愿的事，必须征得苏联的同意。根据当时的军事态势，苏军完全有可能全部占领朝鲜。但是，8月16日，斯大林接受了这个提议，向美国作了妥协，未表示反对意见。斯大林的态度，甚至使美国人都感到惊异。于是三八线的问题就这样定下来了。

三八线本来是美、苏两国为接受日军投降而临时划分的界线，但朝鲜从此便以此线为界，形成了南北分裂对立的状态。

---

① ［美］哈里·杜鲁门：《杜鲁门回忆录》第二卷，李石译，生活·读书·新知三联书店1974年版，第376页。

这时，朝鲜共有 3000 万人口，三八线以北人口有 900 万人，占 30%，土地面积占 57%；三八线以南人口为 2100 万，占 70%，土地面积占 43%。整个半岛被人为地分割为天各一方的两个部分。

8 月 15 日，日本宣布投降。苏军已于 8 月 10 日解放了朝鲜雄基，12 日、13 日又解放了罗津和清津，16 日占领元山，19 日进入平壤，在金日成领导下的朝鲜人民革命军（朝鲜人民军前身）的配合下，迅速解放了朝鲜三八线以北全部领土，23 日，苏军一部并进至三八线以南。根据美、苏两国以三八线为界，分区接受日军投降的默契，9 月初开始，苏军全部撤至三八线以北。

美国对于朝鲜的解放没有任何贡献，9 月 2 日，日本在投降书上签字，美军于 9 月 8 日和 9 日，才迟迟从朝鲜的仁川港和釜山港登陆，开始占领朝鲜三八线以南地区。

由于美、苏两国在朝鲜问题上的妥协，以三八线为界分区受降和占领，使朝鲜人民刚刚挣脱日本的奴役，又开始陷入南北分裂的状态。由于美、苏两国社会制度和意识形态不同，两国军队占领朝鲜后推行各自的政策，按照自己的意识形态管理所占领的朝鲜南方或北方，使得朝鲜南方和北方分别走上不同的发展道路。三八线的划分埋下了朝鲜战争爆发的祸根。

在中国的全国解放战争期间，美国出钱、出枪积极支持蒋介石国民党打内战，三八线的划分，阻碍了美国从朝鲜北部对蒋介石的支援。因此，从客观角度说，三八线的划分，对中国东北解放战争具有某种积极意义。

（二）以朝鲜义勇军为主改编的第四野战军第一六四师、第一六六师及第一五六师，为什么到 1949 年底 1950 年初才返回朝鲜，而不是在 1945 年抗日战争胜利后就返回朝鲜？他们的回归对朝鲜战争爆发产生了什么样的影响？1953 年朝鲜停战后，赴朝加入朝鲜人民军的原第四野战军大约有多少人选择回到中国定居？大概分布在哪些地方？

这个问题的最后一问，即加入朝鲜人民军的四野部队（应是加入朝鲜人民军的朝鲜人部队）有多少人回到中国定居及其定居的分布地区，对于这个问题，我没有研究，说不清楚，回答不了。

在人民解放军第四野战军中由朝鲜人组成的三个师，其中有两个师于1949年7月返回朝鲜，编入了朝鲜人民军。另一个师于1950年春返回朝鲜，编入了朝鲜人民军。这三个师之所以不是在1945年抗日战争胜利后返回朝鲜，而是在1949年7月和1950年春返回朝鲜，主要原因有两个。第一个原因是，美、苏两国以三八线为界，分别在朝鲜南方和北方接受日军投降、占领朝鲜后，直至1948年秋，朝鲜的政治走向仍不明朗。这期间，美、苏两国在朝鲜接受日军投降后，1946年3月至1947年10月，美、苏两国在朝鲜的占领军组成一个联合委员会，讨论建立朝鲜临时政府和由美、苏、英、中四国对朝鲜进行托管问题，但美、苏两国对这个问题的立场和主张尖锐对立，没有达成任何共识。1947年10月18日，美方占领军代表根据美国政府的指示，宣布美、苏占领军联合委员会无限期休会。联合委员会宣告破裂。此后，美国操纵联合国支持南朝鲜单方面成立政府。1948年8月15日，大韩民国政府在汉城成立。鉴于此，朝鲜北方也在苏联支持下于1948年9月9日成立了朝鲜民主主义人民共和国政府。至此，朝鲜的政治走向才明朗化。所以，在此之前，中国人民解放军中由朝鲜人编成的部队没有必要返回朝鲜。除此之外，还有第二个原因，即1946年6月至1950年5月，是中国全国解放战争期间，朝鲜人编成的部队编入中国人民解放军的东北民主联军（先后改为东北人民解放军、东北野战军、第四野战军）参加解放战争的作战。1948年底，中国东北全境解放后，东北野战军主力南下作战，朝鲜人编成的一个师也随四野主力南下作战，另有朝鲜人编成的两个师，一个留在沈阳，一个留在长春。

1948年2月8日，朝鲜劳动党以朝鲜人民革命军为基础，正式建立朝鲜人民军。1949年5月，朝鲜人民军总政治局主任金一访问中国，与毛泽东等中国共产党领导人进行了会谈，代表朝鲜劳动党中央请求中共中央允许中国人民解放军中由朝鲜人组成的部队返回朝鲜。毛泽东同意了朝鲜的请求，表示驻中国东北地区有两个由朝鲜人组成的师，可随时根据朝鲜方面的要求让他们返回朝鲜。另一个师现正在南方作战，待完成作战任务后，即可返回朝鲜。此后，根据中朝两党的协议，驻中国东北的人民解放军中由朝鲜人组成的两个师，于 1949 年 7 月返回朝鲜，另一个师因随四野主力南下作战，而于 1950 年春返回朝鲜。

这三个朝鲜师返回朝鲜，是朝鲜劳动党中央和朝鲜民主主义人民共和国政府为统一朝鲜半岛进行的必要军事准备，是对朝鲜人民军力量的重要加强。

（三）中国、苏联、朝鲜在朝鲜统一问题上各持什么态度？《中苏友好同盟互助条约》的签订是否加速了朝鲜战争的爆发？

中国、苏联和朝鲜都赞成朝鲜实现统一，在统一的方式上也都赞成力争以和平方式实现统一，同时也准备在和平方式不可能实现时以军事手段实现统一。但在以军事手段解决统一问题的时机上，朝鲜是最着急的。在美国占领军 1949 年上半年撤出朝鲜后，当年 8 月，金日成就曾提出发动军事进攻。对此，苏联方面认为朝鲜在军事上和政治上都未准备好，不同意此方案，并通过苏联驻朝鲜大使阻止朝鲜发动军事进攻。而中国的态度，在此之前的 5 月初，朝鲜派人民军政治部主任金一访问北平时，毛泽东就向金一明确表示，即使美军撤出朝鲜，日本人也没来朝鲜，也不能发动军事进攻，因时机不成熟，一旦发动进攻，麦克阿瑟会很快把日本部队和武器调到朝鲜来。中国人民解放军主力正在进行解放长江以南地区的作战，中国不可能迅速给朝鲜以援助。

1950 年 1 月底，金日成向苏联驻朝鲜大使提出要访问苏联，与斯大林商讨统一朝鲜问题的方式问题。斯大林同意与金日成会谈。这时毛泽东还在苏联访问，《中苏友好同盟互助条约》还没签订，斯大林并没有向毛泽东透露金日成将与斯大林会谈的消息。1950 年 3 月底，金日成访问莫斯科，与斯大林商讨了统一朝鲜问题的方式问题，同意朝鲜以军事手段解决统一问题。毛泽东已于 2 月中旬回国。而直至 5 月 12 日，金日成、朴宪永访问北京之前，近一个半月的时间，斯大林和金日成都未向毛泽东通报他们商讨的情况。所以，当金日成于 5 月 12 日向毛泽东通报他们商讨的情况时，毛泽东立即通过苏联驻中国大使向斯大林进行核实。

《中苏友好同盟互助条约》签订在前，朝鲜战争爆发在后，但不好说《中苏友好同盟互助条约》的签订加速了朝鲜战争爆发。因为朝鲜当时并不指望中国的援助，金日成和斯大林也都没有估计到朝鲜内战一打起来，美国就立即进行武装干涉。

（四）朝鲜战争是谁打响了第一枪？

关于朝鲜战争是谁打响了第一枪的问题，不是简单的问题。说明谁打第一枪，必须说明朝鲜战争爆发的原因。

美、苏两国以三八线为界，将朝鲜半岛一分为二，这就已经埋下了朝鲜战争爆发的最初祸根。美、苏两国在朝鲜问题上的尖锐对立和斗争，造成了朝鲜的南北分裂和对立，这是导致朝鲜战争爆发的根本原因。朝鲜南北两个政府成立后，在如何实现统一和统一于谁的问题上的斗争，是导致朝鲜战争爆发的直接原因。

朝鲜南方和北方都企图以各自的意志统一被分裂的半岛，都有以武力统一半岛的企图。南方的战争叫嚣更为嚣张。朝鲜战争是由三八线地区的武装摩擦不断加剧而演变成大规模战争的。三八线地区的武装摩擦是由半岛南方的武装挑衅开始的。从 1949 年初开始，南方即不断派军队在三八线地区制造军事摩擦事件，挑起军事冲突。1949 年 1 月 1 日至 4 月 15 日，南朝鲜即动用连至营规模的兵力，沿三八线向北进犯 37 次。[①]5 月，南朝鲜军队出动 4100 余人，在火炮的支援下，猛攻开城附近三八线以北松岳山上的朝鲜人民军警备部队阵地。7 月，南朝鲜军队再次出动旅级规模的部队，进攻松岳山阵地。三八线以北的高山峰、银波山、国寺峰等要点，也多次遭到南朝鲜军队的进攻。据朝鲜北方的统计，1949 年 1 月至 12 月，南朝鲜在三八线上进行军事挑衅共计 1836 次。[②]1950 年，朝鲜半岛局势更

---

① 转引自华西列夫斯基和什捷缅科于 1949 年 4 月 20 日关于三八线的形势给斯大林的报告。参见军事科学院军事历史研究部第二研究室编印《关于朝鲜战争的俄国档案文件》，1996 年 10 月，军事科学院图书馆藏。

② 朝鲜民主主义人民共和国科学院历史研究所：《朝鲜人民正义的祖国解放战争史》中文本，朝鲜外国文出版社 1961 年版，第 18—19 页。

加紧张。1950年初，南朝鲜开始向三八线地区大规模集结武装部队。火药味越来越浓，一场内战已不可避免。1950年6月25日早晨，三八线上长期小规模的武装冲突和摩擦，终于发生了质变，为实现统一问题的朝鲜大规模内战全面爆发。根据俄罗斯解密苏联时期有关朝鲜战争档案，朝鲜人民军当天即打过三八线以南。朝鲜内战爆发，无论南方或北方谁先发动攻击，其目的都是为了实现朝鲜的统一，是朝鲜民族的内部事务。

二、中共中央出兵决策的有关问题

（一）中国政府是什么时候知道朝鲜战争爆发的？是通过什么途径知道的？中国政府采取了什么样的立场和措施？

1950年5月12日，金日成、朴宪永在北京向毛泽东等中国领导人通报了他们在莫斯科与斯大林就朝鲜统一方式问题会谈的结果，但没有通报具体计划和开始行动的时间。朝鲜大规模内战爆发后，朝鲜方面和苏联方面都没有向中国方面通报战事情况。当年10月2日，毛泽东在致斯大林的电报中，曾经抱怨此事，但这个电报没有发出。

中国方面是从外电的报道中得知朝鲜内战爆发的，应该是在1950年6月25日当天的晚些时候就得到了朝鲜内战爆发的消息。6月26日，《人民日报》就在第一版的显著位置刊登了朝鲜战争爆发的消息，随即于27日发表题为《朝鲜人民为击退进犯者而奋斗》的社论，阐明了中国人民对战争的看法和立场。社论说："朝鲜的全面内战爆发了。"对于朝鲜人民今天的处境，中国人民是特别容易了解的，"正义是完全属于朝鲜民主主义人民共和国方面"的。

6月26日，美国派出驻日本的海军和空军干涉朝鲜内战。27日，美国总统杜鲁门发表武装干涉朝鲜内战和派海军第七舰队侵入台湾海峡的声明。6月28日下午5时，中央人民政府委员会紧急举行第八次会议。毛泽东发表讲话，周恩来发表声明，谴责美国的侵略行径。

虽然朝鲜内战爆发后，朝鲜人民军的作战发展势如破竹，但鉴于美国武装介入，中国领导人毛泽东、周恩来等充分估计到，朝鲜已成为东方斗争的焦点，朝鲜局势有恶化的可能，甚至美国会公然进犯中国东北地区。因此，中国不能不有所防范。在朝鲜内战爆发的第 13 天，美国地面部队进入朝鲜的第 7 天，即 1950 年 7 月 7 日，周恩来即根据毛泽东的指示，主持召开中央军委会议，研究部署保卫东北边防问题，组建东北边防军，7 月 10 日，再次就此事召开会议。7 月 13 日，中央军委作出了《关于保卫东北边防的决定》，以在中原地区整训的第十三兵团为主组建了东北边防军，调赴东北地区。

（二）1950 年 9 月 15 日，美军在仁川登陆后，朝鲜战局迅速恶化，为什么到 1950 年 10 月 1 日，中国政府才收到朝鲜政府关于中国出兵给予援助的请求？

美军在仁川登陆后，朝鲜人民军战局形势发生了逆转，但也有一个过程。9 月 15 日，美军在仁川登陆成功后，登陆部队兵分两路，一路为美军陆战第一师，向汉城推进；另一路为美军第七步兵师，向水原方向进攻，以切断洛东江前线朝鲜人民军的退路，接应北上的第八集团军。9 月 26 日，在仁川登陆的美步兵第七师先头部队才与由洛东江一线北进的美骑兵第一师先头部队在乌山会合，封闭了朝鲜人民军主力后方的主要交通线；9 月 28 日，登陆的美陆战第一师付出重大代价才占领汉城。釜山防御圈的美军第八集团军全线向三八线推进。朝鲜人民军主力被隔断在敌后，且遭受重大损失，部队的通信联络处于中断状态。已经回到三八线以北的部队不足两个师，并损失了全部的坦克及绝大部分火炮，而三八线以北地区大多为新组建的部队，无论兵力上还是装备上都处于绝对劣势，难以阻止美军和南朝鲜军的进攻。直至此时，也就是美军占领汉城的同一天，朝鲜劳动党中央才决定请求苏联和中国给予直接的军事援助。9 月 30 日，朝鲜内阁副首相兼外相朴宪永向苏联驻朝鲜大使史蒂可夫面交了金日成、朴宪永 29 日的联名求援信。10 月 1 日，朝鲜通过中国驻朝鲜大使馆向中国提出了出兵援助的请求。10 月 3 日，朝鲜劳动党中央常委、朝鲜内阁内务相朴一禹携 10 月 1 日金日成、朴宪永的联名求援信到北京，将求援信面交毛泽东。

（三）1950 年 10 月 4 日和 5 日召开的两次中共中央政治局会议是否可以理解为：毛泽东为说服主张暂不出兵意见的人而召开的会议？如果"联合国军"只有南朝鲜陆军越过三八线，中国还会出兵吗？

接到朝鲜求援的请求后，10 月 2 日至 5 日，中共中央高层曾召开三次会议，2 日下午，中央召开书记处会议，讨论朝鲜半岛形势和中国出兵的问题，4 日下午和 5 日下午召开中央政治局扩大会议。目前均未见到这三次会议的记录。根据有关当事人的回忆，4 日和 5 日两个下午的会议，毛泽东充分发扬党内民主，让到会的人充分发表意见，充分摆出出兵不利方面和困难，在这个基础上说明了出兵的必要性，5 日下午，形成了一致赞成出兵的决策。这是决策会议，当然也有说服主张不出兵或暂缓出兵的人的意思。

如果只有南朝鲜军越过三八线，我认为中国方面不会出兵，即使出兵也不会是以志愿军的形式，更不会有如此大的规模，至多也就是一些零散的或小规模的志愿人员参加战地勤务工作。

（四）当时中国的解放战争还未结束，在中国人民解放军中具有大兵团作战指挥经验的将领有很多，为什么选择彭德怀为志愿军司令员？

中国人民解放军中具有大兵团作战指挥经验的将领确实有很多，1955 年，中国人民解放军第一次授衔时，就有 10 位元帅、10 位大将。组成东北边防军时，中央军委决定任命粟裕为边防军司令员兼政治委员，萧劲光为副司令员，萧华为副政治委员。粟裕是解放军中有名的战将，当时任华东军区副司令员，正在集中精力具体主抓解放台湾的作战准备，萧劲光是刚刚组建的海军的司令员，辅助粟裕负责解放台湾的作战准备。粟裕、萧劲光在 1955 年都被授予大将军衔。组建边防军时，粟裕生病，经中央批准在青岛休养，萧劲光主持海军的组建工作，萧华主持军委总政治部的日常工作，这三人均未到职。中央也曾考虑由林彪出任边防军出动作战时的统帅，但林彪身体也有问题。1950 年 8 月 30 日，高岗就边防军准备工作有关问题写信请示中央,其中包括边防军统帅早日主持边防军工作。毛泽东在 9 月 3 日的复信中指出:"林、粟均病,两萧此间有工作,暂时均不能来,几个月后则有可能,估计时间是有的。"① 美军在仁川登陆后,朝鲜战局迅速逆转。10 月 1 日,金日成请求中国出兵援助,而这时边防军主帅尚不能到职。10 月 2 日,中央书记处召开会议后,中央考虑由彭德怀出任志愿军统帅。彭德怀是人民解放军 1955 年授衔的 10 位元帅之一,排名第二。彭德怀也是人民解放军著名的战将。他是平江起义的领导人,土地革命战争时期曾任红三军团司令员、红一方面军司令员,在中央苏区和中央红军长征期间,林彪的红一军团和彭德怀的红三军团,是中央红军战斗力最强、最能打仗的两个军团,中央红军到达陕北后,毛泽东写诗赞扬彭德怀:"山高路险坑深,大军纵横驰奔。谁敢横刀立马?惟我彭大将军!"彭德怀在抗日战争时期任八路军副总司令,组织指挥了百团大战。解放战争时期,彭德怀任西北野战军(第一野战军)司令员兼政治委员,组织指挥了著名的三战三捷战役,统帅西北野战军(第一野战军)部队,解放了西北五省。新中国成立后,彭德怀任中央人民政府人民革命军事委员会副主席兼西北军区司令员、政治委员。

(五)参加抗美援朝的部队为什么叫"志愿军"?这一名称是谁先提出的?

以志愿军名义参战,主要考虑不给美国对中国宣战以口实。1950 年 8 月 13 日,东北军区司令员兼政治委员高岗在东北边防军师以上干部动员大会上作的报告中就指出:边防军出动时,"到朝鲜去是以志愿军的名义出现,穿朝鲜服装,用朝鲜番号,打朝鲜人民军的旗帜,主要干部改用朝鲜名字。这样的处置,可以使朝鲜人民喜欢,又很策略"② 毛泽东在接到斯大林建议由中国出动军队援助朝鲜的电报后,10 月 2 日,在起草答复斯大林的电报(未发出)中第一

---

① 《建国以来毛泽东军事文稿》上卷,军事科学出版社、中央文献出版社 2010 年版,第 199 页。

② 转引自军事科学院军事历史研究所《抗美援朝战争史(修订版)》上卷,军事科学出版社 2011 年版,第 99 页。

点就明确"我们决定用志愿军名义派一部分军队至朝鲜境内和美国及其走狗李承晚的军队作战,援助朝鲜同志"[①]。在中国人民志愿军组成后,10月16日,彭德怀主持召开志愿军师以上干部会议,进行临战前的动员时指出:我们只是以中国人民志愿军的名义,支援朝鲜人民革命战争,并不等于向美国宣战。10月24日,周恩来在中国人民政治协商会议第一届全国委员会常务委员会第十八次会议上的报告中也明确指出:"方式上,我们采取志愿军的形式,无须宣战。"[②]

中国人民志愿军抗美援朝本来是国家行为,但在名义上则是以中国人民志愿军这种民间组织形式出现,而不是以中国人民解放军的名义,不是以中国政府官方的名义派出部队支援朝鲜,目的就是不给美国向中国宣战以口实。而中国也不向美国宣战。采取以志愿军名义参战的方式,有效避免了美国向中国宣战。

"志愿军"一般是指一国或数国人民为了帮助他国抵御外来武装侵略,在自愿基础上组成的武装部队。1936年,有关国家为帮助西班牙人民反击佛朗哥法西斯军队和抵抗德意法西斯武装侵略,组成了国际纵队。中国以志愿军名义抗美援朝,最早出自1950年7月7日周恩来主持中央军委讨论保卫国防问题会议结束后给毛泽东的报告。周恩来的报告起草稿中凡用"支援军"一词的地方,周恩来均亲笔将其改为"边防军"。在后勤准备的第三项中,原稿是:"被服改装,决定参战部队均改穿朝鲜军服装,待由朝鲜取回样式后,由后勤部布置赶做"。周恩来在审定时将此段话改为:"被服改装,决定参战部队均改穿志愿军服装,使用志愿军旗帜,式样待取到后,由总后勤部布置赶做"。毛泽东于7月8日批示:"同意,照此施行。"也就是说,在这次会议上就确定了边防军出动使用"志愿军"的名义。前边说到了,1950年8月13日,高岗在东北边防军师以上干部动员大会上讲话中,也说边防军出动"是以志愿军的名义出现,穿朝鲜

---

① 《建国以来毛泽东军事文稿》上卷,军事科学出版社、中央文献出版社2010年版,第266页。

② 《周恩来军事文选》第四卷,人民出版社1997年版,第76页。

服装，用朝鲜番号，打朝鲜人民军的旗帜，主要干部改用朝鲜名字。这样的处置，可以使朝鲜人民喜欢，又很策略"。有的学者说，之所以使用"志愿军"的名义，是中共中央在作出决策前或后，毛泽东征求民主人士意见，听取了黄炎培的建议才将"支援军"改为"志愿军"的。毛泽东在关于组成中国人民志愿军的命令中，确实将作战部起草稿中的"支援军"改为"志愿军"。但说是听了黄炎培的建议才改的，则缺乏充分根据。

（六）为什么彭德怀于10月13日、18日两次由东北回北京？

彭德怀于10月13日回北京的背景是：10月8日，毛泽东签署了组成中国人民志愿军的命令，同时通报给了金日成。同一天，周恩来与林彪离京，秘密前往苏联。

10月10日，周恩来和林彪抵达莫斯科，随后乘坐专机飞抵黑海海滨的克里米亚，与正在那里休养的斯大林和其他苏联领导人进行会谈。

周恩来向斯大林详细通报了中共中央对出兵朝鲜、援助朝鲜抗击美国侵略的考虑，介绍了中共中央讨论朝鲜局势和出兵援助朝鲜的情况，说明了中国出兵援助朝鲜将面临的巨大困难，通报了中共中央政治局讨论时关于出兵和不出兵的两种意见，同时询问了苏联方面在援助朝鲜问题上的计划。

斯大林表示，苏联虽然设想过帮助朝鲜，但苏联政府早已声明苏军从朝鲜全部撤出，所以现在不能再在朝鲜战场上出现，更不能与美国直接对抗，否则国际形势将更加复杂。[①]

周恩来指出，只要苏联同意出动空军给予空中掩护，中国就可以出兵援助朝鲜。同时要求苏联为中国抗美援朝的军事行动提供武器装备，并向中国提供各种类型的武器与弹药，首先是陆军轻武器的制造图纸。[②]

[①] 参见中共中央文献研究室编、金冲及主编《周恩来传（1949—1976）》上卷，中央文献出版社1997年版，第61页。

[②] 参见《党的文献》1994年第3期。

斯大林同意向中国提供武器装备和制造技术，但对于他曾许诺过的在中国人民志愿军出动时将提供空中掩护问题，则表示苏联空军没有准备好，两个月至两个半月内不能出动掩护志愿军作战。

周恩来后来在谈到这次会谈时说：美国军队"逼近了鸭绿江，我们就下决心，去与斯（大林）讨论。两种意见：或者出兵，或者不出兵，这是斯（大林）说的。我们问：能否帮空军？他动摇了，说中国既然困难，不出兵也可，说北朝鲜丢掉，我们还是社会主义，中国还在"。①

会谈结束后，11日，斯大林与周恩来联名致电毛泽东，说明了会谈的情况。中共中央没有料到的是，苏联拒绝兑现已作过的许诺，两个月至两个半月内不能出动空军为中国人民志愿军提供空中掩护。这就意味着中国人民志愿军进入朝鲜战场后，将在完全没有空中掩护和支援的状态下作战。志愿军在没有空中掩护的情况下能否与高度现代化的美国军队作战？事关重大，毛泽东不能不反复斟酌。

此时，志愿军司令员兼政治委员彭德怀已经赴东北就职，并确定了志愿军的出动计划，决定志愿军部队于10月15日出动，至10月20日最迟22日全部集结于朝鲜北部预定战场，待机歼敌。②毛泽东于10月11日回电，批准了彭德怀的计划。但由于苏联方面暂时不能出动空军掩护，此事尚需再作商议。

毛泽东接到斯大林和周恩来的联名电报后，立即于10月12日20时急电彭德怀、高岗和第十三兵团领导人：出兵命令"暂不实行，十三兵团各部仍就原地进行训练，不要出动"。同时指示高岗和即将赴朝鲜会晤金日成协商有关于志愿军出动作战事宜的彭德怀，立即

---

① 1960年7月31日，周恩来在中共中央工作会议上的报告记录。转引自中共中央文献研究室编、金冲及主编《周恩来传（1949—1976）》上卷，中央文献出版社1997年版，第61页。

② 1950年10月10日，彭德怀致毛泽东电。转引自军事科学院军事历史研究所《抗美援朝战争史（修订版）》上卷，军事科学出版社2011年版，第180页。

回北京。①

13 日，毛泽东与政治局同志就出兵问题又进行了一次研究讨论。彭德怀后来回忆说："周总理、林彪赴苏联，苏联答应出枪、炮、弹，……但不出动飞机。毛主席这时就以此为由又问我，可不可以打，苏联是不是完全洗手？我说：'这是半洗手，也可以打。'最后是毛主席讲：'即令打不过也好，他总是欠我们一笔账，我什么时候想打，就可以再打'。"②

政治局经讨论一致认为，即使苏联两个月或两个半月内不能出动空军掩护，中国人民志愿军也还是出动到朝鲜为有利。毛泽东将讨论结果于当日 22 时电告周恩来，同时要求周恩来再就有关问题与苏联方面进行协商。电报中说："与高岗、彭德怀二同志及其他政治局同志商量结果，一致认为我军还是出动到朝鲜为有利。在第一时期可以专打伪军，我军对付伪军是有把握的，可以在元山、平壤线以北大块山区打开朝鲜的根据地，可以振奋朝鲜人民重组人民军。两个月后，苏联志愿空军就可以到达。六个月后可以收到苏联给我们的炮火及坦克装备，训练完毕即可攻击美军。在第一时期，只要能歼灭几个伪军的师团，朝鲜局势即可起一个对我们有利的变化。""我们采取上述积极政策，对中国、对朝鲜、对东方、对世界都极为有利；而我们不出兵让敌人压至鸭绿江边，国内国际反动气焰增高，则对各方都不利，首先是对东北更不利，整个东北边防军将被吸住，南满电力将被控制。""总之，我们认为应当参战，必须参战。参战利益极大，不参战损害极大。"③

周恩来此时已经由斯大林在黑海的疗养地回到莫斯科。周恩来接到毛泽东的电报后，紧急约见苏共中央政治局委员维亚切斯拉

---

① 《建国以来毛泽东军事文稿》上卷，军事科学出版社、中央文献出版社 2010 年版，第 247 页。

② 1955 年 2 月 8 日，彭德怀同身边工作人员谈话。转引自《党的文献》1995 年第 6 期。

③ 《建国以来毛泽东军事文稿》上卷，军事科学出版社、中央文献出版社 2010 年版，第 252—253 页。

夫·米哈伊洛维奇·莫洛托夫（Vyacheslao Mikhaylovich Molotov），转告了毛泽东电报的内容，要他立即向斯大林报告。与此同时，毛泽东召见苏联驻华大使罗申，向他通报了中共中央政治局的决定。

14 日，毛泽东两次致电周恩来，指出："彭及高岗同志均认为打伪军有把握，他们和我一样，都认为参战为必需和有利。"决定志愿军全部 26 万人，于 10 月 19 日开始出动。[①]

彭德怀于 10 月 18 日回北京的背景是：斯大林接到莫洛托夫的报告后，承诺将在两个月或两个半月后，出动由 16 个喷气式飞机团组成的志愿空军掩护中国人民志愿军在朝鲜作战。在得到斯大林的答复后，周恩来于 10 月 14 日再次致电斯大林，就苏联援助问题进一步协商，共提出 8 个问题，其中包括：苏联空军在出动 16 个团的喷气式飞机之后，可否继续出动轰炸机至朝鲜配合中国军队作战？苏联政府除派志愿空军参加朝鲜的作战外，可否加派掩护空军驻扎于中国近海各大城市？除飞机、坦克、炮类及海军器材外，苏联政府在汽车、重要工兵器材及其他兵工器材方面的援助，能否给予同样的信用订货的条件。周恩来并随电附上了中国政府第一批关于各种炮类及其附属器材的订货单。[②]

在此后的几天中，斯大林与莫洛托夫继续就苏联志愿空军出动和苏联向中国提供军事援助等问题进行了具体协商。苏联政府最后的意见是：为避免与美国军队发生对抗，苏联政府表示，只派遣志愿空军部队在鸭绿江北岸中国境内驻防，帮助中国进行防空，但不越出中国国境，两个月或两个半月后，也不准备进入朝鲜境内掩护中国人民志愿军作战。[③]

10 月 18 日，周恩来回到北京。彭德怀于 18 日回到北京，就是

---

① 《建国以来毛泽东军事文稿》上卷，军事科学出版社、中央文献出版社 2010 年版，第 257—259 页。

② 参见中共中央文献研究室《周恩来年谱（1949—1976 年）》上卷，中央文献出版社 1997 年版，第 86 页。

③ 参见中共中央文献研究室《周恩来年谱（1949—1976 年）》上卷，中央文献出版社 1997 年版，第 87 页。

听取周恩来与苏联领导人会谈情况的报告。鉴于与苏联方面协商的问题已经明确，虽然苏联空军两个月或两个半月后，也不出动到朝鲜境内，中共中央仍然决定志愿军向朝鲜境内出动的计划不变。

在志愿军向朝鲜境内出动后，苏联空军从1950年11月1日开始，在中朝边境鸭绿江地区上空与美国空军作战。从1951年第二季度开始，苏联志愿空军秘密出动至朝鲜境内清川江以北地区上空，担负掩护铁路运输和掩护后方目标的作战任务，保持4至7个团的兵力，直到朝鲜战争结束。

（七）抗美援朝战争是新中国第一场对外战争，志愿军是否在精神上和物质上做好了充分准备？

志愿军出动到朝鲜与美军作战，在精神上和物质上都做了准备。应该说，在精神上的准备比较充分，在物质上的准备因受当时中国一穷二白的困难条件限制，加上时间短促，很不充分，特别是与高度现代化装备的美军相比，志愿军没有海军和空军，没有坦克装备，缺少对空作战武器和反坦克武器，火炮数量少，质量差，弹药不足，射程近，步兵轻武器基本上是抗日战争和解放战争期间缴获的侵华日军和国民党军的武器，即所谓"万国牌"武器。运输汽车极为有限，等等。所以，志愿军在入朝作战初期遇到了几个严重困难：一是防空问题；二是打坦克问题；三是运输补给问题。

三、第一次战役的有关问题

（一）第五十军是一支国民党起义部队，第六十六军是一支不满员的华北部队，为什么战斗打响后紧急入朝？志愿军总部赋予了他们什么战斗任务？

志愿军入朝时，第五十军已到达东北的吉林省西丰、辽源、海龙、磐石地区，编入边防军序列，转入临战准备，但没将其编入志愿军。第六十六军在天津、廊坊等地从事生产任务。

志愿军入朝前，即10月14日，毛泽东和彭德怀根据美军越过三八线后尚未迅速北进的情况，估计朝鲜人民军在三八线以北尚能防御一段时期，美军进攻到平壤尚需时间，而由平壤向德川进攻，又需时间，如果在平壤的美军不向德川进攻，已到元山的南朝鲜军也不敢单独进攻，这就使志愿军开进和布防有了时间。因而确定志愿军入朝后的作战部署和方针是："在平壤、元山铁路线以北，德川、宁远公路线以南地区构筑两道至三道防御阵线。如敌来攻，则在阵地前面分割歼灭之；如平壤美军、元山伪军两路来攻，则打孤立较薄之一路。现在的决心是打伪军，也可以打某些孤立的美军。如时间许可，则将工事继续增强。在六个月内，如敌人固守平壤、元山不出，则我军亦不去打平壤、元山。在我军装备训练完毕，空中和地上均对敌军具有压倒的优势条件之后，再去攻击平壤、元山等处，即在六个月以后再谈攻击问题。我们这样做是有把握的和很有利益的。"①

　　然而，志愿军10月19日入朝后，情况有了变化。10月15日，美国总统杜鲁门飞赴太平洋的威克岛与麦克阿瑟举行会谈，会谈的中心问题是对中国和苏联出兵的可能性作出判断。麦克阿瑟认为：无论中国或苏联，出兵朝鲜的"可能性很小"。如果他们在战争第一个月或第二个月出兵，那会起决定作用，但现在不用担心了。中国军队没有空军，他们最多能有5万至6万人可以越过鸭绿江参战。如果他们企图南下平壤，将遭受美国空军的严重杀戮。苏联人没有可以用于北朝鲜的地面部队，但他们在西伯利亚有一支素质很好的空军部队，可以派出1000架飞机到北朝鲜作战，这与我们的空军力量不相上下。中国和苏联唯一可行的方案，是苏联派遣飞机支援中国地面部队作战，但是，苏联的空军与中国地面部队根本协调不起来，麦克阿瑟相信，苏联人扔在中国人头上的炸弹会与落在美国人头上的一样多。因此，即便苏联派遣空军支援中国地面部队出动作战，也不足为患。杜鲁门以及随行的美国参谋长联席会议主席布莱德雷等，完全认同麦克阿瑟的分析和判断。加之，朝鲜人民军

---

① 《建国以来毛泽东军事文稿》上卷，军事科学出版社、中央文献出版社2010年版，第258页。

在三八线以北有组织的抵抗已明显减弱，尔后，美军则加快了北进速度。

10月17日，麦克阿瑟发布新的作战命令，改变原定美军第八集团军和第十军在平壤、元山一线会合的计划，并将原定在定州—宁远—咸兴线以北地区禁止使用非朝鲜籍地面部队的规定，改为继续向北推进到距中朝边境40英里（约合64公里）的宣川—青山场市—古仁洞—坪员—德实里—丰山—城津一线，在此线以北地区只能使用南朝鲜军部队。麦克阿瑟要求：美军第八集团军指挥西线部队，美军第十军指挥东线部队，分头向朝鲜北部边境快速推进，"连续突破敌阵，将敌人抛在后面，继续北进，北进！"①

同日，在东线北进的南朝鲜军第一军团指挥的第三师和首都师占领咸兴。19日，在中线进攻的南朝鲜军第二军团指挥的第六师、第七师、第八师，占领阳德、成川地区。在西线进攻的美军第一军指挥的美军骑兵第一师、步兵第二十四师、英军第二十七旅和南朝鲜军第一师进占平壤。20日，美空降第一八七团为配合美军第一军攻占平壤，首次在朝鲜战场空降，企图在肃川和顺川地区，截断平壤人民军北撤的退路，麦克阿瑟亲自临空视察。准备这一天在元山实施第二次朝鲜登陆的美军第十军，船运至元山海域（但元山早在10天之前已被南朝鲜军先期占领，加之朝鲜人民军在元山水域布置了水雷，该军指挥的美军陆战第一师和步兵第七师，后来于25日和29日，分别在元山和利原无作战登陆。美军第十军上陆后，麦克阿瑟将南朝鲜军第一军团归其指挥）。

此时，朝鲜平壤、元山一线以北尚未被美军占领的地区的城镇和大的村庄，大多已被美军飞机狂轰滥炸夷为瓦砾。朝鲜人民军最高司令部控制的部队只有3个多师尚可坚持作战，被隔在三八线以南的朝鲜人民军主力，大部分尚未撤回，新组建的部队尚未完成训练。

---

① 1950年10月1日至10月15日，《联合国军关于在朝鲜作战问题向联合国安理会的报告》，第7号。

志愿军于 10 月 19 日晚开始入朝，至 20 日，志愿军渡过鸭绿江的部队只有 4 个师又 1 个团，距预定防御地区还有 120 至 270 公里，而此时向西线进攻的南朝鲜军第二军团部队距志愿军预定防御地区只有 90 至 130 公里，志愿军无论如何也不可能赶在敌人之前到达预定防御地区。而无论是战场上的美军和南朝鲜军，还是"联合国军"总部，都没发现志愿军已经开入朝鲜。美军和南朝鲜军以团和营为单位分兵疯狂向中朝边境冒进。这为志愿军在运动中各个歼灭敌人提供了机会。21 日凌晨，毛泽东分别致电彭德怀和邓华，要求立即改变计划，部署第一次战役，而不是先有一个时期防御然后再谈攻击的问题。

为了加强志愿军的作战力量，根据志愿军的建议，中央军委令第五十军作为志愿军的预备队，令在天津等地的第六十六军紧急收拢部队向安东出发。

第一次战役打响后，志愿军第五十军、第六十六军两个军全部入朝。第五十军第一四八师于 26 日晚从辑安渡江，任务是协同第四十军第一一八师歼灭已进至鸭绿江边楚山镇的南朝鲜军第六师第七团。28 日晚，第一一八师将已回撤的南朝鲜军第七团部队阻截于楚山以南古场洞、柳良洞地区，29 日晚，南朝鲜军第七团企图突围南撤，志愿军第一一八师遂不等第一四八师赶到，乘敌动摇，发起攻击，至 30 日，将南朝鲜军第七团大部歼灭。第五十军主力先是作为志愿军预备队，28 日晚开始，该军主力过江，第一五〇师的任务是阻击西窜的美军，保护新义州；第一四九师的任务是进至大馆洞、枇岘地区，准备协同第六十六军消灭美军第二十四师。

志愿军第六十六军于 10 月 26 日开始渡江，其任务是主力进到龟城以西阻击美军第二十四师和英军第二十七旅西进，11 月 1 日，阻击美军第二十四师部队的西进，击毁其坦克 2 辆。

（二）为什么志愿军总部部署第一一八师北上参加消灭已到达中朝边境的南朝鲜军第七团，而不是第一四八师单独完成这一任务？

没见到有档案材料说明这个问题。我分析可能有两方面考虑。

一个是主要的考虑，就是慎重初战，首战必胜。这一点对由国民党军起义部队改编的第一四八师更具有重大意义，所以部署第一一八师和第一四八师2个师共6个团围歼南朝鲜军第七团1个团。第二个考虑与第一个考虑紧密相关，就是如果仅以第一四八师歼灭南朝鲜军第七团，南朝鲜军第七团一旦回撤，第一四八师就会扑空。而如果仅以第一一八师歼灭南朝鲜军第七团，则南朝鲜军该团一旦沿江而上，第一一八师也不易达成歼灭任务。而以第一一八师北上，以第一四八师从辑安渡江后，沿江而下，这样两师对进，可以有把握地堵截或夹击南朝鲜军该团。

（三）请您详细介绍一下东线黄草岭、赴战岭第四十二军的阻击战。为什么第一次战役后，美军到达了中朝边境的惠山镇？

第一次战役中，第四十二军军部率2个师在东线黄草岭、赴战岭地区阻击向江界方向推进的敌军，钳制东线之敌，保护西线主力的侧后安全。

在东线进攻的美军和南朝鲜军共4个师，其中美军2个师（美军陆战第一师和步兵第七师），南朝鲜军2个师（首都师和第三师），由美军第十军军长阿尔蒙德统一指挥。

黄草岭和赴战岭位于长津湖以南地区，是长津湖的门户，地势险要，并可控制铁路公路交通，山势北缓南陡，利于志愿军防守。10月22日，志愿军第十三兵团令第四十二军主力迅速进到东线长津湖以南地区阻击东线之敌，保障志愿军主力在西线作战。

10月25日拂晓，志愿军第四十二军第一二四师第三七〇团第二营进到黄草岭接替这里的朝鲜人民军防御。此时，南朝鲜军第三师第二十六团已占领黄草岭下的上通里、下通里等地。志愿军部队终于抢在南朝鲜军之前进入黄草岭阵地，占据了有利地形。志愿军第三七〇团第二营刚刚占领阵地，南朝鲜军第二十六团就向黄草岭发动连续攻击。志愿军该营及随后赶到的第三七〇团主力，将南朝鲜军的进攻击退。

志愿军第四十二军首长为确保黄草岭阵地，根据地形和敌情，决定以第一二四师在黄草岭一线布防，阻击北进之敌，保证西线主力侧后安全。[①]彭德怀等志愿军首长指示"望构纵深工事，坚决防守，吸引敌人于阵地前沿给以杀伤，灵活反突击"[②]。

10月27日，志愿军第四十二军主力全部进至黄草岭、赴战岭地区，完成展开。第一二四师配属炮兵第八师第四十五团及朝鲜人民军炮兵一个大队、坦克一个联队，部署于黄草岭以南之1115高地、草芳岭、796.5高地一线，阻击南朝鲜军第三师；第一二六师第三七六团配属炮兵第八师一个营，部署于赴战岭、高大山以北地区，阻击南朝鲜军首都师部队，师主力集结于革田里地区为军预备队。

南朝鲜军第三师部队发现志愿军部队之后，曾一度出现慌乱，于26日停止较大规模进攻。但在调整部署后，于10月27日再次以黄草岭为主要攻击目标，发起持续进攻。志愿军第一二四师在朝鲜人民军部队的协同下，击退了南朝鲜军10余次进攻。27日晚，第一二四师主动放弃草芳岭、577.8高地，撤到黄草岭以南馆坪、769.5高地、665高地二线阵地。

南朝鲜军第三师占领草芳岭等地后，气焰嚣张，28日至29日，在20余架飞机和大量炮兵的支援下，对志愿军阵地实施轮番进攻。赴战岭方向的南朝鲜军也攻占赴战岭，企图向西迂回黄草岭。

为打击敌人的气焰，改善防御态势，志愿军第四十二军首长决定，集中第一二四师主力于29日晚首先对草芳岭之敌进行反击，同时以第一二六师一部阻击赴战岭之敌，待第一二四师反击得手后，再反击赴战岭之敌。

29日晚，第一二四师2个团在50余门火炮的支援下，对草芳岭之敌实施反击。各部队勇猛出击，大胆穿插，至30日凌晨3时，击溃南朝鲜军第三师第二十六团及第二十三团一部，全部恢复草芳岭

---

① 1950年10月25日20时，吴瑞林等第四十二军首长致彭德怀等志愿军首长电。参见军事科学院军事历史研究所《抗美援朝战争史（修订版）》上卷，军事科学出版社2011年版，第266页。

② 1950年10月26日8时，彭德怀等志愿军首长致第四十二军首长电。参见军事科学院军事历史研究所《抗美援朝战争史（修订版）》上卷，军事科学出版社2011年版，第266页。

一线阵地。

彭德怀等志愿军首长于 10 月 30 日致电嘉奖，指出："我一二四师在黄草岭一带坚决阻击北进之敌，给以重大杀伤，保证了志愿军主力机动作战，……值得表扬，特电嘉奖。"①

为配合黄草岭方向的作战，志愿军第一二六师第三七六团向进占赴战岭的南朝鲜军首都师一部发起反击，并于 30 日占领赴战岭。

11 月 1 日，美军第十军军长阿尔蒙德命令美军陆战第一师接替南朝鲜军第三师，向长津湖方向推进，占领长津湖后继续向北推进。当日，美军陆战第一师先头第七团进至水洞。

美军陆战第一师是美军中的精锐部队。在第二次世界大战中，参加过太平洋战场多次岛屿登陆作战，并担负主攻任务，在美军中声名显赫。该师归海军陆战队建制，总员额达 2.5 万余人，下辖 3 个陆战团、1 个炮兵团，并直接得到 1 个陆战航空兵联队的空中支援。在作战中，加强大批特种兵，具有很强的火力和机动力。进至黄草岭地区的美军陆战第七团，除本团的部队外，尚配属 1 个炮兵营、1 个勤务营、1 个运输营、1 个医疗连、1 个工兵连、1 个侦察连、1 个宪兵连、1 个信号特遣队。

11 月 2 日，美军陆战第一师第七团在 50 余架飞机、40 余辆坦克的支援下，向烟台峰、松茸洞一线高地发起攻击。美军飞机猛烈轰炸志愿军阵地，并投掷凝固汽油弹，志愿军阵地烈焰冲天，工事大部被毁，人员伤亡很大。下午 5 时，美军约 2 个连的兵力突入烟台峰阵地。志愿军第一二四师第三七一团立即投入预备队进行反击，夺回已失阵地。美军继续反扑。至黄昏，志愿军第三七一团主动放弃烟台峰、松茸洞阵地。

当晚，志愿军第一二四师乘美军立足未稳，以 4 个营分多路对美军发起反击。担任正面进攻的 2 个营在朝鲜人民军 6 辆坦克的配合下，沿水洞向龙水洞攻击。第三七〇团第一营直捣水洞美军第七

---

① 转引自军事科学院军事历史研究所《抗美援朝战争史（修订版）》上卷，军事科学出版社 2011 年版，第 266 页。

团阵地核心，美军猝不及防，乱作一团。该营英勇奋战，与敌混战半夜，大量歼灭敌人，至拂晓撤出战斗；担任侧后迂回任务的第三七〇团第三营首先在水洞西侧歼敌 1 个加强排，继而趁敌混乱，直插美军防御纵深，于 3 日拂晓占领水洞以南的 400.1 高地，突然向公路上行进的美军队伍发起攻击，击毁汽车 9 辆、榴炮 3 门。此时天已大亮，美军急忙调整部署，对志愿军第三七〇团第三营展开围攻。志愿军该营在四面被围、与上级失去联系的严重情况下，与数倍于己的美军激战一天一夜，歼敌 330 余人，击毁汽车 40 余辆，于 3 日 22 时突出重围。随后，志愿军第三营在粮弹断绝的情况下，靠野果充饥，以坚韧不拔的精神，转战两夜一天，胜利归建。

从 10 月 25 日至 11 月 3 日，志愿军第四十二军主力以顽强的阻击，顶住了南朝鲜军和美军的轮番进攻，守住了黄草岭阵地，有力地保障了西线主力的作战，同时也为志愿军的防御作战积累了重要的经验。

11 月 3 日，彭德怀等志愿军首长，联名通电志愿军全军并报中央军委，表扬第四十二军，通报该军作战经验，指出：从该军切实体验中，又一次证明美伪军战斗力不强，仅恃飞机炮火的暂时优势行重点攻击，但不可能全线都这样。即逢敌以飞机大炮进攻，部队运用"前轻后重"的原则及战术上防御与运动战结合的原则，采取积极作战思想，则不仅可保持地区，争取时间，并可消灭与消耗敌人。望各军学习四十二军这种积极的作战精神，在实战中创造更多奇迹，消灭更多的敌人。①

战至 11 月 4 日，第四十二军第一二四师连续防御 9 昼夜，伤亡较大，加上朝鲜东北部地区道路狭窄，敌机严密封锁，运输不便，第四十二军的后勤补给十分困难，弹药、粮食经常供应不上。此时，志愿军第九兵团已经奉中央军委命令，向辑安等地开进，准备进入

---

① 1950 年 11 月 3 日 20 时，彭德怀等志愿军首长致炮司、各军（转师）并报军委：《四十二军守住烟台峰实战经验》。参见军事科学院军事历史研究所《抗美援朝战争史（修订版）》上卷，军事科学出版社 2011 年版，第 268 页。

长津湖地区，担负朝鲜东线作战任务。为减少伤亡，保存实力，争取时间，掩护第九兵团开进，根据志愿军首长的指示，第四十二军重新调整黄草岭地区的防御部署，令第一二四师部队放弃烟台峰、松茸洞、水洞等一线阵地，转入草芳岭东西一线阵地，节节阻击敌军北进。

11月4日，美军乘志愿军调整部署之际，以40余辆坦克为先导，后随200余辆汽车和装甲车，组成快速突击部队，在数十架飞机的掩护下，沿公路疾进，至当日黄昏，到达草芳岭以北真兴里、三巨里地区，将志愿军第一二四师阵地割裂。

志愿军第一二四师临危不乱，各部队凭借野战工事奋勇阻击和反击敌军，保持阵地不失。配属第四十二军的炮兵第八师第四十五团以第二营2个连8门榴炮突然对美军快速突击部队开火，击毁、击伤美军坦克、汽车40余辆。朝鲜人民军坦克部队也主动出击，配合志愿军作战。此后，第一二四师以预备队投入防御，第四十二军及时增调第一二六师第三七八团作为第一二四师预备队，很快恢复阵地，顶住了敌军的进攻。

战至11月6日，美军虽逐次增加进攻兵力，但始终无法突破志愿军的阵地。此时，志愿军主力在西线的反击作战已胜利结束，第四十二军保障主力作战的任务已经圆满完成。同时，志愿军第九兵团部队也已开始渡过鸭绿江，向长津湖地区隐蔽开进。根据变化了的战场形势，11月6日10时，彭德怀等志愿军首长指示第四十二军撤离黄草岭，节节阻击，诱敌至长津湖地区，为第九兵团围歼敌军创造条件。

据此，第四十二军于7日主动撤离黄草岭阵地，以第三七八团在古土水以北阵地上，节节阻击，诱敌深入，主力撤至柳潭里地区构筑阵地，准备再战。

志愿军第四十二军军部率两个师在朝鲜人民军一部的协同下，在黄草岭地区13个昼夜的阻击作战中，以英勇顽强的战斗精神，抗击了美军和南朝鲜军的轮番进攻，共歼敌2700余人，粉碎了敌军迂回江界的企图，有力地配合了西线作战，为志愿军第一次战役的胜利作出了重要贡献。

第一次战役时，志愿军第四十二军主力的任务就是在长津湖以南地区阻击东线美军和南朝鲜军北进，阻止美军第十军与美军第八集团军会合，保障志愿军主力在西线的作战，而不是也没有力量阻止东线美军和南朝鲜军在长津湖以东地区北进。东线美军步兵第七师登陆地点在利原，这个地点本身就在第四十二军主力阻击的黄草岭、赴战岭地区以东的东海岸，第四十二军在黄草岭、赴战岭地区阻击南朝鲜军第三师和美军陆战第一师时，美军步兵第七师已经上陆，该师的任务是沿长津湖东岸向鸭绿江北进。第一次战役结束后，东线第四十二军的任务是以一部迟滞美军陆战第一师向长津湖前进，主力西移准备参加西线的反击作战。所以美军步兵第七师能以 1 个团在不经过任何作战的情况下到达鸭绿江边的惠山镇。

四、第二次战役的有关问题

（一）第二次战役，志愿军总部的部署和决心是什么？

志愿军第二次战役的基本设想是：东西两线共歼敌七八个团，将战线推进至平壤、元山一线正面，从而根本扭转朝鲜战局。部署是：

在西线，集中第一次战役时志愿军参战的 6 个军全部于西线作战。第一步，以第三十八军、第四十二军两军在第四十军 1 个师的配合下，在"联合国军"西线进攻的右翼打开缺口，也就是在德川、宁远、孟山地区分割歼灭南朝鲜军第二军团的第七师、第八师，尔后，第三十八军、第四十二军两军分别对在西线进攻的"联合国军"部队实行内层和外层迂回包围，志愿军西线其他各军抓住当面之敌，配合第三十八军、第四十二军两军作战。第二步，西线全部 6 个军在合围中歼灭敌军 2 个至 3 个师。

在东线，以华东军区第九兵团 3 个军共 12 个师加入志愿军序列，全部担负东线作战任务。第九兵团决心以第二十军、第二十七军主力进至长津湖西侧柳潭里以西，首先歼灭美军陆战第一师 2 个团，同时钳制长津湖以东新兴里地区的美军步兵第七师两个团，争取歼其一部，尔后视情况相机发展。

11月25日晚，志愿军西线发起反击，至26日晚，德川、宁远战斗结束，第三十八军、第四十二军歼灭南朝鲜军第七师、第八师两师大部。西线志愿军其他各部，也按预定部署抓住了当面敌军。尔后，第三十八军以第一一三师取捷径向西线美军南撤必经之路三所里实施战役迂回，于28日晨，先敌占领三所里，截断了美军经此的退路。29日晨，该师派1个团又占领三所里以西数十公里的另一条南北公路上的龙源里，将美军第九军指挥的第二师、第二十五师和土耳其旅全部三面包围于清川江南北地区，志愿军西线部队展开了清川江畔围歼战，至12月1日，予美军第二师和土耳其旅以歼灭性打击，重创美军第二十五师，整个西线作战，至此共歼敌2.3万余人，缴获和击毁各种炮500余门、坦克100余辆、汽车2000余辆。

11月27日晚，志愿军东线部队发起反击，当夜即将美军陆战第一师大部和美军第七师一个多团分割包围于长津湖地区的新兴里、柳潭里和下碣隅里3个孤立的点上。战至12月1日，全歼新兴里地区美军步兵第七师一个加强团。此后，东西两线均实行了战役追击，至12月24日，战役结束，"联合国军"西线部队全部撤至三八线一线及以南地区，东线美军第十军指挥的部队，在美国海军的接应下，从海上撤至大邱、釜山地区，其中，美军王牌部队陆战第一师已损失过半。

整个战役，对美军参战地面部队共7个师中的4个师予以了歼灭性打击或重创，共歼敌3.6万余人，其中美军2.4万余人，一举将美国为首的"联合国军"从鸭绿江边打回三八线，不仅挫败了其在圣诞节前结束朝鲜战争的"总攻势"，彻底粉碎了其占领全朝鲜的企图，迫使其由疯狂进攻转为狼狈撤退，有力地打击了麦克阿瑟的疯狂气焰，而且帮助朝鲜人民收复了三八线以北除襄阳外的全部领土，并收复了三八线以南的瓮津半岛和延安半岛，扭转了朝鲜战局，使朝鲜战场形势发生了根本性变化，为抗美援朝战争的最后胜利奠定了基础。这一胜利，大大超出了战役预想的结果。

此次战役，是志愿军在抗美援朝战争中对美军打击最为严厉的一次战役，也是志愿军在抗美援朝战争运动战阶段打得最为精彩的一次战役。

（二）第四十二军为什么被美军一个团阻击在新仓里？高岗真说过"四十二军不行"吗？

1988 年军内发行、1990 年公开发行的《中国人民志愿军抗美援朝战史》上说，第四十二军在新仓里被美军骑兵第一师第七团所阻。我们在编写《抗美援朝战争史》时，比较详细地查阅了资料，没有再说该军受阻。

1950 年 11 月 27 日 13 时，彭德怀命令第四十二军于 28 日晚攻歼北仓里、假仓里之敌，尔后主力向顺川攻击前进，并准备进攻肃川，断敌退路，另以一个师向成川攻进，得手后，或原地阻歼逃敌，或继续南进，会合在敌后的朝鲜人民军部队向平壤、汉城间猛进。至 29 日晨，第四十二军的作战情况还是很好的。问题出在 29 日晚上到 12 月 1 日上午。军部部署 29 日晚攻击新仓里美军骑兵第一师第七团，第一二五师从俘虏口中得知新仓里有美军 1 个团和南朝鲜军第二军团残部，谨慎起见，并没有发起攻击，而且部队后撤 10 至 20 公里。30 日，军部决心以第一二四师和第一二六师两师全部，于当晚围歼新仓里美军，但两师首长均认为此次行动太仓促，来不及，动摇了在前线指挥的副军长的决心，决定当晚不打。到了 12 月 1 日上午，新仓里美军等部逃脱了。此时，西线清川江畔围歼战基本结束了。第四十二军没有完成迂回到顺川、肃川的任务，按照当时志愿军的实际情况，第四十二军就是在新仓里能歼灭美军骑兵第一师 1 个团，也难以按时到达迂回的终点。

至于高岗说"四十二军不行"，我看到过这个说法，但高岗是否说了，何时在何种场合说的，我们没有考证。

但第四十二军在第一次战役中的东线阻击战，在第二次战役中的宁远、孟山打南朝鲜军第八师，在第三次战役和第四次战役中打得都不错。后来又参加了 1951 年夏、秋季防御作战和 1952 年春、夏巩固阵地作战。1952 年 10 月被轮换回国。

（三）可不可以说：第三十八军三所里、龙源里战斗的胜利奠定了抗美援朝战争胜利的基础？

第三十八军三所里、龙源里战斗对第二次战役中西线清川江畔的围歼战起了极为关键的作用，彭德怀在致第三十八军的嘉奖令中专门讲到了这一点。嘉奖令中说："此战役，克服了上次战役中个别同志某些过多顾虑，发挥了三十八军优良的战斗作风，尤以一一三师行动迅速，先敌占领三所里、龙源里，阻敌南逃、北援。敌机坦克各百余终日轰炸，反复突围，终未得逞，致昨三十日战果辉煌，计缴仅坦克、汽车即近千辆。被围之敌尚多，望克服困难，鼓起勇气，继续全歼被围之敌，并注意阻敌北援。特通令嘉奖，并祝你们继续胜利。中国人民志愿军万岁！三十八军万岁！"[①]但说第三十八军三所里、龙源里战斗的胜利奠定了抗美援朝战争胜利的基础，就说过了。要说抗美援朝战争第二次战役奠定了抗美援朝战争胜利的基础，但这次战役不仅仅是第三十八军打的，也不仅仅是西线部队打的，东线第九兵团的作战，也完成了重大战略任务。

（四）第九兵团在长津湖地区的战斗是怎样部署的，达成了战役预期吗？我们的伤亡情况怎样？

第九兵团在长津湖地区作战的基本部署，在前文已经说了。具体是：志愿军第二十七军第七十九师与第二十军第五十九师包围了位于长津湖以西柳潭里的美军陆战第一师的第七团及第五团的2个营、炮兵第十一团2个营；第二十七军第八十师包围了位于长津湖以东新兴里地区的美军步兵第七师第三十一团；第二十军第五十八师包围了下碣隅里的美军陆战第一师师部及该师第一团、炮兵第十一团各1个营；第二十军第六十师在下碣隅里以南的富盛里一带截断了美军南撤退路，该军第八十九师逼近位于长津湖西南几十公里的社仓里；第二十七军第八十一师作为机动部队，该军第九十四师作为军预备队在厚昌江口；第二十六军作为兵团预备队也在厚昌江口地区。第

---

① 转引自军事科学院军事历史研究所《抗美援朝战争史（修订版）》上卷，军事科学出版社2011年版，第339页。

九兵团对上述美军完成分割包围后，发起攻击时又作了局部调整。

第九兵团东线作战，在歼敌目标上没有达成预期，分割包围的几个点，只有新兴里地区的作战全歼美军步兵第七师 1 个加强团，共歼敌 3100 余人，其他几个点被包围的美军均突出包围逃跑，但在追击中予美军陆战第一师以歼灭性打击。整个东线作战，志愿军第九兵团共歼敌 1.3 万余人。第九兵团因入朝尤其仓促，作战物资准备不足，特别是长期在长江以南地区作战生活的部队，到寒冷的朝鲜东北部地区作战，来不及准备御寒服装，因此在整个战役中，第九兵团作战减员为 1.9 万余人，而冻饿伤亡 2.1 万人。但第九兵团的作战根本扭转了东线战局。所以，毛泽东在 12 月 17 日给彭德怀并告宋时轮、陶勇的电报中说："九兵团此次在东线作战，在极困难条件下，完成了巨大的战略任务"。①

五、第三次、第四次战役的有关问题

（一）从第三次战役的进程看，可不可以认为美军已掌握了志愿军作战的规律并采取了适当的战术？

从第三次战役本身看，美军还没有掌握志愿军的作战规律。志愿军和朝鲜人民军发起第三次战役后，"联合国军"第一线部队（主要是南朝鲜军）狼狈败退，而不是有组织地撤退。当时的美军第八集团军司令官李奇微在回忆录中，对这种狼狈败退的情景作了描写。他作为战场指挥官都无法阻止潮水般败退的部队。但经过这次战役，李奇微发动试探进攻，并亲自坐飞机到三八线以北侦察，进行判断和总结，基本掌握了志愿军的作战特点。他们说志愿军是"月圆攻势""礼拜攻势"。美军针对志愿军这种作战特点采取的战术主要是"磁性战术"。

---

① 《建国以来毛泽东军事文稿》上卷，军事科学出版社、中央文献出版社 2010 年版，第 410 页。

（二）从现在的研究结果看，第四次战役是应该先打横城反击战还是先打砥平里？志愿军为什么没打下砥平里？如果再坚持几天，志愿军能不能消灭砥平里的敌人？

关于第四次战役的东线反击，是先打砥平里还是先打横城，当时就有两种意见，韩先楚主张打砥平里，邓华主张打横城。彭德怀批准了邓华的意见，决定先打横城。当时"联合国军"全线反扑，反扑行动代号为"霹雳行动"，在部署上是美军、英军和南朝鲜军混合编组，美军主力在西线，南朝鲜军主力在东线。李奇微于12月底上任后，对一派失败情绪的美军部队进行了大刀阔斧地整顿。在一个月中，他撤换了美军7个师中的5个师长（第二师、第七师、第二十四师、骑兵第一师、第二十五师），使美军部队的斗志和自信心有了明显恢复。此时，志愿军前线各军，在兵员方面没有得到任何补充，物资补给的困难状况没有得到任何改善，第九兵团因在第二次战役中冻伤减员较大，尚在咸兴、元山地区休整，暂时不能投入作战，第一线6个军共21万余人，朝鲜人民军3个军团约7万余人，志愿军和朝鲜人民军第一线总兵力共28万余人，兵力上同李奇微的地面部队相比，已没有多少优势。作为后续部队的志愿军第十九兵团，在国内还未完成入朝作战准备，一时不能开到前线。因此，前线各军面临着巨大的困难。第四次战役就是在这种情况下开始的。针对"联合国军"的部署，志愿军和朝鲜人民军采取了西顶东反的指导方针，以志愿军副司令员韩先楚指挥志愿军第三十八军、第五十军和朝鲜人民军1个军团，在西线汉江以南地区实行带有坚守性质的阻击，牵制美军主力，掩护东线开进和反击；以志愿军副司令员邓华指挥第三十九军、第四十军、第四十二军、第六十六军，在东线寻机反击歼敌；以朝鲜人民军前线总指挥金雄指挥人民军3个军团，在东线实施战役迂回，断敌退路，配合邓华集团歼灭敌人；以志愿军第九兵团第26军南开至汉城以北的议政府地区作为预备队。

邓华指挥的反击部队出动后，彭德怀即考虑主力围歼哪部分敌军更有利的问题。2月7日，南朝鲜军第五师、第八师和美军第二师 2 个营进至横城以北 10 余里及东西一线；美军第二师第二十三团及法国营、美军第二十一团 1 个营被志愿军第四十二军阻于砥平里，并继续北向广滩里、龙头里推进，可能先于志愿军主力到达广滩里、龙头里。而志愿军主力最早于 2 月 10 日才能全部到达上述地区集结。如果志愿军主力能按时到达指定地区集结，那么是集中第六十六军和朝鲜人民军第五军团、第三军团在第三十九军、第四十军协同下，歼灭横城以北南朝鲜军第五师、第八师？还是集中第三十九军、第四十二军先打砥平里、广滩里的美军第二师第二十三团等部，然后再打横城之敌？还是在打砥平里之敌的同时以第四十军、第六十六军和朝鲜人民军第三军团、第五军团打横城之敌？以何者为好？2 月 7 日 14 时，彭德怀致电邓华并有关各军及韩先楚和第三十八军征询意见。

2 月 8 日 10 时至 14 时，第三十八军、第四十二军、韩先楚、邓华先后回电，表明了各自的意见，但仁者见仁，智者见智，主张各异。

此时，砥平里地区和横城地区的两处敌军都已突出，有利于志愿军歼击，但以志愿军现有兵力尚不能同时攻歼两敌。先打何处则各有利弊：如先打砥平里之敌，可直接震撼"联合国军"在西线的主攻集团，有利于减轻西线志愿军第三十八军、第五十军的压力，并可使第三十九军、第四十军少走些路，减少疲劳。但砥平里有美军五个营，兵力比较集中，战斗力较强，并筑了工事，不易迅速将其分割歼灭，攻击发起后，如一昼夜不能解决战斗，利川以南之英军第二十七旅、南朝鲜军第六师及原州、堤川之美军第二师主力和第七师均可来援，横城以北之南朝鲜军第五师、第八师与在原州东北下安兴里之美军空降第一八七团也可策应西犯或北犯。如两昼夜不能解决战斗，则西面水原方向之美军也可能抽出 2 至 3 个师来支援。这样，态势将对志愿军和朝鲜人民军极为不利。横城之敌虽多，但战斗力弱，又处于运动中，态势突击，两翼暴露，有利于志愿军主力在朝鲜人民军的配合下围歼，初战将其打动打乱的把握较大。经过权衡利弊，联司首长决定：首先歼灭横城之敌，如攻击得手，再向原州、平昌及该线以南扩张战果，万一不利时，也可控制洪川地区，有利于尔后作战，11日黄昏至迟12日黄昏开始攻击，由邓华依据情况具体部署实施之。

2月11日黄昏，邓华指挥的部队将态势突出的南朝鲜军第八师分割包围于横城西北地区，在金雄指挥的朝鲜人民军配合下，战至13日晨，将南朝鲜军第八师的3个团悉数歼灭，并歼美军第二师1个营和4个炮兵营，共歼敌1.2万余人。此战，是志愿军在连续取得三次战役胜利，未得休整和补充的困难情况下获得的又一个大捷。这是先打横城的结果。

如果先打砥平里，结果有两种可能，一种是能打下来，一种是打不下来。如果能打下来，对战场有利，影响大，因在砥平里的是美军，可大大减轻西线志愿军和朝鲜人民军防御部队的压力。如果打不下来，那么对本来就处于战场不利形势的志愿军和朝鲜人民军就更加不利。所以彭德怀思之再三，对先打横城还是先打砥平里，或两点同时打，进行了关于胜算的比较，选择最有胜算的先打横城地区的南朝鲜军。

横城大捷后，为扩大战果，击破"联合国军"的进攻，邓华集团转移兵力，以6个团（第四十军第一一九师3个团，第四十二军第一二五师第三七五团，第一二六师第三七六团和第三七七团）攻歼位于横城以西砥平里小镇上孤立突出的美军第二师第二十三团，同时以两个军的兵力会同金雄指挥的朝鲜人民军，前出原州及以东平昌一线，阻敌西援并扩张战果。砥平里战斗，经过2月13日和14日两个夜晚的攻击，虽予美军第二十三团等部以重大杀伤，并曾攻入镇内，但未能将其全歼。后美军援兵到来，并有20余辆坦克突进砥平里同美军第二十三团会合，这更增加了志愿军攻击的困难。志愿军总部遂于15日17时30分决定停止对砥平里的进攻，部队撤出战斗。

这次战斗没有打好的主要原因有以下两点。

客观上，志愿军连续经过三次战役，部队相当疲劳，兵员消耗很大，有些部队伤了元气，第三次战役后由休整被迫转入应战状态，各方面准备均不充分，物资弹药供应不上，攻击火力弱，火炮少，弹药不足，碰到"硬骨头"啃不动。

主观上，一是有轻敌思想。由于横城以北战斗的迅速胜利，我军产生了轻敌思想，认为原州、砥平里等处之敌可能逃跑，为了抓住原州之敌，赶快打掉砥平里之敌，从而仓促投入战斗。二是对砥平里之敌兵力估计不足，侦察不够，判断有误。认为砥平里之敌不到4个营，而实际上敌方有5个多营、6000余人的兵力，还有炮兵营和坦克中队等火器，原估计敌方为一般野战工事，实际敌方已构筑了较坚固的防御阵地，有严密设防。不论是兵力还是火力，志愿军都不占优势，兵力对比，按战斗人数来算基本上是1：1，攻击兵力不足，参战炮兵只有3个连，并且弹药不足，每门炮只有20至30发炮弹。三是兵力分散，建制混乱。由于打得很仓促，进攻前未进行充分准备和周密组织，攻击部队的建制较乱，4个师（14日晚攻砥平里部队为志愿军第四十军第一一九师全部，第四十二军第一二六师1个团和第三十九军第一一五师2个团。13日晚攻击时有第四十二军第一二五师1个团）分属3个军的建制，并且主攻部队的战斗力多属二等、三等的团，有的在前几次战役中受过较重的创伤，未恢复元气。四是作战思想和战术不当。以为用第三十九军主力从南面一抄，以第一一九师从北面一压，南北夹攻就可将敌歼灭。采用了一般的野战指导方法和战术，没有打攻坚战的准备和战术。攻击部署缺乏重点，兵力分散，一个团打一面。先到的先打，后到的后打，攻击次数不少，战果不大，反遭失利。

此次战斗的教训说明，对现代化装备、工事坚固之敌据点的进攻，战前必须详细侦察，对敌情、地形、工事有确切的了解，充分准备，选好突破口，集中绝对优势兵力、炮火，实施重点突破，特别是要组织好火力和诸兵种的协同作战。平分兵力，火力分散，仓促进攻，不能奏效。

15日，美军骑兵第一师第五团增援部队，进至曲水里。在坦克30余辆、飞机百余架次的掩护下，向志愿军第一一六师和第一二六师阻援部队攻击，志愿军阻援部队将其步兵击溃，歼敌100余人，但敌军坦克 20 余辆于黄昏突入砥平里与美军第二十三团会合。由骊州方向出援的南朝鲜军第六师和英军第二十七旅的先头部队也抵近砥平里。这时，美军骑兵第一师、英军第二十七旅、南朝鲜军第六师主力，在骊州、长湖院里已部署了纵深防御，东线美军第十军也在原州、武陵里一线形成了新的防御。志愿军向原州西南发展进攻的各部在原州以北地区与敌形成对峙，金雄集团仍向平昌、旌善发展中。

15 日，邓华一面调整部署，准备于 16 日晚再攻砥平里，一面于当日 13 时致电彭德怀、朴一禹等，请示："从整个情况来说，今晚继续攻砥平里原为有利，但准备来不及，又会形成仓促作战，故于今明两日进行准备，调整兵力、火力，决心明晚攻歼该敌，估计准备后再攻是可能将该敌歼灭的，但如明晚万一再打不下，攻势可能形成胶着，对我不利（因敌形成据点防御，我炮火又少）。如果打，则决心以三至四天时间，顶住敌人增援，彻底歼灭之。否则，将主力撤至横城以北，求得再从运动中歼敌。如何？请示。"①

彭德怀等志愿军首长及时分析了当时的战场形势，认为：如继续组织力量攻击砥平里之敌，即使能够攻克，就整个态势来说，再各个击破敌人，造成战役的有利形势，已慢了一步；除非我军在攻克砥平里的同时，能够击溃并歼灭相当数量的援敌，我军主力能适时进至长湖院里以南地区，才能迫使敌人全线退却，但依现有敌我力量对比来看，这种可能性很小。因此，彭德怀于 15 日 17 时 30 分决定停止对砥平里之敌的进攻。

六、第五次战役的有关问题

（一）第五次战役的目的是什么？

第五次战役的主要目的是"消灭敌人几个师，粉碎敌人的计划，

---

① 转引自军事科学院军事历史研究所《抗美援朝战争史（修订版）》上卷，军事科学出版社 2011 年版，第 484 页。

夺回主动权", 实施反击的主要地域为西线汶山至春川间, 主要攻击目标为美军部队, 即美军第八集团军指挥的 5 个师又 2 个旅, 包括美军第一军指挥的第三师和第二十五师、南朝鲜军第一师、英军第二十九旅、土耳其旅, 美军第九军指挥的第二十四师、南朝鲜军第六师。

（二）第五次战役是志愿军投入兵力最多的一次战役, 为什么战役结束后志愿军陷入了被动?

抗美援朝战争第五次战役, 是这场战争中双方投入兵力最多、规模最大的一次战役, 志愿军和朝鲜人民军共投入了 11 个军和 4 个军团的兵力, "联合国军"投入了几乎所有地面部队并有大量航空兵部队的支援, 交战双方投入此次战役的总兵力达 100 万, 战役连续进行 50 天, 志愿军和朝鲜人民军歼敌 8.2 万余人, 自身战斗减员 8.5 万余人。

志愿军和朝鲜人民军在战役第一阶段作战虽然未能实现歼敌计划, 但始终掌握着战役主动权; 第二阶段作战圆满实现了战役计划。但在第二阶段作战结束后, 志愿军在主动胜利回师的初期陷入被动（5 月 23 日至 26 日）, 主要原因有以下几点。

一是对"联合国军"的反扑估计不足。志愿军和朝鲜人民军决定转移休整时, 估计到了"联合国军"可能会反扑, 并作了适当部署, 要求第十九兵团留 1 个军或 4 个师、第三兵团留 1 个军、第九兵团留 1 个师, 在第一线展开, 掩护主力转移。志愿军和朝鲜人民军主力转移部署的命令是 5 月 21 日下达的, 要求转移休整的部队除个别军可于 22 日晚开始转移, 其他均于 23 日晚开始转移。但"联合国军"西线部队于 20 日已经开始反扑, 23 日开始展开全线反扑, 动用了他们几乎所有的地面部队并有大量航空兵支援, 还以机械化步兵、坦克和炮兵组成"特遣队", 寻找志愿军和朝鲜人民军的空隙, 多路突击, 快速推进。"联合国军"反扑来得如此之快, 规模如此之大, 势头如此之猛, 志愿军和朝鲜人民军在决定转移时是没有估计到的。正确的决心来源于正确的判断。判断即有缺陷, 决心当然就有缺陷。

二是主力转移休整的组织计划不周密。这与第一个原因是紧密相连的。正是因为没有估计到"联合国军"会如此之快地大规模全线反扑, 所以在部署上不是像第四次战役第二阶段那样采取两个梯队交替掩护的部署，而是采取了以一部兵力展开掩护主力转移的部署。就是这个部署也不太周密。转移命令中虽对各兵团在第一线展开掩护部队划分了防御的分界线，但掩护部队刚刚开始展开，主力就转移，第一线掩护部队尚未展开到位，自然就形成了空隙，使"联合国军"有隙可乘。

以上两个原因，归结起来，就是此时"联合国军"已掌握了志愿军和朝鲜人民军的作战特点和规律，而志愿军和朝鲜人民军还没完全掌握"联合国军"的作战特点和规律。

三是反应不敏捷。23 日就已出现被动局面，但到 26 日才命令主力停止转移，转入阻击。因而造成了主力转移初期的被动，第六十军第一八〇师遭受严重损失，第二十七军被隔断，第十二军第九十一团被隔在敌后。主力展开阻击后，粉碎了"联合国军"的反扑，将战线稳定在三八线南北地区。

总观第五次战役，志愿军和朝鲜人民军虽然取得了胜利，但胜利很不圆满，从作战指导上讲，主要是"打得急了一些，打得大了一些，打得远了一些"。打得急了，战役准备十分仓促；企图过大（特别是第一阶段），啃不动，嚼不烂，难以实现预定歼敌计划；打得远了，一则运输补给跟不上，二则停止进攻后不易摆脱敌军的反扑。这些与当时志愿军和朝鲜人民军的作战条件不相适应。

（三）第一八〇师遭受损失的原因是什么？

1. 第一八〇师遭受损失的经过

志愿军第一八〇师遭受损失发生在第五次战役进攻作战结束后的转移阶段。

1951 年 5 月 21 日，第五次战役第二阶段作战结束时，中国人民志愿军和朝鲜人民军联合司令部决定主力转移休整，同时指示志愿军各兵团"留一个师至一个军的兵力，从现在位置起，采取机动防御，节节阻击杀伤消耗敌人，争取时间"。① 具体规定了每个兵团转

---

① 转引自军事科学院军事历史研究所《抗美援朝战争史（修订版）》上卷，军事科学出版社 2011 年版，第 591 页。

移休整的地区、掩护部队的数量、兵团之间的分界线等。其中规定第三兵团主力转移至铁原、金化地区休整，留1个军于加平、春川（不含）线开始布防，利用华川以北山区节节阻击敌人。

第三兵团决定：以第六十军殿后掩护，在自逸里、白积山线（不含），东起与第九兵团分界线（不含）以西，西起与第十九兵团分界线（含）以东地区，由加平、春川（不含）一线地区开始布防，利用华川西南山区节节阻击敌人。

5月23日，美军第九军指挥的南朝鲜军第六师、美军第七师和美军第十军指挥的美军陆战第一师、美军第二师，快速北上，进至春川以南和东南地区的加平、汗谷、正屏山、大龙山和自隐里以南的寒溪一线。

志愿军第六十军原定展开于加平、苍洞里一线组织防御。5月23日，第三兵团鉴于运输力缺乏，伤员转移缓慢，决定各部暂不撤收，原地阻击北犯之敌，掩护伤员转移。第六十军所属第一七九师、第一八一师在战役第二阶段中分别配属第十二军、第十五军作战，尚未归建，此时在北汉江南岸地区只有第一八○师担负防御任务。第六十军本来计划以第一八○师在北汉江北岸春川西北地区组织防御，接到第三兵团掩护伤员转移的命令后，则改变计划，以第一八○师位于北汉江南岸的汗谷、正屏山地区，第一七九师位于大龙山及其以东地区，抗击敌军的进攻。同时命令该两师位于北汉江南岸的部队，争取5天的时间。此后，第一七九师、第一八一师虽然先后归建，并投入防御作战，但该军未能进入原定防御地区。23日晚，在第一八○师阻击阵地右侧的第六十三军已奉命北撤，第十九兵团阻击部队第六十五军尚未完全展开，致在第一八○师右侧出现了空隙。24日，美军第二十四师以坦克、摩托化部队组成的"特遣队"，已乘隙进至第一八○师右侧后的加平、济宁里、城隍堂一线；南朝鲜军第六师在志愿军第一八○师正面进攻，进占北汉江南岸的江村，并控制了江村渡口；美军第七师"特遣队"进至志愿军第一八○师左侧后的春川。致使第一八○师处于三面受敌、背水作战的不利态势。

24日晚，该师奉命渡江北移，至25日拂晓，师主力撤至江北鸡冠山、北培山、上芳洞、明月里一线继续阻击，但未能切实控制要点。此时，美军第二十四师及南朝鲜军第六师各一部从西和南两个方向攻击鸡冠山，经战数小时，美军第二十四师一部被击退，南朝鲜军第六师攻占鸡冠山。与此同时，由春川北进的美军第七师一部被击退。同日，第六十军决定第一八〇师北移至蒙德山、驾德山、退洞里以北一线高地继续阻击，并令第一七九师第五三六团在梧口南里、马坪里占领阵地（当时该团有2个营已失联络，但军部不知此情况），阻击从第一八〇师东侧北进的美军第七师，掩护第一八〇师北移。由于第一八〇师自身尚在转运300余名伤员，加之北移地区狭窄，致使当夜该师未能到达指定地点，至26日拂晓，仅达蒙德山、驾德山地区。此时，美军第七师已攻占第一八〇师左侧后芝岩里、马坪里一线，完全隔断了第一八〇师同第一七九师的联系；美军第二十四师也进占第一八〇师右侧后滩甘里地区；南朝鲜军第六师占领鸡冠山后，继续北进。第一八〇师在芝岩里以南地区陷入包围。

第六十军首长于26日17时得悉第一八〇师准备向西北突围后，除同意该师突围部署外，令第五三六团坚决阻击正面进攻之美军第七师（当时该团已无力阻击，因此未能成行），并令第一八一师由华川地区向滩甘里方向西进，接应第一八〇师。然而，第一八一师于21时30分接到军电令后，因与各团联络不通，迟至24时至27日5时，部队方陆续西进，加之翻山越岭和敌军以火力层层阻挡，27日6时至12时方陆续到达滩甘里以东以北的新浦里、论味里地区，接援未奏效。

26日晚，第一八〇师兵分两路，一路向北、一路向西突围，27日上午9时许，两路会合于史仓里东南的鹰峰。因连日作战，伤亡增大，又因断粮，部队饿饭，因此突围中人员掉队较多，至会合时全师仅有1000余人，重机枪以上火器已全部被炸毁或遗失。师将部队组成3个连，继续向史仓里方向突围，结果错走至滩甘里方向，遂又折返向西北方向突围，连续突破3个阵地后，已无力再攻。在此严重时刻，该师首长错误地决定分散向史仓里突围。17时30分，该师同军联络一次，军令其坚决向史仓里方向突围。尔后该师将仅留的一部报话机销毁，失去联络。军令第一七九师取捷径向史仓里以南接应。但因山大路小，该师行动迟缓，至28日5时，只有一个营到达史仓里以北下实乃里、明芝里地区。此时，美军第二十四师等部已进占史仓里。第六十军组织的第二次接应又未奏效。至此，第一八〇师突围失败。自5月29日至6月中旬，该师陆续突出包围集中者有师长、副师长、师参谋长、团长以下近4000人，损失约7000人。

2. 第一八〇师遭受损失的原因

从第一八〇师被围和突围失败情况看，其原因和教训有如下几点。

一是志愿军对美军作战特点的认识尚不充分，特别是在完成战役进攻，组织主力转移时，对美军采取"磁性战术"进行反扑虽有估计，但估计很不充分，对美军以其机械化和摩托化部队组成"特遣队"迅即跟踪穿插渗透的特点没有引起高度重视，致使整个转移部署不周密，在留下掩护的部队尚未完全展开就位时，主力即行后撤，造成战役空隙，使"联合国军"有隙可乘。志愿军主力转移初期陷入被动和一定混乱，不但第一八〇师被围，而且第二十七军被隔断，第十二军第九十一团被隔在敌后。

二是友邻之间缺乏联络，5月23日，在第一八〇师阻击地段的西侧，第六十三军已奉命北撤休整。对此情况，当时，从第三兵团到第一八〇师均不知道，致使造成第一八〇师孤军在北汉江以南背水担任阻击。

三是第一八〇师指挥迟钝、呆板，在态势明显不利的情况下，仍机械地在北汉江南岸阻击，未能及时将主力撤至江北抢占有利阵地；在三面被围的不利态势下被迫撤至江北后，又未能抢占有利阵地，进行纵深配置，致使始终处于被动状态，直至陷入包围。

四是第一八〇师被围后，突围和接援方向不一致，第一八〇师是向其西北的鹰峰、史仓里方向突围，而军令第一八一师接应的方向滩甘里则在第一八〇师的东北方向。

五是上下联络不畅通，上级不完全掌握部队情况，致使上级指示不能得以及时执行（如第一八一师的接援），甚至有的无力执行（如第一七九师第五三六团已有 2 个营失去联络，军部没有掌握此情况，仍令其担任阻击任务）。

六是第一八〇师连日作战，部队疲劳，并且断粮少弹，伤病员增多，战斗力遭到极大削弱。

七是在最后时刻，第一八〇师首长措置失当，下令分散突围，致其遭受更严重的损失。

也就是说，第一八〇师被围和遭受损失，从志愿军总部的部署到第一八〇师的指挥均有失误，但最终遭受损失的主要责任应是第一八〇师的指挥。同是被隔断的第二十七军和被隔在敌后的第十二军第九十一团，都能灵活机动指挥，摆脱险境，以完整的建制归队。

以上是作者主编、1994 年由军事科学出版社出版的《抗美援朝战争运动战若干问题研究》一书中"包围与反包围"的一部分。2000 年，作者看到原志愿军第六十军军长韦杰将军在 1987 年初逝世前关于第一八〇师遭受损失原因的谈话。这个谈话由他人整理了，经韦杰将军同意。韦杰将军对第一八〇师遭受损失的原因也讲了 7 条，这 7 条原因与作者上述所谈的 7 条原因。大体相同，也将其摘录于下。

1. 在作战指导上有轻敌麻痹的缺点。首先，从全局上看，没有贯彻量力用兵的作战原则，确定战役目标和任务超越了志愿军的作战能力。……二是轻敌麻痹，没有做到知己知彼，对敌人企图判断有误。对我之各种困难顾及不够，没有从最困难、最复杂的情况出发，多设想几种作战预案，多准备几手对付敌人的办法。具体反映在对战役初期敌之撤收缺乏准确分析，只看到敌人表面上的败退，未能识破敌人撤退中藏有避我锋芒、诱我前出、待机反扑的阴谋。因而各级干部在指挥上缺乏多手准备，对敌可能突然发动的大规模反扑，思想准备不足。……

2. 兵力部署分散，各级都没有掌握强大的预备队。……

3. 未能选择良好的阻击阵地、实施重点防御。……

4. 组织指挥不严密，与友邻协同失调。……

5. 通信联络没有保障，指挥经常中断。……

6. 后勤保障能力差，部队作战能力受到极大限制。……

7. 一八〇师领导干部遇险慌乱，指挥失当。该师被围以后，广大干部战士的表现是好的，许多部（分）队和个人表现了英勇顽强、坚决勇敢、艰苦奋战、不怕牺牲、与敌人战斗到底的英雄气概，……但该师主要负责干部政治动摇，惊慌失措，右倾畏缩，贪生怕死，丢掉部队，单人逃跑，未能果敢沉着，细密组织，与部队同心同德，坚决突围或与敌人死拼到底，因而导致全师遭到重大损失。……

七、朝鲜停战谈判开始后至朝鲜战争结束期间的有关问题

（一）为什么志愿军没有发起第六次战役？

在 20 世纪 90 年代末以前，学术界对志愿军计划的第六次战役一直存有误解。一种意见认为，志愿军第五次战役收尾时组织得不好，第一八〇师遭受重大损失，有失彭德怀的面子，为挽回面子，彭德怀计划了第六次战役；还有一种意见认为，第六次战役计划仍是延续前五次战役大打的指导思想，仍是大打的计划和部署，与毛泽东确定的打小歼灭战方针相违背，所以未能实施。其实，这两种说法都是没有事实根据的。志愿军第六次战役计划从提出到推迟实施，到最后放弃，都是为了配合停战谈判。

1. 第六次战役计划的提出

1951 年 5 月中旬，美国当局调整了朝鲜战争政策。5 月底，美国寻求多种渠道表示愿意通过停战谈判结束朝鲜战争。6 月上旬，毛泽东和金日成根据战争形势的变化，确定了实行边打边谈的方针，一方面准备举行停战谈判，争取以三八线为界实现停战撤军；另一方面对谈判成功与否不抱幻想，充分准备持久作战，并以坚决的军事行动，配合停战谈判顺利进行。此后，志愿军和朝鲜人民军在战场上的军事行动，都与谈判的形势密切相关。

6 月 11 日，毛泽东致电彭德怀告知："已和金日成同志谈好目前两个月内不进行大的反攻战役，准备八月进行一次有把握的稳扎稳

打的反攻。"①在不发生敌人登陆进攻的情况下，在六、七两月必须坚持三八线至三八点五度线，并完成一些必要的军事准备。在组织战役时，既要照顾到志愿军和人民军的供应能力，又要考虑谈判的政治影响，打到三八线为止，不超过南汉江和昭阳江。6月下旬，邓华在志愿军党委会上也传达了这些精神。6月29日，毛泽东致电金日成并告彭德怀，指出在准备同敌人谈判的同时，"人民军和志愿军应当积极注意作战，不使敌人乘机获逞"②。

根据上述精神，彭德怀从7月1日即着手考虑第六次战役计划。彭德怀在当日致毛泽东的电报中指出："充分准备持久作战和争取和谈达到结束战争的方针是完全必要的。我能掌握和平旗帜，对朝鲜人民、中国人民均有利。坚持以三八线为界，双方均过得去。如美国坚持现在占领区，我即准备八月反击。在反击前，还须放他前进数十里，使军事上、政治上于我更有利些。"③

7月2日，毛泽东电示彭德怀、高岗并告金日成，"在和敌方代表准备谈判及实行谈判期间内……极力提高警惕。我第一线各军，必须准备对付在谈判前及谈判期内敌军可能对我来一次大的攻击，在后方，则举行大规模的空炸，以期迫我订立城下之盟。如遇敌军大举进攻时，我军必须大举反攻，将其打败。"④

7月8日，志愿军司令部下达了第六次战役的战术准备指示，针对"联合国军"已加强了防御工事，志愿军和朝鲜人民军反击将是阵地攻坚的纵深作战，同时志愿军参战炮兵增多，并且有坦克部队参战等情况，要求部队组织攻坚教育和演习，组织步兵、炮兵、坦克协同战术教育和演习，在7月底或8月初教育准备完毕。7月10日，

---

① 《建国以来毛泽东军事文稿》上卷，军事科学出版社、中央文献出版社2010年版，第502页。

② 《建国以来毛泽东军事文稿》上卷，军事科学出版社、中央文献出版社2010年版，第510页。

③ 《彭德怀军事文选》，中央文献出版社1988年版，第412页。

④ 《建国以来毛泽东军事文稿》上卷，军事科学出版社、中央文献出版社2010年版，第520页。

朝鲜停战谈判开始。16 日，彭德怀将军事准备情况向朝中方面谈判代表团作了通报，同时报告毛泽东、金日成，指出：政治斗争和军事斗争双管齐下，是当前在朝鲜同美国侵略集团作斗争的严重任务，"如果没有和平攻势（和谈）的政治斗争，只有单纯的军事斗争，要想迅速孤立美国，迅速结束朝鲜战争是不可能的。……但和谈并不一定是顺利的，……可能需要经过严重的军事斗争。再有两三次较大的军事胜利，才能使敌人知难而退"。[1]

正像他们预料的那样，在谈判一开始，美方就拒绝将以三八线为军事分界线和撤出一切外国军队列入议程，并在谈判中横生枝节。朝中方面为表示诚意，一再让步，但至 7 月 24 日，谈判已进行半个月，关于议程问题仍未达成协议。鉴于此，彭德怀于当日致电毛泽东，指出：以目前情况看，美国为维持其世界反动政治地位，信赖其装备优势还能够守住三面环海和狭长的朝鲜，且企图保持战争状态，……同时企图将我国拖入长期战争，推迟新中国的建设事业。……我再有几次胜利战争，打至三八线以南，然后我再撤回三八线为界，进行和谈，按比例逐步撤出在朝外国军队，坚持有理有节。经过复杂斗争，争取和平的可能仍然是存在的。如经过上述一切办法而不能达到和平，则继续打下去，在持久战中，我虽有许多困难，但可克服，最后赢得战争胜利是肯定的。从全局观点来看，和的好处多，战亦不怕。……我于八月中争取完成战役反击的准备，如敌不进攻，则至九月举行。最好是待敌进攻，我则依靠阵地出击为有利。[2]

26 日，毛泽东复电指出："七月二十四电收到。敌人是否真想停战议和，待开城会议再进行若干次就可判明。在停战协定没有签订，战争没有真正停止以前，我军积极准备九月的攻势作战是完全必要的。"[3]

---

① 《彭德怀军事文选》，中央文献出版社 1988 年版，第 413 页。

② 参见《建国以来毛泽东军事文稿》上卷，军事科学出版社、中央文献出版社 2010 年版，第 540 页注释［2］。王焰主编：《彭德怀年谱》，人民出版社1998 年版，第 510 页。

③ 《建国以来毛泽东军事文稿》上卷，军事科学出版社、中央文献出版社2010 年版，第 540 页。

在停战谈判进入关于军事分界线的实质性问题讨论之后，美方代表不但粗暴地拒绝以三八线为军事分界线，而且更加狂妄地提出海空军优势"补偿论"，要求把军事分界线划在志愿军和朝鲜人民军阵线纵深内，经数天争论，毫无让步表示。鉴于此，7月31日，志愿军谈判代表邓华和解方致电彭德怀指出：争取和谈来结束朝鲜作战的方针是正确的。但目前时机不恰当，加上我们在谈判中的某些让步使敌人发生错觉，故谈判中敌之气焰甚高。"据我们估计，至多只能让到现地停战，如果没有外部的动力（如苏联压力、英法等国的矛盾，特别是我之战斗胜利等），要想敌人撤回三八线以南十公里是极端困难的。谈判需要战斗胜利配合，并须作破裂之军事准备。为此特建议：战役准备争取八月十五（日）以前完成，准备破裂后的反击以八月内动作为宜……以我军一部配合人民军来打击东部敌人，并收复东部三八线以北地区，……争取两步来完成三八线的收复，再谈是有利的。……如谈判仍在继续，最好是乘敌进攻时予以有力的打击……或者我举行地区性的主动攻击敌人。总之，谈判需要政治攻势、特别是战斗胜利相配合才更为有利。"①

8月1日，经周恩来批阅后，军委空军司令员刘亚楼致电彭德怀，告知空军为配合第六次战役的准备情况，如果9月份发起战役，空军共有8个团可以参战（其中4个喷气式和1个活塞式驱逐机团，2个冲击机团，1个轰炸机团），另有14个团技术还相当生疏，只能勉强可以参战。每团均以25架飞机计算。另外，朝鲜有100架飞机可参战。但朝鲜境内的机场有限，并且可能遭美机轰炸。如果机场情况允许，喷气式飞机和冲击机可活动到汉城之线，轰炸机可活动到大邱、釜山。作战时，中朝空军联合司令部可设在平壤，前进指挥所与志愿军总部在一起。

8月8日，彭德怀将第六次战役部署设想电告毛泽东并高岗；8月17日，以志愿军司令部和联合司令部的名义，向志愿军和朝鲜人

---

① 转引自军事科学院军事历史研究所《抗美援朝战争史（修订版）》下卷，军事科学出版社 2011 年版，第 94 页。

民军各部下达了战役预案并报金日成、中央军委和东北军区。至此，第六次战役计划基本形成。

2. 第六次战役的基本设想

第六次战役的总体设想是：以志愿军13个军分两个梯队，第一梯队8个军（第十九兵团3个军、第二十兵团2个军、第四十二军、第四十七军、第二十六军），以第四十二军、第四十七军两军围歼铁原地区的美军第三师，第二十六军和第二十兵团围歼金化地区的南朝鲜军第二师和美军第二十五师2个团，第十九兵团在铁原西南地区担任牵制和阻敌增援任务；第二梯队5个军（第三兵团3个军、第三十八军、第四十军），在第一梯队打完后，以第二梯队继续扩大战果。朝鲜人民军在东线以4个军团分两个梯队，配合志愿军作战，预计榴弹炮3个师，战防炮和火箭炮各1个师，坦克3个团及空军10个团参战。以朝鲜人民军3个军团担任东西海岸防御任务，并以志愿军第九兵团2个军和第三十九军为东西海岸防御的第二梯队。要求各部队继续作好连续纵深攻坚的战术准备，于9月10日前完成一切作战准备，如无意外变故，拟于9月10日下午发起攻击。攻击发起后，在有充分供应和补充保障的基础上，打破以往只能打六七天的限制，实行连续攻击，两个梯队各打20天至1个月。如此，有可能使美国同意以三八线为界停战撤军。战役能否连续攻击的关键，在于物资供应和兵员补充是否有保障。在8月17日的预案中，还要求各部队根据实际情况提出补充和修改意见，并请金日成总司令提出意见。①彭德怀将17日下达的第六次战役预案，也通报给了在开城谈判的邓华和解方，征求他们的意见。

从这个总体设想可看出，这次战役只计划歼敌美军1个师又2个团和南朝鲜军一个师。因此，也不能说是前五次战役大打指导思想的延续。

---

① 参见王焰主编《彭德怀年谱》，人民出版社1998年版，第512、513页；《周恩来军事文选》第四卷，人民出版社1997年版，第212页注〔3〕、第219页注〔2〕。

8月4日、5日，周恩来、聂荣臻、刘亚楼、朝鲜的王琏以及接替沙哈诺夫任苏联驻中国军事总顾问的克拉索夫斯基，就中、朝、苏空军进驻朝鲜的时间和进驻前机场增建问题进行了研究，认为中心问题是要完成朝鲜境内机场的修建及飞机油料和弹药的准备，而机场的修建要到11月份才能完成，因此"我空军出动和作战必须推迟到十一月才能实现"。周恩来将此报告毛泽东、刘少奇和陈云，毛、刘、陈表示同意。同时，征求斯大林的意见尚未得到答复。①

毛泽东接到彭德怀8日的电报后，批请周恩来、聂荣臻召集会议研究并提出意见。10日夜，周恩来召集中央军委代总参谋长聂荣臻、军委空军司令员刘亚楼、军委炮兵司令员陈锡联、军委总后勤部部长杨立三、军委作战部部长李涛等，对彭德怀8日电关于第六次战役设想进行了研究，并将研究结果于11日早书面报告毛泽东。报告认为："根据目前朝鲜雨季情况，九月份铁道、桥梁、公路不一定能完全修好，即使预计的九月份全月粮食能于八月中旬抢过鸭绿江，但不一定都能运过清川江（桥梁全断）。如果粮食不足，弹药有损（潮湿一部是可能的，前方尚未查清），便决定大打，而空军又确定不能参加，在敌人又已确定坚守的条件下，恐很难连续作战二十日至一个月。同时，在政治上，九月如仍在继续谈判，我便发动大打，亦不甚有利，如再不能大胜，则影响更不好。从种种方面看，我以加紧准备，推迟发动大打为有利。九月谈判如破裂，则十月便须准备大打；如敌不进，则九、十两月可在沿线寻找小战，不断给敌以杀伤，至十一月再大打，空军或有配合的可能。"②

接到彭德怀8月17日下达的作战预案后，周恩来起草了中央军委给彭德怀并告高岗的电报，提出根据对战场内外形势的分析，对预计9月进行的第六次战役计划再行考虑，可否改为加紧准备而不发动。电报于19日发出。电报指出"彭八月八日电及志司八月十七

---

① 军事科学院军事历史研究所：《抗美援朝战争史（修订版）》下卷，军事科学出版社2011年版，第99页注［1］。

② 《周恩来军事文选》第四卷，人民出版社1997年版，第211页。

日电均悉。得彭电后因正在考虑空军参战须推迟到十一月事，并向菲利波夫同志征求意见，故未及复。现菲复电，亦认为在安东、平壤间增修三个机场并推迟空军出动是正确的（去电复电均已转你们），因之，对我军目前作战方针，不能不从各方面重加考虑。"为使休战谈判能得到公平合理的解决，并准备谈判不成，破裂的责任落到敌人身上，除对谈判已另有指示外，"在作战上，我们也应与谈判的要求相配合、相适应。在九月份，如果我们预拟的战役计划，确实能做到歼灭美三师、伪二师及其他敌人一部或只歼敌一个师，同时，又能迅速推进至涟川、铁原、金化地区或只推进一个地方，而不致为敌人赶回原阵地甚至侵入我阵地，那么这个战役尚是有意义的。但从现在具体情况看来，不仅空军在九月份不能参战并也不能掩护清川江以南的运输，而且其他方面也不易使我们这次战役能达到预期的目的。首先，朝鲜雨季八月底才能结束，清川江、大同江、新成川、富城等几座桥梁尚未修通，清川江以北堆积的粮车最快恐需至八月底才能捣装完毕，因之，连续作战一个月的粮食在九月份得不到完全保证。弹药从现在前方储量计算可供一个月作战消耗，但雨水浸蚀的程度不知检查结果如何，有些仓库距离前线较远，尚不能供应及时。且战役发起后，不论胜利大小，均有使战役继续发展可能，我们粮弹储备只有一月，而后方运输又未修畅，设敌人窥破此点，我将陷入被动。次之，从战术上看，在九月份谈判中，敌人向我进攻的可能是较少的，因此，我军出击必须攻坚，而作战正面不宽，敌人纵深较强，其彼此策应亦便。我第一线又只能使用八个军突入，敌人除麟蹄以东外有十六个师旅可供呼应，即使我在战役开始时，歼敌一部，但突入后迂回渗透，扩张战果及推进阵地，则均须经过反复激战，时间拖长的可能极大，结果对谈判可能起不利作用。现在我们握有重兵在手，空军、炮兵逐步加强，敌人在谈判中对此不能不有顾虑。设若战而不胜，反易暴露弱点。如谈判在分界线及非军事区问题上，在九月份尚有妥协可能，亦以不发起战役为能掌握主动。据此种种，望你对九月战役计划再行考虑，可否改为加紧准备而不发动，如此，既可预防敌人挑衅和破裂，又可加强前线训练和后勤准备。你意如何，望即电告。"①

彭德怀接到中央军委的电报后，复电军委并告高岗：同意将九月战役进攻，改为积极准备，防敌进攻，如敌暂不进攻，待十月再决。②据此，志愿军在继续进行第六次战役准备的同时，以在第一线的5个军，于9月初，选择当面之敌数个要点发起了战术反击，歼敌数千人，并有力地配合了东线朝鲜人民军的防御作战。

"联合国军"总司令李奇微于8月18日在东线朝鲜人民军阵地发动的夏季攻势，持续了1个月，伤亡7万余人，才将阵地向前推进2至6公里。接着于9月底至10月下旬，又以志愿军防守的阵地为目标，发动了秋季攻势，又付出7万余人的伤亡代价，只在局部地区推进阵地3至9公里。"联合国军"在谈判桌上没有得到的东西，在战场上用飞机、大炮辩论照样未能得到，"联合国军"付出如此重大伤亡代价，只占领了几个山头，得不偿失，遭到了美国国会和参谋长联席会议的非议，不得不再回到谈判桌上来谈判。

1951年夏、秋季防御作战表明，举行战术性的反击作战更有利于歼敌，更有利于战线的稳定，对坚持持久作战更有利。因此，到了10月下旬，彭德怀决定"大战役反击在无空军配合情况下暂不进行"，"十一月甚至今年底（除特别有利情况在外），拟不准备进行全线大反击战役，根据九、十月经验，采取积极防御方针，敌人消耗很大，敌对我亦甚恐惧"。③至此，第六次战役计划遂告撤销。

第六次战役计划虽未实施，但这一战役计划是根据停战谈判的需要而提出的，也是根据停战谈判的需要而放弃的。计划第六次战役的目的正是在于贯彻"充分准备持久作战和争取和谈达到结束战

① 《周恩来军事文选》第四卷，人民出版社1997年版，第218—219页。
② 参见王焰主编：《彭德怀年谱》，人民出版社1998年版，第513、514页。
③ 1951年10月24日14时，彭德怀致杨得志、李志民、郑维山并告第四十七军、第四十二军、第二十六军、第十二军、第二十兵团的电报；1951年10月29日，彭德怀致杨成武、张南生、萧文玖并告第十九兵团、第二十六军、第四十二军、第四十七军的电报。参见军事科学院军事历史研究所《抗美援朝战争史（修订版）》下卷，军事科学出版社2011年版，第147页。

争"的指导方针，并非与打小歼灭战方针相违背。第六次战役计划的提出和放弃，反映了中央军委和志愿军首长的战略指导活动和高超的斗争艺术，尤其体现了在停战谈判期间，作战（包括军事准备）与谈判之间的正确关系，作战紧密配合谈判，作战服从谈判的需要，保证在军事上、政治上都处于主动地位。同时，第六次战役准备，在军事上对志愿军1951年的夏、秋季防御作战和坚持持久作战，都具有直接的积极作用。

（二）上甘岭战役是必须要打的吗？597.9高地和537.7高地北山的得失影响志愿军中部防线的稳定吗？上甘岭战役的意义是什么？

上甘岭战役当然是必须要打的。原因如下。

第一，这时双方阵地的得失是与停战时的军事分界线紧密联系在一起的。1951年11月27日，战争双方关于军事分界线问题谈判达成的协议规定，如果在本协议达成后30天内实现朝鲜停战，不论双方进退情况如何，则本协议达成时双方确认划定的军事分界线为有效。如果在本协议达成30天后，实现朝鲜停战，届时则根据本协议重新校订军事分界线。上甘岭战役发生在1952年10月14日至11月25日，这时阵地的得失与停战时的军事分界线的划定紧密相连。

第二，从当时战场的指导方针看，上甘岭战役必须打。这时双方在战略上实行的都是防御的方针，在战术上则有所不同。志愿军方面于1952年6月召开的兵团干部会议确定，"我们的指导方针，就是坚持持久作战与贯彻积极防御的两条基本原则"。因为我军工事形成了以坑道为骨干的坚固阵地防御体系，装备有了加强，运输状况有了改善，部队也有了相当丰富的防御经验，因此，我军"现在的积极防御，内容上是带坚守性的"，在不举行战役攻势的情况下，"必须在战术上采取积极活动的方针，……总使敌人处于一种防我进攻的态势，迫使敌人处于被动地位"。正是在这样的方针指导下，志愿军和朝鲜人民军在1952年春、夏挤占敌我中间地带和攻取敌前沿班排支撑点的基础上，于9月18日至10月底进行了具有战役规模的全线战术反击作战，对"联合国军"营以下兵力防守的 60 个阵地发动进攻 77 次，经过反复争夺后巩固占领 17 个阵地，使"联合国军"第一线防守部队处处挨打，疲于奔命，完全处于被动状态。而"联合国军"方面的情况与志愿军方面完全相反，达成关于军事分界线的协议后，经美军参谋长联席会议批准，在战场上采取了"积极防御"的方针，只允许第八集团军进行维持现防线所必需的小规模的进攻和巡逻行动，以进攻行动夺取前哨阵地使用兵力最多不得超过一个师。在军事分界线问题的谈判达成协议的当天，美军第八集团军司令官范佛里特，训令其各军军长：把作战行动减少到仅能保持目前态势的最低限度，进攻仅限于收复被敌人占领的主要地形，而且必须减少不必要的伤亡。所以，自其 1951 年秋季攻势失败后，直至 1952 年 10 月发动"金化攻势"，在一年的时间内，只在 1952 年 6 月朝鲜战争爆发两周年之际，动用过营级规模的部队，对志愿军于 5 月间挤占的并各以一个连防守的官岱里西山高地和 190.8 高地两个阵地进行过攻击，第一线的其他作战均是连以下小分队的袭击、侦察活动。但到 1952 年秋季，双方在第一线的指导思想都是有失必反，寸土必争。正是因为如此，对于志愿军战术反击攻击的 60 个阵地，"联合国军"几乎都进行了反扑，许多阵地双方还争夺得相当激烈。其中对于 394.8 高地和 391 高地的争夺，比较有代表性。

10 月 6 日晚，志愿军第三十八军以第一一四师 6 个连另 2 个排，在山炮、野炮、榴弹炮 116 门，自动推进炮 4 门，坦克 8 辆的支援下，分 5 路向 394.8 高地发起攻击。于当夜夺取了主峰以北几个山头。但因遭到对方炮火的猛烈轰击，伤亡过大，加之弹药消耗殆尽，进攻不很顺利。此后，第三十八军又先后投入第一一四师 3 个营和 2 个连，战至 8 日 1 时 27 分，攻占主峰，歼灭南朝鲜军第九师第三十团大部。此后，双方在此展开了激烈的争夺。南朝鲜军第九师先后将其 3 个团全部投入战斗，并得到美国空军和强大炮火的支援，仅美军第五航空队即出动战斗轰炸机 749 架次，发射火箭炮弹 750 枚，投掷炸弹 2700 枚、凝固汽油弹 358 枚；美军第九军支援火炮即发射炮弹 18.5 万发。①在对方猛烈火力的轰击下，志愿军第三十八军英勇顽强，拼力争夺，主峰阵地多次易手。战至 10 月 14 日，志愿军第三十八军已使用 5 个多团的兵力，军第二梯队已全部用上，继续争夺将会不利。第三兵团请示志愿军总部批准（此时第三十八军归第三兵团指挥），第三十八军于 10 月 15 日 3 时全部撤出战斗。第三十八军与南朝鲜军第九师在该高地争夺 8 天 9 夜，共毙伤俘敌9300 余名（美军战史说南朝鲜军第九师损失 3500 余人，南朝鲜战史说伤亡、失踪 3422 人②），击落敌机 26 架，击伤 32 架，毁伤敌坦克5 辆。志愿军第三十八军损失也相当重，共伤亡 5372 名（死亡 1748人，伤 3062 人，伤亡不明 562 人）。

391 高地战斗发生在 1952 年秋季志愿军全线战术反击作战第二阶段。391 高地由南朝鲜军第九师 1 个加强连（计 3 个步兵排、1 个火器排）防守。志愿军第十五军的前沿阵地与 391 高地之间有 3000米宽的开阔地带。为减少发起攻击时的伤亡，增加战斗的突然性，第十五军在战斗发起的前一天夜晚，也就是 10 月 11 日夜晚，以第二十九师第八十七团第三营率 2 个连 400 多名指战员秘密潜入距391 高地前沿 60 米的开阔地。邱少云的事迹发生在 10 月 12 日下午2 时。

10 月 12 日晚，在支援火炮 70 余门、坦克 7 辆的支援下，突然向 391 高地发起攻击。炮火准备 8 分钟后，步兵发起冲锋，仅 18 分钟，即全部解决战斗，全歼南朝鲜守军，计毙伤俘敌 170 余名，同时，来援的南朝鲜军 2 个连也被志愿军预伏部队击退。从 10 月 13日起，南朝鲜军不断反扑。双方激烈争夺至 11 月 29 日，第十五军先后打退南朝鲜军 7 个营兵力的数次反扑，共歼敌 2700 余人，巩固

---

① ［美］沃尔特·G. 赫姆斯：《朝鲜战争中的美国陆军》第一卷，维新、李植谷等译，解放军国防大学出版社 1988 年版，第 341 页。

② ［美］沃尔特·G. 赫姆斯：《朝鲜战争中的美国陆军》第一卷，维新、李植谷等译，解放军国防大学出版社 1988 年版，第 341 页；（南朝鲜）战史编纂委员会编：《韩国战争史》，参见中译本《朝鲜战争》第四卷，固城等译编，黑龙江朝鲜民族出版社 1988 年版，第 298 页。

地占领了阵地。

所以，"联合国军""金化攻势"攻占志愿军防守的 597.9 高地和 537.7 高地北山阵地，志愿军当然也要反击夺回阵地。

第三，从志愿军保持防御阵线的稳定局面来说，上甘岭战役也必须打。上甘岭阵地是指上甘岭以南 597.9 高地和 537.7 高地北山，由志愿军第十五军第四十五师分别以一个连防守。上甘岭是志愿军中部战线战略要点五圣山的前沿阵地，位于五圣山主峰南 4 公里处。五圣山位于金城、金化、平康这个三角地区的中央，主峰海拔 1061.7 米，是战线中部地区的最高峰。它西临平康平原，东扼金化经金城到东海岸的公路，南距"联合国军"占据的金化只有 7 公里。

597.9 高地和 537.7 高地北山，均位于上甘岭以南，537.7 高地北山在东，597.9 高地在西。这两个高地互为犄角，是五圣山的屏障，可直接瞰制金化东北"联合国军"防守的鸡雄山阵地和金化以南的开阔地带，总面积 3.7 平方公里。537.7 高地北山和"联合国军"据守的 537.7 高地在同一条山梁上，两个阵地相距只有 150 米。该阵地位置极为重要，是志愿军防御的要点，它可直接控制金化至金城的唯一公路，控制"联合国军"中线与东线的连接点。

上甘岭若失，则五圣山将直接受到威胁，五圣山若失，则志愿军的整个防线的稳固就发生动摇。因此，上甘岭战役必须打。

第四，从第十五军的角度说，上甘岭战役更是必须打。

（三）有资料显示，1953 年 7 月，彭德怀说志愿军战场准备已经就绪。而且金城反击战的胜利也验证了志愿军可以打破敌人重兵防守的防线，为什么在志愿军有利的情况下签订了停战协定？

彭德怀在若干年后说："但当时我方战场组织，刚告就绪，未充分利用它给敌人以更大打击，似有一些可惜。"[①]克拉克也说过，当时志愿军有能力在它所希望的地点和时间突破"联合国军"的防线。不但如此，而且毛泽东也讲过类似的话。毛泽东在朝鲜停战实现以后 1953 年 9 月 12 日的讲话中，讲到 1953 年夏季进攻战役第三次进攻

---

① 《彭德怀自述》，人民出版社 1981 年版，第 263—264 页。

（金城战役）时指出："如果照这样打下去，再打它两次、三次、四次，敌人的整个防线就会被打破。"[①]这里的关键在于如何理解这些话。我认为，这些话都是从当时志愿军的作战能力上说的，并不是说中国方面当时不应该同意停战。无论就战争双方而言，还是就整个世界的政治舆论而言，尽快结束这场战争，是当时的大趋势，而不是继续打下去。试想，假如中国方面当时不同意停战，而再继续打下去，甚至再打到汉城或三七线，那么中国会在世界上留下什么样的形象？美国方面会接受这种形势吗？美国方面一定会千方百计再拼力将战线推回到三八线。那么这场战争就会无休止地打下去，这种局面的出现对战争双方都没有好处，也不是国际社会想看到的。因此，无论从双方的实际利益看，还是从双方的舆论来说，就地停战（也可以说是三八线停战），对双方来说都是能够接受的，是双方同意停战的最佳选择。朝鲜停战后几十年的历史证明了这一点。

八、有关抗美援朝战争的其他问题

（一）作为中国人民军队第一次出国作战，我军与朝鲜人民军、朝鲜群众的关系处理得怎么样？

志愿军在朝鲜作战，与朝鲜人民军、朝鲜群众之间的关系都非常亲密。

毛泽东在关于组成中国人民志愿军的命令中，专门对志愿军提出了要求："我中国人民志愿军进入朝鲜境内，必须对朝鲜人民、朝鲜人民军、朝鲜民主政府、朝鲜劳动党（即共产党）、其他民主党派及朝鲜人民的领袖金日成同志表示友爱和尊重，严格地遵守军事纪律和政治纪律，这是保证完成军事任务的一个极重要的政治基础。"[②]

在志愿军出动前，彭德怀要求全体志愿军官兵，必须谦虚谨

---

① 《建国以来毛泽东军事文稿》中卷，军事科学出版社、中央文献出版社2010年版，第174页。

② 《建国以来毛泽东军事文稿》上卷，军事科学出版社、中央文献出版社2010年版，第235页。

慎，团结朝鲜党和人民，遵守纪律，尊重朝鲜民俗。他说：我们进入朝鲜后，"千万不要骄傲，不要以大国的援助者的身份自居。对朝鲜的党、人民政府、人民军队、群众团体和广大人民，要切实尊重他们。""这次出国作战，纪律问题更为重要，中国人民解放军的三大纪律八项注意，博得了全国人民的赞扬与拥护。到朝鲜后，更要切实遵守纪律，不能侵犯群众利益。对朝鲜人民的风俗习惯必须认真注意，只有搞好群众关系，取得群众的帮助，才能取得战争的胜利。"[①] 第十三兵团政治部还专门发布了入朝后群众纪律守则和公约。

志愿军参战后，1951年1月，毛泽东再次强调"中国同志必须将朝鲜的事情看做自己的事情一样，教育指挥员战斗员爱护朝鲜的一山一水一草一木，不拿朝鲜人民的一针一线，如同我们在国内的看法和做法一样，这就是胜利的政治基础。只要我们能够这样做，最后胜利就一定会得到。"[②]

战争期间，志愿军中出现了一位罗盛教，朝鲜群众中出现了一位朴在根，这两位模范人物可以看作志愿军与朝鲜群众之间亲密关系的典型。1958年志愿军撤出朝鲜回国，朝鲜人民欢送志愿军和志愿军告别朝鲜人民的场面，最能看出志愿军与朝鲜人民军、朝鲜群众的亲密关系。

（二）作为一支近代化的军队，面对具有现代化优势火力的敌人，政治工作要解决部队生死观问题，面对怎样的考验？

我对这个问题没有专门研究过，但我认为，只要有战争，部队就面临生死问题。面对现代化优势火力，针对解决部队生死观问题所做的政治工作，主要是使部队如何认识现代化优势火力在作战中的作用，以及寻找如何破解现代化优势火力作用的办法。这就包括解决思想问题和实际困难两个方面。政治工作必须要有极强的针对性，并且要做到切实有效。属于思想认识方面的问题，必须通过政

---

① 《彭德怀军事文选》，中央文献出版社1988年版，第325—326页。

② 《建国以来毛泽东军事文稿》上卷，军事科学出版社、中央文献出版社2010年版，第449页。

治工作的宣传教育来解决，属于实际困难方面的问题，则必须通过政治工作发动官兵的能动性、创造性，群策群力，找出破解的办法。以抗美援朝战争为例，志愿军参战初期，不但没有海军，而且没有空军和坦克，防空和反坦克武器很有限，炮兵火力也极为有限，志愿军的政治工作就是针对这些实际情况，进行宣传教育，解决怕敌军飞机、坦克、大炮的问题，同时与军事工作一起发动广大指战员群策群力，想办法解决防空袭、防炮袭，解决利用步兵手中的武器打飞机、打坦克等问题，这就有效解决了部队中畏惧怕死、无奈等死、蛮干拼死的心理问题，有效巩固了部队士气。

（三）我们都知道，朝鲜战争我们取得了军事和政治上的胜利，军事上志愿军将敌人赶回到三八线，那么对于政治上的胜利我们怎么理解？

抗美援朝战争取得政治上的胜利，可以从国际和国内两个方面来理解。

从国际上说，抗美援朝战争极大提高了中华人民共和国的国际影响力。

1. 抗美援朝战争彻底改变了中国近代以来在国际上的形象

1840 年以来的近代中国，除 1931 年至 1945 年反法西斯侵略的抗日战争取得胜利外，只有遭受帝国主义列强侵略和掠夺的挨打受欺历史，只有任人宰割、割地赔款的屈辱历史。1949 年 10 月，中华人民共和国成立，中国人民站起来了。但当时整个世界都没有真正正视已经站起来的中国人民，尤其已成为资本主义头号强国的美国军政当局仍然认为中国软弱可欺。1950 年 6 月 25 日，朝鲜内战爆发，美国当局立即武装干涉朝鲜内战的同时，即以其海军第七舰队侵入台湾海峡，直至美军在仁川登陆后，其地面部队根据当局指令，准备越过三八线，向中朝边境进攻。中国政府多次提出严正抗议和发出明确警告。特别是 1950 年 9 月 30 日和 10 月 3 日，中国政务院总理周恩来两次代表中国政府明确警告美国当局，指出："中国人民热爱和平，但是为了保卫和平，从不也永不害怕反抗侵略战争。中国人民决不能容忍外国的侵略，也不能听任帝国主义者对自己的邻人肆行侵略而置之不理。"① "美国军队正企图越过三八线，扩大战争。美国军队果真如此做的话，我们不能坐视不顾，我们要管。"② 然而美国当局认为周恩来的警告不过是"虚声恫吓"，中国不敢也没有能力与美国较量，即便中国军队参战，甚至苏联空军配合中国地面部队参战，也"不足为患"。美国军政当局没有料到，以毛泽东为主席的中共中央面对新中国成立之初千疮百孔的烂摊子，面对新中国各方面极为严重的困难，勇敢作出了抗美援朝、保家卫国的战略决策，中国人民志愿军居然真的出现在朝鲜战场上敢同美国军队作战。美国军政当局更没有料到，仅以步兵在少量炮兵支援下作战的中国人民志愿军，居然将实行陆海空三军联合作战的美国军队一举从鸭绿江边打退到三八线。美国军政当局一时被打得目瞪口呆，不知所措。当时的美国国务卿艾奇逊说："总统所有的顾问——无论是文职的还是军事的，都知道出了大差错，但不明白出了什么差错，也不知道差错在哪里，更不晓得如何处置，因此，人人手足无措。"③最终，战场敌对双方通过停战谈判，沿三八线一带实现停战。美国人自己承认："朝鲜战争是美国第一次没有凯旋班师的战争。美国使朝鲜处于僵持状态，同共产党中国这个庞大而落后的亚洲国家打成了平手。"④ 正是抗美援朝战争充分体现了中国人民反抗侵略的决心和力量，充分体现了中国人民不畏强敌敢于斗争的气魄，充分体现了中华民族的正气，打败了具有完全现代化装备的美国军队，极大地震动了全世界，不只是美国，也包括当时社会主义阵营国家在内的整个世界，都不得不对中国刮目相看了。抗美援朝战争的胜利，一扫中国近代以来历史上的耻辱，中国人民真正地扬眉吐气了，中国

① 《建国以来周恩来文稿》第三册，中央文献出版社 2008 年版，第360 页。

② 《周恩来军事文选》第四卷，人民出版社 1997 年版，第 66 页。

③ 转引自［美］奥马尔·布雷德利著、克莱·布莱尔整理《将军百战归——布雷德利自传》，廉怡之译，军事谊文出版社 1985 年版，第 755 页。

④ ［美］约瑟夫·格登：《朝鲜战争——未透露的内情》，于滨等译，刘兰荣校，解放军出版社 1990 年版（内部发行），第 1—2 页。

真正屹立于世界民族之林了。可以说，这场战争对于中国人民来说是自鸦片战争以来最了不起的正气篇。不仅是刚刚解放了的中国人民，在世界各国的华人、华侨，作为中国人和中国人的后裔也都感到了从未有过的骄傲和自豪，许多人纷纷回到国内参加新中国各项建设事业。20世纪60年代出版的美国陆军官方战史在评论朝鲜战争时说："在远东，从朝鲜战争中出现了两个比过去越来越强大的国家。其一便是韩国，……另一个在战争中提高了地位的国家是共产党中国。从中国人在整个朝鲜战争期间所显示出来的强大攻势和防御能力中，美国及其盟国已经清楚地看出，共产党中国已成为一个可怕的敌人，它再也不是第二次世界大战时的那个软弱无能的国家了。由于共产党中国有取之不尽的人力资源和坚强有力的领导，因此它也在朝鲜战场上赢得了自己的声誉，而且看来会成为远东与西太平洋地区共产党的领袖。"① 抗美援朝战争彻底改变了中国近代以来在国际上的形象。

2. 抗美援朝战争沉痛地教训了不可一世的美国霸权主义

抗美援朝战争向国际社会表明，中国虽是弱国，但已站起来的中国人民，为维护国家安全和主权是不畏强权的，中国人说话是算数的。在抗美援朝战争中，中国人民志愿军打疼了美国侵略军，打疼了美国侵略当局，沉痛地教训了美国霸权主义，从此美国不敢再轻视中国人民。正如毛泽东所说的："帝国主义侵略者应当懂得：现在中国人民已经组织起来了，是惹不得的。如果惹翻了，是不好办的。"② 朝鲜战争期间任侵朝"联合国军"第二任总司令的李奇微，在其《朝鲜战争》回忆录中讲述了总结的一条重要教训，就是当初不相信中国人民的决心和力量，没有重视中国政府的一再警告。③ 正是总

① ［美］沃尔特·G.赫姆斯：《朝鲜战争中的美国陆军》第一卷，解放军国防大学出版社1988年版，第565页。

② 《建国以来毛泽东军事文稿》中卷，军事科学出版社、中央文献出版社2010年版，第175页。

③ ［美］马修邦克·李奇微：《朝鲜战争》，军事科学院外国军事研究所译，军事科学出版社1983年版，第256—257页。

结了这一教训，在 1958 年中国人民解放军炮击金门时，美国派军舰为台湾国民党军护航。中国政府为粉碎美国制造"两个中国"的图谋，扩大美国与我国台湾地区之间的矛盾，1958 年 10 月 6 日，以国防部长名义发表《告台湾同胞书》，宣布自 10 月 6 日起，停止炮击 7 天；13 日，再次宣布停止炮击两星期，以便使金门军民同胞得到充分补给，但条件是不得有美军护航。其间，10 月 19 日，美国军舰为国民党军护航，人民解放军立即发起炮击。解放军一打炮，美国军舰即撤至公海。在 20 世纪 60 年代的越南战争中，中国政府公开声明，如果美国地面部队越过北纬 17°线，中国就出兵支援越南。美国约翰逊政府深刻铭记了美国在朝鲜战争中的教训，不敢把中国政府的警告当作耳旁风，其地面部队未敢越过北纬 17°线。甚至到 1996 年春，中国大陆为震慑"台独"势力，中国人民解放军在台湾海峡举行陆海空军和第二炮兵部队的联合战役演习。美国当局为给"台独"势力打气，派出"独立"号和"尼米兹"号两支航母战斗群驶抵台湾以东 200 海里海域，当其卫星侦察发现解放军海军两艘潜艇离开基地时，美军两支航母战斗群即向东后撤 200 海里。美国从朝鲜战争中深深地体会到了"中国人说话是算数的"这一点。

3. 抗美援朝战争极大地提升了中国的国际地位

一是在整个抗美援朝战争期间和中国第一个经济建设五年计划期间，中苏联盟更加巩固。苏联尽力为中国人民志愿军在朝鲜同美军作战提供武器装备援助，并为中国第一个经济建设五年计划提供 156 个大型建设项目（实际施工 150 项），为中国工业体系的建设奠定了基础；在国际斗争中，中苏配合默契，尤其是在 1954 年 4 月 26 日至 7 月 21 日的日内瓦会议上；中国在社会主义阵营中的地位明显提高。

二是 1955 年 4 月，第一次亚非会议，中国代表团成为主导。1955 年 4 月 18 日至 24 日，在印度尼西亚万隆召开的亚非会议，是第一次由亚非国家自主召开的会议。亚非国家虽大都有遭受殖民统治的历史，都有维护民族独立、发展民族经济的要求，但这些国家的社会制度和意识形态不同，有些国家对新中国还相当敌视。参加会议的共有 29 个国家，其中只有 6 个国家承认中华人民共和国，而有 22 个国家接受美国援助。由于抗美援朝战争彻底改变了中国在近代以来的国际形象，因此亚非会议 5 个发起国中的印度尼西亚和缅甸坚决主张邀请新中国参加会议，认为没有中国参加这个会议，就不是完整的亚非会议。5 个发起国一致同意邀请新中国参加会议。尽管美国政府和台湾当局极力阻挠和破坏这次会议的召开，但中国政府派出以周恩来为团长的代表团仍正常参加了会议。中国代表团本着"求同存异"的方针，排解种种自觉不自觉偏离会议方向的情况，主导会议始终沿着健康方向发展，使会议达成了体现中国倡导的和平共处五项原则的关于促进世界和平与合作的决议及宣言，万隆会议圆满成功。由于中国代表团的主导，整个会议及会议发表的最后公报所表现的亚非各国人民为维护民族独立、保卫世界和平、促进友好合作而共同斗争的精神，被称为"万隆精神"，成为国际关系史上的一段佳话。

三是许多西方国家摆脱美国控制与中国发展贸易。在朝鲜战争期间，1951 年 5 月 18 日，美国操纵联合国大会通过了对中国实施禁运的决议，在美国的威胁和利诱下，先后有 40 多个西方国家对中国实施禁运。但是禁运本身就是损人不利己的政策，再加上中国人民志愿军在朝鲜战场上出乎世界所有国家预料的良好表现，因此，许多西方国家虽然跟随美国宣布对中国禁运，但仍同中国进行贸易。美国对外事务管理署的报告也承认，美国并未能阻止"自由世界"同中国的贸易往来。1952 年这些国家输往中国的物资（包括禁运的战略物资）达 2.57 亿美元，而 1953 年上升到 2.7 亿美元。与 1952 年相比，1953 年向中国的输出，西德增加近 8 倍，日本增加 8 倍，法国增加近 3 倍，英国增加 0.36 倍。朝鲜战争结束后，包括英国、法国、西德、比利时、日本、荷兰、意大利在内的许多西方国家，先后放弃或放宽了对中国的禁运，至 20 世纪 50 年代中后期，上述国家均恢复了与中国的正常贸易关系。

四是美国也不得不谋求与中国改善关系。美国在朝鲜战争中就已经认识到了新中国在亚洲和国际事务中的重要地位和作用。到 20

世纪 60 年代后期，一方面，美国在越南战争中失败，客观上宣告了其亚洲政策的失败。而美国亚洲政策的核心是遏制和封锁中国。美国从越南战场脱身需要中国的作用。另一方面，美国为了增加与苏联抗衡的力量，不得不谋求同中国改善关系。尼克松在宣告竞选美国第 37 任总统后，就提出："美国对于亚洲的任何政策，都必须紧紧抓住中国的现实。"①1968 年 8 月，他在竞选演说中说：今后两届总统，"到头来，必须同下一个超级大国共产党中国的领导人谈判"。与此同时，美国放宽了对中国的禁运。1971 年，中国恢复了在联合国的合法席位。同年，美国宣布结束对中国长达 20 年的禁运。1972 年 2 月，尼克松访华，同年，美国同中国恢复了正常贸易关系。1979 年，美国同中国建立了外交关系。

抗美援朝战争奠定了中国在世界上的大国地位，以致今天中国在国际社会中发挥着重大作用，也有中国人民取得抗美援朝战争胜利这个因素的重要影响。

（四）您认为抗美援朝《口述历史》应该重点采访什么样的人？在采访过程中应该注意什么？采访中的侧重点应该放在哪个方面？

采访的重点人物，第一应是亲历者、当事人。根据不同的选题采访不同的当事人。当然，当年志愿军军级以上的指挥员可能均已不在世了，师级指挥员在世的可能也屈指可数了，只能采访健在的团级以下指挥员和当时的战士了。这些健在的人，年龄也都在 80 岁以上或接近 80 岁了。采访的侧重点，是通过具体的人、具体的事了解实际情况，一是反映中国人民进行这场战争的必要性、重要性、积极意义和影响；二是反映中共中央决策的伟大、中国人民的伟大、中国人民志愿军的伟大；三是反映当时中国人民和中国人民志愿军的爱国热情，战胜困难，战胜强敌，积极向上的精神风貌；等等。

---

① 1967 年 10 月 23 日，尼克松发表在美国《外交季刊》上的文章：《越南战争以后的亚洲》。

抗美援朝战争的有关问题问答（二）[*]

问：第一次战役，麦克阿瑟作战计划（部署）的致命弱点在哪里？

答：第一次战役时，麦克阿瑟在作战部署上有两个致命弱点：一是东西两线之间被狼林山脉相隔，间隔80至100公里，互相之间无法照应；二是两线不是统一指挥，西线由美军第八集团军司令官沃克指挥，东线由美军第十军军长阿尔蒙德指挥，而美军第十军不归沃克指挥，是由麦克阿瑟直接遥控。

问：第一一三师迂回三所里时，请说说上级电报中将龙源里的字发错的细节以及第一一三师的战场判断与决定。

答：第三十八军前指发给第一一三师的电报把龙源里的"源"字写成了"泉"字，第一一三师接到电报后在地图上怎么也找不到"龙泉里"这个地方。但地图上有"龙源里"，并有铁路通往平壤，第一一三师首长机动灵活处置，留第三三八团坚守三所里，令第三三七团向龙源里急进。11月29日凌晨4时，第三三七团先头连队，抢在向南溃逃美军几分钟之前，占领龙源里，随着后续部队赶到，彻底堵住了"联合国军"的南逃退路。

问：请谈谈对李奇微军事指挥才能的评价。

答：李奇微是朝鲜战争期间"联合国军"三任总司令中最具军

---

* 本文是十二集抗美援朝战争专题片《不能忘却的伟大胜利》编导于2013年对作者的采访稿。

事指挥才能的美国将军。他既不像麦克阿瑟那样狂傲，也不像克拉克那样谨慎作为，甚至无所作为。他会治军，也会打仗。他一上任，就对美军部队进行了整顿，撤换了美军 7 个师中的 5 个师长。他比较准确地判断了志愿军作战的特长和困难，并据此采取了"磁性战术"和火海战术。美军遭受志愿军打击溃败后，之所以能在三八线地区与志愿军形成相持局面，不再溃退，主要是因为李奇微的作为。

问：请讲讲成立中国人民志愿军和朝鲜人民军联合司令部（简称联司）的原因和成员组成。

答：组成志愿军和朝鲜人民军联合司令部是统一两军作战指挥的需要。这个问题从志愿军入朝开始就需要解决，但当时，一是朝鲜人民军遭到严重损失，主力正从三八线以南向北后撤转移中，新组建的部队正在中国境内整训，第一次、第二次战役基本上都是志愿军独立作战；二是苏联驻朝鲜大使和军事顾问对这个问题的认识不一致，影响了金日成的决心。因此一直拖到 12 月上旬，朝鲜人民军整训部队即将参战，并有斯大林干预，才组建了联合司令部。志愿军和朝鲜人民军联合司令部由彭德怀任司令员兼政治委员，朝鲜人民军前线总指挥金雄任副司令员，朝鲜劳动党中央常务委员、内阁内务相朴一禹任副政治委员，不久增补志愿军副司令员邓华任副司令员。1952 年夏以后，金雄和朴一禹在联合司令部的职务先后由朝鲜民族保卫相崔庸健接替。当时联合司令部对外不公开，仅对内行文用之。联合司令部的职责是统一指挥前线作战和一切与作战有关的交通运输、物资筹措和人力物力动员等事宜。从第三次战役开始了志愿军和朝鲜人民军即在联合司令部的统一指挥下作战。

问：请讲讲第三次战役中，"联合国军"从汉城撤退中，炸毁物资的细节。

答：美军第八集团军在撤离汉城的时候，用汽油、炸弹对汉城、仁川、金浦机场等地进行了疯狂破坏。汉城的学校、医院、图书馆、博物馆等遭到严重破坏。路透社记者怀特搭乘飞机逃离汉城时，看到"汉城在浓烟中燃烧"，"大火在城南 50 英里处仍可看见"。在南朝鲜最大的国际机场金浦机场上，来不及运走的数万加仑航空燃料和 3

万加仑凝固汽油弹被点燃了，巨大的火焰和浓烟笼罩在汉城的上空。刚刚运到的各种军用物资堆积如山，本来的转运计划被志愿军的迅速推进所打乱，于是只有就地销毁。"没想到前沿阵地就维持了一支烟的工夫！"美军第八集团军的后勤军官们抱怨说，"五十万加仑的燃油烧起来是个什么情景？地狱一般！"① 由此可看出"联合国军"这时败退的狼狈相。

问：请谈谈朝鲜停战谈判中美方代表关于海空军补偿的问题

答：在关于军事分界线问题的谈判中，朝中代表团提出了以三八线为军事分界线的建议，指出：三八线是举世公认的军事分界线，也是停战谈判的基础；战争之所以爆发，正是因为交战的一方首先破坏了三八线的分界线，要表明双方停战的诚意，就必须确定以三八线为军事分界线；1951 年 1 月以来，双方的战线 4 次摇摆于三八线南北地区，这表明该线基本上反映了双方的军事实力，当时双方在三八线南北所占地区略近相等，并且在实际停战以前，战线仍是不稳定的。美国当局在谋求谈判时，也有过这样的表示。

然而，美方代表团非常傲慢无礼，不但坚决拒绝以三八线为军事分界线的建议，而且狂妄地炫耀其海空军"优势"，无理地要求以这种"优势"在军事分界线的确定上得到"补偿"。

美方首席代表乔埃，在 7 月 27 日的谈判会中说：地面部队的战线，不能反映双方军队的实际力量，"联合国军"具有海空军"优势"，"'联合国军'以其空军力量与海军力量所控制的广大区域，它包括了全部北朝鲜从目前军事接触线直至鸭绿江和图们江，你方在朝鲜没有可以相比拟的地位，……换言之，你方将部队撤到大致通过平壤与元山的线以北时，所放弃的优势将完全比不上'联合国军'将其空军与海军力量从北朝鲜撤退时你方所获得的优势。"② 28 日，乔埃在谈判会中又说："在选择非军事区时，我们必须要考虑地形和联合国陆

---

① 军事科学院军事历史研究所：《抗美援朝战争史（修订版）》上卷，军事科学出版社 2011 年版，第 423 页。

② 军事科学院军事历史研究所：《抗美援朝战争史（修订版）》上卷，军事科学出版社 2011 年版，第 76 页。

海空军的潜力。但是，我方已经提议撤退我方的海空军，为了这些让步，我方应得到补偿。"[①] 为此，美方代表团还标定了一份他们所要求的军事分界线的地图，将军事分界线划在了志愿军和朝鲜人民军后方数十公里的地区。按这条军事分界线，志愿军和朝鲜人民军将从当时的双方实际接触线退出 1.2 万平方公里地区。

美方代表百般无理地狡赖，8 月 11 日，乔埃又荒唐可笑地提出了与其海空军"优势"自相矛盾的理由，来支持其关于军事分界线的主张。乔埃说：你方地面部队具有强大的优势，并且这种"优势"还会增加，而美方地面部队不具备这种优势，因此美方地面部队必须要有一定深度的天然防御阵地。乔埃这种理论简直不值一驳。南日一针见血地指出：你们用"两种互相冲突的理由，来支持你的方案，难道你们不觉得滑稽可笑吗？你们说你们海空军强，所以你们应有所补偿。现在你们承认你们陆军弱，但你们又说应有补偿。……不管你们强弱，你们都需有补偿，这不是一种失去理智的瞎说么？"[②]

问：第五次战役胜负问题如何定位？

答：如何认识和评价这次战役，特别是关于这次战役是胜仗还是败仗，在学术界一直众说纷纭。志愿军和朝鲜人民军原本意义上的第五次战役共有两个阶段，两个阶段都是进攻作战。第一阶段虽未实现歼敌目标，但我方始终掌握战场主动权；第二阶段基本实现了战役歼敌目标，打得很成功。原本意义上的第五次战役，就分为这两个阶段。第二阶段结束后部署转移休整，对敌情估计不足，考虑不周，致使主力转移初期比较被动，甚至造成某种混乱，志愿军第一八〇师遭受严重损失，但最终将"联合国军"阻止在三八线南北地区，也是志愿军和朝鲜人民军预定的最后抵抗线。不能简单以某一阶段的作战来评价这次战役。综合起来看，关于这次战役，志愿军和朝鲜人民军并不是打了败仗，而是取得了胜利，但胜利很不圆

① 军事科学院军事历史研究所：《抗美援朝战争史（修订版）》上卷，军事科学出版社 2011 年版，第 77 页。

② 军事科学院军事历史研究所：《抗美援朝战争史（修订版）》上卷，军事科学出版社 2011 年版，第 81 页。

满。从作战指导上讲，主要是"打得急了一些，打得大了一些，打得远了一些"。这与当时志愿军和朝鲜人民军的作战条件和能力不相适应。

问：为什么说刀架到我们的家门口了，我们不得不打，决策之艰难，新中国面临的困难之大？

答：胡乔木曾回忆说："我在毛主席身边工作二十多年，记得有两件事是毛主席很难下决心的。一件是1950年派志愿军入朝作战"①。在朝鲜处境危急，1950年10月1日，金日成致函毛泽东请求中国直接出动解放军给予援助时，中国是否出动军队支援朝鲜人民作战，这对以毛泽东为主席的中共中央来说是十分艰难的抉择。当时新中国才刚刚成立一周年，面对的是千疮百孔、百废待兴的烂摊子。不但大陆的西藏和沿海的台湾等岛屿尚未解放，而且遭受几十年战争破坏的国民经济尚未恢复；新解放区许多基层政权尚未建立，已建立的也没有完全巩固，还有大批股匪没有被剿灭，土匪危害严重；占全国农村总人口和土地面积2/3以上的新解放区的土地改革刚刚开始。总之，新中国的政治秩序、经济秩序和生活秩序都未步入正轨，并且军队武器装备落后，大部分军队已转入支援工农业生产，没有充分的训练。如果出动军队到朝鲜作战，面对的是资本主义世界最强大的国家——美国，面对的是现代化武器装备最强、训练有素、具有丰富现代化作战经验的美国军队。新中国的国力能够支撑这样的战争吗？中国出兵能够打胜吗？如果不能打胜，甚至被美国军队打回来，中国社会能够稳定吗？国民经济的恢复能有保证吗？正是面临这些实际问题，毛泽东才多次主持召开中共中央书记处和政治局的会议，慎重研究讨论是否出兵援朝问题。正是面临这些实际问题，在政治局研究讨论时，多数成员主张不出兵或暂不出兵。

但是，"中朝是唇齿之邦，唇亡则齿寒。朝鲜如果被美帝国主义压倒，我国东北就无法安定。我国的重工业半数在东北，东北的工业半数在南部，都在敌人轰炸威胁的范围之内"。美国飞机已经在不

---

① 《胡乔木回忆毛泽东》，人民出版社1994年版，第92页。

断地入侵中国领空，进行侦察、扫射和轰炸，"如果美帝打到鸭绿江边，我们怎么能安定生产？"[1]

即便中国出兵打不赢，但为了支援朝鲜人民反抗侵略和保卫中国的国家安全也必须出兵，绝不能引颈而望，并且早打晚打，早晚都难避免一战，因此，晚打不如早打。

中国军队占有数量上的优势，有以劣势装备战胜优势装备之敌的丰富经验；出兵援朝有中国人民和朝鲜人民的全力支援；中国已同苏联签订了《中苏友好同盟互助条约》，有苏联为后盾，可获得苏联的物资支援等。因此，美国尽管在综合国力和军队武器装备上占有绝对优势，但并不是不可战胜的。

问：上甘岭战役从战斗规模发展到战役规模，毛泽东在电报里怎么说的？

答：志愿军实施决定性反击，夺回并巩固了 597.9 高地后，11 月 5 日，第三兵团对上甘岭地区的作战部署进行调整，由第十二军接替第十五军的上甘岭地区防务。为便于指挥，决定组织五圣山战斗指挥所（第十五军前指），由第十二军副军长李德生负责统一指挥第三十一师、第三十四师的反击作战和第十五军第二十九师的配合动作，该指挥所归第十五军秦基伟军长直接指挥；为统一炮兵的指挥，决定组成炮兵指挥所，由炮兵第七师师长颜伏负责统一指挥支援五圣山前沿作战的各配属炮兵。

11 月 6 日，志愿军副司令员杨得志、代参谋长张文舟向中央军委报告了坚决与"联合国军"争夺下去的决心和第三兵团的上述部署。7 日，毛泽东拟稿以中央军委名义回电，指出："你们对加强十五军作战地区之决心和部署是正确的。此次五圣山附近的作战已发展成为战役的规模，并已取得巨大的胜利。望你们鼓励该军，坚决作战，为争取全胜而奋斗。"[2]

---

[1] 《周恩来军事文选》第四卷，人民出版社 1997 年版，第 73 页。

[2] 转引自军事科学院军事历史研究所《抗美援朝战争史（修订版）》下卷，军事科学出版社 2011 年版，第 330 页。

问：出兵朝鲜的三大理由是什么？

答：毛泽东后来说："我们不要去侵犯任何国家，我们只是反对帝国主义者对于我国的侵略。大家都明白，如果不是美国军队占领我国的台湾、侵略朝鲜民主主义人民共和国和打到了我国的东北边疆，中国人民是不会和美国军队作战的。但是既然美国侵略者已经向我们进攻了，我们就不能不举起反侵略的旗帜，这是完全必要的和完全正义的，全国人民都已明白这种必要性和正义性。"①

问：在朝鲜战争中，体现了毛泽东大政治家的哪些品格？

答：在抗美援朝战争中，毛泽东大政治家的品格，主要有以下几个表现。

一是未雨绸缪，预有准备。这就是在朝鲜战争爆发不到两星期，美军地面部队进入朝鲜一星期，朝鲜人民军打得顺风顺水的情况下，组建了东北边防军，并且边防军的政治动员和军事训练都非常明确地以美军为主要作战对象、以朝鲜为作战地区进行的。这是毛泽东的战略远见。

二是在那样困难的情况下，毛泽东勇敢决策出兵抗美援朝，有大政治家的科学分析和判断，有大政治家的胆略和气魄。出兵决策的作出，特别是志愿军出现在朝鲜战场上，并打败了美国军队，一举震惊了全世界，极大地提高了新中国的国际地位。

三是毛泽东采取措施控制战局，争取并实现了战争局部化。这些措施主要有：第一，在志愿军参战前就明确提出朝鲜战事要地方化，就是不使战争扩大到朝鲜以外；第二，以志愿军名义参战，不给美国对中国宣战以口实；第三，适度确定参战的军事战略目标，打得有理有节；第四，做好最坏的准备，力争避免最不利情况的出现；第五，遏制战争和战略威慑相结合，遏制战争就是战场上打疼美国军队，战略威慑，一是动员全国人民支援战争（抗美援朝运动），二是发挥志愿军的兵力优势，这两者都是显示力量。三是显示中国人民反抗侵略的决心。

---

① 《建国以来毛泽东军事文稿》上卷，军事科学出版社、中央文献出版社2010年版，第555页。

抗美援朝战争的有关问题问答（三）*

问：石岘洞北山的战斗中，蒋庆泉在高地的碉堡里喊出了著名的"向我开炮"。后来，根据他的事迹，改编成了《英雄儿女》这部电影中的经典情节。请谈谈石岘洞北山战斗的背景和战斗本身的情况。

答：此时的战场背景是：自 1951 年 7 月 10 日朝鲜停战谈判开始以来，谈判的四项实质性议程已有三项达成了协议，只有战俘的安排一项议程因美方顽固坚持所谓的"自愿遣返"原则，企图强迫扣留中国人民志愿军和朝鲜人民军被俘人员而陷入僵局。关于战俘问题的谈判，也由于美方于 1952 年 10 月 8 日单方面宣布无限期休会而中断。在作战上，志愿军方面越战越强，越战越主动；美军方面在地面战场上则全线处于被动挨打的状态，美军方面发动的"金化攻势"表明，其地面战场作战已没有能力扭转这种被动挨打的状态。随着 1952 年 10 月美国举行总统大选，德怀特·戴维·艾森豪威尔（Dwight Pavid Eisenhower）当选美国第 34 届总统，美国军政当局谋求迅速早日体面结束这场战争的途径，企图实施大规模登陆，冒险达成这种目的。因此，中国人民志愿军和朝鲜人民军从 1952 年 12 月起至 1953 年 4 月底进行了规模巨大的反登陆作战准备。蒋庆泉的事迹就发生在这样的战场背景下。

* 本文是作者于 2010 年 11 月接受凤凰卫视《凤凰大视野》栏目采编人员采访的答稿。

蒋庆泉所在部队是志愿军第二十三军第六十七师第二〇一团。志愿军第二十三军是1952年9月轮换第二十军入朝作战的。当年底接替第一线防御任务。

1953年3月，志愿军总部要求新到第一线的某些军为了局部歼敌，吸取经验，锻炼部队，可进行有准备、有计划、有把握地向敌连以下的薄弱点举行小的反击，尔后视情况能守则守，不能守则迅速撤回，不在敌人阵地上进行不利的大的争夺，免遭过大消耗。

据此，第二十三军组织进行了反击石岘洞北山的战斗。石岘洞北山由美军第七师1个加强连防守。3月23日夜，志愿军第二十三军曾以2个连的兵力在炮兵火力支援下攻占石岘洞北山阵地，全歼守军后主动撤回。

4月16日22时，志愿军第二十三军第六十七师以第二〇一团第五连5个班和师警卫连1个加强排，在坦克5辆、火炮40门的支援下再次对石岘洞北山发起攻击，仅17分钟即占领主峰，17日1时30分结束战斗，歼美军第七师第三十二团第五连2个排大部。后反复争夺至19日拂晓，撤出战斗。整个战斗共歼敌700余人，志愿军伤亡239人。4月20日，志愿军司令部通报表扬了这次战斗。蒋庆泉的事迹就发生在这次战斗中。

问：邱少云随所在第三营奉命于1952年10月11日晚潜入上甘岭右翼阵地391高地前的开阔地里。在潜伏过程中，邱少云被南朝鲜军盲目发射的烟幕弹烧着壮烈牺牲。邱少云参加的潜伏任务发生在上甘岭战役打响之前，那么这场潜伏任务的重要性是什么？对随后打响的上甘岭战役有什么影响？

答：391高地战斗发生在1952年秋季志愿军全线战术反击作战第二阶段。391高地由南朝鲜军第九师1个加强连（计3个步兵排、1个火器排）防守。志愿军第十五军的前沿阵地与391高地之间有3000米宽的开阔地带。为缩短冲击距离，减少发起攻击时的伤亡，增加战斗的突然性，第十五军在战斗发起的前一天夜晚，也就是10月11日夜晚，以第二十九师第八十七团第三营率2个连400多名指战员秘密潜入距391高地前沿60米的开阔地。邱少云的事迹发生在

10月12日下午2时。

10月12日晚，我志愿军在支援火炮70余门、坦克7辆的支援下，突然向391高地发起攻击。炮火准备8分钟后，步兵发起冲锋，仅18分钟，即全部解决战斗，全歼南朝鲜守军，计毙伤俘敌170余名，同时，来援的南朝鲜军2个连也被志愿军预伏部队击退。从10月13日起，南朝鲜军不断来反扑。双方激烈争夺至11月29日，第十五军先后打退南朝鲜军7个营兵力的数次反扑，共歼敌2700余人，巩固地占领了阵地。

志愿军在391高地反复与敌军争夺，直至11月29日，其中的一个重要目的就是牵制当面敌军，配合上甘岭地区的志愿军作战。为配合上甘岭地区作战，志愿军总部将原定于10月20日结束的秋季战术反击作战延到10月31日，仅第十五军本身配合上甘岭地区作战的行动就有对381高地、391高地和275高地的争夺，都在上甘岭右翼，其中对391高地的争夺时间最长，也最为激烈。这些都有力配合了上甘岭作战。

问：抗美援朝战斗英雄杨育才因京剧《奇袭白虎团》而出名。1953年7月13日开始的这场战斗的背景是什么？在整个金城战役中起到了怎样的作用？

答：杨育才的事迹发生在1953年7月的金城战役中。1953年6月8日，朝鲜停战谈判双方对谈了近18个月的战俘问题，终于以朝中方面的建议为基础达成了协议，至此，朝鲜停战谈判所有议程全部达成协议，谈判双方准备停战协定签字的各种具体问题，朝鲜停战即将实现。然而南朝鲜李承晚集团，一方面反对没有实现朝鲜统一的停战，另一方面也是为了向美国要价，而破坏停战谈判刚刚达成的关于战俘遣返问题协议，于6月17日深夜起，以"就地释放"为名，强行扣留朝鲜人民军被俘人员27000余人。李承晚的破坏行为不但引起了朝中方面的强烈反应，而且遭到了包括美国在内的世界舆论的强烈谴责。为保证能实现有效停战，并加深美国当局和李承晚集团之间的矛盾，已经到达平壤准备签署《朝鲜停战协定》的志愿军司令员彭德怀建议，毛泽东批准，志愿军决定再给李承晚集团以打击，遂于 6 月下旬起发起了 1953 年夏季战役第三阶段作战，其中的主要作战是 7 月 13 日开始直至 7 月 27 日《朝鲜停战协定》签字止的金城战役。

金城战役是由志愿军第二十兵团指挥 5 个军在第九兵团第二十四军的配合下进行的。第二十兵团将所指挥的 5 个军编为东、中、西三个作战集团。杨育才所在部队为西集团。

杨育才是志愿军第六十八军第二○三师第六○七团侦察排的副排长，他率一个侦察班被编在由该师第六○九团第二营组成的穿插分队中。14 日 2 时，杨育才率侦察班化装成南朝鲜军，巧妙地通过南朝鲜军数道哨卡，进至二青洞地区南朝鲜首都师第一团（"白虎团"）团部附近，袭击了正在开会的"白虎团"团部，歼敌一部，打乱了该团的指挥体系，使部署于周围的南朝鲜军失去指挥，为志愿军第二○三师顺利完成战役的第一步任务创造了条件，进而有力地保证了由第二○三师、第二○四师和第一三○师一个团组成的整个西集团第一步作战任务顺利完成。

问：1952 年 1 月，罗盛教烈士为救朝鲜儿童牺牲，被后人称为伟大的国际主义战士。我们知道志愿军很多时候都是和朝鲜当地百姓战斗生活在一起的。请您结合罗盛教的事迹谈谈当时志愿军和朝鲜人民之间结下的深厚友谊。

答：1950 年 10 月 8 日，毛泽东以中国人民革命军事委员会主席名义签署的组成中国人民志愿军的命令中，就明确要求："我中国人民志愿军进入朝鲜境内，必须对朝鲜人民、朝鲜人民军、朝鲜民主政府、朝鲜劳动党（即共产党）、其他民主党派及朝鲜人民的领袖金日成同志表示友爱和尊重，严格地遵守军事纪律和政治纪律，这是保证完成军事任务的一个极重要的政治基础。" 1951 年 1 月 19 日，毛泽东审阅彭德怀在中朝两军高级干部联席会议上的报告中，又特别加写了一段对志愿军的要求："中国同志必须将朝鲜的事情看作自己的事情一样，教育指挥员战斗员爱护朝鲜的一山一水一草一木，不拿朝鲜人民的一针一线，如同我们在国内的看法和做法一样，这就是胜利的政治基础。"①

志愿军在朝鲜确实发扬了人民解放军的优良传统，严格遵守三大纪律、八项注意，帮助朝鲜人民修复被美军飞机和炮火破坏的房屋，帮助朝鲜人民解决穿衣问题和粮食问题，春季帮助播种，秋季帮助收割。战争期间，志愿军就救济朝鲜人民粮食7100多吨。在朝鲜人民生命财产受到危险时，志愿军冒着生命危险，直接在美军炮火和飞机轰炸下救助的朝鲜群众即达3700余人，抢救财产物资数不胜数。冒死救助朝鲜人民生命财产的志愿军成千上万，仅为抢救朝鲜落水儿童而英勇献身的就有罗盛教和史元厚等。罗盛教是志愿军中千千万万伟大国际主义战士的突出代表。志愿军在国内被称为"最可爱的人"，在朝鲜也是"最可爱的人"。

朝鲜人民把志愿军看作自己的子弟兵，在战斗中为志愿军运送物资、伤员，冒着被美军飞机轰炸的危险抢修道路桥梁。在志愿军第一次战役的飞虎山战斗中，当地朝鲜人民即为志愿军送饭、送水、运送弹药，在牺牲30多人的情况下，坚持把粮弹送到志愿军的阵地上。在1952年深秋的上甘岭战役中，朝鲜金化、淮阳两个郡即组织8000余群众支前，运送志愿军伤员1700余人，并涌现了朝鲜的"罗盛教"朴在根烈士，在运送志愿军伤员途中，遭美军飞机轰炸，朴在根因用自己身体保护志愿军伤员而牺牲。战争期间直接参加支前的朝鲜人民达30万人次以上。

志愿军和朝鲜人民军在作战中相互支援，密切协同。

中朝两国人民和军队结下了深厚的战斗情谊。

问：战斗英雄孙明芝是朝鲜战场上第一个用高射机枪打下美军飞机的人。请您谈谈当时志愿军地面防空力量状况是怎样的？我军高射机枪的广泛使用对打击美军空军嚣张气焰起到了怎样的震慑作用？

答：抗美援朝战争的一个突出特点，就是敌我双方武器装备优

---

① 《建国以来毛泽东军事文稿》上卷，军事科学出版社、中央文献出版社2010年版，第235、449页。

劣对比极为悬殊。美军有强大的空军和海军，掌握整个战场的制空权和制海权，并且地面部队装备也非常精良。志愿军入朝时，美国空军投入到朝鲜战场上的各种作战飞机已达 1200 架。而志愿军既没有空军，也没有海军，陆军除有少量地面火炮外，基本是落后的步兵装备。当时编入志愿军的只有一个高射炮团，36 门高炮，部署在鸭绿江边保护鸭绿江大桥。在第一次战役时，连同后勤保障兵力在内，近 30 万人的志愿军部队没有一门高射炮掩护部队行动，也没有高射机枪。所以，志愿军只能采取疏散、隐蔽和伪装的消极防空办法进行防空，防空压力非常大，白天没有行动自由。志愿军部队、指挥机关和后勤运输车辆常因美军空袭遭受损失。人们熟知的毛泽东的儿子毛岸英就是志愿军司令部遭美军空袭时牺牲的。志愿军运输汽车因美军空袭的月损失率达 50% 以上。美军飞机欺负志愿军没有空军参战，也没有专门的防空武器，在朝鲜北方上空肆无忌惮，极为猖狂，钻山沟、钻桥洞、贴房顶、掠树梢，见到单个行人和单辆车辆都追打扫射，地面人员都能看到美军飞行员的面孔。

在第一次战役结束前后，志愿军第四十二军第一二四师于 11 月 6 日用步兵武器击落美军飞机 2 架，8 日，第三十八军第一一二师第三三六团也用步兵武器击落美军飞机 1 架，志愿军司令部向志愿军所有部队进行了通报，鼓励组织步兵武器打美军飞机。

第二次战役，志愿军第九兵团入朝时，共有十几挺高射机枪。1951 年 1 月，第四次战役开始后，陆续为在朝鲜作战的第三兵团、第九兵团、第十九兵团配属了 6 至 9 个数量不等的高炮营，为个别军也配属了高炮营，每个高炮营装备 12 门 37 毫米口径小的高炮和 12 挺 12.7 毫米的高射机枪。掩护铁路运输和机场修建的几个高炮团和 4 个高炮师也陆续入朝。但到第五次战役结束时，志愿军高炮总数最多时也只有 800 门左右、高射机枪 2000 余挺，而美军投入朝鲜战场的各种作战飞机已达 1700 架。从 1951 年第二季度开始，苏联空军有 2 个师（共 124 架飞机）出动掩护朝鲜清川江以北地区的铁路运输，9 月下旬，志愿军空军以师为单位出动到朝鲜清川江以北地区上空掩护铁路运输，一般保持 2 至 3 个师作战，到后期最多时保持

5个师作战。志愿军空军和苏联空军每师编制仅50至60架飞机，只能在局部时间保持朝鲜清川江以北地区的制空权。这就是志愿军防空力量的状况。

在整个抗美援朝战争中，志愿军高炮部队的掩护范围和战绩都大于志愿军空军部队。志愿军高射机枪部队的作用主要是打击飞行高度在1500米以下的敌机，对迫使美军飞机提高轰炸扫射的飞行高度，降低其轰炸扫射效能起了重要作用。但没有看到整个战争期间高射机枪部队击落击伤敌机的综合统计。

问：电影《上甘岭》让人们记住了美丽的卫生员王兰，但同样应该记住的还有王兰的原型：志愿军女卫生员——王清珍。请您谈谈当时的医疗救护条件。当时的艰苦条件下，我军的医疗救护人员为了伤员都做了哪些努力？

答：在第一线作战部队中的救护条件是比较差的，一般每个连只有一名卫生员，每个团也只有几名医生负责战场救护。但在战役后方，医疗救护条件相对要好得多。到第五次战役开始时，志愿军战役后方就有39个野战医院，关键的问题是，志愿军运输条件太差，战场伤员难以及时运送到后方医院。

在上甘岭战役中，上甘岭597.9高地和537.7高地北山原来分别是志愿军一个连防守的阵地，战役开始前防守兵力分别增加到一个营，但阵地坑道基本还是按原来各一个连的兵力防守挖掘的。在敌人进攻占领上甘岭表面阵地后，志愿军防守部队转入坑道，坑道内就显得人多拥挤，空气污浊；由于敌军炮火封锁，前运物资和后送伤员都困难，坑道中尤其缺少战救药材和水；在上甘岭战役第二阶段，敌军占领表面阵地后，找到志愿军的坑道口，向坑道内施放烟幕和毒气。这些，使未负伤的人都很难忍受，而伤员就更加痛苦。在坑道中的卫生员除对伤员的伤口进行清洗、消毒和临时包扎外，就是想办法为他们找水，有的为他们唱歌、讲故事，尽量为他们创造条件，减轻他们的痛苦。这些，在《上甘岭》电影中都有表现。

问：杨连第是志愿军铁道兵团的一员，为了志愿军后方运输的畅通献出了宝贵的生命。请您谈谈抗美援朝战争后方运输的重要性及遇到的困难，杨连第的牺牲地点——清川江大桥有着怎样的战略地位？

答：在抗美援朝战争的后勤工作中，有一个人尽皆知的口号，就是"千条万条，运输第一条"。抗美援朝战争是中国人民志愿军出动到朝鲜作战，而朝鲜因遭受美国侵略，已经一贫如洗，志愿军不可能依靠就地筹措解决作战物资补给问题；志愿军武器装备落后，同美军作战，战场缴获不易，即便缴获，也很快被美军飞机和炮火摧毁，难以利用。因此，志愿军作战物资几乎全靠从国内运输补给。而志愿军没有空中和海上运输手段，只能依靠火车和汽车运输；志愿军入朝时，铁路已全部被美军摧毁不能通车，后来经抢修，最远也只能到达朝鲜北纬 38.5° 线。中国不能制造汽车，志愿军使用的所有运输汽车都是从苏联购买的，并且汽车数量与实际需要相差很大。更为严重的是，志愿军的物资运输是在美军飞机的疯狂轰炸封锁的情况下进行的，因此能否解决志愿军作战物资运输问题，成了能否取得战争胜利的重大战略问题。毛泽东在讲到志愿军抗美援朝遇到的困难时，讲了三个问题，就是能不能打，能不能守，能不能有饭吃。能不能有饭吃，指的就是能不能解决运输问题。在第一次至第五次战役期间，物资运输一直不能适应作战需要，并且严重影响了战役的规模和战役的进止。第二次战役，志愿军总部原本计划用 3个军实施战役迂回，因作战物资运输补给跟不上，不得不将战役迂回部队减少 2 个师。第二次战役中的东线第九兵团因冻饿减员较大。第五次战役第二阶段进攻态势很有利，但不得不停止进攻而向后转移，主要原因都是物资补给跟不上。志愿军作战物资只能靠自身携带，一般只能维持 7 至 10 天的需要，所以"联合国军"第二任总司令李奇微说志愿军是"礼拜攻势"。

火车运输是志愿军物资运输的主要手段，国内通往平壤的铁路，是北朝鲜境内最主要的一条交通大动脉。杨连第牺牲的地点——清川江大桥（西清川江桥），是这条大动脉上的主要江桥。如果此桥不通，则国内运往朝鲜的物资只能停留在清川江以北，在三八线南北地区作战的志愿军部队物资补给就会非常困难。因此，这座桥梁通与不通，关系到志愿军作战的全局。美国空军实施"绞杀战"，把这条铁路和这座桥梁作为轰炸封锁的重点目标。志愿军和朝鲜人民军在粉碎美军的"绞杀战"后，这座桥梁保证了80%以上的夜晚可以畅通，加上对汽车运输采取了防空哨、汽车待避所等措施，从而解决了志愿军作战物资的运输补给问题。

问：1952年10月14日，上甘岭战役开始。黄继光在10月20日凌晨的战斗中为了战友的前进而堵住了敌人枪眼牺牲了。请您谈谈上甘岭战役，谈谈黄继光参加的争夺0号阵地的战斗在整个战役中的位置。

答：上甘岭战役是中国人民志愿军为粉碎以美国为首的"联合国军"发动的"金化攻势"，在上甘岭地区依托坑道工事，进行的坚守防御作战。这次战役从1952年10月14日开始，至11月25日结束，历时43天。

"联合国军"1951年发动的夏季攻势和秋季攻势被粉碎以后，自1951年底以来，在战场上，除以空军和海军航空兵继续对朝鲜北方进行狂轰滥炸和实施细菌战，企图以空中压力迫使朝中方面接受其在谈判中的无理条件外，其地面部队一直没有大的作为。

与"联合国军"的情况相反，志愿军和朝鲜人民军在构筑以坑道为骨干的坚固防御阵地的同时，1952年在战场上采取战术上积极活动的方针，特别是3月底以后，营、连规模的部队不断主动出击、挤占阵地以及狙击手的狙击活动，等等，战场上非常活跃，并将第一线斗争的焦点推向"联合国军"阵地。由于运输条件的改善、阵地的巩固、武器装备的加强，志愿军和朝鲜人民军越战越强，越战越主动。

1952年9月18日至10月31日，志愿军和朝鲜人民军发动的全线战术反击作战，对"联合国军"营以下兵力防守的60个阵地实施攻击，几乎是攻则必克，攻则必歼。"联合国军"在正面战线陷入更加被动的局面。他们自己也承认"在作战上丢失先机之利，在战争精神上处于萎靡状态"。

第七届联合国大会即将于10月14日开幕，为了配合美国在联合国大会上的活动，也为了刺激一下"联合国军"部队的士气，同时对志愿军的战术反击作战进行报复，经美军第八集团军司令官范佛里特建议，"联合国军"总司令克拉克批准，"联合国军"于 10 月 14 日第七届联合国大会开幕的当天，发动了名为"摊牌行动"的"金化攻势"。

"联合国军"发动"金化攻势"的目标，是夺取由志愿军第十五军第四十五师分别以 1 个连防守的上甘岭地区 597.9 高地和 537.7 高地北山。上甘岭是志愿军中部战线战略要点五圣山的前沿阵地，位于五圣山主峰南 4 公里处，也楔入"联合国军"阵地前沿。

志愿军第十五军第四十五师在"联合国军"发动进攻之前，从南朝鲜军第二师投诚的一个参谋那里得知"联合国军"的企图，而将上甘岭两个高地的防守兵力各增加到一个营。

美国第八集团军司令官范佛里特预想，仅美国第七师和南朝鲜军第二师各 1 个营就可以夺下这 2 个阵地，此行动将进行 5 天，有 200 多架次飞机和 16 个炮兵营、280 余门大炮的支援，只需付出 200 人的伤亡代价就可达到目的。

然而，战事的发展并不以范佛里特的意志为转移。"联合国军"在上甘岭这个不足 4 平方公里的阵地上，先后投入 3 个多师 6 万余人的兵力、300 余门大炮、近 200 辆坦克、3000 余架次飞机，发射炮弹 190 多万发，投掷炸弹 5000 多枚，而志愿军的上甘岭阵地屹立未动，"联合国军"以彻底失败而告终。志愿军创造了世界现代战争史上坚守防御的典范。

这个战役经过三个阶段：第一阶段是与"联合国军"争夺表面阵地（10 月 14 日至 20 日），第二阶段是坚持坑道斗争（10 月 21 日至 29 日），第三阶段是实施决定性反击（10 月 30 日至 11 月 25 日）。黄继光的英雄事迹就发生在这次战役的第一阶段。从 14 日至 20 日凌晨，几乎每天都是昼间"联合国军"进攻，占领上甘岭两阵地表面阵地，夜间志愿军组织反击夺回。

上甘岭的 597.9 高地，由三个小山头组成，最高峰在南面，"联合国军"称之为"三角形山"。志愿军将山上重要的无名高地分别编号，以便使用炮火和作战指挥。597.9 高地共编为 14 个阵地，其中沿由 3 个山头形成的前三角形两个侧边山脊，编为 8 个阵地，即右翼山脊从后到前分别编为 6、5、4、0 号阵地，左翼山脊从后到前分别编为 2、8、1、3 号阵地，3 号阵地是前三角的顶点，是主峰。0 号阵地就位于三角形顶点主峰的西北侧。

10 月 19 日夜，在反击 597.9 高地的战斗中，反击部队在夺回该高地西北山脚后，被美军占领的 0 号阵地火力所阻。志愿军第一三五团第二营参谋长几次组织爆破手爆破，都没有成功。这时，离上级要求攻上高地的时间只剩下 40 分钟。时间紧迫，不打掉 0 号阵地的美军火力点，就不能全部夺回失去的阵地。二营通信员黄继光挺身而出，去炸掉 0 号阵地的美军火力点，在突击队已发起冲锋，而 0 号阵地美军残存的两挺机枪又响了起来时，身负重伤的黄继光手里已经没有武器了，便以顽强的毅力爬到机枪口，并突然站起来用自己的身体堵住了美军的火力点射孔，为部队前进开辟了道路，保证了反击的胜利。

问：韩德彩是中国人民志愿军空军英雄，打下了美军双料王牌飞行员费席尔，极大地打击了敌人的气焰，鼓舞了我军士气。请您谈谈我军入朝后空军的情况及朝鲜战场上我军空军发挥的作用。

答：志愿军入朝时没有空军，人民解放军的空军形成作战能力的也只有 1 个混成旅，共 110 余架飞机。志愿军参战后，为适应作战需要，人民解放军空军在 1 个混成旅的基础上突击扩建空军作战部队。有 1 个师，于 1950 年 12 月下旬至 1951 年 3 月初在苏联空军的带领下，完成了实战练习。至 1951 年 7 月底，人民空军共有 8 个团可以参战，另有 14 个团可以勉强参战。为粉碎美军于 1951 年 8 月中旬发动的 "绞杀战"，人民空军以师为单位加入志愿军序列，从 1951 年 9 月下旬开始采取轮番作战的方针，出动到朝鲜上空作战，主要任务是掩护清川江以北地区的朝鲜铁路运输和掩护机场修建。第一番作战的只有 1 个师，至 10 月 20 日结束。从第二番开始，基本保持 3 个师作战，到 1953 年，每番作战最多时达到 5 个师。志愿军空军歼击机部队每个师编制 2 个团，50 架米格 -15 战斗机，个别的团装备拉 -11 螺旋桨式飞机。志愿军空军飞行员参战时，在米格－15 战斗机的飞行时间一般只有几十个小时，最多不超过 100 小时，没有多少飞行经验，更没有空战经验，这与参加朝鲜战争的美军飞行员无法相比，美军飞行员一般都有 1000 小时的飞行经验，大多数有参加过第二次世界大战的空战经验。但志愿军飞行员基本都具有人民解放军陆军作战的经验，作战勇敢不怕死。就是在这种情况下，先后出动参加空战的志愿军第四师和第三师，都取得了令人振奋的空战战绩。第四师从 1951 年 9 月 20 日至 10 月 20 日的一个月中，共进行大小空战 11 次，击落美机 20 架，击伤 10 架。自身损失飞机 14 架，与美机损失对比为 1：2.14。第三师从 1951 年 10 月 21 日至 1952 年 1 月 14 日的 86 天中，进行大小空战 23 次，击落美机 55 架，击伤 8 架。自身被击落飞机 16 架，被击伤 7 架，同美机损失对比为 1：3.4。毛泽东看到这两个师的战报，均感到欣慰，并向该两师祝贺。

1951 年底前，志愿军空军作战范围基本在平壤以北地区上空，后来延伸扩展至平壤以南北纬 38.5° 线以北地区。至 1952 年 4 月间，志愿军空军逐渐摸索总结出了适合自身特点的空战战术原则。整个战争期间，志愿军空军先后有 10 个歼击机师和两个轰炸机师参加了作战，共击落敌机 330 架、击伤 95 架，自身被击落 231 架、被击伤 151 架。志愿军空军第十五师第四十五团飞行员蒋道平还击落了美国空军三料首席王牌飞行员约瑟夫·麦克康奈尔（Joseph·C. McConnell，第五十一联队第十六中队上尉小队长）所驾飞机。抗美援朝战争结束多年后，才从美国的媒体报道中得知，当年蒋道平击落的是麦克康奈尔，击落的是美国三料王牌飞行员。

志愿军空军参战，与高射炮部队一起，有力地打击了美国空军的嚣张气焰，并有力地掩护了朝鲜清川江以北地区的铁路运输，志愿军轰炸机部队还直接支援志愿军第五十军取得西朝鲜湾渡海登岛作战的胜利。总之，志愿军空军作战，对取得抗美援朝战争胜利作出了重要贡献。

问：柴云振，一个默默无闻 30 多年的战斗英雄。他所在的班在朴达峰阻击战中共消灭敌人 200 多人。请您谈谈朴达峰这场战斗发生的背景和战斗情况。

答：朴达峰阻击战发生在 1951 年 6 月初，此时是志愿军和朝鲜人民军胜利结束第五次战役第二阶段进攻作战，主力向后转移准备休整的阶段。由于对敌军反扑估计不足，志愿军和朝鲜人民军主力转移部署不够周密。志愿军和朝鲜人民军主力刚刚转移，"联合国军"就发起全线反扑，造成志愿军和朝鲜人民军主力转移初期的被动局面，第二十七军主力和第十二军第九十一团被隔在敌后，第六十军第一八〇师遭受严重损失。5 月 27 日，中朝联合司令部命令包括志愿军第十五军在内的志愿军 5 个军和朝鲜人民军 3 个军团，停止转移，立即在指定位置展开，转入阻击作战，坚决阻止敌人进攻。柴云振是志愿军第十五军第四十五师第一三四团第八连的班长，他所在的一三四团部署在金化以南的都平里至金化公路以东的朴达峰一线，阻击美军第二十五师进攻。该团在这一线顽强坚守了 7 昼夜，停止了敌人在这里的进攻。至 6 月 10 日前后，全线停止了敌人的进攻。从此战争转入战略相持阶段，随之出现了边打边谈的战争局面。

发生在抗美援朝战争中的故事[*]

发生在抗美援朝战争中的故事很多，在 20 世纪 50 年代和 60 年代拍摄的有关抗美援朝战争的电影中展现了许多故事，这些电影有《上甘岭》（长春电影制片厂出品，1956 年上映）、《奇袭》（八一电影制片厂出品，1960 年上映）、《英雄儿女》（长春电影制片厂制作并出品，1964 年上映）、《打击侵略者》（八一电影制片厂出品，1965 年上映）。此外还有京剧《奇袭白虎团》（1972 年长春电影制片厂将其搬上银幕）。我今天介绍的故事，有的在这些电影里有反映，有的没有反映。我介绍以下几个故事：黄继光的故事、邱少云的故事、奇袭白虎团的故事、"向我开炮"的故事、"活烈士"的故事、一个苹果的故事。

一、黄继光的故事

黄继光是志愿军的著名战斗英雄，他的故事发生在上甘岭战役中。黄继光是四川省中江县人，1931 年 1 月生，1951 年 3 月参加抗美援朝战争，在第十五军第四十五师第一三五团二营六连。参军后，他工作积极热情，战场上机智勇敢，被调到营部当通信员。

1952 年 10 月 19 日晚，志愿军第四十五师组织对占领 597.9 高地表面阵地的美军实施反击。597.9 高地是个前三角形，阵地编号，

＊ 本文是作者于 2019 年 8 月 22 日在云南石林为《自然的恩典》"爱我中华"青少年成长夏令营讲课时的讲稿的一部分。

左边从底向上分别是 1 号、2 号、8 号、11 号阵地，顶点是 3 号阵地；右边从底向上分别是 6 号、5 号、4 号和 0 号阵地；在顶点的右侧是 10 号阵地，顶点的南侧是 9 号阵地。第一三四团 1 个连反击左边上的几个阵地较顺利。第一三五团六连反击右边的 6 号、5 号、4 号和 0 号阵地，反击 6 号、5 号、4 号阵地都较顺利，而反击 0 号阵地受阻。二营参谋长张广生随六连行动，张广生和六连连长万福来、指导员冯玉庆几次组织对 0 号阵地美军机枪火力点的爆破均未奏效。而不打下 0 号阵地，后边的部队就无法反击 10 号阵地和 9 号阵地。此时，距发起总攻时间仅有 40 分钟，而六连伤亡很大，已经没有兵了。鉴于这种情况，跟在张广生身后的黄继光挺身而出，他跟参谋长说：敌人的火力点我都看清楚了，让我去爆破吧。参谋长遂与连长、指导员商量决定，任命黄继光为六连六班班长，带领吴三羊、肖登良两名战友执行爆破任务。在他们运动过程中，吴三羊牺牲了，肖登良负重伤，黄继光自己也负了重伤，但他继续向美军火力点爬去。在距离美军火力点 5 米时，他挣扎着用左臂支撑起身体，用力将最后一颗手雷掷向美军火力点。随着手雷的炸响，0 号阵地美军狂吼的机枪顿时成了哑巴。突击队发起冲锋，突然，0 号阵地美军残存下来的机枪又响了起来，突击队的指战员被压制在山坡上。此时黄继光手里已经没有武器了。他瞄了一眼还在吼叫的火力点，以顽强的毅力爬到机枪口，并突然站起来用自己的身体堵住狂喷的火舌，为部队前进开辟了道路，保证了反击的胜利。此次反击，全歼占据597.9 高地表面阵地的美军第七师共 5 个连，全部恢复了表面阵地。为表彰黄继光烈士的英雄业绩，根据他生前的志愿，志愿军第十五军党委追认黄继光为中国共产党党员，授予他"模范团员"称号；志愿军领导机关给他追记特等功，并追授他"特级战斗英雄"称号。朝鲜最高人民会议常任委员会授予他"朝鲜民主主义人民共和国英雄"称号。黄继光的名字和英雄事迹，被刻在上甘岭背后五圣山的石壁上。黄继光生前没有照片，所以我们现在看到的只有他的画像。他生前所在的六连，一直延续到现在，属空降兵部队，这个连队每天点名时，点的第一个名字就是"黄继光"，全连战士同时答"到！"

二、邱少云的故事

邱少云也是志愿军战斗英雄，他的故事发生在 1952 年秋季的战术反击作战中。邱少云原属四川省铜梁县关溅乡人（现属重庆市铜梁区，关溅乡改名为少云镇），1926 年生，1949 年 12 月参加人民解放军，是解放军第十军第二十九师第八十七团九连战士。后第二十九师编入第十五军，于 1951 年 3 月作为志愿军开赴朝鲜作战。在 1952 年秋季战术反击作战中，第二十九师担负反击 391 高地的战斗任务，反击时间为 10 月 12 日晚。391 高地由南朝鲜军第九师 1 个加强连防守，这个高地可控制周围 10 平方公里的开阔地带，夺取这个高地，既可以屏障其西北方向 10 公里的志愿军的一个战略要点——铁原，又可以将其作为志愿军进攻行动的依托。志愿军阵地与 391 高地之间有 3000 米宽的开阔地带，为达成反击的突然性，在反击前的 10 月 11 日晚，志愿军第二十九师将第八十七团第三营营部率 2 个连共 400 余人，秘密伪装潜伏到距 391 高地前沿 60 米的草丛里。邱少云所在连参加了潜伏。为防止暴露目标，战士们遵守严格的纪律，包括不能大声说话，不能抽烟，睡觉不能打呼噜，夜晚不能有火光，白天不得移动，等等。10 月 12 日下午 2 时，南朝鲜军的纵深炮火对潜伏区进行盲目射击，试射了数百发烟幕弹，顿时浓烟四起，引着了邱少云身边的草丛，烈火烧着了他的伪装物和衣服，他疼痛难忍。在他的身后就有一条小水沟，只要他滚向水沟，身上的火就会扑灭，但这样做就会暴露目标。为了潜伏在草丛中战友们的生命安全，为了保证整个战斗的胜利，他严格遵守潜伏纪律，忍受着常人无法忍受的痛苦，硬是一声不响、一动不动，直到英勇牺牲，保证了战斗发起的突然性。当晚，志愿军攻上 391 高地，全歼守军 170 余人。战后，志愿军领导机关给邱少云追记特等功，追授"一级战斗英雄"称号。朝鲜最高人民会议常任委员会追授他"朝鲜民主主义人民共和国英雄"称号。邱少云被人民解放军称为"遵守纪律的模范"。

三、奇袭白虎团的故事

奇袭白虎团的故事发生在 1953 年 7 月的金城战役中。金城战役是专门打南朝鲜军的。这个时候，停战谈判刚刚达成全部协议，正在进行停战协定签字的各种准备，马上就可实现停战。可就在这个时候，南朝鲜李承晚集团破坏刚刚达成的关于战俘遣返问题的协议，以"就地释放"为名，强迫扣留朝鲜人民军被俘人员 27000 余人。为了惩罚李承晚的破坏行为，准备签订《朝鲜停战协定》的志愿军司令员彭德怀已经到达平壤，一方面给毛泽东发电，建议推迟停战签字，再给李承晚集团以打击；一方面打电话给志愿军总部，指示立即部署作战，狠狠打击李承晚。毛泽东同意彭德怀的建议。金城战役于 7 月 13 日发起，至 7 月 27 日结束，在 25 公里的正面战线上，给予南朝鲜军 4 个师以歼灭性打击，歼其 5.3 万余人，打进纵深 18 公里。李承晚不得不乖乖同意停战。

"白虎团"是南朝鲜首都师第一团，李承晚曾亲自为这个团授予"优胜"虎头旗。金城战役突破南朝鲜军防御后，战役西集团（由第六十八军 2 个师和第五十四军 1 个师组成）即以第六〇九团第二营及配属该营的第六〇七团 1 个侦察班组成穿插支队。这个穿插支队的任务就是插入南朝鲜军防御纵深，捣毁炮兵阵地和团营指挥所。7 月 14 日 2 时，穿插支队的先头侦察班在副排长杨育才的率领下，化装成南朝鲜军，巧妙地通过南朝鲜军数道哨卡，途中还跟来一个真的南朝鲜军士兵，他们进至二青洞地区南朝鲜首都师第一团（"白虎团"）团部附近。"白虎团"团部里正在开会，杨育才带领侦察班突然闯进会议室、警卫室，开枪射击，"白虎团"团部乱作一团，当场击毙在此开会的机甲团团长，俘获军事科长和榴弹炮营副营长等，共歼敌 70 余人，缴获"白虎团"团旗，打乱了"白虎团"的指挥体系，使部署于周围的南朝鲜军失去指挥，为西集团顺利完成战役任务创造了条件。缴获的"白虎团"团旗目前在北京军事博物馆。这就是后来在国内广为流传的"奇袭白虎团"的故事。战后，该侦察班荣立集体特等功，杨育才个人被志愿军首长记特等功，授予"一级战斗英雄"称号。朝鲜最高人民会议常任委员会授予他"朝鲜民主主义人民共和国英雄"称号。杨育才于 1999 年去世，终年 73 岁。

四、"向我开炮！"的故事

看过《英雄儿女》这部电影的人，都知道电影中的英雄王成。电影中这个英雄王成，是名步话机员，牺牲前，阵地上只剩下他一个人了，敌人又冲上来了，王成就在步话机里向指挥部大喊："为了胜利，向我开炮！"这在抗美援朝战争中有真实的原型，最初的原型就是蒋庆泉，后来还有一位于树昌。蒋庆泉和于树昌都是志愿军第二十三军的步话机员，蒋庆泉是第六十七师第二〇一团步话机员，于树昌是第七十三师第二一八团步话机员。

蒋庆泉是辽宁锦州人，1928 年生，1949 年入伍，1950 年加入中国共产党，1952 年入朝参加作战。1953 年 4 月，蒋庆泉所在的五连接到命令攻占石砚洞北山，夺下阵地后要死守阵地，该连队夺下了阵地，但敌人猛烈反扑。五连 165 人，战斗到最后，就剩下蒋庆泉等几人，已无力打退敌人的反扑。敌人越来越近，蒋庆泉就冲着步话机向指挥部嘶吼："向我的碉堡顶上开炮！"还没有等到我方炮火，就被弹片击中失去知觉，醒来时发现自己在美军的卡车上，恨自己没有死而成了俘虏，当时部队以为他牺牲了。蒋庆泉大喊"向我开炮！"是与指挥部的陆洪坤联系的，第二十三军《战地报》记者洪炉从陆洪坤那里了解到这个情况后，写成了通讯《顽强的声音》。同年 7 月，步行机员于树昌也在战斗中呼唤炮火，与敌人同归于尽。洪炉根据尚未发表的《顽强的声音》，将蒋庆泉和于树昌事迹结合在一起，写了一篇《向我开炮》的战地通信。因得知蒋庆泉被俘了，宣传的是于树昌。在创作电影《英雄儿女》时用"向我开炮"的情节塑造了王成这个英雄。

蒋庆泉在战俘营遭受百般折磨，冒着九死一生的生命危险，坚定地回到祖国。在当时那种特殊的情况下，对回来的被俘人员都要进行严格政治审查。第二十三军政治部给予蒋庆泉充分支持和肯定，审查结果给予蒋庆泉党内警告处分，保留了党籍和军籍，复员回到家乡。那时，成为俘虏是个耻辱，所以他从来不提到朝鲜打仗的事。有一次他抱着孩子去看电影，正好放映的是《英雄儿女》，他看到英雄王成的英雄形象，一下触动了他的心灵，这不是我吗？这就是我吗？可电影中的王成是英雄，而我是战俘。他的泪水一下涌了出来，抱着孩子转身回家，悄悄地哭了很长时间，从此不看电影。1979年组织取消了对他的一切处分。

幸运的是，当年他与指挥部联系"向我开炮"的陆洪坤和写战地通讯的洪炉一直在找他。2008年，陆洪坤终于找到了蒋庆泉，他们抱头痛哭。陆洪坤说："向你开炮的人来了。"2010年4月洪炉专门去探望蒋庆泉，并把当年自己写的《顽强的声音》手稿送于蒋庆泉做礼物。2011年蒋庆泉在女儿陪同下为当年的第二十三军政委、开国中将卢胜扫墓。

党和政府要给蒋庆泉补偿和特殊待遇，老人家都谢绝了，只提出一个要求，就是希望得到一枚抗美援朝纪念章。解放军总政治部得到消息后，专门为老人特制了一枚参战纪念章。就是这样的一位老人，一名军人，是何等可爱之人，这是何等英雄之人！有人说："这是一名真正的中国军人——尽管遭受不公正待遇受尽委屈，可依然忠于祖国母亲，毫无二心、不离不弃！他是中国脊梁！他是军人典范！"

五、"活烈士"的故事

（一）柴云振的故事

柴云振，四川省岳池县大佛乡人，1926年10月生，1948年参加解放军，在中国人民解放军第十五军第四十五师，1949年12月加入中国共产党。1951年该师改为志愿军入朝参战。在第五次战役朴达峰阻击战中，柴云振任第四十五师第一三四团八连班长，他带领4名战士反击敌人进攻，连续攻下3个山头，缴获机枪5挺，毙伤敌200余人。当敌人反扑时，柴云振子弹打光了，与敌方展开肉搏，被敌人咬去一个手指，头部也被多处砸伤，被转入后方医院治疗。部队以为他牺牲了，在朝鲜的一个纪念馆里还挂有他的画像"遗像"。志愿军总部对他的英雄表现，记特等功，授予"一级英雄"称号。柴云振在后方治好伤后，复员回到老家，对志愿军总部给予他的表彰一无所知，一直在家乡默默奉献，先后担任过大队长、公社党委副书记、乡长等职。直到30余年后，经中央军委批准，总政治部组织全军有关单位编写《当代中国丛书》国防和军队的若干卷本，军事科学院负责编写《抗美援朝战争》卷，拟在附录中附上志愿军英雄模范名录，向英雄原所在部队征集资料。柴云振当时所在部队军史办公室开始寻找他的下落，在报纸上登载了寻找战斗英雄"柴云振"的寻人启事。柴云振的儿子看到了，就问父亲是不是他。柴云振说同名同姓的人多了。在他儿子和乡亲们的劝说鼓动下，柴云振找到原所在部队，经反复细致核实，确认，寻人启事找的就是这个柴云振。

1985年，经中央军委批准，柴云振作为中国人民志愿军战斗英雄代表团的成员，应金日成的邀请前往朝鲜参加中国人民志愿军赴朝作战35周年纪念活动。经金日成批准，柴云振将画像"遗像"拿回作为纪念。

柴云振于2018年12月26日去世，终年92岁。

（二）李玉安和井玉琢的故事

1951年4月11日，《人民日报》发表了著名军旅作家魏巍的战地通讯《谁是最可爱的人》，讲述了发生在1950年11月30日志愿军第三十八军第一一二师第三三五团三连的松骨峰战斗。这次战斗是要阻击美军第二师部队从这里向南逃跑。松骨峰是半石半土的秃山，主峰288.7米，从北向南的公路到这里有个转弯。第三三五团三连接到命令后，先敌抢占了松骨峰，美军的飞机、坦克、炮火猛烈轰击这个阵地，还投了燃烧弹，石头都烧红了，美军第二师部队多次蜂拥冲锋，均被第三三五团三连打退，三连子弹打光了，就用枪托、刺刀、石头等与敌人展开肉搏，激战6个小时，歼敌几百人。三连最后只剩7名战士，但阵地仍在三连手中屹立未动，谱写了一曲革命英雄主义的凯歌。魏巍在这篇通讯中讲到了牺牲在这个阵地上的

13名烈士，其中有李玉安和井玉琢。

李玉安，1924年生，是河南省台前县人。1946年参加人民解放军，1947年加入中国共产党，在解放战争期间先后10次立功。1950年10月，他所在部队改为志愿军参加抗美援朝战争，在第三十八军第一一二师第三三五团三连任副班长。井玉琢是辽宁省凤城县人，1918年生，后全家逃荒到黑龙江省七台河，1948参加人民解放军，同年加入中国共产党。在解放战争期间先后11次立功。其实这两位英雄在抗美援朝战争中都负了重伤，被送后方医院治疗，部队以为他们牺牲了。伤愈后，1952年7月，组织上按普通复员残疾军人，安排李玉安到黑龙江省巴彦县兴隆镇粮库当了一名普通工人。井玉琢是二等乙级残疾，按政策规定，可以由国家养起来。但他放弃国家终生供养的机会，毅然回乡务农。他们两人都是返乡后所在单位和县乡的劳动模范、优秀共产党员。他们两人也都从孩子们的课本里知道魏巍在《谁是最可爱的人》中写到的就是他们。但他们的想法都是，许多战友都牺牲了，而他们自己还有幸活着，这就是最大的幸福，不给党和国家添麻烦、找负担。当孩子们从课本上看到他们的名字，问他们时，他们都说，同名同姓的多了，从不讲自己的功劳，几十年默默在工作岗位上作贡献。1990年2月，李玉安为儿子参军的事，带着残废证和一本编有《谁是最可爱的人》一文的初中课本找到原部队，公开了他的身份。李玉安活着的消息传开后，立即成为轰动全国的一大新闻。李玉安的出现，引出七台河市委党史办在市属红旗乡找到井玉琢，这两位英雄隐姓埋名几十年的事迹，当时全国各大媒体都作了报道。李玉安、井玉琢，他们的名字都有个"玉"字，也被有的媒体称为"双玉"。他们两人之间知道对方都健在，相互通了信。1990年在新华社黑龙江省记者站记者的安排下，两位老人在哈尔滨重逢。两人紧紧拥抱在一起，激动得热泪盈眶。魏巍得知李玉安和井玉琢还健在的消息，经过联系，先后会见了他们两人，称赞他们"永远是最可爱的人"。1990年10月，李玉安应邀参加中国人民友好代表团出访朝鲜，在朝鲜参加了中国人民志愿军赴朝参战40周年纪念活动，于1997年去世，终年73岁。井玉琢于 1996 年 8 月去世，终年 78 岁。他们确实永远是"最可爱的人！"

六、一个苹果的故事

广为流传的"一个苹果的故事"发生在上甘岭战役第二阶段。前面介绍上甘岭战役时，已讲到了，这个阶段是坚守坑道部队最艰苦的阶段，坑道内空气污浊，缺粮、缺弹，特别是缺水，连伤员都以尿止渴，有时连尿都没有。在这种情况下，第一三五团第五连一位年轻的运输员，在将弹药运进坑道的同时，带进来一个苹果。运输员将苹果送给在坑道内指挥的第七连连长张计发。张连长看着他汗湿的衣服和干裂的嘴唇，没有接，让他自己吃。这名运输员没吃，而硬是塞给连长。几日无水了，嗓子已嘶哑的连长把这个水灵灵的苹果，在手里掂了几下递给了步话机员。步话机员舔了舔结成血痂的嘴唇，把苹果递给了正在呻吟的伤员。伤员发现只有一个苹果，又把苹果递给了连长。连长深情地看了看大家，把苹果交给了司号员，司号员接过来就递给了卫生员，卫生员又递给了那位伤员，伤员又将苹果交给了连长。坑道里的几个同志虽都口渴难忍，但一个苹果转了一圈，又完整无损地转到连长手里。最后在连长命令下，大家才一人一小口分吃了这个苹果。这个真实的故事，充分体现出革命战士伟大的友爱互助精神。

近几年播放的有一部名为《三八线》的电视剧，在军委政治工作部有关部门的组织下，这部电视剧中的主要演员以《三八线》剧组"尖刀连"进军营的名义，到当年参加上甘岭战役的部队组织活动，其中一名演员在活动中讲了他在部队体验生活时，亲身感受到一次现实的"一个苹果的故事"。

人 物 篇

毛泽东在抗美援朝战争中的
军事指导艺术*

毛泽东是举世公认的著名军事家。中国革命战争取得伟大胜利，是毛泽东军事思想的伟大胜利。抗美援朝战争在敌我双方经济力量和军队武器装备优劣极为悬殊的条件下，之所以能取得胜利，也是毛泽东军事思想的伟大胜利。毛泽东军事指导艺术在抗美援朝战争中的战略准备、战略决策、战场指导、战局控制等方面均有充分展示和发挥。

一、未雨绸缪，避免了临急被动应战

有备无患，凡事预则立，不预则废。1950 年 6 月 25 日朝鲜内战爆发时，毛泽东、周恩来等中共中央主要领导人，虽然预知一些情况，但对朝鲜内战的爆发并没有足够的精神准备。当时中国人民正在贯彻中共七届三中全会精神，准备集中精力全面恢复国民经济。所以，周恩来说："朝鲜战争爆发，给了我们新的课题。"[1] 朝鲜内战爆发后，尽管朝鲜人民军势如破竹，战局发展极为顺利；尽管战争爆发前的 5 月中旬，金日成在北京向毛泽东通报，他与斯大林商讨

* 本文是作者于 2013 年 9 月参加中华人民共和国国史学会年会、2013 年 12 月参加全军纪念毛泽东诞辰 120 周年学术研讨会时撰写的论文，发表在《当代中国史研究》2013 年第 6 期。

[1] 《周恩来军事文选》第四卷，人民出版社 1997 年版，第 43 页。

以军事手段解决朝鲜统一问题结果时，满怀信心地表示，莫斯科已给了他所需的足够援助，不需要中国再提供任何军事援助。但是，朝鲜战争爆发后，特别是美国直接武装干涉朝鲜内战，以毛泽东为主席的中共中央洞察时局，敏锐地估计到，尽管美国直接武装干涉，但朝鲜人民军有可能一鼓作气，很快解放全朝鲜，战争很快结束或告一段落。同时估计到，由于美国的武装干涉，朝鲜已成为东方斗争的焦点，朝鲜局势也有恶化的可能，甚至美国会公然进犯中国东北大陆。因此，中国不能不有所防范，宁可备而不用，而不可不有所准备。毛泽东等中共中央领导人冷静地分析国际国内形势，全面权衡各种利弊，于朝鲜内战爆发一周内，即决定调整国防部署，将军事斗争准备的重点方向由东南沿海地区调整为东北边防，将军事斗争准备的重点作战任务由解放台湾调整为"支援朝鲜人民，推迟解放台湾"。[①]朝鲜战争爆发不足两周时，中央军委于 7 月 7 日开始调动部队组建东北边防军，7 月 13 日作出《关于保卫东北边防的决定》。抽调第十三兵团等部队共 25.5 万余人，到东北地区集中整训，以保卫中国东北边防，并准备必要时支援朝鲜人民抗击美国侵略。

东北边防军集中后的整训，从一开始就在师以上干部中明确了准备出国作战的思想，边防军的全部政治教育和军事训练都是以美军为主要作战对象、以朝鲜为作战地区进行的。军事训练重点是研究美军的现代化武器装备和作战特点，并根据边防军出国作战时可能的武器装备情况，对连以下分队和单兵进行了战术、技术训练。8月 18 日，毛泽东指示边防军，"务在九月三十日以前完成一切准备工作"。[②]

8 月中旬，朝鲜战争在洛东江地区出现僵持局面，根据中央军委代总参谋长聂荣臻建议，经毛泽东批准，中央军委又决定将上海地区准备用于解放台湾的第九兵团（辖 3 个军）和在西北地区刚刚结

---

① 《周恩来军事文选》第四卷，人民出版社 1997 年版，第 43 页。
② 《建国以来毛泽东军事文稿》上卷，军事科学出版社、中央文献出版社2010 年版，第 184 页。

束剿匪作战不久的第十九兵团（辖 3 个军），分别集中便于机动的津浦、陇海两条铁路线，作为边防军的二线、三线部队，以为未雨绸缪之计。

8 月 26 日，周恩来主持召开国防会议，专题检查和督促东北边防军作战准备工作。周恩来在会议上指出，中央原对朝鲜战争设想两种情况，第一种情况是人民军一鼓而下，很快解放全朝鲜，使战争很快结束，至少告一段落。第二种情况，是战争长期化。"在第一种设想情况下组织边防军，是备而不用"。现在设想的第一种情况已经过去。"在第二种设想情况下，是加重了我们的责任"。我们"必须加紧和加强准备工作。一切都要准备好，不要成为'临急应战'，而要有充分准备，出手就胜"①。

虽然东北边防军的实际军事训练时间仅仅一个多月，战前的军事训练和其他各种准备均很不充分，但是，正是有了毛泽东等中共中央和中央军委领导人在军事上、政治上的高瞻远瞩和战略预见，未雨绸缪，适时组建东北边防军进行整训，才为后来作出"抗美援朝、保家卫国"重大战略决策，准备了必要军事力量，避免了临急被动应战的局面，并使中国人民志愿军一出手就连连取得胜利。

二、勇敢决策，震惊了全世界

胡乔木曾回忆说："我在毛主席身边工作二十多年，记得有两件事是毛主席很难下决心的。一件是 1950 年派志愿军入朝作战"②。在朝鲜处境危急，1950 年 10 月 1 日金日成、朴宪永联名致函毛泽东，请求中国直接出动解放军给予援助时，中国是否出动军队支援朝鲜人民作战，这对以毛泽东为主席的中共中央来说是十分艰难的抉择。当时，新中国刚刚成立一周年，面对的是千疮百孔、百废待兴的社会局面。不但西藏和台湾等尚未解放，而且遭受几十年战争破坏的

---

① 《周恩来军事文选》第四卷，人民出版社 1997 年版，第 44—45 页。
② 《胡乔木回忆毛泽东》，人民出版社 1994 年版，第 92 页。

国民经济尚未恢复；新解放区许多基层政权尚未建立，已建立的也不完全巩固，还有大批股匪没有被剿灭，土匪为害严重；占全国农村总人口和土地面积 2/3 以上新解放区的土地改革刚刚开始。总之，新中国的政治秩序、经济秩序和生活秩序都未步入正轨，并且军队武器装备落后，大部分野战军部队已转入支援工农业生产，没有得到充分的训练。如果出动军队到朝鲜作战，面对的是资本主义世界最强大的国家，现代化武器装备最强、具有丰富现代化作战经验、训练有素的美国军队，新中国的国力能够支撑这样的战争吗？中国出兵能够打胜吗？如果不能打胜，甚至被美国军队打回来，中国社会能够稳定吗？国民经济恢复能有保证吗？正是面临这些实际问题，毛泽东主持中共中央书记处和政治局多次召开会议，慎重研究讨论是否出兵援朝问题，正是面临这些实际问题，在政治局研究讨论时，起初多数成员主张不出兵或暂不出兵。

中共中央政治局经过 10 月 4 日、5 日两次扩大会议讨论，认识逐步趋于一致，认为，美国侵入台湾海峡，并已将战火烧到中国大门口，朝鲜危在旦夕，亟盼中国出动军队援助。"中朝是唇齿之邦，唇亡则齿寒。朝鲜如果被美帝国主义压倒，我国东北就无法安定。我国的重工业半数在东北，东北的工业半数在南部，都在敌人轰炸威胁的范围之内。"美国飞机已经在不断入侵中国领空，进行侦察、扫射和轰炸，"如果美帝打到鸭绿江边，我们怎么能安定生产？"另一方面，"朝鲜要胜利，也必须得到国际的援助，尤其是在困难的时候，更需要国际的援助。我们应该发扬革命的道义。只有朝鲜胜利了，和平阵营才不会被打开一个缺口。如果朝鲜这个缺口被打开，则其他方面要相继被打开。东方阵线门户洞开，敌人打进我们的大门来了，怎么还能谈建设？"[1] 即便中国出兵打不赢，而为了支援朝鲜人民反抗侵略和保卫中国的国家安全也必须出兵，绝不能引颈受戮，并且早打晚打，早晚都难免一战，因此，晚打不如早打。

中共中央政治局会议全面分析了战争双方的优劣条件，认为：

---

[1] 《周恩来军事文选》第四卷，人民出版社 1997 年版，第 72—74 页。

美国虽强也有弱点。美国在军事上是一长三短：一长是钢铁多。三短是战线太长，运输线太长，战斗力不如德国军队和日本军队。中国虽弱也有有利条件。中国军队占有数量上的优势，有以劣势装备战胜优势装备之敌的丰富经验；出兵援朝有中朝两国人民的全力支援；中国已同苏联签订了《中苏友好同盟互助条约》，有苏联为后盾，可获得苏联的物资支援等。因此，美国尽管在综合国力和军队武器装备上占有绝对优势，但并不是不可战胜的。

中央政治局会议经过慎重分析研究后，勇敢作出了抗美援朝、保家卫国的战略决策。10月8日，毛泽东以中国人民革命军事委员会主席名义签署了组成中国人民志愿军的命令，命令东北边防军改为中国人民志愿军，"迅即向朝鲜境内出动，协同朝鲜同志向侵略者作战并争取光荣的胜利"①。同日通报给了金日成。

虽然斯大林违背苏联将尽力为中国人民志愿军"提供空中掩护"②的诺言，但是中共中央政治局仍"一致认为我军还是出动到朝鲜为有利。……我们采取上述积极政策，对中国、对朝鲜、对东方、对世界都极为有利；而我们不出兵让敌人压至鸭绿江边，国内国际反动气焰增高，则对各方都不利，首先是对东北更不利，整个东北边防军将被吸住，南满电力将被控制。……总之，我们认为应当参战，必须参战。参战利益极大，不参战损害极大。"③

10月19日，中国人民志愿军在司令员兼政治委员彭德怀的率领下开赴朝鲜，开始了伟大的抗美援朝、保家卫国的战争。

在敌我双方经济力量和军队武器装备优劣那样悬殊的情况下，中共中央政治局扩大会议作出这一重大战略决策本身，就在国际上

---

① 《建国以来毛泽东军事文稿》上卷，军事科学出版社、中央文献出版社2010年版，第235页。

② 1950年7月5日，斯大林致苏联驻中国大使罗申转告周恩来的电报。1996年10月，参见军事科学院军事历史研究部第二研究室编印《关于朝鲜战争的俄国档案文件》，军事科学院图书馆藏，第79页。

③ 《建国以来毛泽东军事文稿》上卷，军事科学出版社、中央文献出版社2010年版，第252—253页。

产生了重大影响，特别是中国人民志愿军一出现在朝鲜战场上，就令包括美国在内的世人感到惊讶，不到两个月就打得美国军政当局目瞪口呆、不知所措，一举震惊了全世界。

三、灵活指导，取得了战场胜利

抗美援朝战争的突出特点是敌我双方经济力量和军队武器装备优劣极为悬殊，这给志愿军作战造成了严重困难。毛泽东将这些困难概括为："一、能不能打；二、能不能守；三、有没有东西吃。"①可以说，抗美援朝战争全部军事战略指导，就是围绕这几个问题展开的。以毛泽东为主席的中共中央、中央军委和以彭德怀为司令员的志愿军总部，从战争客观实际出发，根据这场战争的新情况、新特点，实施了富有创造性的灵活军事战略指导。

（一）根据战争形势变化，适时调整战场指导方针

对战场指导方针大的调整有两次，一次是志愿军入朝后，根据战场形势变化，将原定组织一个时期防御的方针，调整为立即部署作战，在运动中各个歼灭敌人的方针。志愿军发起战略反攻，争取了战场主动，打出了战争的有利形势，两三个月就解决了能不能打的问题。

第二次对战场指导方针的调整，是战争在三八线南北地区出现相持局面，美国被迫调整了朝鲜战争政策，寻求通过谈判实现朝鲜停战时，毛泽东经与金日成协商，适时确定了"充分准备持久作战和争取和谈达到结束战争"的指导方针②，在军事上则采取"持久作战、积极防御"的作战方针，作战与谈判紧密配合。从此战争形成了边打边谈的局面。在这一总方针之下，还有几次战场指导的调整。

一是当停战谈判双方达成关于军事分界线的协议后，志愿军坚

---

① 《建国以来毛泽东军事文稿》中卷，军事科学出版社、中央文献出版社2010年版，第50页。

② 转引自1951年7月1日，彭德怀致毛泽东的电报。参见《彭德怀军事文选》，中央文献出版社1988年版，第412页。

守战线不但是军事作战上的需要，而且成了政治上的需要。因此，1951年11月，毛泽东为志愿军确定了坚守防御的作战方针，指示志愿军"采取持久的积极防御的方针，坚守现在战线，大量消耗敌人，以争取战争的胜利结束"①。志愿军据此构筑了以坑道为骨干的坚固阵地防御体系，有效地解决了能不能守的问题。

二是当正面战线已经巩固，而侧后海岸防御仍是薄弱环节，并有种种迹象表明，美军正企图在朝鲜实施大规模登陆进攻时，1952年12月20日，毛泽东起草中共中央给志愿军党委的指示，指示志愿军协同朝鲜人民军"准备一切必要条件，坚决粉碎敌人登陆冒险，争取战争更大胜利"。②据此，志愿军协同朝鲜人民军集中力量加强侧后海岸防御，彻底解决了后顾之忧，美军大规模登陆冒险企图也胎死腹中。

三是当停战谈判达成全部协议，停战协定签字在即，南朝鲜李承晚当局破坏谈判已达成的协议时，毛泽东决定再给李承晚当局以惩罚，以便保证停战协定在停战实现后得以被遵守。毛泽东指出："鉴于这种形势，我们必须在行动上有重大表示方能配合形势，给敌方以充分压力，使类似事件不敢再度发生，并便于我方掌握主动。"③1953年6月21日，批准了彭德怀关于再给李承晚军以打击的建议。据此，志愿军发起抗美援朝战争最后一次战役，即金城战役，有力促进了朝鲜停战的实现和有效保证了《朝鲜停战协定》被遵守。

抗美援朝战争的战场指导，完全适应了战争形势的发展变化。

（二）针对新情况，采取新对策，确保战争胜利

根据战场上敌我双方武器装备优劣极为悬殊的特点，为保证志愿军取得战场作战的胜利，以毛泽东为主席的中共中央和中央军委

---

① 1951年11月14日，周恩来起草毛泽东致斯大林电报。参见《周恩来军事文选》第四卷，人民出版社1997年版，第250页。

② 《建国以来毛泽东军事文稿》中卷，军事科学出版社、中央文献出版社2010年版，第95页。

③ 转引自军事科学院军事历史研究所《抗美援朝战争史（修订版）》下卷，军事科学出版社2011年版，第461页。

针对战争中遇到的新情况，创造性地采取了许多有效对策。

1. 实行打小歼灭战的方针

毛泽东指导中国革命战争向来强调打歼灭战。他指出："对于人，伤其十指不如断其一指；对于敌，击溃其十个师不如歼灭其一个师。"① 为贯彻这个指导思想，土地革命战争时期，红军一个战役即能歼灭国民党军一个到几个师。解放战争时期，人民解放军从初期一个战役歼灭国民党军一个至几个旅，逐步发展到战略决战期间一个战役歼灭国民党军几个兵团几十万人，取得了革命战争的胜利。

在抗美援朝战争前期，即运动战阶段中，志愿军也是贯彻这一指导思想，但由于敌我双方武器装备优劣极为悬殊，志愿军虽每次战役均可对美军一个到几个师实现包围，但均未能成建制将其歼灭，只在第二次战役东线作战中将成建制包围的美军第七师一个团级战斗队全部歼灭，其余成建制歼灭的美军只是其营以下单位。鉴于这种情况，毛泽东总结志愿军七个月来运动战的作战经验，于 1951 年 5 月 26 日致电彭德怀，提出了对美、英军打小歼灭战的方针，指出："历次战役证明我军实行战略或战役性的大迂回，一次包围美军几个师，或一个整师，甚至一个整团，都难达到歼灭任务。这是因为美军在现时还有颇强的战斗意志和自信心。为了打落敌人的这种自信心以达最后大围歼的目的，似宜每次作战野心不要太大，只要求我军每一个军在一次作战中，歼灭美、英、土军一个整营，至多两个整营，也就够了。打伪军可以实行战略或战役的大包围，打美、英军则在几个月内还不要实行这种大包围，只实行战术的小包围，即每军每次只精心选择敌军一个营或略多一点为对象而全部地包围歼灭之。"② 毛泽东将打小歼灭战形象地喻为"零敲牛皮糖"。这是毛泽东关于打歼灭战思想在抗美援朝战争具体条件下的创造和发展。

转入阵地战阶段后，志愿军贯彻打小歼灭战的方针，1951 年 10

---

① 《毛泽东军事文集》第一卷，军事科学出版社、中央文献出版社 1993 年版，第 758 页。

② 《建国以来毛泽东军事文稿》上卷，军事科学出版社、中央文献出版社 2010 年版，第 490 页。

月底至 11 月底和 1952 年 9 月 18 日至 10 月 31 日，两次组织战术反击作战，选择"联合国军"营以下兵力防守的阵地实施攻击，除个别未达到目的外，其余均是攻则必克，攻则必歼，有效杀伤消耗了"联合国军"有生力量和打击了其士气。到了 1953 年夏季反击战役时，不但可以攻歼其营以下建制兵力，而且发展到金城战役时，一次就攻克南朝鲜军 4 个师防守的阵地，歼南朝鲜军 4 个师大部。"联合国军"方面不得不请求志愿军和朝鲜人民军方面早日签署《朝鲜停战协定》，结束朝鲜战争。

2. 实行轮番作战和轮换作战方针

中国革命战争中，各战略区部队可以利用作战间隙进行休整补充，坚持长期作战。然而在朝鲜战场上，敌我双方武器装备优劣悬殊，加上志愿军运输补给能力弱，跟进保障能力更弱。作战部队只能靠自身携带物资，一般进攻作战只能维持 7 至 10 天的消耗，美军称志愿军是"礼拜攻势"。针对志愿军的这一弱点，美军利用其优势武器装备机动快速的特点，对志愿军采取"磁性战术"，志愿军进攻时，其撤退快，志愿军停止进攻准备转移休整时，其反扑也快。志愿军没有可资利用的作战间隙进行休整补充。为解决志愿军的休整补充问题，并保持战场优势兵力，以坚持长期作战，1951 年 2 月上旬，毛泽东即决定"在朝鲜采取轮番作战的方针"[1]，并委托周恩来制定了中央军委关于轮番作战的计划，以 21 个军轮番作战，轮番休整，每番作战 9 至 10 个军，作战两个月左右即行休整，由下一番作战部队接替，共分三番。第五次战役就是以计划的第二番作战部队为主进行的。后来战争双方均转入战略防御，朝鲜停战谈判开始，轮番作战计划未再实施，但计划的第三番作战部队大部分先后入朝参加了作战。1952 年 9 月开始，经毛泽东批准，又以锻炼部队为主要目的，分批由国内部队轮换志愿军部队，至朝鲜停战止，先后轮换两批共 7 个军。志愿军炮兵部队、高射炮兵部队、坦克部队、公

---

[1] 转引自军事科学院军事历史研究所《抗美援朝战争史（修订版）》上卷，军事科学出版社 2011 年版，第 490 页。

安警卫部队、兵团和志愿军总部两级指挥机关及部分高级指挥员也进行了轮换。轮番作战和轮换作战是毛泽东在用兵问题上的一个创造。实施这一方针，既解决了志愿军的战场休整问题，又保持了持续作战的优势兵力，还更多地锻炼了部队。正如毛泽东所指出的："抗美援朝战争是个大学校，我们在那里实行大演习，这个演习比办军事学校好。"①

3. 实行新型人民战争

中国共产党领导进行的所有战争都是为了人民，依靠人民的人民战争。毛泽东一向强调："只有动员群众才能进行战争，只有依靠群众才能进行战争。"②抗美援朝战争是新中国成立后被迫进行的第一场反侵略战争。一则这场战争是抗美援朝、保家卫国的正义战争，二则可以充分发挥各级人民政权的作用，动员人民群众支援战争，三则当时中国共产党不但具有极强的组织领导能力，而且在全国人民中具有极高的威望，因此也具有极强的号召力。抗美援朝战争比起历次中国革命战争，动员和依靠人民群众更有条件。为支援抗美援朝战争，也为恢复国家建设，在抗美援朝战争期间，经毛泽东批准，中共中央依托中国人民抗美援朝总会，开展了广泛深入、轰轰烈烈又扎扎实实的抗美援朝运动，包括针对中国部分人民中存在的亲美、恐美、崇美情绪，开展的仇视、鄙视、蔑视（"三视"）美帝国主义为中心内容的抗美援朝爱国宣传教育活动，动员青壮年参军参战，动员全国人民支援前方，组织慰问团慰问志愿军和朝鲜军民，开展订立爱国公约和增产节约运动，等等，特别是组织开展捐献飞机大炮运动，极大地改善了志愿军的武器装备。抗美援朝运动是毛泽东人民战争理论在新中国历史上第一次伟大实践，是中国共产党取得国家政权以后创造的人民战争新形式，充分调动了中国人民的爱国热情和工作生产积极性。周恩来曾经指出：抗美援朝运动"动

---

① 《建国以来毛泽东军事文稿》中卷，军事科学出版社、中央文献出版社2010年版，第50页。

② 《毛泽东军事文集》第一卷，军事科学出版社、中央文献出版社1993年版，第345页。

员的深入、爱国主义的发扬，超过了过去任何反帝国主义运动，这是一个空前的、大规模的、全国性的、领导与群众结合的运动，它的力量将是不可打破的。中华民族的觉醒，这一次更加高扬起来了，更加深入化了。"①中国人民抗美援朝运动的开展，既有力地支援了战争，保证了抗美援朝战争的胜利，又有力地保证了国民经济按时完成恢复和按计划开始大规模经济建设。正如毛泽东在总结抗美援朝战争胜利经验时所说的："领导是一个因素，没有正确的领导，事情是做不好的。但主要是因为我们的战争是人民战争，全国人民支援，中朝两国人民并肩战斗。""我们的经验是：依靠人民，再加上一个比较正确的领导，就可以用我们劣势装备战胜优势装备的敌人"。②

4. 实行边打边建方针

战争是力量的竞赛。武器装备则是战争力量的重要物质基础。特别是在现代条件下作战，没有必需的现代技术装备，很难圆满达成作战企图。参加志愿军的中国人民解放军部队尽管在长期革命战争中积累了丰富的以劣势装备战胜优势装备敌人的作战经验，但在朝鲜战场上，是同拥有高度现代化装备的美国军队作战，没有必需的现代化装备是难以取胜的。因此，加强和改善志愿军武器装备，成为志愿军夺取战争胜利的关键因素之一。以毛泽东为主席的中共中央和中央军委高度重视这一问题，从志愿军参战起，就实行"边打边建"的方针，包括两个方面：一是在保证志愿军在朝鲜作战的同时，人民解放军按国防军建设要求进行现代化、正规化建设；二是为保证志愿军在朝鲜作战的需要，订购苏联武器装备，在国内突击组建和扩建空军部队和陆军技术兵种部队，以不断提高志愿军的现代作战能力。

自 1950 年 10 月起，中国就组建装甲兵部队，扩建人民空军作战部队。11 月起，陆军炮兵和高射炮兵部队也陆续得到扩建、改装。

---

① 《周恩来军事文选》第四卷，人民出版社 1997 年版，第 230 页。

② 《建国以来毛泽东军事文稿》中卷，军事科学出版社、中央文献出版社 2010 年版，第 173、174 页。

扩建、改装的炮兵和高射炮兵部队从 1951 年 1 月起陆续入朝参战，装甲兵部队于第五次战役期间入朝，1951 年 7 月开始参加作战，志愿军空军于同年 9 月起以师为单位轮番参战。经 1951 年 6 月至 1952 年 5 月全国人民捐献飞机大炮运动后，从 1952 年夏季开始，志愿军武器装备有了明显的加强和改善，志愿军炮兵发挥了越来越大的作用，在战场作战越战越强，越战越主动。1952 年 12 月 16 日，毛泽东在致斯大林的电报中说："今年秋季作战，我们取得如此胜利，除由于官兵勇敢、工事坚固、指挥得当、供应不缺外，炮火的猛烈和射击的准确实为致胜的要素。"①

实行边打边建的方针，是抗美援朝战争期间的一个创造，既有力保证了战场作战需要，同时也加速了人民解放军的现代化建设。1952 年 8 月 4 日，毛泽东在全国政协常委会上的讲话中曾经指出："我们过去打了二十几年仗，从来没有空军，只有人家炸我们。现在空军也有了，高射炮、大炮、坦克都有了。"②至 1953 年 7 月朝鲜停战时，人民解放军完成了由单一陆军向诸军兵种合成军队的转变。

以毛泽东为主席的中共中央与中央军委，针对抗美援朝战争新情况，采取的这些创造性的对策和措施，为毛泽东军事思想增添了新内容。

此外，志愿军在战场上也灵活运用和创新战法，采取了许多有效对策和措施，基本的原则是你打你的，我打我的，避强击弱，扬长避短，包括：抓住和利用美军作战中难以克服的弱点予以打击，根据自身装备特点和作战能力确定打法，建立打不烂、炸不断的钢铁运输线，解决了毛泽东说的"有没有东西吃"的问题，等等。

正是这样实行灵活战略战术指导，中国人民志愿军依靠劣势武器装备打败了现代化优势装备的美国军队，取得了战争的胜利。

---

① 1952 年 12 月 16 日，周恩来起草的毛泽东致斯大林的电报；参见《周恩来军事文选》第四卷，人民出版社 1997 年版，第 310 页。

② 《建国以来毛泽东军事文稿》中卷，军事科学出版社、中央文献出版社 2010 年版，第 50 页。

四、有效控制，实现了战争局部化

抗美援朝战争是一场国际性局部战争，战场范围始终在朝鲜境内，既未因此引发世界大战，也未将战争扩大到朝鲜以外。形成这一局面的主要原因当然是战争双方对战争局势都进行了控制。从中国方面说，以毛泽东为主席的中共中央和中央军委主要从以下方面对战局进行了控制。

（一）在志愿军参战前就明确提出朝鲜战事要地方化

在东北边防军集中到东北地区，于 1950 年 8 月 13 日召开的师以上干部动员大会上，东北军区司令员兼政治委员高岗受毛泽东和中央军委委托作的报告中就指出："美国帝国主义者虽然发动了侵略战争，但是美国的战争动员和战争准备还没有完全做好，……所以这一战争只能是局部性的。"① 在美军地面部队准备越过三八线北进时，10 月 3 日，周恩来又通过印度驻中国大使潘迪迦向美国当局公开表明了这一立场。周恩来明确指出："我们主张和平解决，使朝鲜事件地方化。""朝鲜战事应即刻停止，外国军队应该撤退，这对于东方的和平是有利的。朝鲜事件地方化的意见，就是不使美军的侵略行动扩大成为世界性的事件。"②

（二）以志愿军名义参战，不给美国对中国宣战以口实

1950 年 10 月 8 日，毛泽东签署了组成中国人民志愿军的命令。中国人民志愿军都是由中国人民解放军部队组成的，中国人民解放军是中华人民共和国武装力量，抗美援朝实际上是国家行为，但在名义上则是以中国人民志愿军这种民间组织形式出现，不是以中国政府官方的名义派出部队支援朝鲜，目的就是不给美国向中国宣战以口实。这一点在组建东北边防军时就决定了。1950 年 7 月 7 日，周恩来主持召开研究讨论组建东北边防军的第一次国防会议，同日

---

① 转引自军事科学院军事历史研究所《抗美援朝战争史（修订版）》上卷，军事科学出版社 2011 年版，第 99 页。

② 《周恩来军事文选》第四卷，人民出版社 1997 年版，第 66、67 页。

会后，在由他亲自审定和修改关于会议情况给毛泽东的报告中就明确指出，必要时边防军将来一旦赴朝参战，"部队均改穿志愿军服装，使用志愿军旗帜"。毛泽东批准了这个报告。8月13日，高岗在东北边防军师以上干部动员大会上的报告中也指出：边防军出动"到朝鲜去是以志愿军的名义出现，穿朝鲜服装，用朝鲜番号，打朝鲜人民军的旗帜，主要干部改用朝鲜名字。这样的处置，可以使朝鲜人民喜欢，又很策略。"毛泽东肯定"这个报告是正确的"[①]。

（三）适度确定参战的军事战略目标，打得有理有节

归结起来，毛泽东、周恩来、刘少奇等领导人分析认为，志愿军参战后，战局形势变化有三种可能。一是在朝鲜境内歼灭和驱逐美国及其他国家的侵略军队。这是最理想的结果。但这种形势的出现，是建立在苏联为中国人民志愿军提供武器装备，并出动空军直接支援志愿军作战的基础上的。二是尽管中国军队是以志愿军名义参战的，但美国仍可能对中国公开宣战，或至少以其空军轰炸中国许多大城市及工业基地，以其海军攻击中国沿海地带，并且由于志愿军武器装备落后，不但不能大量歼灭美军，而且可能打成僵局，甚至被迫撤回，不但不能解决朝鲜问题，而且影响中国整个恢复和建设计划，引起国内许多人不满。这是最不利的结果。三是在苏联不能出动空军直接支援作战，志愿军在无制空权的情况下，依靠地面部队作战，实施灵活作战指挥，充分发挥兵力优势和作战特长，有可能迫使美国通过谈判解决问题，但条件是美军必须撤出朝鲜，首先是撤至三八线以南。对这三种可能的态度是，力争第一种可能，力避第二种可能，实现第三种可能。抗美援朝战争实践证明，战争的发展变化没有超出中共中央的估计之外。

打得有理有节，就是在战场上的作战，对美国要打疼他，真正给他教训，并且有所节制。整个抗美援朝战争不但打疼了美国，打疼了美军，而且很有节制，特别是1953年朝鲜停战实现之前，政

---

① 《建国以来毛泽东军事文稿》上卷，军事科学出版社、中央文献出版社2010年版，第184页。

治军事形势对志愿军都十分有利，志愿军也有能力将以美国为首的"联合国军"再打到汉城，甚至打到三七线，但当时朝鲜战争的总体形势是停，而不是继续打，所以志愿军只给破坏停战协议的南朝鲜李承晚集团以有力打击，歼灭其4个师大部，夺回金城以南向己方突出的阵地，而未凭着当时具有的战场实力继续向汉城和三七线发展，从而实现了有利的停战。

（四）做好最坏的准备，力争避免最不利情况的出现

出兵朝鲜的决策作出后，中共中央和中央军委即在军事方面进行了全方位的部署和准备：一是调整军队建设重点。中央军委决定，人民解放军由原来重点加强海军、空军建设，调整为重点加强空军、炮兵（含高射炮兵）和装甲兵建设，以保证满足抗美援朝战争的需要。二是调整部队军政训练时间比例，重点加强军事训练。将原定自1951年1月开始进行全军教育，以提高文化为首要任务，调整为以军事训练为主。已开始的大规模复员工作，到1950年底，也已停止。三是部署筹备全国防空，防范美国飞机对中国大陆的空袭。成立了由政务院总理周恩来为主任的全国防空筹委会，研究筹划全国的防空工作。四是部署和加强海岸设防。为防范美军和台湾国民党军队对沿海地区发动攻击，人民解放军海军将海岸炮兵建设作为当务之急，在沿海主要防御地段抢修了一批海岸炮兵阵地，南从上海开始，北到长山列岛、营口、安东海岸，选择要点布置了水雷。五是部署防空作战力量。将新组建的空军作战部队和已有及新建的高射炮兵部队部署于沿海大中城市，并商请苏联出动歼击机航空兵部队，协助中国担负防空任务。六是部署部队，准备粉碎美国和台湾蒋介石集团在东南沿海的联合登陆进攻。在志愿军入朝参战后，在福建和广东方向各部署了4个军防范美军和国民党军登陆进攻。七是东北行政区转入战时体制，作为抗美援朝战争总后方基地。这些部署和准备，有力地保证了抗美援朝战争的胜利，也有力地防范了美国将战争扩大到中国境内。

（五）遏制战争和战略威慑相结合

遏制战争就是志愿军在战场上实行有力作战。朝鲜停战谈判的

出现和朝鲜停战的实现，都是志愿军在战场上取得胜利，打疼了美国军队的结果。战略威慑，一是动员全国人民支援战争（抗美援朝运动），二是发挥志愿军的兵力优势，这两者都是显示力量。三是显示中国人民反抗侵略的决心，尤其在 1953 年 2 月召开的中国人民政治协商会议第一届全国委员会第四次会议上，毛泽东、周恩来针对美国新任总统艾森豪威尔上台前后的一系列活动，以及美军准备在朝鲜冒险登陆情况所表明的态度。毛泽东在 2 月 7 日闭幕会上的讲话中更加强有力地警告美国当局："我们是要和平的，但是，只要美帝国主义一天不放弃它那种蛮横无理的要求和扩大侵略的阴谋，中国人民的决心就是只有同朝鲜人民一起，一直战斗下去。这不是因为我们好战，我们愿意立即停战，剩下的问题待将来去解决。但美帝国主义不愿意这样做，那么好罢，就打下去，美帝国主义愿意打多少年，我们也就准备跟它打多少年，一直打到美帝国主义愿意罢手的时候为止，一直打到中朝人民完全胜利的时候为止。"[1] 美国从朝鲜战争中已深深感受到了中国人民说话是算数的，中国人民是有力量的。中国人民志愿军和朝鲜人民军在战场上的充分准备和毛泽东、周恩来的警告威慑，最终迫使美国当局放弃了进行大规模冒险登陆的企图，转而恢复停战谈判。

中共中央和中央军委采取控制战局的这些措施，有效控制了朝鲜战争范围，实现了朝鲜战争地方化的预想。

毛泽东军事指导艺术在抗美援朝战争中的充分展示和发挥，使武器装备落后的中国人民志愿军打败了武器装备高度现代化的美国军队，积贫积弱的新中国打败了资本主义世界最强大的国家——美国，从而极大地提高了新中国的国际地位，中国人民也自近代以来第一次真正扬眉吐气了，中华民族真正屹立于世界民族之林了，整个世界都不得不对中国刮目相看。

---

[1] 《建国以来毛泽东军事文稿》中卷，军事科学出版社、中央文献出版社 2010 年版，第 121 页。

周恩来与抗美援朝战争[*]

新中国成立初期，在抗美援朝战争期间，周恩来是中共中央和中央军委副主席、政务院总理，他既是中共中央关于抗美援朝问题的主要决策人之一，也是中共中央关于抗美援朝问题决策的总执行人，为中国人民取得抗美援朝战争的胜利作出了极为重要的贡献。

一、主持组建东北边防军

1950 年 6 月，美国当局武装干涉朝鲜内战，并派其海军第七舰队侵入台湾海峡后，7 月上旬，周恩来根据毛泽东指示，于 7 日和 10 日两次主持召开中央军委会议讨论国防问题，并于 7 月 13 日作出《关于保卫东北边防的决定》，确定调战略预备队第十三兵团及第四十二军和 3 个炮兵师等部组成东北边防军，保卫东北边防和必要时援助朝鲜人民反抗美国侵略，决定还就东北边防军的组织指挥机构和领导人选、边防军的各种准备作了明确规定。

预定粟裕为边防军司令员兼政治委员，萧劲光为副司令员，萧华为副政治委员，李聚奎为后勤司令员。然而，当时粟裕有病需要疗养，萧劲光主持刚组建的海军建设工作，萧华主持军委总政治部

* 本文是作者于 1998 年参加全国和全军纪念周恩来诞辰 100 周年研讨会时与肖石忠共同撰写的论文，发表在《军事历史》1998 年第 4 期，收入本书时略有改动。

的日常工作，此三人一时均不能到职，而边防军各部队将于8月上旬全部到达东北完成集结，为避免指挥脱节和保证边防军供应，周恩来于7月22日与中央军委代总参谋长聂荣臻、空军司令员刘亚楼商讨后，与聂荣臻联名建议："请主席考虑边防军目前是否先归东北军区高岗司令员兼政治委员指挥并统一一切供应，将来粟、萧、萧去后，再成立边防军司令部。中南李聚奎到东北后，即兼任军区后勤部长"①。这个建议得到毛泽东批准。稍后，周恩来主持的中央军委又指定第十三兵团机构为整个边防军的军事训练组织领导机构，致使边防军全部完成集结后，展开突击整训和后勤供应均有了组织上的保证。

8月中旬，朝鲜战局出现僵持局面，为检查东北边防军的准备情况，8月26日，周恩来再次主持军委会议，进一步明确了组建边防军加速各种作战准备的必要性、重要性，指出，东北边防军组成之初，即设想可能出现两种情况：如果朝鲜人民军一鼓作气解放全朝鲜并使战争很快结束，边防军即备而不用；如果战争出现长期化形势，边防军就要在必要时援助朝鲜人民作战。现在后一种情况即将成为现实，这加重了我们的责任，从目前部队武器装备和战备工作状况看，"更需要我们加紧和加强准备工作。一切都要准备好，不要成为'临急应战'，而要有充分准备，出手就胜"②。

8月下旬至9月初，周恩来又多次召集军委有关部门开会，主持制定了《关于加强边防军的计划》，为边防军计划了第二、第三批作战部队。从7月上旬东北边防军组建到10月上旬改为中国人民志愿军，整个边防军的准备工作，都是在周恩来及其主持的中央军委直接领导下进行的，为中共中央作出抗美援朝战略决策并取得抗美援朝战争初战胜利奠定了可靠基础。

---

① 《周恩来军事文选》第四卷，人民出版社1997年版，第38页。
② 《周恩来军事文选》第四卷，人民出版社1997年版，第45页。

二、参与出兵决策并保证决策贯彻实施

9月底侵朝美军进抵三八线，并准备越过三八线继续北进。9月30日，周恩来在中国人民政治协商会议全国委员会举行的庆祝中华人民共和国成立一周年大会上的报告中，代表中国政府发出严重警告："中国人民决不能容忍外国的侵略，也不能听任帝国主义者对自己的邻人肆行侵略而置之不理。"[①]10月3日凌晨，周恩来又紧急召见印度驻华大使潘迪迦，就美军正企图越过三八线北进，指出："美国军队正企图越过三八线，扩大战争。美国军队果真如此做的话，我们不能坐视不顾，我们要管。请将此点报告贵国政府总理。"[②]

朝鲜处境危急，中国东北地区安全受到严重威胁，应朝鲜劳动党和朝鲜民主主义人民共和国政府请求，10月上旬，中共中央书记处和政治局多次召开会议讨论出兵援朝问题，周恩来出席了这些会议，赞成出兵援助朝鲜，中共中央政治局于10月5日作出组成中国人民志愿军抗美援朝的战略决策。为贯彻落实中共中央这一重大决策，10月6日，周恩来即受中央委托召开党政军高级干部会议，传达中央决策，部署志愿军入朝作战事宜。8日，周恩来又受中共中央委托前往苏联，与苏联领导人商谈中国出兵援朝，苏联给予中国武器装备援助及为志愿军提供空中掩护问题。10月下旬至1951年1月下旬，周恩来在党内外许多重要会议上，多次指出抗美援朝的必要性、重要性和正义性，动员政府各部门、全国各行各业和各族人民支援抗美援朝战争。这些，有力地保证了抗美援朝战略决策的贯彻实施。

三、协调中、朝、苏三方部队的作战指挥

中国人民志愿军入朝参战时，朝鲜人民军已经遭到严重损失，主力被隔在三八线以南，正向北转移中，一部转到中国东北境内进

---

① 《周恩来外交文选》，中央文献出版社1990年版，第24页。
② 《周恩来军事文选》第四卷，人民出版社1997年版，第66页。

行补充整编。志愿军进行的第一次、第二次战役，朝鲜人民军有个别部队参战，由于缺乏统一协调，曾发生朝鲜人民军误击志愿军的事件。1950 年 11 月初，苏联防空空军一部出动到鸭绿江上空作战，朝鲜人民军尚有一部分空军可参加作战，志愿军空军也将开始实战练习，为参战作准备，朝鲜人民军在中国境内进行补充整训的部队，有一部分已整训完毕，准备参加作战，于是，中、朝、苏三方部队的协调指挥成了作战中必须解决的问题。11 月中旬，周恩来起草毛泽东致斯大林的电报，建议由金日成、彭德怀和苏联驻朝鲜大使兼军事总顾问史蒂可夫组成三人小组，统一指挥中、朝、苏三方部队的在朝作战。斯大林复电表示由中国同志来统一指挥，并将同一电报发给了金日成和史蒂可夫。从此，周恩来在毛泽东领导下，肩负起协调中、朝、苏三方部队作战的重任。

有关三方空军作战的参战方式、参战数量、机场的使用，以及朝鲜境内机场位置的选择、修建机场所需物资和人力等问题，均由周恩来出面与苏联领导人和朝鲜领导人协商，或委托聂荣臻出面与苏联驻华军事总顾问或空军顾问协商确定。

有关中、朝两军作战的统一指挥问题，12 月上旬，毛泽东、周恩来与金日成在北京进行协商，确定组成了中国人民志愿军和朝鲜人民军联合司令部，彭德怀为司令员兼政治委员，朝鲜人民军金雄为副司令员，朝鲜人民军朴一禹为副政治委员（不久增加志愿军副司令员邓华为中朝联合司令部副司令员），统一指挥中国人民志愿军和朝鲜人民军在朝鲜境内的一切作战及其有关事宜。经周恩来与金日成协商，在中国人民志愿军和朝鲜人民军联合司令部之下，1951年 3 月和 8 月，又先后组成了中朝空军联合司令部和中朝联合铁道运输司令部。9 月又组成了东海岸和西海岸防御联合指挥机构。所有这些，解决了中国人民志愿军和朝鲜人民军作战的统一指挥问题。

四、协助毛泽东指导志愿军作战

中国人民志愿军入朝参战后，第一次至第三次战役是毛泽东直接指导的。第四次战役开始以后，直至 1952 年 7 月，志愿军作战基本上是毛泽东委托周恩来指导的（1952 年 7 月 9 日起，由彭德怀接替周恩来主持中央军委日常工作）。这期间，志愿军进行了第四次、第五次战役，1951 年夏季、秋季防御作战，反"绞杀战"，反细菌战和 1952 年春、夏巩固阵地作战。周恩来起草或审定批发的电报达数百份，对志愿军的作战指导，许多具有战略意义的性质，其中比较突出的有两点。

其一，主持中央军委确定了轮番作战的方针。早在 1950 年 8 月下旬，边防军进行作战准备期间，周恩来就曾设想，将来边防军出动作战，可采取"换班的办法，进行补充，即准备第二线部队做为后备，待第一线部队一个军或一个师作战后需要补充时，可以开第二线整补，而第二线一个军或一个师调前线作战，用这种办法整补为最好"[①]。志愿军参战后，特别是第三次战役后，战场情况表明，以美国为首的"联合国军"恃其优势武器装备，不允许志愿军有充裕的时间进行战场休整，如何解决部队的休整补充问题，成了志愿军能否坚持长期作战的战略问题。1951 年 2 月，毛泽东和周恩来确定了志愿军"在朝鲜采取轮番作战的方针"[②]。周恩来具体主持制定了轮番作战计划，确定以 21 个军分三番作战，即以正在朝鲜作战的 6 个军和在朝鲜休整的 3 个军共 9 个军，为第一番作战部队；以第一番部队正在休整的 3 个军和国内即将入朝的 6 个军共 9 个军，为第二番作战部队，于 4 月中旬前后接替第一番部队作战，第一番部队的其他 6 个军，其中 2 个军回国担任防务，另外 4 个军在朝鲜境内休整；以第一番部队在朝鲜休整的 4 个军和国内尚未入朝的 6 个军共 10 个军，为第三番作战部队，于 6 月中旬前后接替第二番部队作战。1951 年 4 月 22 日开始的第五次战役，就是以计划中的第二番作战部队为主进行的。第五次战役结束后，战争形势发生重大变化，战争双方开始了停战谈判，志愿军轮番作战计划未再执行，但计划中的第三番作战部队，于

---

① 《周恩来军事文选》第四卷，人民出版社 1997 年版，第 47 页。

② 转引自军事科学院军事历史研究所《抗美援朝战争史（修订版）》上卷，军事科学出版社 2011 年版，第 490 页。

1951 年 6 月后也相继入朝参加了抗美援朝作战。

至 1952 年 5 月初，朝鲜停战谈判只剩战俘问题一项议程没有达成协议。这一议程的谈判从 1951 年 12 月 11 日开始，而美方顽固坚持所谓的"自愿遣返"原则，企图强迫扣留志愿军和朝鲜人民军被俘人员，致使关于战俘问题的谈判进行了 5 个月，没有明显进展，停战谈判陷入僵局。中共中央判断，战争有可能长期拖下去，至少可能拖至 1952 年底。此时，志愿军在朝鲜作战已达 19 个月，入朝较晚的部队，来朝鲜也已近一年。这些部队长期过着艰苦紧张的战争生活，已很疲劳，需要好好休整，同时也需按国内国防军的编制进行整编。而国内已有一部分部队按照中央军委的精简整编方案，完成了整编，并统一改装苏式装备。已整编完毕的这部分部队，也需要到朝鲜经受现代战争的锻炼，取得经验。5 月 15 日，周恩来主持中央军委会议，确定了志愿军实行轮换作战的方针，由总参谋部制定了第一期轮换计划，以国内完成整编的 3 个军轮换战场上的 3 个军，于当年 9 月至 11 月完成了轮换。后又组织了第二期轮换。实施轮番和轮换作战方针，有效地解决了志愿军连续作战与补充休整的矛盾，使国内部队得以在朝鲜战场上受到现代战争的锻炼，也使志愿军在战场上始终保持了兵力的优势。轮番和轮换作战的方针，是对于兵力使用问题在抗美援朝战争中的一个创造。

其二，主持中央军委确定了作战"应与谈判的要求相配合，相适应"的方针。1951 年 7 月，朝鲜停战谈判开始，此后，战场上的打和谈就紧密联系在一起，打是为了谈，打也促进谈；谈制约打，谈为打提出任务和目标。因此，在谈判期间的打与不打，打的规模大小，打的目标和时机的选择，都根据谈判的需要而定。鉴于这种战争形势的出现，周恩来受毛泽东委托，于 8 月中旬就志愿军计划的第六次战役问题，起草军委给志愿军的指示，指出："为使休战谈判能得到公平合理的解决，并准备谈判不成，破裂的责任落到敌人身上，……在作战上，我们也应与谈判的要求相配合、相适应。"[1] 从

---

[1] 《周恩来军事文选》第四卷，人民出版社 1997 年版，第 218 页。

而明确了停战谈判期间志愿军作战与谈判的关系，明确了一项重要指导方针。志愿军此后的作战，都是本着这一方针和原则，有力地适应和配合了停战谈判。

五、筹划空军和陆军技术兵种的建设和参战

为适应同世界上现代化程度最高并且具有强大海空军力量的美国军队作战的需要，早在东北边防军整训期间，周恩来在 1950 年 8 月 26 日检查东北边防军准备情况的会议上，就确定了制定空军和陆军技术兵种（当时叫"特种兵"）建设三年规划，要求 1950 年底前完成讨论确定，1951 年开始按计划实施建设。同时确定了空军和陆军技术兵种的近期建设和参战计划。在周恩来和周恩来主持的中央军委的筹划指导下，这些计划后来均得以实现。这次会议确定的空军和陆军技术兵种建设计划，不仅有力地保证了抗美援朝战争同美军作战的需要，而且也是中国人民解放军现代化建设的重要起步。

抗美援朝战争开始后，空军和陆军这些技术兵种何时能参战，需要出动多少部队参战，均由周恩来主持中央军委或责成军委总参谋部与有关军兵种领导机关协商作出具体规划，组织实施。战争期间，志愿军空军先后出动 10 个歼击机师和 2 个轰炸机师，装甲兵先后出动 9 个坦克团（另有 4 个队属坦克团），地面炮兵先后出动 10 个师共 40 余个团，高射炮兵先后出动 5 个师又 21 个团和近 70 个独立营参战。由于空军和陆军技术兵种的参战，到 1952 年夏季，志愿军的作战能力大为增强，加之物资运输补给和坚固防御体系形成，志愿军则越战越强，越战越主动，直至取得战争的最后胜利。

六、抗美援朝战争的"总后勤部长"

（一）统筹保障战场的需要

聂荣臻在回忆录中说，抗美援朝战争的"整个后勤工作，当时

都是在周恩来同志的领导关怀下进行的"①。1950年7月,周恩来主持组建东北边防军时,就专门研究了后勤准备问题,决定任命李聚奎为边防军后勤司令员(后改任东北军区后勤部长),专事负责边防军的后勤工作。周恩来主持起草的中央军委《关于保卫东北边防的决定》中,专门有一项就是后勤工作准备。东北边防军改为中国人民志愿军参战后,东北行政区被确定为抗美援朝战争总后方基地,一切后方供应事宜统由东北军区司令员兼政治委员高岗调度指挥并负责保障。而实际上仅由东北军区或东北行政区完成志愿军的后勤保障任务,则有许多实际困难不好解决。对此,周恩来致电高岗和东北军区具体负责志愿军后方工作的军区副政治委员李富春,明确指出:"对于东北全部支援部队工作,我们已想见其繁重。只要东北提出要求,我们愿全力以赴帮助你们解决困难。凡为东北已决定者,我们定做你们后盾,支持你们贯彻下去。有些事情职权属于中央,但你们仍可便宜行事,只要通知一声,当由中央追认。凡能统一于东北者,我们无不赞成统一于东北。"②事实上,抗美援朝战争后勤保障各方面的工作,都是由周恩来与政务院各部门、全国各大行政区、各大军区和军委各总部协商解决的。有的是周恩来为毛泽东起草电报或毛泽东授权由周恩来直接与苏联领导人协商,从苏联订购武器、车辆等国内不能生产的装备、器材,解决志愿军作战所需。志愿军在参战初期,由于连续进行运动战,加之美军空军轰炸封锁,志愿军难以生火做饭。为解决志愿军吃饭问题,经东北提议并征得彭德怀同意,为志愿军做炒面。周恩来指示政务院,布置东北、华北、华东、中南、西南各省市,发动群众,家家户户做炒面,他还多次到北京市的一些机关视察,同大家一起做炒面。这些举措,有力地保证了志愿军后勤保障的需要。

(二)指导志愿军的后勤建设

周恩来从志愿军入朝作战一开始,就十分关注志愿军在战场上

---

① 《聂荣臻回忆录》下卷,解放军出版社1984年版,第749页。

② 《周恩来军事文选》第四卷,人民出版社1997年版,第87页。

的后勤保障问题，组织总参谋部、总后勤部和东北军区研究解决的措施。志愿军入朝初期，周恩来亲自点将，由东北军区派出后勤机构负责战场保障，先后筹划和组建了7个后勤分部（后缩编为5个），在朝鲜境内负责供应保障。

为适应战场作战需要，周恩来与志愿军司令员彭德怀、代总参谋长聂荣臻、总后勤部部长杨立三多次研究，由中央军委于1951年5月中旬作出了组建志愿军后方勤务司令部的决定，在志愿军首长领导下，专门负责朝鲜境内志愿军后勤保障。6月，组成了以志愿军副司令员洪学智兼任司令员、原前方后勤指挥部部长周纯全任政治委员的志愿军后方勤务司令部，同时从军到团专门指定各本级一名副职领导兼任本级后勤部（处）的主官，加强了志愿军在战场上后勤保障的组织领导。

志愿军参战后，后勤工作最大的困难是：由于美军的轰炸封锁，朝鲜境内的运输补给远不能适应作战需要。为解决这个问题，1951年1月下旬，周恩来率中央军委代总参谋长聂荣臻、总后勤部部长杨立三、运输司令员吕正操等有关部门负责人，参加了由东北军区组织召开的后勤工作会议（实际是志愿军第一届后勤会议）。在周恩来的指导下，会议确定将运输工作作为志愿军后勤保障的中心任务，强调"千条万条，运输第一条"，据此采取了加强运输的措施。为保证战时朝鲜境内的铁路运输，周恩来主持与朝鲜政府协商，签订了《关于朝鲜铁路战时军事管制的协议》，统一计划和指挥战时朝鲜铁路运输、修复与保护事宜等。1951年8月中旬，美国空军发动了以摧毁朝鲜北方铁路系统为主要目标的空中封锁战役，即"绞杀战"，给志愿军在朝鲜境内的铁路运输造成严重困难。为解决这个问题，周恩来主持中央军委采取增加铁路系统防空力量，掩护铁路运输，加强铁路抢修力量抢修铁路，铁路运输车辆在原有装载量的基础上增载1/10，并尽量用大型车辆（当时中国货车装载量有30吨和40吨两种车厢），等等。这些措施，再加上志愿军后勤系统和在二线的部队共同奋战下，粉碎了美军的"绞杀战"，建成了打不烂、炸不断的"钢铁运输线"。

总之，周恩来是抗美援朝战争中解决志愿军后勤保障问题的总策划、总指导、总后勤部长。抗美援朝战争后勤保障为人民解放军建立现代后勤保障体系提供了重要经验，奠定了重要基础。

七、指导朝中方面停战谈判斗争

为有力进行谈判斗争，朝中方面经协商建立了三线班子。第一线班子是朝鲜人民军和中国人民志愿军谈判代表团，在谈判桌上与"联合国军"方面谈判代表团面对面唇枪舌剑。第二线班子是停战谈判前方指挥部，由中国外交部副部长兼中央军委情报部部长李克农坐镇指挥，由外交部国际新闻局局长乔冠华协助。李克农与毛泽东、周恩来、金日成、彭德怀直接联系，报告谈判情况，获得有关指示，并根据这些指示制定谈判代表团的具体谈判方案。第三线班子是停战谈判的最高决策层，由毛泽东、周恩来与金日成协商，有时也征求彭德怀和斯大林的意见，确定谈判的总体方案、方针和原则，根据谈判进展具体情况及时发出指示。这些工作，毛泽东基本上是委托周恩来实际操作的。周恩来是朝中方面关于停战谈判的最高主持人。据不完全统计，在两年零十七天的朝鲜停战谈判期间，周恩来起草或主持起草有关停战谈判的文件指示等约 300 件。这些文件和指示有力地指导了朝中方面的谈判斗争。

综上所述，周恩来在抗美援朝战争中作出了巨大贡献，协助毛泽东指导抗美援朝战争取得了胜利。周恩来对抗美援朝战争的巨大贡献，对人民解放军的现代化建设和现代局部战争的指导，对毛泽东军事思想的丰富和发展都具有重要意义。

志愿军司令员彭德怀
在抗美援朝战争中的几件事[*]

彭德怀是中国人民志愿军司令员兼政治委员。他指挥武器装备落后的志愿军，在朝鲜战场打败了具有世界一流现代化武器装备的美国军队，打出了国威和军威，为取得抗美援朝战争的胜利作出了杰出的贡献。关于彭德怀率师抗美援朝，有许多已出版的专著对此作了记述。这里只介绍彭德怀在抗美援朝战争中的几件事。

一、在中共中央政治局扩大会议上积极支持出兵援朝

1950 年 10 月 1 日，是中华人民共和国成立一周年国庆日，首都北京和全国许多大城市举行了盛大的庆祝活动。当日深夜，金日成召见中国驻朝鲜大使倪志亮，向中国领导人提出了出兵援助朝鲜的请求。倪志亮将金日成的请求传到北京。同日，毛泽东也接到斯大林建议中国出兵援助朝鲜的电报。10 月 2 日，毛泽东主持召开中共中央书记处会议，讨论朝鲜的局势和中国出兵援朝问题。这时，中华人民共和国刚刚成立一周年，多年战争创伤、千疮百孔的烂摊子还没治理，各方面存在严重的困难，因此书记处多数人不赞成出兵。但会议决定，4 日下午召开政治局扩大会议，继续讨论是否出兵援朝问题，并且毛泽东要周恩来派飞机到西安，将彭德怀接到北京参加

---

　　* 本文是作者专为本书撰写的文章。

会议。

10 月 3 日，朝鲜劳动党中央常委、内阁内务相朴一禹，受金日成委派到达北京，将由金日成和朴宪永联合署名的求援信面呈周恩来和毛泽东。4 日，周恩来派飞机去西安，接彭德怀到北京开会。彭德怀在《彭德怀自述》中写道："四日午，北京突然派来飞机，令我立即上飞机去北京开会，一分钟也不准停留。"①彭德怀大约于 4 日当天下午 4 时左右到达北京中南海，中央正在开会讨论出兵援朝问题。会上仍是多数人主张不出兵或缓出兵，因为中国的困难太多。这些困难主要是：战争创伤还没有医治，土地改革工作尚未完成，国内的土匪、特务还没有肃清，军队的装备和训练尚不充分，部分军民有厌战情绪。总之，一切准备不够。别人告诉彭德怀，毛泽东让大家摆了出兵的不利情况和困难后，讲了这样几句话："你们说的都有理由，但是别人处于国家危急时刻，我们站在旁边看，不论怎么说，心里也难过。"②彭德怀刚到，还不了解会议情况，在这次政治局扩大会上没发言，但他内心想的是应该出兵救援朝鲜。散会后，他来到杨尚昆处，详细了解了会议情况。当晚，彭德怀被安排住在北京饭店，怎么也睡不着，以为是沙发床睡不习惯，换到地毯上还睡不着。他在《彭德怀自述》中说："想着美国占领朝鲜与我隔江相望，威胁我东北；又控制我台湾，威胁我上海、华东。它要发动侵华战争，随时都可以找到借口。老虎是要吃人的，什么时候吃，决定于它的肠胃，向它让步是不行的。它既要来侵略，我就要反侵略。不同美帝国主义见过高低，我们要建设社会主义是困难的。如果美国决心和我作战，它利速决，我利长期；它利正规战，我利于对付日本那一套。我有全国政权，有苏联援助，比抗日战争时期要有利得多。为本国建设前途来想，也应当出兵。常说，以苏联为首的社会主义阵营，要比资本主义阵营强大得多，我们不出兵救援朝鲜，那又怎样显示得出强大呢？为了鼓励殖民地、半殖民地人民反对帝

---

① 《彭德怀自述》，人民出版社 1981 年版，第 257 页。

② 转引自《彭德怀自述》，人民出版社 1981 年版，第 257 页。

国主义、反对侵略的民族民主革命，也要出兵；为了扩大社会主义阵营威力也要出兵。……我想到这里，认为出兵援朝是正确的，是必要的，是英明的决策，而且是迫不及待的。我想通了，拥护主席这一英明决策。"①

在 5 日下午的中共中央政治局扩大会议上，其他同志发言后，彭德怀讲了自己的想法，他说："出兵朝鲜是必要的，打烂了，等于解放战争晚胜利几年。如美军摆在鸭绿江岸和台湾，它要发动侵略战争，随时都可以找到借口。"② 这次会议上大家统一了认识，一致同意作出了组成中国人民志愿军抗美援朝的战略决策。

中共中央作出出兵援朝的决策后，10 月 8 日，周恩来和林彪受中共中央委托飞赴苏联，与苏联领导人谈中国出兵援朝，苏联对中国的援助问题，在谈到斯大林曾承诺中国出兵援朝，苏联将为中国军队提供空中掩护问题时，斯大林变卦了，推说苏联空军还未准备好，在两个月至两个半月内不能出动。苏联空军不能出动，这是中共中央没有料到的。鉴于此，毛泽东于 10 月 13 日，再次召开中共中央政治局会议。在这次政治局会议上，毛泽东问彭德怀"可不可以打，苏联是不是完全洗手？"彭德怀回答说："这是半洗手，也可以打。"最后毛泽东说："即令打不过也好，他总是欠我们一笔账，我什么时候想打，就可以再打。"③ 会上经过讨论，高岗、彭德怀和其他政治局同志一致认为，即使苏联空军两个月至两个半月不能出动掩护我军作战，"我军还是出动到朝鲜为有利。……应当参战，必须参战。参战利益极大，不参战损害极大"④。从而更加坚定了出兵援朝的决心。

彭德怀就任中国人民志愿军司令员后，10 月 16 日，在志愿军师

① 《彭德怀自述》，人民出版社 1981 年版，第 257—258 页。

② 《彭德怀自述》，人民出版社 1981 年版，第 258 页。

③ 1955 年 2 月 8 日，彭德怀同身边工作人员谈话。转引自《党的文献》1995 年第 6 期。

④ 《建国以来毛泽东军事文稿》上卷，军事科学出版社、中央文献出版社 2010 年版，第 252—253 页。

以上干部动员大会上的讲话中指出："我们如果不积极出兵支援朝鲜革命政府和人民，国内外反动派的气焰就会高涨起来，亲美派就会更加活跃。如果让美帝侵占了朝鲜，对我们就是一个直接威胁，他就会把兵力转向越南、缅甸，到处搞鬼，我国就将陷于被动，国防、边防都处于极不利的地位。对国外的影响也将不利于我们，有些国家就会更加倾向于美帝方面。""三五年以后再打，让我们松一口气，好不好？当然好！但是三五年以后还是要打的。我们三年五年辛辛苦苦建设起来一点工业，到那时还是要被打得稀烂。……我们要建设国防，建设重工业，三五年是办不好的，五年时间不能有过高的希望，短短的三五年，陆军、空军装备不可能特别改善，海军更谈不上，所以迟打不如早打的好。"①

周恩来于 10 月 18 日回到北京。他带回的苏联关于出动空军的最后消息是：即使两个月或两个半月准备好了也不能出动到朝鲜境内作战，只在鸭绿江上空以北作战。中共中央政治局讨论后，仍确定志愿军按计划于 10 月 19 日向朝鲜境内出动。

二、临危受命，担任志愿军统帅

彭德怀是中国共产党第七届中共中央政治局委员，中华人民共和国成立后，他任中央人民政府人民革命军事委员会（简称"中央军委"或"军委"）副主席，但他的主要工作在西北，任西北军政委员会主席，西北军区司令员兼政治委员。1950 年 6 月上旬，中共七届三中全会布置了全党全国的中心任务，即用三年左右时间完成国民经济恢复，彭德怀贯彻落实中共七届三中全会精神，正在全面筹划大西北经济恢复工作。周恩来派飞机到西安接他来北京开会时，他还不知道中央开会是研究讨论出兵援朝问题，更不知道中央决策

---

① 《彭德怀军事文选》，中央文献出版社 1988 年版，第 322—323 页。《彭德怀军事文选》中彭德怀这篇讲话的时间是 10 月 14 日，而 10 月 14 日彭德怀尚在北京。经考证，这篇讲话的时间应是 10 月 16 日。

出兵，决定由他挂帅率师出征。

东北边防军组成时，中央军委确定粟裕为边防军司令员兼政治委员，萧劲光为副司令员，萧华为副政治委员。但粟裕身体不好，中央批准他在青岛休养一段时间。萧劲光任新组建的海军司令员，主持海军建设工作。萧华任军委总政治部副主任，主持总政日常工作。粟裕、萧劲光、萧华一时都不能到任。后经周恩来与聂荣臻、刘亚楼商议，经毛泽东批准，东北边防军集中后，先由东北军区司令员兼政治委员高岗指挥并统一一切供应。东北边防军部队基本是第四野战军的部队，改为志愿军出动时，由林彪挂帅最为合适。毛泽东也曾考虑，东北边防军一旦出征时由林彪挂帅。这些情况，彭德怀大体知道。

10月5日上午，毛泽东派邓小平去北京饭店接彭德怀到中南海毛泽东的办公室。毛泽东非常清楚，在这个时候，彭德怀的态度是非常重要的。毛泽东与彭德怀进行了深切的交谈。毛泽东对彭德怀说：昨天你没来得及发言，我们确实存在严重困难，但是我们还有哪些有利条件呢？彭德怀说完全拥护出兵援助朝鲜。毛泽东问：你看，出兵援朝谁挂帅合适？彭德怀反问：中央不是已决定派林彪同志去吗？毛泽东告诉彭德怀，粟裕、林彪均有病，我们的意见，这担子，还得你来挑，你思想上没有这个准备吧？彭德怀对挂帅出征实感意外，他没有任何心理准备。然而，这位敢于"横刀立马"的彭大将军，服从党的需要从来不讲条件。他没有任何犹豫，向毛泽东表示：坚决服从中央的决定。毛泽东说："这我就放心了。现在美军已分路向三八线冒进，我们要尽快出兵，争取主动。"[①]聂荣臻后来在回忆录中说："彭德怀同志历来勇敢果断，中央决定他去指挥志愿军，他表示坚决执行命令。"[②]

---

① 中共中央文献研究室编：《毛泽东年谱（1949—1976）》第一卷，中央文献出版社2013年版，第205页；彭德怀传记组访问杨尚昆谈话记录，1995年7月20日。转引自逄先知、李捷《毛泽东与抗美援朝》，中央文献出版社2000年版，第21页。

② 《聂荣臻回忆录》下卷，解放军出版社1984年版，第736页。

10月8日，毛泽东以中国人民革命军事委员会主席名义签署了组成中国人民志愿军的命令，任命彭德怀为中国人民志愿军司令员兼政治委员。彭德怀立即肩负起志愿军统帅的重任，来不及交代工作和向亲人告别，就投入到志愿军出征的紧张准备工作中。在毛泽东签署组成中国人民志愿军命令的当晚，彭德怀就与同时到北京参加政治局会议的高岗飞赴沈阳。10月9日至16日期间，他和高岗先后在沈阳和安东（现丹东）主持召开了志愿军军以上干部会议和师以上干部会议，传达中央的出兵决策，进行战前动员，确定出动部署和作战方针原则，并强调了出国作战的纪律和政策，视察了志愿军部队。其间，会见了金日成派来的朴一禹，了解朝鲜战局的具体情况。12日和18日，他和高岗先后两次应召进京，参加毛泽东主持中央政治局会议，反复研究出兵援朝有关问题。

10月19日晚，彭德怀这位仅仅上任12天的志愿军统帅，率领中国人民志愿军部队，肩负中国人民的重托，秘密开赴朝鲜战场，开始了伟大的抗美援朝战争。

三、打得美国军政当局目瞪口呆，志愿军声威大振

毛泽东和彭德怀原定在苏联空军不能出动掩护志愿军作战的情况下，志愿军入朝的第一个时期，在平壤、元山以北，德川、宁远以南地区建立两道至三道防御阵地，只打防御战。待从苏联订购的武器装备到达并完成训练之后再举行反攻。但志愿军10月19日晚开始入朝，而美军于10月20日就已进占平壤，南朝鲜军于10月10日就已占领元山。虽然在此之前，中国政府多次向美国政府发出严正警告：美国军队如果越过三八线向北进攻，我们不能置之不理，我们要管。但无论东京的"联合国军"总司令麦克阿瑟，还是华盛顿的美国军政当局，都认为中国政府的警告不过是"虚声恫吓"，中国没有能力也没有胆量出兵同美国军队较量，中国出兵的可能性很小。麦克阿瑟还认为，苏联不能提供出动到朝鲜的地面部队，即便苏联能出动空军支援中国地面部队作战，他们也根本协同不起来，因此，

也不足为患。正是出于这种判断，已经越过三八线北进的美军和南朝鲜军部队，于 10 月 15 日以后，毫无顾忌地以团或营为单位，分兵向中朝边境冒进。志愿军无论如何也不能在美军和南朝鲜军之前，开进到预定地区组织防御了，且美军和南朝鲜军对志愿军入朝毫无察觉，这为志愿军在运动中各个歼敌提供了机会。毛泽东审时度势，改变了原定组织防御的计划，遂于 10 月 21 日指示志愿军："此次是歼灭伪军三几个师争取出国第一个胜仗，开始转变朝鲜战局的极好机会，如何部署，望彭邓精心计划实施之。"① "现在是争取战机问题，是在几天之内完成战役部署以便几天之后开始作战的问题，而不是先有一个时期部署防御然后再谈攻击的问题。"② 据此，彭德怀和邓华作了精心部署。10 月 25 日，志愿军在开进中与敌遭遇，打响了抗美援朝战争，到 11 月 5 日，结束第一次战役，重创美骑兵第一师，歼南朝鲜军第六师大部，并有力阻击了美军和南朝鲜军在东线的进攻。

中国人民志愿军出现在朝鲜战场上，完全出乎"联合国军"总部和美国军政当局的预料。此时他们虽然知道有中国的军队参战，但不知有多少中国军队在朝鲜，也不知中国军队的最终目标是什么。鉴于这种情况，毛泽东和彭德怀几乎同时给对方发电报，指出：志愿军主力尚未暴露，敌军还会发动进攻，志愿军可将计就计，采取诱敌深入的方针进行第二次战役。果然不出毛泽东和彭德怀所料，"联合国军"于 11 月 6 日就开始试探进攻，志愿军则开始诱敌深入，并造成是"怯战败走"的假象。麦克阿瑟真的以为志愿军是"怯战败走"，判断志愿军在朝鲜不过 6 万至 7 万人，最大的建制是师级，不是不可侮的力量，于是集中 13 个师又 3 个旅共约 30 万人的兵力，分东西两线，于 11 月 24 日发动了圣诞节前结束朝鲜战争的总攻势。此时，志愿军东西两线共 9 个军 38 万余人，彭德怀按预定计划，将麦克阿瑟的部队诱至既设战场，西线于 11 月 25 日黄昏、东线于 27

---

① 《建国以来毛泽东军事文稿》上卷，军事科学出版社、中央文献出版社 2010 年版，第 268 页。

② 《建国以来毛泽东军事文稿》上卷，军事科学出版社、中央文献出版社 2010 年版，第 270 页。

日黄昏突然发起反击。

在西线，彭德怀首先以志愿军第三十八军和第四十二军在第四十军的配合下，在"联合国军"西线进攻的右翼打开战役缺口，歼灭南朝鲜军第二军团指挥的第七师、第八师两师大部。尔后，以第三十八军和第四十二军分多路，由东北向西南，对进至清川以北地区的"联合国军"部队实施战役或战略性的迂回包围，截断"联合国军"向南逃跑退路，以正面各军抓住当面"联合国军"部队进行攻击。实施战役迂回的志愿军第三十八军第一一三师，以急行军的速度抢占了"联合国军"南逃必经之路三所里，尔后又以一个多团抢占了"联合国军"南逃的另一条必经之路——位于三所里以西的龙源里。至11月29日，志愿军部队从北、南、西三面包围了美军第九军指挥的第二师、第二十五师和土耳其旅全部等。美军从北向南撤逃的部队和从平壤以北的顺川向北接应的部队，集中坦克、大炮等猛攻三所里和龙源里两个关口，志愿军第一一三师两面作战，顽强阻击，死死卡住两个关口，南逃、北援的美军相距仅一公里，只能可望而不可即。战至12月1日晚，志愿军西线部队歼灭美军第二师主力、土耳其旅大部，重创美军第二十五师，美军第九军丢弃大量重装备，残部西逃安州，后经肃川逃往平壤。

在东线，志愿军第九兵团在11月27日黄昏发起反击的当夜，即将美军陆战第一师2个多团和美军第七师1个多团，分割包围在长津湖地区3个孤立的点上。第九兵团部队在长津湖地区气温降至-40℃的严寒情况下，克服冻饿交加的严重困难，于11月30日至12月1日，全歼被围的美军第七师第三十一团级战斗队3100余人。尔后，对突围南逃的美军陆战第一师实施围追堵截。战至12月12日，美军陆战第一师在大量飞机、坦克、大炮的支援下，在美军第三师的接应下，才最后突出志愿军第九兵团的包围，其兵力已损失过半。

至12月24日，西线"联合国军"撤至三八线一线及以南地区，东线"联合国军"在其海军舰船接应下从海上撤至大邱、釜山地区休整。

这次战役，志愿军以伤亡3.07万余人的代价，歼敌3.6万余人，其中美军 2.4 万余人。彭德怀大获全胜，打得麦克阿瑟和美国军政当局目瞪口呆，不知所措。麦克阿瑟从疯狂进攻转为狼狈撤逃，"联合国军"部队也成了惊弓之鸟，对志愿军闻风丧胆，情绪一落千丈，志愿军声威大振。

12 月 1 日，斯大林给毛泽东发来贺电："你们的胜利不仅使我和我们的领导同志，而且也使全体苏联人民感到高兴。由于你们在抗击美帝的斗争中取得的这些重大胜利，请允许我向你和你们的领导同志，向中国人民志愿军和全体中国人民，致以衷心的敬意。"①

四、力主建立志愿军和朝鲜人民军联合指挥机构

志愿军参战后，就存在志愿军和朝鲜人民军作战的相互配合和统一指挥问题。经彭德怀与金日成协商，在组成志愿军的指挥机构时，金日成派朝鲜内阁内务相朴一禹参加志愿军的领导，负责联络，中共中央任命朴一禹为志愿军副司令员兼副政治委员和中共志愿军党委副书记。当时，朝鲜人民军遭到严重损失，新组建的部队还未整训完毕。因此建立志愿军和朝鲜人民军统一指挥问题尚未提上日程。在志愿军进行第一次战役中，朝鲜人民军有零星部队参战，由于没有统一的协调，曾发生朝鲜人民军误击志愿军的事件。此外，在物资供给、交通运输等方面，也需要统一的协调指挥。

志愿军第一次战役结束后，彭德怀曾考虑金日成的朝鲜人民军总部，最好能与志愿军总部靠近，以便协商志愿军和朝鲜人民军在作战上的协调统一问题。彭德怀通过北京委托中国驻朝鲜大使馆与金日成进行协商。但金日成是朝鲜内阁首相和朝鲜人民军最高司令官，集军事、政务于一身，朝鲜人民军总部难以与志愿军总部设在一起，金日成表示可在十数日内与彭德怀会面一次，协商作战问题。

11 月 7 日，彭德怀请朴一禹回满浦面见金日成，就志愿军和朝

---

① 转引自军事科学院军事历史研究所《抗美援朝战争史（修订版）》上卷，军事科学出版社 2011 年版，第 365 页。

鲜人民军如何配合作战等问题进行协商。协商这些问题时，苏联驻朝鲜大使史蒂可夫和苏联驻朝鲜的军事顾问瓦西列夫均在场，他们对一些问题的认识不一致，影响了金日成的决心，协商未获得明确的结果。11月11日，彭德怀致电毛泽东、高岗，报告了以上问题的商谈情况。彭德怀并提议，由金日成、苏联驻朝鲜大使史蒂可夫、彭德怀组成三人小组，负责决定与作战有关的协调指挥和军事政策等问题。

经金日成同意，高岗受中央委派，于14日从沈阳到达志愿军总部，15日，与金日成、史蒂可夫、彭德怀一起，就统一作战指挥和一些军事政策问题进行了协商。意见基本形成一致，但未作最后定论，待第二次战役后再议。

此前的11月13日，周恩来起草了毛泽东致斯大林的电报，转去了上述11日彭德怀给毛泽东的电报。毛泽东在电报中指出："彭德怀同志提议，希望金日成同志和史蒂可夫同志能常驻前方，并由金日成、史蒂可夫、彭德怀组织三人小组，负责决定军事政策，包括建军、作战、正面战场和敌后战场以及与作战有关的许多现行政策，求得彼此意见一致，以利战争进行。我们同意这个提议，现特电告，请求您的指示。如您认为可行，即请由您处向史蒂可夫同志和金日成同志提出为妥。"[1]斯大林接电后，于当月16日回电，提出同意由中国同志统一指挥，并将此意同时电告金日成和史蒂可夫，苏联驻中国军事总顾问也赞成斯大林的意见。[2]

12月3日，金日成来到北京，与毛泽东、周恩来、刘少奇就朝鲜战争的若干重要问题进行协商。这时，朝鲜人民军已有5个军团陆续完成整训或休整，准备同志愿军并肩作战。根据斯大林来电的意见，双方商定：成立中国人民志愿军和朝鲜人民军联合司令部，凡属作战范围及前线一切活动均归其指挥，后方动员、训练、军政、

---

① 转引自军事科学院军事历史研究所《抗美援朝战争史（修订版）》上卷，军事科学出版社2011年版，第404页。

② 《建国以来周恩来文稿》第三册，中央文献出版社2008年版，第515页。

警备等则由朝鲜政府直接管辖，但联合司令部应向后方提出要求和建议。铁路运输修理亦归联合司令部指挥。联合司令部下仍分两个机构，即中国人民志愿军部队司令部和朝鲜人民军参谋部，合驻一处办公；以彭德怀为司令员兼政治委员，朝鲜方面金雄为副司令员，朴一禹为副政治委员。

12月7日，彭德怀与金日成在朝鲜进行会谈，决定在数日内组成中朝联合司令部。8日，周恩来代表中共中央起草了中朝两方关于成立中朝联合司令部的协议。这个协议在征得金日成同意后，中国人民志愿军和朝鲜人民军联合司令部于12月上旬正式组成，简称"联司"。从而解决了中国人民志愿军和朝鲜人民军统一作战指挥的问题，从第三次战役开始，中国人民志愿军和朝鲜人民军即在联司统一指挥下作战。不久增加志愿军副司令员兼副政治委员邓华为中朝联合司令部副司令员。

后来，从1951年3月至9月，经中朝双方协商，在中朝联合司令部之下，又先后成立了中朝空军联合司令部、中朝联合铁道运输司令部、东海岸防御联合司令部、西海岸防御联合指挥所（后改为指挥部）。

五、扭转战场内外轻敌速胜的情绪

早在第二次战役结束前，1950年12月19日24时，彭德怀在致毛泽东并高岗的电报中，针对社会主义阵营内部出现速胜乐观情绪和志愿军作战存在的实际困难，就明确指出："据我看朝鲜战争仍是相当长期的、艰苦的。"[①]毛泽东于21日复电彭德怀，赞同彭德怀对战争形势的分析，指出："你对敌情估计是正确的。必须作长期打算。此点我曾向金日成同志说了，……速胜观点是有害的，望设法给

---

① 转引自军事科学院军事历史研究所《抗美援朝战争史（修订版）》上卷，军事科学出版社2011年版，第400页。

以克服。"①毛泽东于 26 日致彭德怀、朴一禹并告金日成等的电报中，再次指出："战争仍然要做长期打算，要估计到今后许多困难情况。要懂得不经过严重的斗争，不歼灭伪军全部至少是其大部，不再歼灭美英军至少四五万人，朝鲜问题是不能解决的，速胜的观点是有害的。"②

第三次战役打得也比较顺利，志愿军和朝鲜人民军进占了汉城，将战线推进至三七线附近，致使在志愿军部队中和在社会主义阵营内部，较普遍地产生了轻敌速胜的思想。第四次战役开始以后，志愿军部队中的速胜情绪已不复存在。中共中央和中央军委对朝鲜战争的艰苦性和长期性有了进一步的认识，并为了志愿军能在朝鲜坚持长期作战，于 1951 年 2 月上旬确定了采取轮番作战的方针。在社会主义阵营内部，尽管对战争艰苦性有了认识，但是对战争长期性的认识并不一致。彭德怀在第四次战役第一阶段作战结束时，决定利用志愿军和朝鲜人民军全线转入运动防御的时机，返回北京，向中共中央和毛泽东当面汇报朝鲜战场的情况，以听取中央和毛泽东的指示。经毛泽东同意后，彭德怀将战场指挥权交给副司令员兼副政治委员邓华，于 2 月 20 日离开朝鲜，在安东乘专机于 21 日下午到达北京，随即直接前往毛泽东住所，向毛泽东汇报了朝鲜战场的情况。他着重汇报了志愿军在朝鲜作战所面临的各种困难，说明朝鲜战争不能速胜的理由等。此后至 25 日期间，周恩来、彭德怀两次在玉泉山与毛泽东共同研究了抗美援朝战争的指导方针，部队轮番作战，空军、炮兵、坦克等军兵种部队参战以及请求苏联空军掩护志愿军后方运输线等问题。

关于战争方针问题，毛泽东明确指出："战争准备长期，尽量争取短期"，要准备以几年时间，消耗美军几十万人，使其知难而退，至少我们应作两年的准备。他同时指出：1951 年全国军队准备补充

---

① 《建国以来毛泽东军事文稿》上卷，军事科学出版社、中央文献出版社 2010 年版，第 414 页。

② 《建国以来毛泽东军事文稿》上卷，军事科学出版社、中央文献出版社 2010 年版，第 421 页。

60万人，全国以国防建设为主，经济建设也围绕国防建设进行。志愿军实行轮番作战，要改善志愿军武器装备，改善供应运输，加强后勤机构，努力准备空军、装甲兵参战。

彭德怀与周恩来、聂荣臻、杨立三等人共同研究了特种兵部队的参战计划和加强志愿军后勤保障的措施，并同聂荣臻一起与苏联驻中国军事总顾问沙哈罗夫，商谈了苏联出动志愿空军掩护朝鲜平壤以北交通线安全的问题。

2月25日，周恩来主持召开中央军委扩大会议，军委各总部、各军兵种及政务院有关部门主要负责人出席会议，专门听取彭德怀介绍朝鲜战场的情况，讨论研究了如何更有力地支援前线，保障志愿军物资供应的问题。随后，周恩来又连续主持召开中央军委会议，就加强志愿军兵力和后勤供应问题作出了一系列重要决定。

彭德怀建议，将他这次回京讨论确定的问题通报给斯大林，使他了解志愿军在朝鲜战场作战的困难，这有利于社会主义阵营内部统一对朝鲜战争长期性的认识，有利于战争的指导。毛泽东表示同意，并委托周恩来起草给斯大林的电报。3月1日，以毛泽东的名义给斯大林发出了电报。电报历数了志愿军在朝鲜作战的困难和中共中央为解决这些困难采取的措施，强调指出："从目前朝鲜战场最近进行的战役中，可以看出：敌人不被大部消灭，是不会退出朝鲜的，而要大部消灭这些敌人，则需要时间，因此，朝鲜战争有长期化的可能，至少我应作两年的准备。""总之，在美国坚持继续作战，美军继续获得大量补充并准备和我军作长期消耗战的形势下，我军必须准备长期作战，以几年时间，消耗美国几十万人，使其知难而退，才能解决朝鲜问题。"①

彭德怀于3月1日离开北京，3月9日返回志愿军总部。11日，他致电中国驻朝鲜大使馆政务参赞柴军武（即柴成文）转金日成，将回京与毛泽东讨论有关战争问题的结果向金日成作了通报。

斯大林于3月3日复电，同意毛泽东在电报中对战争形势的分

---

① 《周恩来军事文选》第四卷，人民出版社1997年版，第162、165页。

析和志愿军在朝鲜作战的方针。3月15日，周恩来致电柴军武转金日成，将彭德怀回京商讨的有关问题、毛泽东给斯大林的电报及斯大林回电的有关内容向金日成作了通报。

彭德怀在《彭德怀自述》中对他这次回京也作了记载，他说："一九五一年二三月间利用短暂的几天时间（来回七天）回到北京，向主席报告了朝鲜战况和请求战略方针，说明朝鲜战争不能速胜，……这次主席给了抗美援朝战争一个明确的指示，即'能速胜则速胜，不能速胜则缓胜。'这就有了一个机动而又明确的方针。"[①] 同时，关于朝鲜战争长期性的认识，彭德怀与毛泽东、斯大林、金日成达成了共识，战场外的轻敌速胜情绪逐渐消失，从而更有利于作战的指导。

六、建议严惩李承晚

1953年4月26日，由美方单方面中断6个多月的朝鲜停战谈判重新恢复。志愿军为促进停战谈判，于5月13日发起夏季反击战役，至6月16日，共进行了两个阶段的作战。在志愿军作战的打击下，美方谈判代表团接受了朝中代表团关于战俘遣返的方案，战俘的安排这项议程于6月8日达成协议，至此，朝鲜停战谈判各项议程全部达成协议。根据军事分界线问题谈判的协议，校订军事分界线的实际工作即将完成，停战协定签字在即。彭德怀将以中国人民志愿军司令员的身份在《朝鲜停战协定》上签字，正准备动身来朝鲜。

然而，南朝鲜李承晚集团反对停战，破坏停战谈判刚刚达成的关于战俘遣返问题的协议，于6月17日深夜起，以"就地释放"为名，扣留朝鲜人民军被俘人员27000余人。彭德怀按原定计划，于6月19日从北京起程，6月20日晚到达平壤中国驻朝鲜大使馆，先后与负责谈判工作的李克农和志愿军代司令员邓华通了电

---

① 《彭德怀自述》，人民出版社1981年版，第261页。

话，指示邓华继续部署作战，狠狠打击李承晚集团。接着，彭德怀致电毛泽东，建议"根据目前情况，停战签字需推迟至月底似较有利，为加深敌人内部矛盾，拟再给李承晚伪军以打击，再消灭伪军一万五千人（六月上半月据邓华说消灭伪军一万五千人），此意已告邓华妥为布置，拟明廿一日见金首相，二十二日去志司面商停战后各项布置。妥否盼示。"① 次日，毛泽东复电同意彭德怀的建议，指出："停战签字必须推迟，推迟至何时为适宜，要看情况发展才能作决定。再歼伪军万余人，极为必要。"② 同日，彭德怀也商得了金日成的同意。

志愿军总部根据彭德怀的指示，于 6 月 20 日当晚 23 时 30 分即给第一线各部下达了继续作战的指示，指出"李承晚匪帮破坏遣返战俘协议，释放大批北鲜战俘。这一无理行动，势将拖延停战协定的签字，在世界舆论上已造成极大震动。为给敌以更大压力，配合板门店谈判，并经彭总同意，决在军事上继续予李伪军以狠狠地打击。为此，各军应即根据原预选目标，如已准备就绪者应即坚决攻歼之，如新选目标，应抓紧时间进行准备，并在有坑道之新占阵地上应坚决扼守，求得在打敌反扑中大量杀伤敌人。对美军及外国帮凶军，仍不作主动攻击，但对任何向我进犯之敌，均必须予以坚决打击"。③ 25 日，志愿军总部再次指示第一线各部，已做好准备的各军可放手对南朝鲜军作战，尚未准备好的各军加紧准备，准备完毕后，狠狠打击南朝鲜军。

据此，志愿军发起了以金城战役为主的夏季反击战役第三阶段作战。仅金城战役即予南朝鲜军 4 个师以歼灭性打击，歼其 5.3 万余人，连同第一线其他作战，夏季战役第三阶段作战共歼敌 7.8 万余

---

① 转引自军事科学院军事历史研究所《抗美援朝战争史（修订版）》下卷，军事科学出版社 2011 年版，第 469 页。

② 《建国以来毛泽东军事文稿》中卷，军事科学出版社、中央文献出版社 2010 年版，第 148 页。

③ 转引自军事科学院军事历史研究所《抗美援朝战争史（修订版）》下卷，军事科学出版社 2011 年版，第 470 页。

人，收复土地 192.6 平方公里。在志愿军作战的有力打击下，加上美国当局的软硬兼施，李承晚集团不得不乖乖同意停战，美方谈判代表团在谈判中，也对停战后李承晚集团遵守《朝鲜停战协定》作出了保证。7 月 27 日朝鲜时间上午 10 时，朝鲜停战谈判双方首席代表在《朝鲜停战协定》上签字，朝鲜停战实现。27 日下午 1 时和晚上 10 时，"联合国军"总司令克拉克于汶山、朝鲜人民军最高司令官金日成于平壤分别在《朝鲜停战协定》上签字，28 日上午 9 时 30 分中国人民志愿军司令员兼政治委员彭德怀于开城在《朝鲜停战协定》上签字。中国人民志愿军取得了抗美援朝战争的胜利。"联合国军"总司令克拉克哀叹："我成了历史上签订没有胜利的停战条约的第一位美国陆军司令官。"①

---

① 〔美〕马克·克拉克：《从多瑙河到鸭绿江》，文士龙译，黎明文化服务中心 1956 年版，第 1 页。

邓华将军在抗美援朝战争中[*]

  邓华是中国人民解放军开国上将，为中国革命战争取得胜利作出了重要贡献，特别是著名的海南岛登陆战役，他组织指挥部队以木船和机帆船取得了渡海登陆作战的胜利。1950 年 7 月组建东北边防军时，他出任第十三兵团司令员，抗美援朝战争开始时被任命为志愿军副司令员兼副政治委员（实际上是第一副司令员兼第一副政治委员），协助彭德怀司令员指挥作战，1951 年初被增补为中国人民志愿军和朝鲜人民军联合司令部副司令员，同年 7 月至 10 月作为中国人民志愿军代表参加朝鲜停战谈判，1952 年 6 月被任命为志愿军代司令员兼代政治委员，负责志愿军的全面工作，同时以志愿军和朝鲜人民军联合司令部副司令员的身份统一指挥志愿军和朝鲜人民军作战，朝鲜停战后，1954 年 9 月被任命为志愿军司令员兼政治委员。邓华是经历抗美援朝战争全过程的志愿军领导人，为抗美援朝战争取得胜利作出了突出贡献。抗美援朝战争也是邓华军事生涯中最为精彩、最为辉煌的一个阶段。这里只介绍邓华在抗美援朝战争中突出的几件事。

---

  * 本文中的一部分曾以"邓华将军在抗美援朝战争中鲜为人知的几件事"为题，发表在《军事历史》2010 年第 3 期，并收入《邓华纪念文集》一书。此次收入本书，增写了许多新内容。

一、组建东北边防军时，林彪、罗荣桓、刘亚楼力举邓华任第十三兵团司令员

1950 年 6 月 25 日，朝鲜南北双方为实现统一问题爆发了大规模内战。美国政府从其称霸全球的帝国主义利益出发，立即进行武装干涉，支援南朝鲜军作战，同时以其驻菲律宾的海军第七舰队侵入台湾海峡，干涉中国内政和威胁中国东北大陆安全。中共中央和中央军委未雨绸缪，毛泽东委托主持中央军委日常工作的周恩来，于 7 月 7 日和 10 日两次主持召开中央军委会议，讨论组建东北边防军保卫国防问题，决定调已向中原地区集中整训的国防机动部队第十三兵团等部队组成东北边防军，开赴东北边防整训，以保卫东北边防和必要时支援朝鲜人民反抗美国侵略。第十三兵团司令员是黄永胜。在 7 日的会议上，曾担任东北野战军司令员、政治委员和参谋长的林彪、罗荣桓、刘亚楼三人一致认为黄永胜全面素质不如第十五兵团司令员邓华，而主张调邓华为第十三兵团司令员。据此，会议决定以第十五兵团部与第十三兵团部对调，由邓华任第十三兵团司令员。13 日以中央军委《关于保卫东北边防的决定》确定了此事。东北边防军集中后，原确定的边防军司令员粟裕有病，军委批准他休养一个时期，不能到职，副司令员萧劲光主持刚组建的海军工作、副政治委员萧华主持总政日常工作也都不能到职。经周恩来、聂荣臻等建议，毛泽东批准，东北边防军暂归东北军区司令员兼政治委员高岗指挥并统一供应。8 月 26 日，中央军委决定，东北边防军部队以第十三兵团为统一训练机构。这样，整个东北边防军的整训工作都是由邓华为司令员的第十三兵团领导机关负责完成的。

二、朝鲜战争僵持于洛东江一线时，预判美军可能在平壤或汉城地区登陆

1950 年 8 月 31 日，邓华与洪学智、解方联名，就东北边防军出国作战准备和需要解决的问题给林彪作了书面报告，报告了 6 个问

题：1. 关于敌我力量的对比；2. 关于朝鲜地形；3. 关于供应问题；4. 关于敌人的企图；5. 关于我们的方针；6. 关于部队装备和训练问题。对边防军出国作战可能遇到的困难和我们应做的准备，考虑得十分周全，并作了深入的分析，对边防军自身无法解决的问题，向中央军委提出了建议。这个报告实际上就是边防军进行出动作战准备的指导性文件。在"关于敌人的企图"问题中，明确指出"美帝企图是要侵占朝鲜全境，作为将来进攻中苏的前进基地"。而"朝鲜战局已日益走向稳定，美帝正努力坚守大邱、釜山地区，并以局部反击来巩固滩头阵地，争取时间等待援兵到来再行反攻。另一方面，北朝鲜人民军各个击破和歼灭敌人的机会已经过去，战争已走向长期性。现在人民军虽然仍占主动，但经两月来之消耗，今天地面上的优势已经不大，目前要大量歼灭敌人，改变此种局势，恐很困难。"进而分析了美军下一步的可能企图，指出："估计敌人将来反攻的意图可能为：以一部兵力在北朝鲜沿海侧后几处登陆扰乱牵制，其主力则于现地由南而北沿主要铁道公路逐步推进；一为以小部兵力与我周旋，抓住人民军，其主力则在我侧后（平壤或汉城地区）大举登陆，前后夹击，如此人民军的处境会很困难的。"①

林彪于当年 9 月 8 日将邓华等的报告呈报毛泽东，并请军委解决报告中提出的需要解决的问题。毛泽东于 9 月 26 日批示由中央军委代总参谋长聂荣臻酌办。邓华等对边防军出动后敌我双方的优势和劣势，我军作战可能会出现的各种困难，美军为扭转不利战局形势而可能发动大举登陆进攻，登陆地区可能在平壤或汉城等提出了看法，这些都是邓华等具有战略性的预见，这些预见，在接下来的朝鲜战局发展中和志愿军入朝后前期的作战中，全部得到了应验。

三、寻机歼敌，取得横城大捷

志愿军入朝后，1950 年 10 月 25 日，中共中央命令以第十三兵

---

① 《邓华纪念文集》，军事科学出版社 2010 年版，第 334 页。

团司令部、政治部及其他机构，改组为中国人民志愿军司令部、政治部及其他机构，邓华被任命为志愿军副司令员兼副政治委员。

邓华协助彭德怀部署、指挥第一次战役和第二次战役取得了胜利，特别是第二次战役，一举将美国为首的"联合国军"从鸭绿江边打回到三八线，志愿军声威大振。

在第二次战役即将结束的1950年12月中旬，邓华乘坐的吉普车遇美军飞机扫射，司机驾驶车辆躲避美军飞机时，邓华碰破了头，加之邓华本来身体就有病，而在大榆洞治病（一说，后来回到沈阳治疗），在第三次战役结束后的1951年1月中旬返回志愿军司令部。

志愿军连续进行三次战役，伤亡减员未得任何补充，物资运输补给的困难未得任何改善。本来第三次战役结束后，志愿军部署休整，并进行春季攻势准备。然而，志愿军和朝鲜人民军尚未来得及休整，"联合国军"就发动了反扑，志愿军和朝鲜人民军在这样严重困难的情况下，被迫转入防御作战。彭德怀根据"联合国军"反扑部署上美英军重点在西线，东线主要是南朝鲜的特点，决定组成3个作战集团，采取西顶东反的方针进行第四次战役，即：以志愿军副司令员韩先楚指挥志愿军第三十八军、第五十军和朝鲜人民军第一军团组成"韩集团"（也称"韩指"），在西线坚守汉江南岸阵地，阻击美英军的进攻，牵制美、英军主力于西线，以利于志愿军主力在东线寻机歼敌；以志愿军副司令员邓华指挥第三十九军、第四十军、第四十二军、第六十六军组成"邓集团"（也称"邓指"），在东线寻机歼灭突出冒进之敌；以朝鲜人民军前线总指挥金雄指挥朝鲜人民军第二军团、第五军团组成"金集团"（也称"金指"），配合邓集团作战，尔后南向荣州挺进。

根据彭德怀的部署决定，邓华指挥邓集团各部，先后于2月2日至6日出发，向预定地区集结。2月7日，就有两部敌军态势突出，一是南朝鲜军第八师等部进至横城以北10余里及东西地区，二是美军第二师第二十三团等部被志愿军第四十二军阻于砥平里并继续向北推进。然而，邓集团主力2月10日才能到达上述地区完成集结。彭德怀发电征寻有关各军首长和邓华、韩先楚的意见，待邓集团主力到达集结位置后，先歼哪一部敌军或同时歼灭该两部敌军，何者为有利。有关各军首长及邓、韩两位副司令员的意见是仁者见仁，智者见智，主张各异。彭德怀权衡利弊，批准了邓华先打横城之敌的意见。

2 月 10 日，邓集团各部完成集结，11 日 17 时起，以 9 个师在金集团配合下，采取战役迂回包围和战术分割包围的战法，向横城之敌发起攻击，至 13 日晨作战结束，全歼南朝鲜军第八师 3 个团和美军 1 个营、美军和南朝鲜军 4 个炮兵营，共歼敌 1.2 万余人。这是志愿军连续取得三次战役胜利后的又一个大捷。"联合国军"在东线后撤 26 公里。

2 月 13 日，邓华根据彭德怀的指示，以 2 个军又 1 个师向原州方向发展，以 6 个团兵力当晚向砥平里之敌发起攻击，由于多种原因，连攻两晚未能解决战斗。彭德怀分析当时战场形势，由于志愿军和朝鲜人民军战场兵力已不占优势，即使攻克砥平里，"联合国军"的整个进攻势头也不会减弱，为争取主动，于 15 日晚，命令邓华停止对砥平里之敌的攻击，全线转入运动防御，掩护第二番作战部队向战场开进集结。对砥平里战斗失利，邓华多次检讨原因和承担责任，表现了指挥员勇于担当的品格。

四、在第四次战役的紧要关头受彭德怀委托全权指挥作战

志愿军参战后，连续取得第一次、第二次、第三次战役的胜利，不但将美国为首的"联合国军"从鸭绿江边打回到三八线，而且将战线推进到三七线附近。这在朝鲜、在中国国内、在苏联都产生了一种轻敌速胜的情绪，认为朝鲜战争可以迅速结束。而身为志愿军统帅的彭德怀对这种情绪十分担忧。前三次战役基本上是在美国军政当局轻视中国人民力量，对志愿军不知底细，遭到志愿军突然打击的情况下而败退的。而第三次战役结束后，志愿军本身固有的弱点已经显露。第三次战役即带有勉强性，第四次战役则更为勉强。彭德怀认为就志愿军现有的装备水平，要取得战争的胜利，不但是

艰苦的，而且是长期的。为更有利于战争指导，有必要对这个问题统一认识。在第四次战役第一阶段作战结束后，彭德怀决定回京，向毛泽东和中央面报各项，获得了同意。1951 年 2 月 19 日下午 4 时 30 分，彭德怀对作战进行部署后，致电在前线的邓华、韩先楚两位副司令员和朝鲜人民军前线总指挥金雄及志愿军第十九兵团首长，告知："我拟明（廿）日黄昏动身去中央，十至十五天返部。志司拟日内移金化前线，请邓华指挥。待洪（学智）解（方）率司令部到金化时，请邓华回金化司令部主持。"

　　彭德怀于 20 日动身回京，3 月 9 日返回志愿军总部，前后近 20 天的时间，由邓华全权指挥志愿军和朝鲜人民军作战。而这期间恰是"联合国军"发动代号为"屠夫行动"的进攻，目的是将战线从三七线附近的原州、平昌、旌善一线向北推进到汉江南岸、杨平、横城至东海岸的江陵一线，并消灭汉江南岸的志愿军和朝鲜人民军部队，进攻于 2 月 21 日开始。邓华指挥志愿军和朝鲜人民军部队顽强灵活阻击"联合国军"的进攻，"联合国军"在空军、坦克、炮兵猛烈火力支援下，连续攻击 15 天，至 3 月 6 日才到达这一线，并且在彭德怀动身回京前就将汉江南岸的志愿军和朝鲜人民军部队撤至汉江以北，因此，"联合国军"并未达到消灭汉江南岸志愿军和朝鲜人民军部队的目的。3 月 7 日，"联合国军"又发动了代号为"撕裂者行动"的进攻，目的是夺取汉城和向三八线推进。为使志愿军和朝鲜人民军部队既能有效阻击敌人进攻，又能减少自身伤亡并更多杀伤敌军，3 月 8 日邓华以志愿军和朝鲜人民军联合司令部的名义致电第一线志愿军和朝鲜人民军各部，发出了战术指示，提出了阻击的具体战术原则和要求。至 3 月 9 日彭德怀返回志愿军总部时，志愿军和朝鲜人民军已按预定计划在第一防御地带坚持阻击 20 天，实现了预定的以空间换取时间的目的。

五、在谈判军事分界线问题上，提出"就地停战"的建议

　　志愿军参战后，经过连续五次战役的较量，打出了朝鲜停战谈判

的局面。1951年7月10日，朝鲜停战谈判开始。邓华和志愿军参谋长解方作为志愿军代表参加志愿军和朝鲜人民军谈判代表团。在谈判双方于7月26日达成关于谈判议程的协议后，当天就进入第一项实质性议程，即关于军事分界线问题的谈判。早在停战谈判开始前的6月初，毛泽东和金日成在北京商谈可能到来的停战谈判的方针和方案时，就考虑把争取实现以三八线为界停战撤军作为基本原则。5月底和6月初，美国国务卿迪安·艾奇逊安排曾任美国驻苏联大使的乔治·凯南，以私人身份约见苏联常驻联合国代表雅格布·马立克时，向马立克透漏的美国意向，也是谋求通过谈判沿三八线一带实现停战。6月23日，马立克在联合国秘书处新闻部举办的"和平的代价"广播节目中发表演说，对朝鲜战争双方提出的建议还是："交战双方应该谈判停火与休战，而双方把军队撤离三八线。"

在停战谈判进入关于军事分界线问题的讨论一开始，朝中代表团首席代表南日，就阐述了以三八线为军事分界线的原则立场。然而，美方代表团不但坚决拒绝以三八线为军事分界线的建议，而且狂妄地将军事分界线划在志愿军和朝鲜人民军战线后方几十公里处，妄图不战而攫取1.2万平方公里的土地，并以自相矛盾的理由要求在军事分界线的划分上要给他们"补偿"。这些当然遭到了朝中代表团的有力驳斥和坚决拒绝。双方在军事分界线问题上僵持不下，致使对这个问题的谈判进行了20天没有任何进展。

当时双方的实际接触线是：志愿军和朝鲜人民军占有临津江以西、三八线以南（包括开城）的部分地区，"联合国军"占有临津江以东、三八线以北的部分地区。"联合国军"占有的临津江以东、三八线以北的地区，面积略大于志愿军和朝鲜人民军占有的临津江以西、三八线以南地区。为打破关于军事分界线问题谈判的僵局，8月17日，毛泽东致电金日成并告彭德怀、李克农，明确提出了将三八线与现有战线联系起来考虑，将军事分界线与非军事区联系起来考虑的具体设想，即"联合国军"从临津江以东、三八线以北退至三八线，志愿军和朝鲜人民军既不前进也不后退；志愿军和朝鲜人民军从临津江以西、三八线以南退至三八线，"联合国军"既不前进也不后退。双方的分界线还在三八线，但不叫三八线，只叫军事分界线，双方退出的地区作为非军事区。

8月18日，邓华以个人名义致电彭德怀并转毛泽东，对朝中方面关于军事分界线的立场提出几点考虑。邓华在电报中指出："观察敌人底盘最低是现地停战，策略上拖到九月对日和会①后，各方对他有利。据此，主席十七日所示之底盘，恐难成交。"主要困难是敌人坚拒对他现有有利阵地对换，他认为临津江以西、三八线以南的地区无军事意义。"能争取和谈成功，是于全局有利的，而且是目前正确的实事求是的战略方针"；"达成协议要以公平合理为原则，并要从实际出发。据目前各方情况，能争取主席十七日所示之底盘成交最好，否则，现地停战我方亦不吃亏，因临津江以西三八线以南面积虽较小，但人口财富俱较多，战略上敌阵地离元山近，登陆易，但我阵地离汉城更近，亦易抚敌侧背"；"此种方案，敌说是现地停战，我也可以说是三八线地区调整的停战，因东面三八线及其以北地区为敌所有，而西面三八线及其以南地区为我所有"；"总的方针既定，小的方面似不应过于斤斤计较"；我方虽考虑再经过两三个战役，将敌打过三八线，但一则根据我军现有装备状况能否打过去？二则即使打过去也要付出重大代价。因此，这次应尽可能谈好，除非敌人连现地停战也不接受，再坚决打下去。彭德怀同意邓华的意见，并于19日将此意见转报毛泽东。②

8月22日，朝中代表团对谈判情况作了分析后，以代表团名义致电毛泽东、金日成和彭德怀，指出："对方反对三八线方案主要原因是政治的，我方坚持三八线方案主要原因也是基于政治上的考虑。我们觉得我们既然准备放弃以三八线为严格的军事分界线的主张，而提出调整方案，容许对方部队留在三八线以北，我们就已基本上放弃了三八线的基本主张，我们的调整方案说它是三八线的调

---

① 对日和会是指美英当局背弃有关国际协议，排除中国参加，定于1951年9月4日至8日在美国旧金山召开的片面对日媾和的会议。

② 参见军事科学院军事历史研究所《抗美援朝战争史（修订版）》下卷，军事科学出版社2011年版，第85—86页。

整方案，不过是基于政治理由的一种说法而已。……因为就是就地停战加上调整的方案，同样可以说是以三八线为基础的方案，反正是各说各的。我们既然放弃了以三八线为严格的军事分界线的方案之后，这样说那样说，实际上已经成一个说法问题了。其次，为了实现我们迅速争取停战的总方针，我们以为只有将就地停战加调整的就地方案才是切实可行的，并且能在政治上解除对方一味拖延的武装。……我们觉得可以考虑以就地停战加调整的就地方案，作为我们最后的方案，我们觉得这是符合我们总的利益的。……并力求尽可能主动地提出这一方案，以逼使对方不能再事拖延。"①

邓华的建议和代表团的分析，得到了毛泽东和金日成的同意。后来，谈判双方就是以双方实际接触线为军事分界线达成了关于军事分界线问题的协议。

六、两次提出让职

抗美援朝战争期间，邓华从自身资历、能力和身体状况考虑，曾先后两次建议，由资历、能力都比自己高的军队将领担任志愿军第一副司令员兼第一副政治委员或志愿军代司令员兼代政治委员。

第一次是在第五次战役前，随着第九兵团、第十九兵团、第三兵团入朝参战，部队增多，比邓华资历高的兵团指挥员也增多。邓华提出让职的意见，在直接面报彭德怀之后，又于1951年4月16日致电军委总干部并转毛泽东，提出："开始入朝作战主要是十三兵团的几个军，那时十三兵团机构与志司合并在彭总直接领导和指挥下是很对的。现在情况不同了，陆续来朝部队已有第九、第三、第十九兵团，由于战争的拖长，今后各区换班部队还会继续来，而来的部队首长中，有些同志在能力资望上都比较高，原十三兵团干部和机构又比较弱，如果志司仍维持现状很不合适，而十三兵团本身

---

① 转引自军事科学院军事历史研究所《抗美援朝战争史（修订版）》下卷，军事科学出版社2011年版，第87页。

几个军的工作也很难照顾，特别志司工作范围广而复杂繁重，彭总亦需几个得力帮手（我因能力与身体关系对彭总的帮助实在太渺小），根据这种情况和长期打算，建议志司有改组和加强的必要，原则上志司辅助干部中每一战略区至少应有一个，便于联系各区轮番部队和吸取经验，同时十三兵团也需一个小的机构来加强对各军的工作，因此以陈赓同志专任志司第一副司令兼第一副政委帮助彭总，宋（时轮）为第二副司令兼九兵团，我为第三副司令兼十三兵团……如此措施不仅于工作有利，而且在团结上也是必需的。"[①] 但毛泽东、彭德怀和中央军委相信邓华的能力和水平。同年 5 月 27 日，彭德怀司令员致电毛泽东，请示"惟便于联系各野战军，志司似应增加陈赓为第二副司令员，宋时轮为第三副司令员"。6 月 1 日，中央军委批准了这一请示。

第二次是 1952 年。当年 4 月，彭德怀回国治病，代理彭德怀职务主持志愿军全面工作的陈赓，也于 6 月中旬调回国内主持筹建军事工程学院，邓华被任命为志愿军代司令员兼代政治委员。7 月上旬，彭德怀接替周恩来主持中央军委日常工作。当月 22 日，邓华为贯彻中央军委轮换志愿军部队的指示，在致彭德怀并请呈毛泽东关于全部轮换在朝部队的请示中提出："志司任务繁重，且关系全局，个人德才资体均很不够，实在费力挑不动。目前虽无大的战斗，但工作上是有损失的，为加强志司领导，彭总不能回时，粟裕同志来此很好，副总长职陈赓同志很可胜任。工程学院可另选人，我则到兵团去再锻炼一下能取得一点前线的经验是有益的，如仍需我留志司则只能搞一部分工作，请另派一人任党委书记，负责全面领导才不致贻误。"[②] 同样由于毛泽东、彭德怀和中央军委相信邓华的能力和水平，而仍由邓华代理志愿军司令员和政治委员，主持志愿军全面工作，直到抗美援朝战争结束。

邓华代理志愿军司令员和政治委员期间，志愿军越战越强，越

---

① 《邓华纪念文集》，军事科学出版社 2010 年版，第 372 页。

② 《邓华纪念文集》，军事科学出版社 2010 年版，第 407 页。

战越主动，"联合国军"地面部队一直处于被动挨打状态，直到朝鲜停战。也是巧合，邓华任志愿军代司令员兼代政治委员期间，恰是"联合国军"第三任司令官克拉克的在任期间。克拉克在其回忆录——《从多瑙河到鸭绿江》一书中写道："在一九五二年五月，当我受命为联合国军统帅时，韩战与停战谈判是在一种完全停顿状态。宽一百五十五英里之正面，在六个月以前固定于一条歪曲的战线……除开在停战前一个月'中共'军在他们最后一次挽救面子的攻势中稍有进展外，这条线一直保持没有变动。……这个冻结的战线是如此的一个悲剧：它使联合国军司令部在人员死、伤与失踪方面所付出的代价，等于釜山周边防御、仁川登陆、一九五〇年之向鸭绿江前进、以及从北韩严酷的冬季撤退各役的总伤亡人数的一半，而战果毫无。"①

七、创造以打促谈的佳作

停战谈判四项实质性议程，到 1952 年 5 月初，有三项达成了协议，只有关于战俘的安排一项议程自 1951 年 12 月 11 日开始谈判以来，一直没有明显进展，美方提出并顽固坚持所谓"自愿遣返"原则，企图强迫扣留志愿军和朝鲜人民军被俘人员，拒绝讨论其他任何原则。1952 年 10 月 8 日，美方单方面宣布停战谈判无限期休会。1953 年 3 月，中、朝、苏领导人经过协商确定，为扫除战俘问题谈判的障碍，能早日实现停战，在战俘遣返问题上，坚持原则的坚定性，同时采取策略的灵活性，即坚持按 1949 年日内瓦战俘公约规定，停战后全部遣返战俘。但是为满足世界人民的和平愿望，以促成朝鲜停战，在战俘遣返的步骤上采取灵活性，以便消除在这个问题上的分歧，由"中华人民共和国政府和朝鲜民主主义人民共和国政府提议：谈判双方应保证在停战后立即遣返其所收容的一切坚持

---

① ［美］马克·克拉克：《从多瑙河到鸭绿江》，文士龙译，黎明文化服务中心 1956 年版，第 62 页。

遣返的战俘，而将其余的战俘转交中立国，以保证对他们的遣返问题的公正解决"①。

3月30日，周恩来以中华人民共和国政务院总理兼外长的名义，就关于朝鲜停战谈判问题发表声明，阐述了中华人民共和国中央人民政府和朝鲜民主主义人民共和国政府，关于分步骤解决战俘遣返问题的建议。31日，金日成发表声明，完全支持周恩来提出的建议。4月1日，苏联外长莫洛托夫发表声明，支持周恩来、金日成的声明。周恩来的建议，得到了包括英国、法国在内的国际舆论的支持。美国也就此下了台阶。4月26日，由美方单方面中断了6个多月的朝鲜停战谈判重新复会。

在此前的4月20日，邓华在西海岸指挥部致电杨得志、崔庸健、解方、李志民②并报中央军委，对谈判恢复后战场形势的可能发展作了分析后提出："我们必须采取'针锋相对的方针'，以积极行动来配合谈判，也只有胜利才能推进谈判，……如果敌人拖延讹诈，而五月又不登陆的情况下，我们就应该举行像去秋那样战役性的反击，给敌人以更严重的打击。并可锻炼部队，吸取经验，还可部分的改善阵地。"经过反登陆战役准备，"我们有力量、有经验来举行夏季反击"战役，"现东西海防的准备已基本完成，正面可放手作战"。"反击时间预定六月初开始到七月上旬结束，一切准备工作须于五月底完成，尔后视情况动作。"邓华在电报中还提出了以打促谈的具体设想方案，请示军委并请杨得志、崔庸健、解方、李志民修正补充，发各兵团领导研究，提出具体意见，尔后召开会议决定。③邓华的设想得到了中央军委批准。

4月30日至5月4日，邓华主持召开志愿军党委会议，对举行

---

① 《周恩来军事文选》第四卷，人民出版社1997年版，第317页。

② 杨得志此时任志愿军第二副司令员；崔庸健于1952年8月接替金雄任中朝联合司令部副司令员，后又接替朴一禹兼任中朝联合司令部副政治委员；李志民此时任志愿军政治部主任。

③ 转引自军事科学院军事历史研究所《抗美援朝战争史（修订版）》下卷，军事科学出版社2011年版，第432页。

夏季反击战役进行了专题研究。5月5日，邓华等为志愿军和朝鲜人民军各部下达了补充指示，对战役的目的和方针，攻击目标的选择和不同目标的不同打法，兵力的部署调整，战役发起前各部的小打，战术问题和炮弹的使用问题等都作了明确规定。因美军是停战谈判的主要对手，美军在谈判中的态度决定谈判的发展趋势，因此确定战役重点打击目标为美军。

停战谈判恢复后，经过十余天的谈判仍无进展，朝中代表团为了促进朝鲜停战早日实现，于5月7日按周恩来3月30日声明中提议的解决战俘问题的办法提出了新方案。世界公正舆论称这一方案在朝鲜实现停战方面具有决定性的重要意义。但美方不但不接受这一方案，而且于5月13日提出了将一切不直接遣返的朝鲜籍战俘"就地释放"的反建议，企图强行扣留朝鲜人民军被俘人员。志愿军恰好于5月13日发起夏季反击战役第一阶段进攻，至5月25日结束，对"联合国军"连以下兵力防守的20个目标攻击29次，歼敌4100余人。

经过志愿军的打击，美方代表于5月25日在谈判中接受了朝中代表团于5月7日所提方案，而南朝鲜李承晚集团阻挠、破坏停战谈判活动加剧，叫嚣坚决反对不规定国土统一的任何国际协定，并指使其谈判代表退出谈判。鉴于此，6月1日，邓华等致电各部并报中央军委，指出："根据目前的形势和板门店的谈判，为使此次战役打得更策略一些，和使我新入朝的部队迅速开赴一线得到锻炼"，决定调整作战部署和调整作战打击的重点对象，确定"目前反击作战打击对象主要是李伪军，应坚决打击，求得大量歼灭其有生力量，对英国等仆从军队暂不攻击，对美军亦不作大的攻击（只打一个连以下的）。但原定之作战准备仍应进行，以便必要时再打，不管任何敌人，凡是向我们进攻，就应该坚决地彻底粉碎之"。[①]志愿军于5月27日开始的夏季反击战役第二阶段作战，重点打击南朝鲜军并扩大

---

① 转引自军事科学院军事历史研究所《抗美援朝战争史（修订版）》下卷，军事科学出版社2011年版，第444页。

了作战规模，战至 6 月 16 日结束，对南朝鲜军的团以下兵力防守的51 个阵地攻击 65 次，歼其 4.1 万余人，予南朝鲜军第五师、第八师两师以歼灭性打击，扩展阵地 58 平方公里。

6 月 8 日，停战谈判关于战俘问题达成协议，至此，停战谈判四项实质性议程全部达成协议，至 16 日，校订军事分界线的工作即将完成，《朝鲜停战协定》签字在即。然而南朝鲜李承晚集团从 17 日深夜起，破坏谈判刚刚达成的关于战俘遣返问题的协议，以"就地释放"为名，强迫扣留朝鲜人民军被俘人员 27000 万余人。为严惩李承晚集团，经彭德怀请示、毛泽东批准，指示邓华部署夏季反击战役第三阶段作战，狠狠打击南朝鲜军。邓华等于 20 日晚 23 时半给第一线各部下达了指示，指出："李承晚匪帮破坏遣返战俘协议，释放大批北鲜战俘。这一无理行动，势将拖延停战协定的签字，在世界舆论上已造成极大震动。为给敌以更大压力，配合板门店谈判，并经彭总同意，决在军事上继续予李伪军以狠狠地打击。为此，各军应即根据原预选目标，如已准备就绪者应即坚决攻歼之；如新选目标，应抓紧时间进行准备，并在有坑道之新占阵地上应坚决扼守，求得在打敌反扑中大量杀伤敌人。对美军及外国帮凶军，仍不作主动攻击，但对任何向我进犯之敌，均必须予以坚决打击。"[①]志愿军遂发起了以金城战役为主的夏季反击战役第三阶段进攻。仅金城战役即予南朝鲜军 4 个师以歼灭性打击，歼其 5.3 万余人，至 7 月 27日朝鲜停战止，整个第三阶段作战，共歼敌 7.8 万余人，扩展阵地192.6 平方公里。李承晚集团不得不乖乖接受停战，美方代表团在谈判中也一改以往狂傲无理的表现，对朝鲜停战后李承晚在遵守停战协定问题上作出了保证。

1953 年夏季反击战役，是抗美援朝战争中军事服从政治，作战与谈判紧密配合，以打促谈的典型杰作。打是为了谈，打服从谈，打促进谈。同时，谈为打规定任务，谈为打提出要求，打击重点目

---

① 转引自军事科学院军事历史研究所《抗美援朝战争史（修订版）》下卷，军事科学出版社 2011 年版，第 470 页。

标的选择，打的时机的确定和打的规模大小，均根据谈判的需要而定。志愿军作战和谈判的主要对手是美军，因此谈判能否有所进展，关键决定于美国的态度。因此，志愿军确定以打促谈，首先决定以美军为重点打击目标；待美方在谈判中的态度有所好转，而南朝鲜李承晚集团不愿停战时，则将打击的重点目标改为南朝鲜军，并扩大了打击的规模，而对早已主张停战的英、法等国军队不作主动攻击，对美军也只选择连以下兵力防守的目标进行攻击；待停战谈判全部达成协议，李承晚集团破坏协议时，则将作战目标改为专打南朝鲜军，并更加扩大了打击的规模，直至打得李承晚集团也不得不同意停战。整个作战显得有理、有力、有节。

八、在志愿军领导人中总结抗美援朝战争经验最多

邓华在人民解放军高级将领中有儒将之称，善于总结作战经验。早在抗日战争时期，他担任晋察冀军区第四分区司令员时，就多次总结了反"扫荡"、反"蚕食"斗争的经验教训，解放战争中指挥海南岛渡海登陆战役过程中，先后写出了《渡海作战几点经验》《偷渡与强行登陆作战经验》《帆船对军舰作战经验》等。

在抗美援朝战争中和朝鲜停战后，邓华总结的抗美援朝战争及作战的经验有：《对美军作战的初步经验》（1951 年 1 月 8 日）、《论朝鲜战场之持久战》（1951 年 6 月下旬）、《关于积极防御作战的若干战术问题》（1952 年 11 月 30 日）、《反登陆作战战术问题的研究》（1953 年 2 月 9 日）、《中国人民志愿军抗美援朝三年来的胜利》（1953 年 10 月 31 日）、《抗美援朝战争经验的介绍》（1954 年 1 月）等。1954 年至 1956 年志愿军抽调人员编写的《抗美援朝战争的经验总结》，也是由邓华主持完成的。此外，在他代理志愿军司令员和政治委员期间，对于进行 1952 年秋季战术反击作战、1953 年反登陆作战准备、1953 年夏季反击战役的决定和指示中，也有许多作战经验总结。邓华总结的抗美援朝战争及作战经验，既有运动战的经验，也有阵地战的经验，特别是依托以坑道为骨干的坚固阵地进行攻防

作战的经验，既有战略层次的，也有战役和战术层次的。他总结的经验实际、深刻、具体，便于操作运用，为志愿军各级指挥员在战场上指挥作战发挥了重要指导作用，也为加强国防和军队建设，为后来边境自卫反击作战指导提供了重要历史借鉴。

抗美援朝战争中的陈赓将军和
宋时轮将军[*]

　　东北边防军改为中国人民志愿军入朝参战时，志愿军总部的领导成员除彭德怀为司令员兼政治委员外，其他都是第十三兵团的一班人。第二次战役时，人民解放军第三野战军以宋时轮为司令员兼政治委员的第九兵团改为志愿军入朝参战；第五次战役时，第一野战军以杨得志为司令员、李志民为政治委员的第十九兵团和第二野战军以陈赓为司令员的第三兵团也改为志愿军入朝参战（陈赓因病未到职）。国内各野战军的部队原分别在各自的战略区作战，在指挥和作战上各有特点，指挥术语不尽一致。为便于统一指挥志愿军作战，在第五次战役结束前，1951年5月27日，彭德怀司令员致电毛泽东，请示"惟便于联系各野战军，志司似应增加陈赓为第二副司令员，宋时轮为第三副司令员"^①。6月1日，中央军委任命陈赓为志愿军第二副司令员、宋时轮为志愿军第三副司令员，仍分别兼任第三兵团、第九兵团司令员。直至1952年7月11日，陈赓被中央军委任命为军事工程学院院长、宋时轮被任命为总高级步兵学校校长，陈、宋离开朝鲜回国。他们在抗美援朝战争中，在协助彭德怀

---

　　* 本文是作者2000年为纪念中国人民志愿军抗美援朝出国作战50周年撰写的文章，曾收入《较量——抗美援朝战争纪实》一书（中国青年出版社2001年版）。

　　① 在志愿军的领导人中，彭德怀属中国人民解放军的第一野战军，邓华属第四野战军。

的工作中，作出了重要贡献。

一、宋时轮指挥第九兵团在极困难的情况下完成了重大战略任务

宋时轮为司令员兼政治委员的第九兵团，是人民解放军第三野战军的主力兵团之一，1949 年 5 月上海解放后，即奉命进行解放台湾的作战准备工作。1950 年 6 月，美国干涉朝鲜内战、侵占中国台湾后，8 月下旬，人民解放军第九兵团被中央军委指定为东北边防军的二线部队，9 月，解除了解放台湾的作战准备任务，10 月上旬开始，从上海、杭州地区北调山东，准备整训一段时间，待改为志愿军的东北边防军出动后，再到东北整训两个月，作为志愿军的第二批部队入朝参战。第九兵团于 11 月初奉命由山东北上东北。然而，由于志愿军在朝鲜战场上的作战需要，第九兵团在东北未作停留即直接开赴朝鲜东北部的长津湖地区作战。

第九兵团在宋时轮和副司令员陶勇的指挥下，秘密开进，昼伏夜行，直至 10 万大军①同美军打响，美军才知道中国的大部队已到达长津湖地区。后来，西方军事历史学家惊叹这是"当代战争史上的奇迹之一"。

长津湖是朝鲜东北部最大的蓄水湖，群山环抱，东西两岸均为海拔 1300 多米的山地，地势险要。10 月下旬，长津湖地区开始降雪，气温急剧下降。到 11 月下旬，气温已下降到 -30℃左右，到处是白雪覆地，加之人烟稀少，山高路窄，交通不便，作战环境极为恶劣。

第九兵团因仓促入朝，各种准备很不充分。寒区服装来不及发放，防寒准备严重不足，加之对战区气候特点了解甚少，缺乏高寒地区生活和作战的经验。同时，山路险峻，美军飞机猖獗，粮食、

---

① 志愿军第九兵团共 3 个军 12 个师计 15 万人，此时到达长津湖地区的为 2 个军 10 万人。

被服、弹药补给运不上去，就地筹借粮食十分困难。

在这种情况下，宋时轮、陶勇指挥第九兵团部队克服严寒、饥饿、甚至武器打不响等严重困难，在战役一开始，就将美军"王牌"部队之一的美军陆战第一师全部和美军步兵第七师一个多团分割包围在长津湖地区。尔后，宋时轮、陶勇采取集中兵力逐点歼灭被围之敌的战法，全歼美军第七师一个多团，创造了抗美援朝战争中志愿军全歼美军一个建制团的范例。接着又在围追堵截中，使美军陆战第一师损失过半。这是美军这个"王牌"师有史以来最惨的一次失败。

从11月27日至12月24日，志愿军第九兵团在宋时轮、陶勇的指挥下，共歼敌1.3万余人，美军第十军指挥的3个美军师和2个南朝鲜军师，在空军的掩护下，利用海上交通工具，从海上狼狈撤退至朝鲜南部的大邱、釜山地区休整。经此一战，志愿军完全改变了朝鲜东线战局。

12月15日，志愿军司令部、政治部联合向第九兵团司令员宋时轮、副司令员陶勇和该兵团全体指战员发出贺电，祝贺第九兵团歼击长津湖地区美军部队的胜利，对负伤的同志表示慰问，向牺牲的烈士致哀，指出："你们在冰天雪地、粮弹运输极端困难情况下，与敌苦战半月有余，终于熬过困难，打败了美国侵略军陆战一师及第七师，收复许多重要城镇，取得了很大胜利。这种坚强的战斗意志与大无畏的精神，值得全军学习。正由于东西两线的伟大胜利，基本上改变了朝鲜的局势，迅速地转入对敌反攻。"①12月17日，毛泽东致电彭德怀、宋时轮、陶勇等，高度评价了第九兵团的作战，指出："九兵团此次在东线作战，在极困难条件下，完成了巨大的战略任务"。②

---

① 转引自军事科学院军事历史研究所《抗美援朝战争史（修订版）》上卷，军事科学出版社2011年版，第359页。
② 《建国以来毛泽东军事文稿》上卷，军事科学出版社、中央文献出版社2010年版，第410页。

二、宋时轮统一协调指挥志愿军和朝鲜人民军取得县里作战胜利

志愿军第九兵团在长津湖地区的作战，由于冻饿交加，加上作战伤亡，部队减员较大，必须休整。毛泽东对此极为关心，考虑到朝鲜战场环境恶劣，在 1951 年 2 月中央军委制定志愿军轮番作战计划时，计划将第九兵团调回国内休整补充，然后担任国内防务，以其他部队到朝鲜作战。宋时轮得到这一消息后，致电彭德怀坚决要求第九兵团留在朝鲜境内休整，尔后继续担负作战任务。得到彭德怀的同意，并报告中央军委。中央军委同意了宋时轮的请求，对轮番作战计划又作了调整，将第九兵团留在朝鲜休整，作为志愿军第二番作战部队使用，于 1951 年 4 月中旬前后接替第一番部队作战。

4 月 22 日，宋时轮、陶勇的第九兵团的 3 个军（在休整期间将每军 4 个师整编为每军 3 个师）以志愿军第二番作战部队参加了第五次战役，同时，参加战役的第三十九军、第四十军也归宋时轮、陶勇指挥。该 5 个军比较出色地完成了他们担负的战役第一阶段作战任务。

战役第一阶段作战结束后，彭德怀采取声东击西、瞒天过海的战术，以第十九兵团在汉城以北及汉城东西的汉江以北地区积极佯动，造成攻击汉城的假象，吸引美军主力；以宋时轮、陶勇指挥的第九兵团在第三兵团掩护下隐蔽东进，准备在朝鲜人民军 3 个军团的配合下歼灭县里地区的南朝鲜军。第九兵团于 5 月 9 日开始隐蔽东进，5 月 15 日到达战役开始地区，完成战役展开。

整个县里地区的作战由宋时轮统一协调指挥。宋时轮、陶勇与朝鲜人民军前线总指挥金雄共同研究确定了作战部署，5 月 16 日晚，以志愿军 3 个军和朝鲜人民军 2 个军团采取战役上多路突破、多层迂回、多钳合围的战法，突然发起攻击，一举将县里地区的南朝鲜军 2 个多师包围，到 5 月 20 日，经 4 昼夜激战，将被围的南朝鲜军 2 个师大部歼灭，另 2 个南朝鲜军师也土崩瓦解。"联合国军"总司令李奇微因南朝鲜军此次遭受惨重失败，一怒之下，将南朝鲜军第三军团建制撤销，并撤销了南朝鲜军第三师师长的职务。

1951 年 9 月，经彭德怀与金日成协商，并经中央军委同意，组成了志愿军和朝鲜人民军在朝鲜东海岸和西海岸两个防御联合指挥机构，宋时轮为东海岸联合司令部司令员兼政治委员，指挥志愿军 2 个军和朝鲜人民军 2 个军团担任东海岸防御。

三、陈赓从援越抗法前线来到抗美援朝战场

新中国成立后，1950 年 1 月，越南劳动党中央委员会主席胡志明秘密访问中国，请求中国人民对越南人民的抗法救国斗争给予援助。3 月，胡志明以印度支那共产党名义再次向中国提出请求。中共中央迅速派出了罗贵波为联络代表，常驻越南。同年 7 月上旬，陈赓领命作为中共中央代表，离开昆明赴越南，专程帮助越南共产党组织边界战役，以打开越北交通，并统一处理中国对越南军事援助各项问题。8 月上旬，又派出了以韦国清为总顾问的军事顾问团，帮助越南人民军进行军队建设和作战指挥。

陈赓于 7 月 27 日到达越南劳动党党中央所在地，8 月 14 日，到达越南人民军总部所在地，帮助越南人民军总部制定了边界战役计划。在陈赓的帮助指挥下，越南人民军的边界战役从 9 月 16 日开始，至 10 月 22 日结束。这次战役，越南人民军总部原预定歼灭法军 5 个营，解放高平，而实际结果是歼灭法军 8 个多营，解放了高平、东溪、七溪、那岑、同登、谅山等 6 个城市和 13 个县镇，打破了法军对越北地区的多年封锁，改变了越北地区的形势，也大大鼓舞了越南人民军取得抗法斗争胜利的信心。战后，陈赓又帮助越南人民军对这次战役进行了总结，并在有 200 余越南人民军营以上干部参加的会上，连续作报告 4 天，还对战后越南人民军的建设问题提出了参考意见。此后，陈赓于 11 月初回国。

陈赓从抗法前线回国后，征尘未洗，即于 1950 年底匆匆赶往朝鲜战场，考察抗美援朝战争的作战经验，参加了 1951 年 1 月下旬的志愿军和朝鲜人民军高级干部联席会议。

1951 年 2 月 18 日，中央军委决定将西南军区准备入朝参战的

第十二军（原属第三兵团）、第十五军（原属第四兵团）、第六十军（原属第十八兵团）编为新的第三兵团加入志愿军序列。3月16日，组成以陈赓为司令员兼政治委员的第三兵团领导机关。3月18日，该兵团开始入朝。但此时陈赓腿伤复发，留在大连治伤。

当年6月1日，陈赓被任命为志愿军第二副司令员，伤好后于当年8月中旬入朝，原准备主持第三兵团工作，但到志愿军总部后，被彭德怀留在志愿军总部协助他工作。从9月初至10月下旬，主要协助彭德怀负责作战工作，指导1951年夏、秋季的防御作战，起草了许多以志愿军司令部和中朝联合司令部名义发给部队的指示。其中，1951年9月16日，以中朝联合司令部名义致电志愿军和朝鲜人民军各部，对9月初志愿军取得许多小型作战胜利进行了充分肯定，同时指示各部队注意战术问题，强调筑好工事，要求"以后我重要阵地必须是隧道式的据点，特别是核心阵地，而且要有假工事，以欺骗敌人"。对各种火力的使用、打敌增援及迂回部队、防御的组织、通信联络的组织等都从战术上提出了要求。同年10月8日，起草志愿军总部致各兵团、各军电报，要求："我五圣山、斗流峰、西方山、晓星山以及其他要点，必须加强工事，向后修交通沟，囤积弹药，准备火力，掌握情况，搜集工事材料，预置于阵地旁（准备工事被敌炮毁后及时修理之用）。制定作战方案与反击计划，必须在敌进攻时使其暴露在我坚固阵地前，给以大量杀伤，歼灭其大部。所有重要之点，必须准备坚守，不得随便放弃。"上述两个电报很受彭德怀的赞赏。1951年，秋季防御作战结束后，志愿军据此要求和中央军委指示，开始大规模构筑以坑道为骨干的坚固防御阵地体系，使攻防作战有了坚固的阵地依托。

四、在彭德怀回国治病期间，陈赓主持志愿军的全面工作

陈赓因身体多病，在志愿军取得1951年秋季防御作战胜利后，于10月底回国治疗。1952年春，彭德怀前额长了个瘤子，中央一再催促他回国治疗，但彭德怀认为没有什么大问题，仍坚持指挥战场工作。

为能使彭德怀回国治疗，中央决定陈赓再次入朝，接替彭德怀主持志愿军的全面工作。1952年3月下旬，陈赓再次奉命入朝。陈赓在3月27日的日记中写道："第三次入朝，奉命换彭总回国。虽非志愿，但坚决执行命令，不讲一分价钱。"3月31日到达志愿军总部，但彭德怀对是否回国未表示意见。在中央再次催促下，彭德怀于4月7日回国，由陈赓主持志愿军的全面工作。

4月8日，陈赓主持志愿军党委会，对志愿军领导的工作重新作了分工，陈赓负总责，志愿军副政治委员甘泗淇负责党务和政治工作，志愿军第三副司令员宋时轮负责作战、教育训练和装甲兵以外的特种兵工作，志愿军代参谋长张文舟负责后勤、运输和装甲兵工作（此时，邓华在国内治病，5月31日回到志愿军总部）。

4月至5月底，陈赓对第一线作战、东西海岸防御、铁道运输、后勤保障、防空作战等各方面工作作出指示，并组织了第一线、第二线部队的换防。

4月26日至5月1日，陈赓组织召开了志愿军各兵团和各军参谋长会议，总结工事构筑经验，统一工事标准，探讨坑道工事的战术运用，对加强工事作了进一步的研究和部署，特别是要求坑道工事要做到防空、防炮、防雨、防潮、防毒（疫）、防火、防洪"七防"的标准，强调了技术工程与战术要求的结合，坑道工事必须与各种野战工事相结合，必须与防御兵力相适应，使之成为能打（消灭敌人）、能防（保存自己）、能机动、能生活的完整的体系。规定每个连的阵地至少有两个坑道，但也不宜过多，过多反为敌人所利用；每条坑道有3个以上出入口；坑道顶部厚度15至30米，指挥所、卫生所、仓库和各种生活设施，均要能抗御榴弹炮和重磅炸弹的轰击。还对各军接合部的火力支援、兵力策应、交通连接、通信联络、作战指挥作了规定，并对第二线工事构筑作了部署。此后，志愿军的工事构筑逐渐由初期的应急性向系统化、规范化发展。

6月6日至9日，陈赓与邓华共同主持召开了志愿军兵团以上干部会议，根据美军在停战谈判中的拖延态度，进一步明确了持久作战、积极防御的作战方针，并确定全面调整战场部署，使正面战线的每个兵团和东西海岸均有 1 至 2 个军作为机动力量。同时确定构筑东西海岸永久性防御工事，使东西海岸和正面战线一样形成坚固的防御体系，以利坚持长期作战。这次会议的召开对志愿军尔后的作战，直至战争结束具有重要的指导意义。

五、陈赓、宋时轮共同主持总结志愿军的作战经验

1952 年初，宋时轮离开第九兵团，到志愿军总部协助彭德怀工作，负责部队的教育训练。在他主持下，1 月 21 日，志愿军专门下达了半年教育计划的指示，经修改后，于 24 日又重新下达，对第二线部队的训练提出要求。干部主要是学习步兵、炮兵、坦克协同战术和阵地进攻与防御的兵力、火力组织，战士主要是学习射击、投弹、爆破、反坦克和单兵战术等。第二线部队据此进行了训练，战术、技术水平都有了提高。

为了更有效地指导部队作战和教育训练，陈赓和宋时轮受彭德怀委托，从 1952 年 4 月初起，共同主持总结志愿军攻防作战的战术经验，从志愿军司令部和志愿军部队抽调参谋人员，用 3 个多月的时间，编写了一套《朝鲜战场对美军作战的几个战术问题》，内容包括战场概况、敌情研究、进攻、防御、战斗保障 5 个部分，共 40 余万字。这是志愿军参战以来对美军作战的第一次较全面系统的战术总结，经宋时轮审定后，于 1952 年 7 月下发到志愿军师以上机关，作为作战指挥和部队战术训练的参考教材，对志愿军初、中级指挥员更好地指挥作战和组织训练起了重要的作用，也是后来人民解放军指挥院校战术教学的重要参考教材。

1952 年 7 月 11 日，毛泽东签署中央军委命令，任命陈赓为军委军事工程学院院长，免除他志愿军第二副司令员兼第三兵团司令员职务，任命宋时轮为军委总高级步兵学校校长，免除他志愿军第二副司令员兼第九兵团司令员职务。陈赓、宋时轮离开朝鲜回国。他们完成了中共中央和中央军委赋予的抗美援朝的任务，为抗美援朝战争的胜利作出了重要贡献。

洪学智将军领导志愿军后勤工作的巨大贡献*

2013 年 2 月 2 日是洪学智将军诞辰 100 周年纪念日。洪学智将军是新中国开国上将，是中国人民解放军中唯一一位在 1955 年和 1988 年两次被授予上将军衔的高级将领。他一生为中国人民的解放事业，为人民解放军的现代化建设，特别是为人民解放军后勤现代化建设，作出了巨大贡献，是人民解放军现代后勤工作的奠基人和开拓者。

洪学智将军参加和领导了中国人民志愿军的抗美援朝战争，从 1950 年 10 月志愿军入朝开始，即任志愿军副司令员，协助志愿军司令员彭德怀指挥作战，分管司令部、技术兵种和后勤工作，参与指挥了抗美援朝战争第一至第五次战役。1951 年 6 月起兼任志愿军后方勤务司令部司令员，全力领导志愿军后勤工作。洪学智是人民解放军现代后勤工作的奠基人和开拓者，最主要、最突出的体现，就是在抗美援朝战争中领导志愿军后勤工作上的建树，抗美援朝战争也是洪学智将军一生中最出彩、最辉煌的一个阶段。

一、抗美援朝战争给志愿军后勤保障提出的新课题

抗美援朝战争与中国革命战争相比较，有很多不同。一是人民

---

* 本文是作者于 2013 年 2 月 2 日在洪学智将军故乡安徽省金寨县纪念洪学智将军诞辰 100 周年报告会上的发言，发表在《军事历史研究》2013 年第 3 期。

解放军以志愿军名义出国作战。对人民解放军来说，无论是以志愿军名义还是出国作战都是第一次。二是以志愿军名义进行的第一场现代化战争。三是敌我双方武器装备优劣极为悬殊，志愿军与美军武器装备的差距，就像"叫花子与龙王比宝"，美国为首的"联合国军"具有强大的海空军优势，掌握整个朝鲜战场的制空权和制海权，地面部队全部机械化或摩托化，火力突击力、战场机动力和后勤保障能力都是志愿军无法相比的。这第三点是抗美援朝战争最为突出的特点。正是由于这些不同，给志愿军作战和后勤保障都提出了许多新课题、带来了难以想象的困难。

对志愿军后勤工作提出的新课题和带来的困难主要有以下几点。

（一）志愿军作战物资几乎全靠国内供应，运输任务重

朝鲜国小，经济能力不足以支持庞大军队进行作战，尤其已遭受战争严重破坏，志愿军可就地筹措的物资十分有限；美国空军的破坏又使志愿军能够实际利用的缴获很少。这样，志愿军的作战物资供应，便与过去中国革命战争时期以分散的就地取给和取之于敌为主完全不同，几乎完全依靠国内组织统一供应。以往"小米加步枪，仓库在前方"的后勤保障方式已完全不适应抗美援朝战争。

志愿军参战部队多，物资需求量大。据概算，为保证最低限度的供应，平均每人每天需补充各种物资3公斤。志愿军几十万人至一百几十万人的部队在朝鲜作战，所需最低限度的作战物资即达每日几百吨至几千吨。按当时火车每车皮装载量30吨计算，每天至少需几十车皮至一百几十车皮的运输量。技术兵种和后勤系统本身的消耗尚未计算在内。而技术兵种的消耗量更大。这些物资全靠国内远道运来。如何解决如此繁重的运输任务，成为后勤保障的重大问题。

（二）志愿军运输能力弱，并且是在美国空军严重封锁破坏下进行，车辆、物资损失严重

志愿军没有空中和海上运输手段，只能用火车、汽车和人畜力进行陆路运输。1950年底以前（第二次战役结束前），朝鲜北方铁路被美军炸毁，火车不能通车。志愿军运输汽车也非常有限，从1950年10月入朝到1951年6月，运输汽车只从700辆增加到2800余辆

（编制数量），期间先后补充 2900 余辆。1951 年 1 月至 3 月，前方作战每月需要物资等 7300 车皮，但铁路运输只能达到 3600 车皮。运输汽车需 5600 辆，但实际只有不足 3000 辆。侵朝美军以立体作战对志愿军的平面作战，将空军轰炸封锁志愿军后方交通运输系统作为其侵朝战争战略的重要组成部分，对志愿军交通运输系统施行毁灭性轰炸。据美方资料统计，1950 年 11 月至 1951 年 6 月底，美国空军飞机共出动 15.5 万架次，其中近 6 万架次用于轰炸封锁志愿军后方，占其出动总架次的近 40%，共炸毁铁路设施包括桥梁、线路、车站、隧道等 754 处次，打毁机车 201 台次，车皮 420 节。志愿军仅后勤部门即损失汽车 3035 辆，损失率达 50% 以上，汽车补充不抵损失。美军的轰炸封锁，更给志愿军物资运输增加了困难，物资在运输途中因美军轰炸遭受损失达 30% 至 40%。1951 年 4 月 8 日，美军轰炸三登车站，从上午 9 时至下午 4 时，出动飞机 240 余架次，投掷和发射大量燃烧弹和火箭弹，一次就炸毁志愿军 82 车皮物资。1950 年 10 月至 1951 年 6 月中旬的整个运动战期间，志愿军前三次战役粮食运输只能保障需要量的 25%，第四次、第五次战役时，粮食运输仅达到需要量的 40% 至 50%，弹药只能作重点供应。国内物资堆积如山，前线部队则缺粮少弹。能否解决物资运输问题，成为志愿军能否坚持持久作战和取得战争胜利的重大战略问题。1951 年 1 月，由东北军区组织召开的第一届志愿军后勤工作会议就提出，后勤工作千条万条，运输是第一条。

（三）现代战争物资保障需求量大，保障工作组织复杂，而志愿军后勤队伍状况严重不适应现代战争需要

抗美援朝战争是现代战争，志愿军参战部队多，最多时达 135 万人。参战军兵种也多，仅运动战期间参战的部队即有步兵、炮兵、铁道兵、工兵、高射炮兵、公安警卫部队等兵种，进入阵地战后，空军、装甲兵、探照灯兵也先后参战。作战物资种类多，消耗量大，需要后勤部门组织必需的专业机构。美军是立体作战，对志愿军来说，前方后方都是战场，后勤工作也要组织防空战斗。

战前，中央军委、总后勤部和东北军区进行了大量后勤准备工

作，恢复和调整了参战部队后勤机构、筹措和囤积作战物资，提前抢运第一批作战物资 2.6 万余吨至预定作战地域。但对美军轰炸封锁给志愿军后勤保障造成的困难和问题的估计仍严重不足，加之缺乏现代战争经验，因此，志愿军后勤准备极不充分，尤其后勤队伍状况不适应现代战争的要求。

一是人员数量少，并缺乏必要的经验。东北边防军组成后，1950年 8 月 31 日，中央军委即决定东北军区后勤部组建 3 个分部，每分部编制 2600 人，待边防军改为志愿军出国作战时负责前方的物资保障。然而，志愿军入朝时，3 个分部才有 2700 余人。整个第一次战役期间，经紧急补充，志愿军全部后勤保障人员也不到 7000 人。首批入朝的各军，每军各级后勤人员全部只有 1000 余人。3 个分部的人员大部分是从党、政、群机关紧急抽调的，没有做过后勤工作。即使做过后勤工作的人员，也只有国内革命战争后勤保障的经验，各级各类后勤部门尤其缺少得力的干部。

二是后勤体制不健全。志愿军入朝时没有编设专门的后勤指挥机构，只有由东北军区后勤部派出的前方指挥所，具体负责志愿军的后勤保障，而该前方指挥所仅有 10 余人，无力组织指挥志愿军庞大的后勤保障工作。

三是后勤指挥不集中、不统一。东北军区后勤部远在国内沈阳，难以及时、准确了解前线作战情况，无法对后勤实施有效的指挥、协调和控制。东北军区后勤部前方指挥所，对铁路、公路抢修部队无权过问，只负责指挥在朝鲜的 3 个后勤分部。志愿军的整个后勤工作，上下缺乏统一的协调指挥。

正是因为这些情况，致使志愿军在整个运动战期间，后勤保障始终处于被动状态。核心问题是作战物资的运输和供应问题，即国内有物资但运输远不能满足志愿军在朝鲜作战的需要；即便物资运到朝鲜也难以随时跟进供应到第一线作战部队。后勤保障的这种状况严重地制约了志愿军的作战行动，部队作战只能靠自身携带，带几天打几天，一般进攻作战只能维持 7 至 10 天，往后就没有后劲了，即便出现有利战机，也只能停止进攻。所以美军说，中共军队作战是"礼拜攻势"。

上述这些，是抗美援朝战争给志愿军后勤保障提出的新课题，洪学智将军就是在这样的情况下，创造性地领导解决了志愿军后勤工作的一系列重大问题，开创了人民解放军现代后勤工作的良好开端。

二、洪学智将军领导志愿军后勤工作作出的巨大贡献

中共中央和中央军委高度重视抗美援朝战争的后勤保障工作。1950 年 10 月 8 日，在毛泽东签署的关于组成中国人民志愿军的命令中，就规定："中国人民志愿军以东北行政区为总后方基地，所有一切后方工作供应事宜，以及有关援助朝鲜同志的事务，统由东北军区司令员兼政治委员高岗同志调度指挥并负责保证之。"① 此后，中共中央和中央军委为解决志愿军后勤保障问题采取了许多重大措施，军委总参谋部、军委总后勤部、军委军事运输司令部和东北军区都作了极大努力。

解决志愿军后勤保障问题，从中共中央、中央军委到志愿军总部，有三个人作出了突出贡献。一是周恩来，二是高岗，三是洪学智。周恩来当时是政务院总理，是主持中央军委日常工作的副主席，抗美援朝战争后勤保障各方面工作，都是由周恩来与政务院各部门、全国各大行政区、各大军区和军委各总部协商解决的。有的是周恩来为毛泽东起草电报与苏联领导人协商，从苏联订购器材物资解决的。周恩来既是抗美援朝战争后勤保障的总决策人，也是抗美援朝战争后勤保障的总协调人。聂荣臻在回忆录中说，抗美援朝战争的"整个后勤工作，当时都是在周恩来同志的领导关怀下进行的"② 。高岗是抗美援朝战争总后方基地的最高负责人，就后勤方面工作而言，

---

① 《建国以来毛泽东军事文稿》上卷，军事科学出版社、中央文献出版社 2010 年版，第 235 页。

② 《聂荣臻回忆录》下卷，解放军出版社 1984 年版，第 749 页。

志愿军作战物资的筹集、向朝鲜境内的运输，支前民工的征集派遣，志愿军伤病员回国治疗的接收，志愿军后方勤务司令部组成以前战场上的后勤保障等，均由总后方基地负责。洪学智是1951年5月被任命为兼志愿军后勤部长的，后改为兼后方勤务司令部司令员。同年5月19日，中央军委作出成立志愿军后方勤务司令部的决定。中央军委为志愿军后方勤务司令部规定的职责范围是："负责管理在朝鲜境内之一切后勤组织与设施（包括铁路、军事运输在内）。其主要任务为：对作战物资的接收、转运、保管、分配，收容流散人员，护送伤病员，修护桥梁道路，保证通信联络。组织警备、防空，维持后方秩序等一切后方诸勤务工作。""凡过去配属志愿军后方勤务部之各部队（如工兵、炮兵、公安、通信、运输、铁道兵团各部队、工程部队等）其建制序列及党、政、军工作领导、指挥与供应关系等，今后统归志愿军后方勤务司令部负责。"（在实际操作中，根据《中朝两国关于朝鲜铁路战时军事管制的协议》，将铁路运输和志愿军铁道兵团归中朝联合铁道运输司令部和铁路军事管理总局管辖）。1951年6月，志愿军后方勤务司令部成立。直至1953年7月朝鲜停战，朝鲜境内的志愿军后勤工作均是在洪学智为司令员、周纯全为政治委员的后方勤务司令部的领导下进行的。

洪学智将军领导志愿军后勤工作的主要贡献有以下几个方面。

（一）创造性地解决了作战物资运输补给问题

1. 在1951年朝鲜洪水灾害期间，组织漕渡和分段倒运，抢运物资，尽量缓解前线物资紧张状况

志愿军后方勤务司令部成立之初，不但后勤保障的被动状态没有改变，而且7月下旬朝鲜爆发了40年未遇的特大洪水灾害，并且一直持续到8月底，朝鲜北方铁路桥梁被冲毁94座次，线路被冲毁116处次，铁路中断运输时间最短的为13天，中断时间最长的为45天。第五次战役期间，火车可通车到平壤、元山一线及以南地区，此时通车只能刚过鸭绿江，个别的可通车到清川江边。公路桥梁50%被洪水冲毁，这对志愿军物资供应本来就十分困难的局面更是雪上加霜。前方部队粮食告急，二线部队和机关已靠稀饭和野菜充饥。

为抢运物资，缓解前线粮荒，洪学智派人到铁路管理总局联络协商抢运物资办法，决定以分段倒运的办法抢运物资。就是在铁路被冲毁不能通车的桥梁和路段，用汽车运输和组织漕渡的办法，将尚可通车的铁路连接起来。洪学智动用志愿军 6 个后勤分部中 4 个分部的汽车 5 个多团，共 1100 余辆，占当时志愿军后方勤务司令部运输车辆总数的 40% 多，从平壤、元山一线，向北延伸到清川江及其以北地区，向清川江以南能通的铁路抢运物资，有的直接运到第一线军后勤部门。同时动用 6 个工兵团的漕渡工具，在平壤以北朝鲜主要江河组织漕渡。整个洪水期共漕渡部队 11.5 万余人、汽车 5500 余台次。至 8 月底，共抢运过清川江以南作战物资 1134 车皮，约 3.4 万吨，有效缓解了前方的粮荒。

与此同时，根据洪学智的建议，彭德怀司令员批准，组织二线部队和畜力运输工具，到清川江及以北地区抢运部队过冬服装，使前方部队都及时穿上了冬装。美军第一线部队发现，志愿军运输那样困难，居然比他们还及时地穿上了冬装。

2. 领导建成"打不烂、炸不断的钢铁运输线"

建设打不烂、炸不断的钢铁运输线，是 1951 年 1 月下旬在东北军区召开的第一届志愿军后勤工作会议上提出的任务。当时会议决定采取一切措施，建立兵站运输线，改变"一击就烂，一打就断"的被动局面。但"打不烂、炸不断的钢铁运输线"的真正建成，是在反"绞杀战"中实现的。

志愿军参战以后，经过连续五次战役作战，将以美国为首的"联合国军"从鸭绿江边打退到三八线地区，战争双方形成了相持局面，美国军政当局认识到，仅仅依靠军事手段已不可能实现其军事占领全部朝鲜的目的，不得不于 1951 年夏季调整了朝鲜战争政策，被迫放弃了军事占领全朝鲜的目标，改为通过停战谈判寻求"体面停战"。鉴于此，中共中央也为志愿军确定了"充分准备持久作战和争取和谈达到结束战争"的指导方针。经过战场双方联络协商，于1951 年 7 月 10 日开始了停战谈判。以美国为首的"联合国军"为配合其谈判代表在谈判桌上的谈判，给志愿军和人民军施加压力，遂于 8 月 18 日开始，向志愿军和朝鲜人民军发动了地面攻势和空中攻势。地面攻势，就是美军第八集团军发动的夏季攻势和秋季攻势。空中攻势，就是美国远东空军和海军的空中力量发动的以摧毁朝鲜北方铁路系统为主要目标的"绞杀战"，直接目的是阻断志愿军和朝鲜人民军的物资运输，窒息前方作战力量，逼迫志愿军和朝鲜人民军从三八线地区的战线上后撤至平壤、元山一线及其以北地区。此时，美国投入到朝鲜战场的各种作战飞机已达 1700 余架，将其 80%用于实施"绞杀战"，美国远东空军轰炸机部队、第五航空队的战斗轰炸机部队和美国远东海军的舰载机部队，分区分段对朝鲜平壤、元山以北地区的铁路和桥梁实施毁灭性轰炸，同时以第五航空队的轻轰炸机部队在铁路和公路系统执行昼夜巡逻任务，追打行驶在铁路和公路线上的运输车辆。美军平均每天出动 300 架次飞机进行轰炸，致使 9 月至 12 月，平壤以北西浦、价川、安州三角地区的铁路 4 个月不能通车。美军发动"绞杀战"，使志愿军的运输更是雪上加霜。铁路运输的物资被迫减少，自然增加了公路运输的压力。

志愿军的反"绞杀战"斗争在志愿军总部的统一指挥下分为两个系统，一个是铁路系统，一个是公路系统。铁路系统的反"绞杀战"有志愿军空军参战，掩护平壤以北的铁路运输，由志愿军空军司令部（也是中朝空军联合司令部）指挥，铁路的抢修、运输部队和掩护铁路运输的高炮部队由中朝联合铁道运输司令部设在前方的运输司令部指挥。公路系统的反"绞杀战"由洪学智为司令员、周纯全为政治委员的志愿军后方勤务司令部统一指挥。

公路运输是志愿军后勤运输的一个重要方面，其地位和作用仅次于铁路运输，并且是铁路运输的重要补充和延续。

朝鲜的公路一般按路面的宽度和设备分为三个等级：一等公路宽 6 米至 7 米；二等公路宽 5 米至 6 米；三等公路宽为 3.7 米至 5.5米。除较大城市及附近的公路铺设柏油路面外，绝大部分公路为碎石和泥土路面，并且多为山区公路，坡陡、转弯半径小，不便于汽车行驶。

洪学智领导公路系统反"绞杀战"斗争，主要进行了以下几个方面的工作。

一是在主要公路干线上设置对空监视哨（防空哨），以保证公路运输线的畅通和安全。设置防空哨，是志愿军的一大创举。防空哨的主要任务，是为公路上行驶的车辆提供防空报警，使行驶的汽车有可靠的"耳目"，即监视美军飞机的活动，发现美机临空，及时为过往汽车发出信号，鸣枪报警，汽车闭灯行驶或暂作躲避，待美机飞过后发出解除警报信号，汽车再继续开灯行驶。此外，防空哨还担负维护交通秩序、配合警卫部队搜剿公路两侧匪特、协同工兵部队修补管区内被破坏的道路、排除美军飞机投掷的定时弹、蝴蝶弹、三角钉、四角钉；打击低飞的美军飞机；等等。防空哨每隔1至3公里设置1组。1951年下半年担任防空哨的兵力达到12600余人，设哨里程达到2500公里，共设置1308组。

二是改善公路状况，提高公路运输效率。洪学智担任志愿军后方勤务司令部司令员后，就向志愿军司令员彭德怀建议，全军动手办后勤。1951年8月，洪学智在志愿军第二届后勤会议上的总结报告中，针对"如何改善今后供应工作"，提出的第一条措施，就是"全军关心，大家动手来搞后勤工作"，指出："各级部队首长，须有专人负责后勤工作，使作战与供应密切结合，更好地推动后勤工作。""发动部队帮助修路、挖筑掩体。"[①] 根据洪学智的建议，1951年9月1日，志愿军司令部发出指示，命令全军除直接担负作战任务的部队外，在志愿军后方勤务司令部统一组织下，均参加护路抢修工作，要求各部队把抢修任务当作战斗任务同等重视。据此，除配属给志愿军后方勤务司令部的6个工兵团一直在后方勤务司令部指挥下担负道路工程保障外，志愿军在朝鲜的4个兵团的直属队、在二线和后方的11个军另1个师，于9月下旬至10月初，先后开始了全面加修、加宽、加固公路的浩大工程。朝鲜人民和人民军也参加了整修道路的施工。12月底基本完成了预定的任务。据不完全统计，这次大规模的公路整修，共投入157万个人工日，整修公路31条，

---

① 《洪学智后勤文选》上卷，金盾出版社2001年版（内部发行），第15页。

新开辟公路 7 条，共计全长 2450 公里（其中新修公路 290 公里）；修建桥梁、涵洞 1206 座。经过整修，公路状况大为改善，将两条纵深公路改造为一级干线公路，普遍加宽了路面，增加了横贯路、支路、预备路和迂回路，从而基本形成了前后贯通、左右衔接的公路运输网。山区公路加大了转弯半径、降低了坡度，使载重 2 至 4 吨的汽车，时速可由原来的 10 至 15 公里增加到 20 公里，即使夜间不开灯也可以错车，还在公路沿途两侧构筑了 8000 余个汽车掩蔽部，以便汽车遇美军飞机轰炸时隐蔽。

1952 年 4 月中旬，在 1951 年整修公路的基础上，再次由志愿军后方勤司令部统一组织，对公路进行了进一步整修，以 18 个工兵营、在后方的 8 个军另 2 个兵团的直属队，就近分段负责。经过 2 个多月的施工，进一步改善了公路质量。

三是充分发挥汽车运输的效益。志愿军后方勤务司令部为汽车运输，规定了固定运输线的"分段包运制"和"吨公里制"，并在汽车部队中开展运输竞赛活动，充分调动了汽车部队和司机的积极性，大大提高了运输效率。汽车司机在遇到美军飞机轰炸扫射时，也采取许多办法保护汽车，或突然刹车，或猛踩油门，躲避轰炸扫射，有的在美军飞机轰炸扫射后，立即在汽车附近点燃早已准备好的破油桶或破旧衣布，假示汽车被炸中燃烧，以迷惑敌机。

采取这些措施，既大大减少了汽车的损失，又大大地提高了公路运输效率。季度汽车损失率由入朝初期的 40% 以上，降到 1952 年第一季度的 2.3%，公路运输能力，1951 年 9 至 12 月比 4 至 8 月提高 95%，1952 年 1 至 4 月比 1951 年 9 至 12 月，又提高 19.8%。

毛泽东对志愿军的这些创造给予高度赞扬，1953 年 9 月 12 日，在中央人民政府委员会第二十四次会议上，他说："我们的干部和战士想出了各种打仗的办法。我讲一个例子。战争的头一个月，我们的汽车损失很大。怎么办呢？除了领导想办法以外，主要是靠群众想办法。在汽车路两旁用一万多人站岗，飞机来了就打信号枪，司机听到就躲着走，或者找个地方把汽车藏起来。同时，把汽车路加宽，又修了许多新汽车路，汽车开过来开过去，畅行无阻。这样，汽车的损失就由开始时的百分之四十，减少到百分之零点几。"[1]

四是与铁路运输紧密配合，实施长区段倒运。由于美军"绞杀战"的破坏，在平壤以北西浦、价川、新安州间"三角地区"铁路不通车时，志愿军后方勤务司令部则组织用汽车采取长区段倒运的方法抢运物资。火车在"三角地区"以北大量卸车，囤积物资，作为吞吐点，用汽车把这些吞吐点的物资倒运到平壤、元山一线的顺川、德川、渔波等地，然后再装火车运到前沿。10月、11月用这种方法倒运的物资达1386车皮。采取这些办法，有效改善了前线的供应状况。

志愿军在反"绞杀战"中，铁路系统和公路系统共同努力，至1951年11月底，不但已解决前线粮荒，而且开始有了储备。至1952年6月，美军原本计划实施90天的"绞杀战"，实际实施了10个月，仍未达到目的，并且效果与其原来设想相去甚远。美国空军战史在总结"绞杀战"的行动时说，整个"绞杀战"期间，仅空军的飞机（不计海军舰载机）执行这一任务，就出动了8.755万余架次，平均每天300余架次。但"共军还是能够为他们在前线的军队进行补给，并在前方地域建立后勤补给品堆集所。……共军在整个战线的火力比过去强大得多了"。[2]"绞杀战"的设计者和组织者——美国远东空军总部，也不得不承认："事实很明显，对铁路线进行的历时十个月的空中封锁，并没有将共军挫伤到足以迫使其接受联合国军方面的停战条件的地步。"从最初的计划设想看，"到最后，联合国军航空兵部队对北朝鲜铁路运输进行的空中封锁活动却完全失败了"。[3]而志愿军通过反"绞杀战"斗争，则建成了以铁路运输、公路运输和人畜力运输相结合，以抢修、抢运和防空斗争相结合，从后方基地到

---

① 《建国以来毛泽东军事文稿》中卷，军事科学出版社、中央文献出版社2010年版，第174页。

② ［美］劳伯特·F.富特雷尔等：《朝鲜战争中的美国空军（1950—1953年）》第二卷，空军党委条令教材编审小组办公室译印，1963年版，第575页。

③ ［美］劳伯特·F.富特雷尔等：《朝鲜战争中的美国空军（1950—1953年）》第二卷，空军党委条令教材编审小组办公室译印，1963年版，第574、577页。

第一线各军的前后贯通、纵横交错的交通运输网络，形成了"打不烂、炸不断的钢铁运输线"，从而根本改变了战场上运输一直困难的被动局面，解决了作战物资补给的重大战略问题。

美国远东空军总部的一位将军在朝鲜战争期间曾说：战后我要见一个人，这个人就是朝鲜战场上共军的后勤部长，在"联合国军"这样严重轰炸封锁下，他是怎样把物资运到前线保障中共军队作战的。1986年，洪学智应邀率中国人民解放军后勤代表团访问美国，当时美国太平洋舰队司令莱昂斯将军，问洪将军是哪个军事院校毕业的？洪学智幽默地回答说：我是美国空军大学毕业的，你们还没有给我发毕业证书呢。对方听后感到愕然，但很快反应过来，双方都会意地笑了。

（二）创造性地解决了适合志愿军作战需要的供应体制问题

在志愿军后方勤务司令部成立之前，志愿军后勤工作是继承国内解放战争后期的经验，由各分部按作战方向部署兵站，通过兵站线的延伸对部队实施跟进保障。这时在朝鲜作战的各兵团和军以下部队都有自己的后勤部门，分部与兵团后勤、军后勤之间既形成机构重叠，又分工不明确，常常出现相互依赖或重复供应的问题。志愿军后方勤务司令部成立后，战线稳定，通过反"绞杀战"斗争，运输状况改善，物资囤积日益增加，遂总结此前后勤工作的经验教训，创造性地形成和完善了分区供应和建制供应相结合的供应体制。这就是：把整个战区后方地域划分为战役的和战术的两个层次，从中国口岸至第一线各军后勤之间为战役后方，从第一线各军后勤至前沿阵地之间为战术后方。在战役后方，由志愿军后方勤务司令部根据总的作战方针、作战方向、部队部署、道路条件等情况及后勤自身的力量，划分若干供应区，每供应区设置一个分部，开设兵站线，负责对辖区内部队实施供应。经过几次调整，志愿军后勤在战役后方共划分五个供应区：按正面作战东线、中线、西线三个方向，划分三个供应区，分别由第二分部、第一分部、第三分部负责供应正面战线各军，这三个分部是第一线分部。在侧后东西两翼各划分一个供应区，分别由第四分部、第五分部负责，这两个分部是二线分部，也是基地分部，任务是接收国内运来的物资进行囤积，支援一线分部，并负责供应两翼各军。战术后方以军后勤为主，仍按军、师、团系统实施建制供应。这样的供应体制和后勤部署既分工明确又互相配合，无论部队如何部署调动，后勤供应都井然有序，并且避免了分部跟着部队跑的被动局面。人民解放军现在的后勤保障也是实行的这种供应体制。

（三）创造性地解决了物资管理、储存问题

早在反"绞杀战"斗争开始不久，洪学智就有预见性地提出："为保证现代战争的物资供应，我们需要经常储存大量军需品。为使这些军需品不致失效，就需要加强保管和防潮设备，就是说要有良好的仓库存放。"因此，"除了加强运输车辆的防雨设备及前线临时性的野战仓库外，还应有计划地根据一定地区战略需要，建设永久性和半永久性的仓库。这些仓库应具有良好的防空和防潮设备。"[①] 至1951年底，就建成达到防空、防特、防盗、防潮、防湿、防霉烂的"六防"标准的库区98处，其中有山洞200个、掘开式仓库2601个、露天仓库5482个、土洞库672个，各种库房共可容纳5475车皮物资。要求储存在洞库里的物资做到"六不靠"，即前、后、左、右、上、下均不靠墙。这样，既可保证储存物资免遭美军轰炸，又能保证储存物资的质量。1952年5月8日，美军先后出动飞机485架次，对遂安以北楠亭里仓库区进行13个小时的轰炸，该库区物资未遭任何损失。据志愿军后方勤务司令部1952年第三季度工作简报：至7月10日，志愿军各个军和志愿军后勤各分部储存的粮食、食油、食盐均够全军食用4个月以上，菜类够全军食用3个月，肉类够全军食用2个月，弹药储存也较充足。因此，有力地保证了1952年秋季战术反击作战和上甘岭战役的物资需要。至1953年7月朝鲜停战，志愿军共建筑地下库5367个，可容纳3122车皮物资；石洞库532个，可容纳3020车皮物资；露天仓库9438个，可容纳6486车皮物资，各种仓库总计共可容纳12628车皮物资。1953年春季反登陆作战准备期间，在铁道工程部队、铁路抢修和运输部队、志愿军

---

① 《洪学智后勤文选》上卷，金盾出版社2001年版（内部发行），第28页。

后勤系统的共同努力下，至1953年3月底，即基本上完成了全部战备物资储备。弹药总囤积量已达12.38万余吨（1953年7月的金城战役，6个军作战半个月，共消耗炮弹1.9万吨，可供5至6个金城战役规模作战的消耗）；粮食总囤积量达24.8万余吨，可供志愿军食用8个半月；马料囤积可供全军马匹食用5个半月；食油囤积可供全军食用6个半月，食盐8个半月，菜类5个半月，肉类3个月零5天；汽油储备了4个月的消耗量。各部队给养储备量均在2个月以上。这为后来志愿军进行的夏季反击战役提供了充足的作战物资。

1952年8月，毛泽东在中国人民政治协商会议第一届全国委员会常务委员会第三十八次会议上，谈到抗美援朝战争情况时说："吃的问题，也就是保证给养的问题，很久不能解决。当时就不晓得挖洞子，把粮食放在洞子里。现在晓得了。每个师都有三个月粮食，都有仓库，还有礼堂，生活很好。"①

物资运输和供应问题的解决，极大地保证了志愿军作战的胜利。正是因为如此，彭德怀曾说：志愿军在前方能打胜仗，我要感谢两个麻子，一个是高麻子（高岗），一个是洪麻子（洪学智）。②

（四）组织指挥后方战斗

1951年5月19日，中央军委关于成立志愿军后方勤务司令部的决定中即规定，志愿军后方勤务司令部负责"组织警备、防空，维持后方秩序等一切后方诸勤务工作"。洪学智领导的志愿军后勤工作，不但组织作战物资运输供应和救治运送伤病员，而且也指挥战斗。指挥战斗分两个方面。

一是组织防空战斗。志愿军为后方勤务司令部配属4个高射炮兵营，负责掩护第一线分部的仓库区。志愿军后方勤务司令部为配属的高射炮部队确定了"保卫目标与击落敌机相结合的战术方针"，并要求高射炮部队"采用机动游击的办法，出敌不意给以突然打

---

① 《建国以来毛泽东军事文稿》中卷，军事科学出版社、中央文献出版社2010年版，第51页。

② 参见洪学智《抗美援朝战争回忆》，解放军文艺出版社1990年版，第211页。

击"，以充分发挥高炮部队的火力作用和弥补高炮部队的不足。1952年5月8日，掩护第一分部楠亭里库区的高炮第二十四营，与前来轰炸的美军18批共485架次飞机，进行了13个小时战斗，既保卫了库区的物资安全，又取得了击落美机7架、击伤18架的辉煌战果，受到志愿军司令部的通令嘉奖。此后，美军过路飞机经过楠亭里库区时，要么绕道而过，要么高飞通过。同年6月1日，掩护第二分部仓库区的高炮第二十五营抽出1个高炮连和1个高射机枪排游动设伏，6月6日，与空袭的美军16架飞机作战1小时，击落美机4架、击伤3架。配属志愿军后方勤务司令部的高炮第二十三营、第二十四营、第二十六营，采取机动游击的办法，也取得很好的效果。1951年秋至1952年秋，配属志愿军后勤分部的4个高炮营即击落美军飞机74架、击伤637架。此外，在公路上担任防空哨任务的部队也打击低飞的美军飞机，1952年1月至1953年7月，防空哨部队即击落、击伤美军飞机48架。

二是指挥后方清剿匪特战斗。抗美援朝战争期间，"联合国军"为了探明志愿军和朝鲜人民军的情况，并配合正面战场的作战行动，经常派遣特务到志愿军和朝鲜人民军的后方进行侦察破坏活动，活动范围无孔不入。自1952年以来，其派往朝鲜北方的匪特数量和规模比以往都有所扩大。由过去零散无序布置特务的状态，转为有组织、有计划地布置特务，在朝鲜北方统一划分区域，活动更为猖獗。

为确保后方安全，中朝联合司令部多次组织前线和后方各部队，开展打击匪特活动。志愿军司令部指示二线部队和后方机关在后方勤务司令部的统一指挥下，在朝鲜各当地政府、公安机关的配合下，先后几次对驻区附近的武装匪特进行清剿。仅1952年1月至9月中旬，即捕获匪特340余人。

此后，在志愿军后方勤务司令部的统一指挥下，于9月下旬至10月底和1953年3月1日至10日，又先后组织两次大规模的全面清剿，除担负前线战斗任务的部队外，所有前后方部队协同朝鲜各当地政府，划分若干清剿区进行清剿，共歼灭匪特338人，捕获可疑分子 653 名和枪支、电台等物资。

整个抗美援朝战争期间，志愿军后方勤务司令部组织指挥清剿匪特战斗，共歼灭和捕获匪特 1289 名，缴获大量枪支、弹药、侦察情报器材等，严厉地打击了匪特活动，有力地配合了前线作战和其他工作的顺利进行。

（五）建立了比较完整的后勤组织机构

志愿军后方勤务司令部成立后，领导指挥的部队有志愿军后勤的各个分部及所属的兵站、医院、汽车运输部队、辎重运输部队等勤务保障部队，此外，还配属有公安警卫部队、工兵部队、步兵部队和高炮部队，总兵力最多时达到 18 万余人，比志愿军在朝鲜作战的任何一个建制兵团的总兵力（最多的 15 万人）还多，后经过几次整编，最少时也有 12 万余人，这相当于一个建制兵团的总兵力。

为改变后勤指挥机构不适应抗美援朝战争后勤保障需要的状况，洪学智从兼任志愿军后方勤务司令部司令员开始，就非常重视志愿军后勤组织机构建设，先后建立了后方勤务司令部机关的司令部、政治部、干部部和各勤务专业部门，包括财务部、军械部、军需部、车管部、油料部、营房管理处、卫生部、兽医处等部处，建立了比较完整的后勤组织机构。同时结合抗美援朝战争实践培养了大批后勤干部，仅志愿军后勤即开办各类培训班 225 期，培训干部 7585 人，有效提高了后勤干部的业务能力。新中国成立初期，解放军的后勤组织机构，就是根据抗美援朝战争后勤建设的经验建设起来的。

洪学智领导志愿军后勤工作，还做了其他许多大量工作，包括志愿军伤病员的转运救治、建立后勤通信保障体系、参加领导反细菌战，等等。

1953 年 12 月，彭德怀在全国军事系统党的高级干部会议上作的报告中指出："朝鲜战争的经验证明，现代战争如果没有后方充分的物资保证，是不可能进行的；后方有充分物资，如果没有强有力的后勤组织和工作，以保证第一线的充分供应，是不能取得战争胜利的。现代战争的后勤组织与工作，不仅是单纯组织物资和伤病人员的运输和分配，而且要与敌人的空降、轰炸作严重的斗争，要指挥防空兵、铁道兵、工兵和步兵的活动和作战。"现代战争的"后勤工作将提高到指挥战斗，组织供应，保证战争胜利的更高阶段"。①

洪学智将军领导志愿军后勤工作，不但解决了在美军疯狂轰炸封锁下的作战物资运输、补给这个重大战略问题，彻底扭转了后勤工作一直被动的局面，有力地保证了抗美援朝战争的胜利，而且实现了人民解放军后勤工作历史性的重大转变，包括后勤职能由过去的单纯组织供应，发展为既要组织供应，又要指挥战斗；补给方式由过去分散的就地取给和取之于敌，发展为主要依靠国家组织统一的后勤供应；供应对象由过去以步兵为主，发展为多军种合成军队；后勤队伍编成由过去简单的业务部门和少量勤务分队，发展为既有多勤务部门和勤务部队，又有防空作战部队、道路抢修抢运部队、公安警卫部队等多兵种合成的作战集体。为人民解放军建设现代后勤工作提供了宝贵经验，建立了良好开端，向"提高到指挥战斗，组织供应，保证战争胜利的更高阶段"迈出了第一步。聂荣臻在其回忆录中说："严格地说，我们是从抗美援朝战争中，才充分认识到后勤工作在现代战争中的重要性的。""志愿军后勤工作的许多重大改进，都是洪学智同志在那里具体组织实施的。当时他是志愿军副司令员兼后勤司令员，为改善后勤工作动了很多脑筋，想了很多办法，是很有成绩的。"抗美援朝战争"取得的后勤保障工作经验，十分宝贵和丰富。武器装备越现代化，后勤保障工作就越重要。可以这样说，没有卓有成效的后勤保障，就不可能在现代战争中取得胜利。正是在这个意义上，今后我们在建军工作中，仍然应该认真地研究借鉴朝鲜战争中志愿军后勤工作所取得的多方面的宝贵经验"②。1953年3月31日，毛泽东在给后勤学院的训词中也特别强调："研究朝鲜

---

① 《彭德怀军事文选》，中央文献出版社1988年版，第492、493页。
② 《聂荣臻回忆录》下卷，解放军出版社1984年版，第747、753、759页。

战争中后勤工作的状况和经验，以达到我军后勤工作现代化和正规化的目的。"①

---

① 《建国以来毛泽东军事文稿》中卷，军事科学出版社、中央文献出版社2010年版，第115页。

韩先楚将军在朝鲜战场[*]

韩先楚是中国人民解放军著名战将，为中国革命战争取得胜利作出了重要贡献，1955 年被授予上将军衔。朝鲜战争爆发后，1950 年 7 月中央军委组建东北边防军时，韩先楚作为第四十军军长，刚刚指挥部队与第四十三军共同完成解放海南岛的作战任务，部队开回广州休整。7 月 25 日，韩先楚被任命为东北边防军第十三兵团副司令员，协助司令员邓华组织整个边防军的整训工作。抗美援朝战争开始后，韩先楚先后被任命为中国人民志愿军副司令员、志愿军和人民军西海岸防御联合指挥所（后改为指挥部）司令员、第十九兵团司令员，为抗美援朝战争的胜利作出了重要贡献。

一、第二次战役指挥第三十八军、第四十二军作战行动，出色完成作战任务

志愿军取得第一次的战役胜利后，在第二次战役的反击作战中，志愿军总部决定由副司令员韩先楚统一指挥第三十八军、第四十二军作战行动。1950 年 11 月 22 日 13 时，彭德怀、邓华、朴一禹等致电韩先楚，指示："你们应以求得全歼德川地区伪七、八两师为目的"，"你们攻击时间于二十五日晚开始"，同时要求韩先楚根据战场具体情况，最后确定作战部署，"总之以先切断包围，求得全歼伪

　＊　本文是作者专为本书撰写的文章。

七、八两师为原则"①。南朝鲜军第七师、第八师归南朝鲜军第二军团指挥，部署在"联合国军"在西线进攻的右翼。此时，南朝鲜军第七师已进至德川地区，第八师已进至宁远地区，两师继续向北推进中。韩先楚根据志愿军总部的总体部署，于11月24日10时致电彭德怀等志愿军总部首长：决定以第三十八军以围歼德川南朝鲜军第七师为目的，第四十二军以8个团围歼宁远地区南朝鲜军第八师，另以1个团阻击北仓、孟山可能来援之敌，两军统于11月25日黄昏发起攻击。获得志愿军总部批准。

11月25日黄昏，韩先楚指挥第三十八军、第四十二军两军，按预定计划，乘敌立足未稳，出敌不意地对德川、宁远地区之南朝鲜军第七师、第八师两师发起反击。

第三十八军在反击开始前，以军直侦察连、第一一三师侦察连及2个工兵排组成的侦察支队，隐蔽渗透敌军后方，于26日8时进至德川西南的武陵里，炸毁公路大桥，击毁、截获敌军汽车40余辆，封闭了敌军南逃北援的通道。这就是抗美援朝战争中著名的"奇袭武陵桥"，八一电影制片厂拍摄的电影故事片《奇袭》反映的就是这个故事。反击开始后，志愿军以第一一二师、第一一三师两师从南朝鲜军第七师的两翼发起攻击，迅速前出至德川以西、以南地区，将南朝鲜军第七师合围于德川地区，志愿军以第一一四师从正面突击。战至26日19时，第三十八军将被围的南朝鲜军第七师5000余人大部歼灭。

第四十二军以第一二四师、第一二六师两师由东北向西南对进至宁远地区的南朝鲜军第八师实施多路迂回，以第一二五师实施正面突击，至26日拂晓，战斗结束，歼灭南朝鲜军第八师大部。

韩先楚指挥第三十八军、第四十二军两军在德川、宁远地区的战斗，歼灭南朝鲜军第七师、第八师两师大部，迅速在"联合国军"西线进攻的右翼打开了战役缺口，使志愿军形成了对西线"联合国

---

① 转引自军事科学院军事历史研究所《抗美援朝战争史（修订版）》上卷，军事科学出版社2011年版，第322页。

军"实施侧后战役迂回、正面突击分割、各个歼灭的有利态势，控制了战场主动权。11 月 28 日，毛泽东在致彭德怀、邓华、朴一禹、洪学智的电报中，庆祝志愿军"歼灭伪二军团主力的大胜利"。

德川、宁远战斗结束后，韩先楚根据志愿军总部的指示，指挥第三十八军、第四十二军两军转兵由东北向西南，分多路对进至清川江以北地区的"联合国军"侧后实施战役和战略性的迂回，最为典型的就是第三十八军第一一三师的战役迂回，抢占了"联合国军"向南撤逃的两个必经之路的关口——三所里和龙源里，并死死卡住了这两个关口，形成了志愿军对美军第九军指挥的部队从北、东、南三面形成包围的有利态势。战至 12 月 1 日晚，歼灭美军第九军指挥的第二师大部和土耳其旅大部，重创美军第二十五师，打出了志愿军的威风。彭德怀在通令嘉奖第三十八军的电报中，祝贺第三十八军的胜利，并在电报末尾特意加写了"中国人民志愿军万岁！三十八军万岁！"两句口号，可以想象当时彭德怀对第三十八军、对志愿军这次作战的满意程度和兴奋的心情。

二、第三次战役指挥右纵队作战，进占汉城

第二次战役，志愿军将以美国为首的"联合国军"从鸭绿江边打回到三八线一线及以南地区。"联合国军"利用三八线既设阵地组织防御。根据毛泽东关于志愿军必须越过三八线再打一仗，然后再休整的指示，志愿军决定进行第三次战役。1950 年 12 月 19 日和 21 日，韩先楚两次致电彭德怀等并有关各军，对第三次战役的部署、部队集结位置及侦察区分提出了建议。彭德怀采纳了韩先楚关于部队集结位置及侦察区分的建议。12 月 22 日，彭德怀、洪学智、解方下达了第三次战役部署命令，决定以歼灭临津江东岸至北汉江西岸一线的南朝鲜军 3 个多师为目的，志愿军 6 个军组成左右两个纵队实施进攻作战。其中以第三十八军、第三十九军、第四十军、第五十军配属 6 个炮兵团为右纵队，由韩先楚副司令员统一指挥，担任攻击东起永平（含）西至高浪浦里地区的南朝鲜军第六师、第一

师。首先集中 3 个主力军歼灭南朝鲜军第六师，再歼南朝鲜军第一师，得手后以抱川、纸杏里、龟岩里为目标扩大战果，具体由韩部署之。攻击开始时，应注意以有力一部隔断美军和南朝鲜军的联系，阻击增援。韩先楚于 23 日对右纵队作战作了具体部署，后按志愿军总部的指示又作了若干调整。

12 月 31 日 17 时，志愿军和朝鲜人民军发起了第三次战役。此时，"联合国军"已成惊弓之鸟，对志愿军闻风丧胆，在志愿军和朝鲜人民军发起攻击后，稍做抵抗，就撤退逃跑。志愿军发起攻击后，一小时内，右纵队的第三十八军、第三十九军即先后突破"联合国军"的三八线阵地。随后，第四十军突破"联合国军"的三八线阵地，第五十军于 22 时南渡临津江，志愿军各部突破均较顺利。其中，第三十九军第一一六师突破临津江战斗组织的作战尤为出色，在 1951 年 1 月 25 日至 29 日的志愿军和朝鲜人民军高级干部联席会上，作为典型战例，由该师副师长张峰作了介绍。至 1951 年 1 月 1 日中午，第三十八军、第三十九军、第四十军均突入当面南朝鲜军纵深10 公里以上。在对南朝鲜军第六师形成合围前，南朝鲜军第六师即已撤逃，第三十八军、第三十九军两军共截歼该师 1000 余人。

1 月 1 日、2 日和 3 日，韩先楚每日发电指挥右纵队各部行动。在 2 日 7 时和 8 时，韩先楚令第三十八军、第三十九军各以一个师抓住议政府之敌，第三十八军主力前进至议政府以南，阻击议政府之敌南逃和从南向议政府增援之敌，第三十九军主力从西北及西南、第四十军从北向议政府攻击。第五十军迅速向议政府以西的高阳前进，如高阳之敌南逃，则向汉城逼进。如议政府、高阳一线之敌均已南逃，则第五十军向汉城追击，抢占汉江大桥，相机渡过汉江，其他各军向汉江攻进，并设法准备渡江，由朝鲜人民军第一军团担任汉城警戒。

1 月 3 日，第五十军在向高阳的追击中，第一四九师第四四六团在高阳以北的碧蹄里击退美军第二十五师的一个营。尔后，在高阳以南的佛弥地，截断了由议政府经高阳向汉城方向撤退的英军第二十九旅的退路。经过 3 个小时激战，全歼英军皇家奥斯特来复枪团第一营及 1 个坦克中队。击毁和缴获其坦克 31 辆、装甲车和汽车 24 辆。此次战斗，第四四六团在第四四五团的协同下，共毙伤俘英军 700 余人。1 月 11 日，彭德怀、邓华、朴一禹、洪学智、韩先楚通令表扬了第一四九师第四四六团。

第三十九军在向汉城方向的追击中，第一一六师第三四六团在议政府西南的回龙寺与美军第二十四师第二十一团遭遇，歼其一部。与此同时，该师第三四七团在议政府以西的釜谷里歼灭英军第二十九旅两个连，缴获坦克、汽车共 30 余辆。第三十八军、第四十军追至议政府东南的水落山地区，击溃美军第二十四师一个团，歼其一部。

1 月 4 日下午，第三十九军第一一六师和朝鲜人民军第一军团占领汉城。第五十军第一四九师于当日晚进入汉城。第三十八军第一一四师、第三十九军第一一七师各有一部侦察分队于 4 日进入汉城。

1 月 6 日，志愿军司令部、政治部通报表扬了右纵队第三十九军第一一六师、第一一七师和配属第一一六师行动的炮兵第四十五团。11 日，彭德怀、邓华、朴一禹、洪学智、韩先楚通报表扬了右纵队第五十军第一四九师第四四六团高阳追击战。

三、第四次战役指挥"韩集团"部队顽强坚守汉江南岸阵地，有力掩护了主力在东线歼敌

第三次战役于 1 月 8 日结束，将战线推进至北纬 37° 线附近之平泽、安城、堤川、三陟一线及以南。中朝联合司令部部署了部队休整，并进行春季攻势准备。第五十军、第三十八军第一一二师和第四十二军第一二五师留置水原、金良场里、骊州、原州一线警戒。

这时，志愿军武器装备严重落后造成的自身弱点和作战中的困难已充分显露。接替因车祸身亡的沃克任美军第八集团军司令官的李奇微，针对志愿军的弱点和困难，采取了"磁性战术"，即志愿军进攻时，其有计划撤退；志愿军停止进攻准备休整时，其迅速发动

反扑，不给志愿军休整时间。李奇微接任美军第八集团军司令官后，麦克阿瑟将朝鲜战场上的"联合国军"地面部队（包括南朝鲜军队）全部归李奇微指挥。1月15日，李奇微发动了试探进攻，25日起发动全面反扑。志愿军连续进行了三次战役，部队减员未得任何补充，物资运输补给严重困难的状况未得任何改善，又被迫同朝鲜人民军转入防御作战。

彭德怀将志愿军第一线6个军和朝鲜人民军3个军团编为3个作战集团。由志愿军副司令员韩先楚指挥志愿军第三十八军、第五十军和朝鲜人民军第一军团，组成"韩集团"（也称"韩指"），在西线坚持汉江南岸阵地，钳制美、英军主力，掩护志愿军主力在东线出击；由志愿军副司令员邓华指挥志愿军第三十九军、第四十军、第四十二军、第六十六军，组成"邓集团"（也称"邓指"），在东线寻机出击歼敌；由朝鲜人民军前线总指挥金雄指挥人民军第二军团、第五军团，组成"金集团"（也称"金指"），配合"邓集团"作战，尔后南向荣州发展。

"联合国军"的反扑重点在西线，集中了美军4个师、南朝鲜军2个师、英军2个旅和土耳其旅，美军4个师和英、土军3个旅在第一线，沿水原—汉城轴线和金良场里—汉江以北礼峰山轴线向北进攻，南朝鲜军2个师为预备队。"联合国军"以团或营为单位，在飞机、大炮和坦克的支援下猛烈攻击志愿军阵地，对志愿军一个连阵地的进攻，即投入兵力数百人，发射炮弹数千发。志愿军第五十军和第三十八军第一一二师承受了巨大的压力，但该两部顽强阻击"联合国军"的进攻。第三十八军第一一三师、第一一四师2个师和朝鲜人民军第一军团也先后加入阻击。韩先楚参加志愿军和朝鲜人民军高级干部联席会议后，赶赴前线，统一指挥第三十八军、第五十军和朝鲜人民军第一军团作战。这3支部队打得非常顽强、非常艰苦，尤其是第五十军和第三十八军，在汉江南岸顽强阻击23昼夜，志愿军总部和中朝联合司令部多次通报表扬第五十军、第三十八军，特别表扬第五十军第一四八师及该军3个团队。2月16日和18日，"韩集团"在汉江南岸的部队，按中朝联合司令部的统一部署全部撤至汉江北岸。整个汉江南岸防御作战，共歼敌 1 万余人，牵制了美、英军主力，有力配合了主力在东线的出击。

四、建议组建游击队，开展敌后游击战

韩先楚于 1951 年 3 月下旬回京治病，治病期间对志愿军在朝鲜的防御作战和开展敌后游击战问题有些考虑，于 3 月 29 日写出书面意见，30 日致电发给彭德怀、邓华、洪学智、解方。关于开展敌后游击战问题，韩先楚在电报中指出：必须强调开展游击战：历次战役中感到，如果没有敌后游击战争的有力配合，不仅敌人毫无顾虑，可集中全力向我行全线进攻或防守，并最使我无法了解敌人具体情况及变化。彭总在作战指导方针上曾强调开展游击战争，但尚未引起我们同志所重视。可能认为派遣敌后部队将减弱正面部队的力量；其次是认为不熟悉当地情况，语言不通，不便开展敌后游击战争。只靠朝鲜人民军派遣担任敌后游击战争，效果是不大的。现代化的敌人作战，除靠空运、海运外，完全依赖畅通的交通与后勤无间断的补给（南朝公、铁路也较多）。如果我有强力的敌后游击战争，破交查敌，袭敌运输、仓库，将大大削弱与分散敌人正面的力量，相对增强了我正面部队的力量。这一任务由于人民军的历史较短，游击战争经验不足，是难以单独胜任的。必须选派我志愿军有敌后作战经验之干部一部，协助完成开展敌后游击战争艰巨任务。敌后游击部队的任务是深入敌后方，破交查敌，打敌运输仓库，并团结当地人民。这一支部队不仅起战略上的作用，而且必要时可直接配合我正面的战役行动。韩先楚在电报中，对游击队干部和部队人员的选拔、游击队的大致规模、携带的武器装备、敌后政策纪律、游击队伤员安置、游击队与正面部队的联络等，都提出了具体设想。

这个意见也报给了中央军委。主持军委日常工作的周恩来看到后，于 4 月 4 日以信函形式报送毛泽东，并表明了自己的意见。周恩来在信函中说："韩先楚上月底来京治病，拟本月七八日会回前方。他在此除参加军委各种工作汇报并提供一些很好意见外，又写了一

个电报给彭德怀同志，兹送上请阅。电中最后一段，提到游击战争问题，我也认为在目前朝鲜战争情况下，似可考虑派一两个中朝联合支队（每支队等于两千人以下的团）深入南朝鲜分散进行游击战。据韩说，这种活动条件在朝鲜是有的，而李奇微也不致因此就将大军南撤。"①

关于在敌后开展游击战问题，早在1950年11月13日，志愿军党委扩大会议部署第二次战役反击准备时，彭德怀就明确指出："游击战是当前我军作战不可少的部分。敌人有飞机飞到我军后方侦察我军情况，破坏交通，炸我物资，使我吃不上饭，得不到弹药补充，增加了我们的困难。我们现在没有飞机进行侦察和破坏敌人后方交通运输，因此，必须有积极的游击战，袭击和破坏敌后运输交通，分散敌人兵力，侦察敌情，直接配合作战。""到南朝鲜去开辟敌后战场的游击战争，那是具有重大战略意义的。如缩小敌占区，扩大我占区，也就保护了人力物力，积蓄了自己的力量；也就削弱了敌人的人力物力，从战略上分散敌人的兵力，配合主战场歼灭敌人"。②在第二次战役反击准备期间，为直接配合正面作战行动，就以第四十二军第一二五师2个营和人民军部分部队组成2支挺进支队（游击支队），在第一二五师副师长王淮湘和副师长兼参谋长茹夫一分别率领下，于11月上旬进入孟山、阳德、成川、江东、顺川等敌后地区，进行破坏交通、袭击敌军据点等游击活动，获得成效，受到彭德怀、邓华、朴一禹的特电嘉勉。

根据韩先楚的建议和周恩来的批示，经中朝双方协商，1951年5月底，以中朝联合司令部名义发出指示，决定组建游击支队，深入三八线以南开展游击活动。志愿军和朝鲜人民军从各部队中抽调军事素质和政治素质都较强的侦察骨干，于6月中旬组成了游击支队，共辖6个中队2050人。志愿军抽组4个中队，即第三兵团、第九兵团、第十九兵团各抽组1个中队，原第十三兵团各军合组1个中队。

<hr />

① 《周恩来军事文选》第四卷，人民出版社1997年版，第185页。

② 《彭德怀军事文选》，中央文献出版社1988年版，第337—339页。

朝鲜人民军组建 2 个中队。游击支队以志愿军第四十军第一一八师政治部主任刘振华任司令员、第四十二军第一二五师副师长茹夫一任副司令员兼参谋长，朝鲜人民军派出副司令员和副政治委员各 1 人。7 月中旬集中完毕，在延安半岛的信川地区从事清剿匪特和担负海防任务，待机深入敌后。朝鲜停战谈判开始以后，战场上政治形势和军事形势都发生了重大变化，故游击支队一直没有深入敌后。1952 年 8 月，游击支队撤销，志愿军的 4 个中队改编为志愿军司令部直属独立团。

五、出任西海岸联合指挥所司令员期间，为配合停战谈判，指示第五十军解放西朝鲜湾沿海岛屿

为加强朝鲜东西海岸防御，1951 年 9 月，经中朝双方协商，组建了东海岸和西海岸防御两个联合指挥机构，韩先楚出任西海岸联合指挥所司令员，朝鲜人民军第四军团军团长朴正德兼任副司令员，统一指挥志愿军第三十八军、第三十九军、第四十军、第五十军和朝鲜人民军第一军团、第四军团，遂行安州至海州段海岸防御任务。

朝鲜停战谈判中断两个月后，于 10 月 25 日在板门店复会。此时，"联合国军"为配合关于军事分界线问题的谈判，对志愿军和朝鲜人民军施加压力，于 8 月 18 日开始先后发动的夏季攻势和秋季攻势均被粉碎，不但未能达到军事上和政治上的目的，而且遭到美国国会和参谋长联席会议的指责。谈判复会后，美方代表团放弃了攫取志愿军和朝鲜人民军 1.2 万平方公里地区的无理要求，但新提出的军事分界线方案，仍无理要求志愿军和朝鲜人民军退出 1500 平方公里地区，并索要志愿军和朝鲜人民军控制的开城，提出以他们所占岛屿换取开城。

鸭绿江口至清川江口一线沿海的一些岛屿，是代号为"白马部队"及"平北联队"等武装匪特的栖身地。这些岛屿上的匪特武装与美国和南朝鲜陆海空军情报机关人员结合在一起，利用雷达、对空情报台和窃听设施，专门搜集朝鲜和中国方面的军事情报，并经

常潜入朝鲜北部西海岸地区进行破坏活动。美海军浅水炮舰经常出没于这些岛屿海面附近，炮击铁山半岛沿岸和郭山车站地区。早在 9 月 27 日，彭德怀就提出请东北军区研究攻取这一带岛屿的方案。东北军区研究后，于 10 月 6 日提出了由第五十军在空军配合下攻岛作战的方案。10 月中旬，西海岸指挥所韩先楚司令员决定，由第五十军副军长蔡正国统一指挥攻岛作战。第五十军即着手进行准备，侦察沿海敌情，制定作战方案，进行渡海登陆训练，并由东北军区协助准备渡海工具。10 月底，按照志愿军总部的决定，志愿军空军司令员刘震和第五十军副军长蔡正国等，一起商定了协同作战计划，确定志愿军空军部队的主要任务。

从 11 月 5 日至 12 月 1 日，志愿军第五十军采取"由近而远，逐岛作战"的方针，在鸭绿江口至清川江口之间连续进行了 4 次渡海攻岛作战。在空军配合下，先后攻占了椴岛、艾岛、炭岛、大小和岛、大小加次岛、牛里岛、云雾岛等 14 个岛屿，共歼灭武装匪特 570 余人。

其间，朝鲜人民军海防部队第二十六旅和第二十三旅，也相继攻占了大同江口之避岛、青羊岛及瓮津半岛附近之龙湖岛、昌麟岛、巡威岛、褚岛等岛屿，歼灭武装特务 200 余人，从而消除了美方代表团以岛屿换取开城的借口，有力地配合了谈判。

六、出任第十九兵团司令员，指挥部队参加 1952 年秋季战术反击作战

1952 年 7 月，中央军委升任杨得志为志愿军第二副司令员，任命韩先楚接替杨得志为第十九兵团司令员。这时，第十九兵团指挥第三十九军、第四十军、第六十三军、第六十五军。其中，第六十三军为兵团的二梯队。韩先楚和政治委员李志民指挥部队参加了 1952 年 9 月 18 日至 10 月 31 日的秋季战术反击作战。整个秋季战术反击作战，志愿军有三个兵团指挥的 7 个军，朝鲜人民军有 2 个军团参加作战，共对"联合国军"营以下兵力防守的 60 个阵地攻击 77

次，经反复争取后巩固占领 17 个阵地。其中，韩先楚和李志民指挥的第十九兵团第三十九军、第四十军、第六十五军对 23 个阵地攻击 27 次，经反复争夺后巩固占领 11 个阵地。第三十九军于 9 月 18 日晚攻击 222.9 东无名高地和高阳垡西无名高地，受到志愿军总部的通令表扬，通令说第三十九军"打得很好"。在志愿军出国作战两周年之际，10 月 24 日，中共中央和中央军委发出由毛泽东起草的贺电，祝贺志愿军战术反击作战取得胜利，对志愿军战术反击作战给予了高度评价。

1953 年初，韩先楚患严重的十二指肠溃疡，经抢救后被送回国内治疗。病情好转后，他坚决要求重回战场，当他到达安东时病情复发，不得不返回北京继续治疗，4 月被任命为中南军区参谋长，完成了抗美援朝使命。

朝鲜战场的"三杨开泰"[*]

——杨得志将军、杨成武将军、杨勇将军在朝鲜战场

1951 年 2 月 5 日，周恩来在中南海召见准备率部队入朝参战的第十九兵团司令员杨得志和政治委员李志民时说：你们十九兵团，还有杨勇、杨成武同志指挥的两个兵团，都是有着光荣传统、战斗力很强的部队。我曾经说过，要把你们"三杨"拿出来，叫作"三杨开泰"。^①

杨得志、杨成武、杨勇"三杨"，都是人民解放军著名的高级将领，中央红军长征时，都是团级指挥员，解放战争时期都是兵团司令员，1955 年都被授予上将军衔，他们都为中国革命战争取得胜利做出了重要贡献。抗美援朝战争开始后，杨得志和杨成武先后率部入朝参战，杨勇作为高级指挥员轮换也走上朝鲜战场。

一、杨得志将军在朝鲜战场

（一）率部参加第五次战役

杨得志为司令员、李志民为政治委员的第十九兵团，辖第

---

* 本文是作者专为本书撰写的文章。

① 中共中央文献研究室编：《周恩来年谱（1949 — 1976）》上卷，中央文献出版社 1997 年版，第 126 页。

六十三军、第六十四军、第六十五军，是中央军委计划中的志愿军第二番作战部队，奉命于1951年2月16日开始入朝，3月18日全部到达预定集结地域完成集结。4月22日黄昏，志愿军和朝鲜人民军发起第五次战役，第十九兵团指挥朝鲜人民军第一军团作为右翼突击集团参加作战，具体任务是，以一个军迅速突破临津江西岸南朝鲜军第一师防线，强渡临津江，向议政府实施战役迂回，断敌退路，阻敌增援，得手后以一部向汉城（今首尔）推进，相机占领之。兵团主力渡江后，首先歼灭绀岳山地区英军第二十九旅，尔后向抱川方向攻击前进，由西南向东北突击，协同第三兵团、第九兵团会歼永平、抱川地区的美军第二十四师、第二十五师。杨得志对兵团的部署是，以第六十三军担任兵团左翼突击，第六十四军担任中央突击，朝鲜人民军第一军团担任右翼突击，第六十五军为第二梯队。突破临津江后，以第六十四军实施战役迂回，断敌退路。

战役发起后，兵团各部突破"联合国军"的临津江防线较为顺利。突破后，第六十三军发展较顺利，其第一八八师割裂了美军第三师与英军第二十九旅的联系，第一八七师在雪马里包围了英军第二十九旅格罗斯特营及配属分队共1000余人，至25日8时，全歼被围英军该营及配属分队，整个兵团已歼敌4000余人，仅第一八七师、第一八八师两师便俘敌2000余人。

第六十四军突破后在临津江南岸受阻3天，未能完成迂回议政府的任务。但该军第一九〇师第五六九团第三营和协助该军执行穿插任务的兵团侦察支队突入纵深，在20小时之内，击垮敌军7次阻拦，前出120里，占领了议政府西南的道峰山，并在此坚守三天四夜，对敌侧后造成威胁，打乱了敌纵深防御。战后，兵团侦察支队和第五六九团第三营，分别被志愿军总部授予"道峰山支队"和"道峰山营"称号。第六十四军受到志愿军总部和兵团的严厉批评。

至4月29日，志愿军未能按预定计划对"联合国军"形成合围，整个战役形成平推，共歼敌2.3万余人，"联合国军"退至汉江南岸及汉城地区，第五次战役第一阶段作战遂告结束。

此时，战线形成了西南向东北的态势，美、英军集中在以汉城为中心的西线，东线均是南朝鲜军，彭德怀遂于 4 月 28 日决定，志愿军主力转兵东进，以歼击东线南朝鲜军为主要目标，发起第五次战役第二阶段作战。为迷惑与牵制西线美军，彭德怀、邓华、朴一禹以中朝联合司令部首长名义，令第十九兵团指挥朝鲜人民军第一军团，在汉城东西、汉江下游积极佯动，造成南渡汉江进攻汉城的假象，以牵制美、英军主力。杨得志即指挥第十九兵团各军和朝鲜人民军第一军团，节节抗击敌军侦察部队，并不时组织反击，采取多种方式迷惑敌军。

在志愿军主力东进的 5 月 9 日，杨得志、李志民等向所属 3 个军和朝鲜人民军第一军团下达了战役第二阶段作战部署命令，令各军、军团选择当面敌军营级目标一至两个，集中优势兵力，求得彻底歼灭，如敌全线溃退，即南渡汉江扩张战果。各部遵示在汉江以北展开了积极佯动，不断袭击当面敌军，歼灭敌军营连规模部队，向汉城和汉江挺进，并在汉城东西地区公开调查汉江以南兵要地志，摆出迂回汉城、南渡汉江的姿态。第六十三军第一八七师、第一八八师两师并肩作战，乘胜追击，强行突破汉江，向汉江以南发展。朝鲜人民军第一军团也以一部在汉城以西渡过汉江。这些行动有力地迷惑了"联合国军"，李奇微向中线和西线集结兵力，造成了志愿军主力在东线歼击南朝鲜军的有利战机。5 月 16 日，志愿军第九兵团司令员兼政治委员宋时轮指挥志愿军 3 个军和朝鲜人民军 2 个军团，在东线发起攻击，至 19 日晚，于县里地区一举歼灭南朝鲜军 2 个师大部，并重创另 2 个师。21 日，志愿军和朝鲜人民军结束了第五次战役第二阶段作战，本阶段又歼敌 2.3 万余人。

中朝联合司令部令志愿军各兵团"留一个师至一个军的兵力，从现在位置起，采取机动防御，节节阻击杀伤消耗敌人，争取时间"，掩护主力转移休整。令第十九兵团留一个军（或 4 个师）从议政府、清平川之线，利用东豆川、抱川、机山里线南北有利地形，采取纵深配备，阻击敌人。

杨得志等于 22 日令第六十五军在南起议政府至清平川一线正面33 公里展开，利用有利地形，采取运动防御方式，节节阻敌，坚持

15 至 20 天的时间，掩护主力转移，确保涟川、铁原一线安全和其他部队的行动。

23 日，志愿军主力北移的行动尚未开始，第一线担任阻击的部队展开尚未到位，"联合国军"即动用其第一线共 14 个师又 1 个旅和 2 个团的兵力，由西向东逐次展开了全线猛力反扑，另有 3 个师又 3 个旅为预备队。由于对"联合国军"的反扑来势如此之快、如此凶猛估计不足，造成志愿军和朝鲜人民军胜利后主力转移初期的被动局面，有的部队被割裂，有的被隔在敌后，第六十军第一八〇师因孤军阻敌、指挥呆板、救援不利等多种原因，而遭受严重损失。

在西线，第十九兵团第六十五军展开后，节节抗击优势敌军的进攻，许多战斗打得英勇顽强，出色地阻击了"联合国军"的进攻。由于"联合国军"攻势太猛，且阻击地域左翼暴露，在指定地域阻击 4 天，即撤至阻击的底线涟川至文岩里一线，没有完成阻击 15 至 20 天的任务。"联合国军"进占涟川以南金谷里、永平及汉滩川一线，直逼铁原。

涟川、铁原一线是朝鲜西部地区的重要交通线，既有公路，又有铁路。铁原以北是志愿军重要后方基地，一旦铁原被"联合国军"占领，则将割裂志愿军东西线的联系，直接影响全军的转移休整。

鉴于此，杨得志等一面严令第六十五军在汉滩川北岸坚决阻击敌军进攻，没有命令再不得北撤，"立即组织力量，打击敌人侧背，阻止敌人前进，便于六十三军抢修工事，否则铁原失守，你们要负责任"[①]。一面电令第六十三军停止转移，立即转回接替第六十五军防御，并加强给该军两个炮兵团，要求第六十三军："不惜代价，坚守阵地，阻止敌人进攻，无上级命令不得撤收。"彭德怀于 28 日 17 时直接电令第六十三军军长傅崇碧："你们在文岩里（不含）、朔宁、铁原之间地区，应取坚守积极防御朔宁、高公山一线阵地，无志司、

----

① 转引自军事科学院军事历史研究所《抗美援朝战争史（修订版）》下卷，军事科学出版社 2011 年版，第 607 页。

兵团命令不得放弃。"①

30 日，第六十三军并指挥第六十五军第一九四师全部接替了第六十五军的防御。此时，"联合国军"在其他方向的进攻已被遏制，而在涟川、铁原方向的进攻不但没有停止，并且增加兵力投入这一方向进攻。第六十三军不但武器装备远远不如"联合国军"，而且兵力只有 2.4 万余人，任务是打带有坚守性质的防御战。第六十三军困难很多，压力很大，但军长傅崇碧、政治委员龙道权，接受任务后，表示坚决完成任务，没提任何困难。杨得志、李志民等兵团领导，考虑到该军的困难，遂从兵团直属队抽调有作战经验的老兵 500 名，充实该军，并联系负责保障第十九兵团作战的后勤第三分部采取了一些保障措施。

从 5 月 30 日至 6 月 10 日，第六十三军顽强阻击 12 昼夜，克服种种困难，顽强抗击美军 4 个师的轮番进攻，共歼敌 1.5 万余人，有力地打击了美军的嚣张气焰，粉碎了美军占领铁原的企图，胜利地完成了防御任务，为稳定战场局势作出了重大贡献。

志愿军司令员彭德怀在战后专门到第六十三军看望指战员，夸奖第六十三军：打得好，打得很好！祖国人民忘不了你们，祖国和人民感谢你们！

第五次战役，志愿军和朝鲜人民军奋战 50 天，歼敌 8.2 万余人，自身减员 8.5 万余人，战争双方形成了战略相持局面。

（二）指挥部队粉碎"联合国军"在西线的秋季攻势

朝鲜停战谈判开始以后，在关于军事分界线问题的谈判中，美方代表团无理要求将军事分界线划在志愿军和朝鲜人民军战线后方几十公里处，遭到朝中代表团的据理驳斥和坚决拒绝后，"联合国军"遂于 1951 年 8 月 18 日同时发动了地面攻势和空中攻势，对朝中方面施加军事压力。地面攻势，即在北汉江以东至东海岸人民军防御正面发动夏季攻势；空中攻势，即以摧毁朝鲜北方铁路系统为主要

① 转引自军事科学院军事历史研究所《抗美援朝战争史（修订版）》下卷，军事科学出版社 2011 年版，第 607 页。

目标的"绞杀战"。至 9 月 18 日，其夏季攻势被粉碎，付出巨大伤亡的代价，仅在局部地区将阵地向前推进 2 至 8 公里。

然而，"联合国军"不甘心失败，于 9 月 29 日起，采取"逐段进攻，逐步推进"的战法，先后在西线和东线对志愿军防守的阵地发动了秋季攻势。在西线集中美军骑兵第一师、美军第三师和英联邦师，对志愿军第十九兵团指挥的第四十七军防御正面 30 公里、第六十四军第一九一师防御正面 10 公里地区发动进攻。杨得志等第十九兵团首长指挥第四十七军和第六十四军第一九一师顽强阻击"联合国军"的进攻。

第四十七军第一线展开 4 个团共 8 个营，除军属炮团和各师山炮营外，配属榴弹炮、火箭炮、战防炮共 102 门、坦克 40 辆，从 9 月 29 日至 10 月 18 日，连续同美军骑兵第一师和美军第三师顽强激战 20 天，全线每个阵地平均每天被美军炮击 2 万发以上，阵地土石被炸松一米多深，但由于部队英勇顽强，各级指挥员精心组织，充分发挥各种炮火作用，粉碎了美军的进攻，毙伤敌 2 万余人，其中炮兵杀伤占 1/3 以上。第四十七军伤亡 7000 余人。美军向前推进约 4 公里，占去阵地 90 平方公里。彭德怀赞扬"四十七军打得好，打得英勇顽强，作战很积极"①。第六十四军第一九一师在第五次战役后，武器装备得到部分补充，但全师兵力只有 6000 人。从 10 月 2 日至 8 日，顽强抗击英军第二十九旅全部和美军骑兵第一师一部的猛烈进攻，共毙伤其 2600 余人，仅后撤 3 公里。10 月 9 日，志愿军总部嘉勉第六十四军："此次敌向你军进攻遭受重大损失，你们以英勇顽强少数伤亡取得重大战果，证明你军在组织炮火与指挥上均有进步，仍望细心研究，求得打一仗提高一步，祝你们胜利。"②

至 10 月 18 日，"联合国军"在西线的整个进攻被粉碎，不但未能达到军事上和政治上的目的，而且遭到美国国会和参谋长联席会议的指责。

---

① 转引自军事科学院军事历史研究所《抗美援朝战争史（修订版）》下卷，军事科学出版社 2011 年版，第 131 页。

② 转引自军事科学院军事历史研究所《抗美援朝战争史（修订版）》下卷，军事科学出版社 2011 年版，第 132 页。

（三）部署保卫开城，清除了汉江以北南朝鲜军部队

针对美方在谈判中索要开城的企图，为确保开城安全，具体主持朝中代表团谈判工作的李克农和志愿军代表解方，于 1951 年 10 月 28 日分别致电中央军委和彭德怀，提出加强保卫开城，防止敌军可能进攻的建议。中央军委和彭德怀均高度重视保卫开城问题，对加强保卫开城均作了指示。

保卫开城的具体任务由第十九兵团承担。根据中央军委和志愿军首长指示，杨得志等对加强保卫开城作了部署，除第六十五军已担负保卫开城任务外，将兵团第二梯队第六十三军前调至开城东北长和洞、华藏洞地区集结，于 11 月 16 日，接替了板门店以东第六十五军一个师的防务，缩小了第六十五军正面，加大了开城防御的力量。19 日，杨得志等下发了保卫开城的指示，令第六十三军、第六十五军必须动员全力急速赶修工事，充分准备粮弹水，作积极坚守准备，第六十四军准备以两个团随时配合作战，并对炮兵作出了相应的调整和部署。要求"各部队必须充分认识粉碎敌之进攻，确保开城，对和谈的重大意义。必须寸土必争，反复争夺，不许随便放弃寸土"。如完成各种作战准备，敌军仍未进攻，各军采取稳进的方针，向敌逼近，在不妨碍中立区原则下，选敌薄弱处，打掉敌人突出部，歼灭部分敌人。第六十五军以一个师采取奔袭运动手段扫清汉江以北敌之海防部队。①

根据上述部署，第六十五军除加强工事外，以军、师共 4 个侦察连和第一九四师 1 个营，于 11 月间，在开城以南、砂川河以西、汉江以北地区，先后进行了 2 次扫荡作战，将经常对开城中立区进行破坏骚扰的南朝鲜军，驱逐于砂川河以东及汉江以南地区，将控制区向前推进了 280 平方公里，控制了汉江北岸、砂川河西岸有利地形，从而进一步稳定了开城地区的防御。

---

① 转引自军事科学院军事历史研究所《抗美援朝战争史（修订版）》下卷，军事科学出版社 2011 年版，第 150—151 页。

（四）升任志愿军第二副司令员，两度主持志愿军总部工作

1952年7月，中共中央决定，于4月间回国治病的彭德怀留在国内，接替周恩来主持中央军委日常工作，仍兼任志愿军司令员和政治委员。志愿军第二副司令员陈赓和第三副司令员宋时轮，也奉调回国任职。6月，任命邓华为志愿军代司令员兼代政治委员，7月11日升任杨得志为志愿军第二副司令员。从此，杨得志在抗美援朝战争中，从局部作战指挥员升级为全局作战指挥员，由战役层级指挥员升级为战略层级指挥员。

杨得志到志愿军总部上任后，负责作战工作，先后协助邓华组织进行了1952年秋季战术反击作战、1953年春反登陆作战准备、1953年夏季反击战役（包括金城战役）和指导上甘岭防御战役。这期间，志愿军越战越强，越战越主动，直至打得"联合国军"不得不请求朝中方面早日签订《朝鲜停战协定》，实现停战。其间，杨得志两度主持志愿军总部工作。

第一次，是1952年11月初至12月上旬。邓华奉召回国汇报战场情况，杨得志担起了志愿军全面工作的主责。这期间恰是上甘岭战役第三阶段，杨得志指导第十五军和第十二军进行了上甘岭战役的决定性反击和巩固阵地的作战。第十五军于10月30日晚对上甘岭597.9高地表面阵地实施反击，恢复了除东北山腿外的全部阵地（后东北山腿也全部恢复），打退了"联合国军"的连续反扑，11月5日后，"联合国军"停止了对597.9高地的反扑，志愿军巩固了这一阵地。

11月5日，杨得志、朴一禹、张文舟、王政柱、杜平联名致电第十五军转全体指战员，祝贺他们收复和坚守597.9高地战斗取得的胜利。6日，杨得志等向中央军委报告了坚决与"联合国军"争夺下去的决心和第三兵团的部署。7日，毛泽东拟稿以中央军委名义复电，指出："你们对加强十五军作战地区之决心和部署是正确的。此次五圣山附近的作战已发展成为战役的规模，并已取得巨大的胜利。望你们鼓励该军，坚决作战，为争取

全胜而奋斗。"①8 日，毛泽东将上甘岭地区的作战情况和作战部署批转全军。10 日，杨得志、张文舟、王政柱、杜平致电第三兵团首长和第十五军首长，告知：对于上甘岭战役已取得的巨大胜利，"军委及总参谋部迭电嘉许，毛主席并于十一月八日将志司对十五军等部作战嘉奖批转全国各大军区各特种兵、军事学院、总高级步兵学校。""望你们鼓励十五军与十二军参战部队，坚决作战，为争取全胜，恢复与巩固全部阵地，再予敌以更大杀伤而奋斗。"②这极大地鼓舞了上甘岭地区作战的志愿军部队。

11 月 11 日 16 时，杨得志等批准了以第十二军反击 537.7 高地北山的作战计划，指出："望你们在炮兵与坑道部队的配合下，坚决将五三七点七高地北山表面阵地恢复，争取将伪二师守备该阵地之一个营歼灭，并必须充分准备与敌进行反复争夺，将敌打败，最后巩固阵地。"③当晚，第十二军反击恢复了 537.7 高地北山阵地，此后又多次击退"联合国军"反扑。至 11 月 25 日，志愿军牢牢巩固了阵地，上甘岭战役结束。

"联合国军"先后投入 3 个多师共 6 万余人、300 余门大炮、近 200 辆坦克、3000 余架次飞机，发射炮弹 190 余万发，投掷炸弹 5000 余枚，对上甘岭志愿军两个连防守的不足 4 平方公里的阵地，进攻 43 天，付出 2.5 万余人的伤亡代价，结果寸土未得。

第二次，是 1952 年 12 月下旬至 1953 年 4 月底的反登陆作战准备期间。为防止"联合国军"大规模登陆进攻，加强东西海岸防御，特别是加强西海岸防御，中共中央决定以志愿军代理司令员兼代政治委员邓华兼任西海岸联合指挥部司令员和政治委员。邓华集中精力负责西海岸反登陆作战准备工作，志愿军总部工作由杨得志主持，

---

① 转引自军事科学院军事历史研究所《抗美援朝战争史（修订版）》下卷，军事科学出版社 2011 年版，第 330 页。

② 转引自军事科学院军事历史研究所《抗美援朝战争史（修订版）》下卷，军事科学出版社 2011 年版，第 330 页。

③ 转引自军事科学院军事历史研究所《抗美援朝战争史（修订版）》下卷，军事科学出版社 2011 年版，第 331 页。

并指挥正面战线反登陆作战准备。这期间，杨得志组织正面战场第一线部队进行了积极的小规模作战活动。其中，最为典型的战斗，是1953年1月底粉碎"联合国军"发动的"空军、坦克、炮兵、步兵协同作战实验"。美军这个作战实验，选择的攻击目标是志愿军第二十三军一个排防守的、位于铁原西北芝山洞南侧的205高地。这个小高地又称为"丁字山"或"T形山"。它的形状像一枚钉子，钉子的尖指向南边的美军190.8阵地。从1月12日开始，美军向这个阵地发射和投掷了大量炮弹和炸弹。25日，美军向这个阵地投下22.4万磅炸弹和8枚凝固汽油弹，发射各种炮弹17万余发，以美军第七师的一个步兵连发起攻击，始终未能攻下阵地。刚刚接防第一线阵地的志愿军第二十三军这个排打得英勇顽强，以伤亡11人的代价，毙伤美军150余人，彻底粉碎了美军的进攻，牢牢守住了阵地。

后来得知，这是美军第八集团军司令官范佛里特退休前，在朝鲜组织进行的最后一次战斗，欲留下一个光彩的结局，然而却是一个灰溜溜的结局。

此外，杨得志组织正面第一线部队，于3月下旬开始，有选择地攻歼"联合国军"连以下兵力防守的阵地，几乎是攻则必克，攻则必歼。3月和4月，志愿军正面战线进行的大小战斗共歼敌约3万人，有力地掩护了东西海岸防御工程的构筑。

尔后，在1953年的夏季反击战役中，杨得志协助邓华在朝鲜战场上导演出了以打促谈的精彩剧目，胜利实现了朝鲜停战。

抗美援朝战争结束后，1954年10月，杨得志被任命为志愿军司令员，11月奉调回国，完成了抗美援朝使命。

二、杨成武将军在朝鲜战场

1951年2月，中央军委确定志愿军在朝鲜战场实行轮番作战方针，制定轮番作战计划时，杨成武为司令员的第二十兵团所辖第六十七军、第六十八军被确定为第三番作战部队，拟于6月中旬前后接替第二番部队担负作战任务。志愿军第五次战役结束后，战争形成了相持局面，出现了停战谈判的形势。原定的第三番部队作战计划未再实行，但计划中的第三番作战部队大部先后开赴朝鲜担负作战任务。

根据中央军委 5 月 17 日的命令，第二十兵团杨成武司令员和张南生政治委员率第六十七军、第六十八军于 6 月初开始入朝。入朝前，毛泽东曾在北京中南海接见杨成武和张南生。杨成武向毛泽东表示：决不辱没京津卫戍部队的光荣。

入朝后，第六十七军于 9 月 1 日、第六十八军于 10 月 7 日先后接替第一线防务。第六十七军接替第九兵团第二十七军西起金化以北 537.7 高地、东至北汉江西岸，正面 27 公里的全部防务，至 9 月 10 日接防完毕；第六十八军接替朝鲜人民军第五军团西起北汉江东岸、东至文登里以东 635.8 高地，正面 20 公里的全部防务，至 10 月 10 日接防完毕。该两军从接防开始就投入战斗。

第六十七军从 9 月 1 日接防起，至 15 日 18 时止，即进行阻击作战 59 次，反击 8 次，歼敌 2295 人。其中，12 日在巨里室附近战斗，美军坦克 8 辆向该军 2 个连阵地进攻，该 2 个连各以两门无坐力炮，一举击毁美军坦克 4 辆。21 日，"联合国军"又以美军和南朝鲜军共 8 个营的兵力，在 75 辆坦克、100 余门火炮及大量飞机支援下，实行所谓"特种混合支队作战试验"，向第六十七军防御正面甘凤里（金化东）至北汉江一线发动了猛烈进攻，激战终日，第六十七军毙伤敌 1140 人，击毁坦克 17 辆，粉碎了"联合国军"的进攻，阵地只被占去 3 个前沿支撑点。杨成武在回忆录中说："九月份反击敌军多次试探性进攻和'特种混合支队作战试验'，既是第二十兵团入朝后进行的第一轮作战，也是第二十兵团在漫长的征战历程中，转向现代化条件下作战的开始。……初战取胜，对于我们是一个很大的鼓舞，它坚定了我们打好出国第二仗、第三仗、第四仗……争取更大胜利的信心和决心。"①

本来，彭德怀给第二十兵团的指示，是以第六十八军一个强的

---

① 《杨成武回忆录》下册，解放军出版社 1990 年版，第 439 页。

师接替朝鲜人民军第五军团一部分阵地。杨成武考虑，朝鲜人民军第五军团久战疲劳，需要休整，再则，第五军团防守的鱼隐山是具有战略意义的要地，一旦鱼隐山失守，不但威胁第六十八军侧背，而且也对志愿军在东线的防御造成不利，与其第六十八军接替朝鲜人民军第五军团一部分防务，不如接替其全部防务，虽然第六十八军的压力可能大些。于是，杨成武将自己的考虑打电话请示彭德怀。但彭德怀未表示同意。杨成武又先后给志愿军副司令员陈赓和副政治委员甘泗淇打电话，说明自己的考虑，最后彭德怀还是同意了杨成武的请示。杨成武向第六十八军的军、师、团各级指挥员强调：朝鲜人民军经过浴血奋战守住的重要防御地域，决不能让它从我们的手中丧失。[①]第六十八军接防时，恰值"联合国军"在东线发起了秋季攻势，动用美军第二师和南朝鲜军第八师、第五师，向朝鲜人民军第五军团防守的阵地发起猛烈进攻。第六十八军接防完毕时，"联合国军"已突入阵地6公里。杨成武针对"联合国军"在东线进攻使用集群坦克实施"坦克劈入战"的特点，指示第六十八军要重视反坦克作战，尤其重视反集群坦克。兵团司令部对此进行了研究，发出了反坦克的战术指示。

志愿军第六十八军接防的文登里地区，谷地宽达600余米，有公路直贯敌我纵深，便于美军机械化部队纵向机动。但谷地两侧多系高山峻岭，因此也使美军机械化部队的横向机动受到限制。为有效阻止美军坦克的集群进攻，增强防御阵地的稳定性，该军立即在公路两侧利用山脚棱坎、沟梁等自然地形，构筑反坦克陷坑和数道反坦克壕，并与两翼阵地紧密结合，使其纵横贯通，以利兵力、兵器机动。在便于坦克通行的道路、河床、稻田地、山坡处，大量布设反坦克雷障。接防的志愿军第二〇四师在全师范围内抽调人员，集中了12门野炮、49门（具）无坐力炮和火箭筒，以及一个工兵连，组成反坦克大队，归第六一〇团指挥，部署于文登里地区，专门打坦克。12日至14日，美军第二师每天以30至40余辆坦克，伴以

---

① 《杨成武回忆录》下册，解放军出版社1990年版，第439页。

步兵，在飞机和炮兵的火力支援下，沿公路向文登里地区集群攻击。第二〇四师反坦克大队3天共击毁美军坦克18辆、击伤8辆，创造了志愿军打美军集群坦克的范例。其中，12日一天即击毁美军坦克10辆、击伤8辆。从11日至14日，美军连续进攻4天，寸土未进，遂停止了对文登里地区的进攻。这就是抗美援朝战争史上著名的文登里打坦克战斗，后被作为经典战例编入中国人民解放军战例教材。从10月7日至20日，第六十八军连续激战13天，共毙伤敌人7690余人，其中美军3390余人。至10月31日，共击毁美军坦克30辆、击伤8辆。"联合国军"占去阵地50余平方公里。第六十八军伤亡2400余人。"联合国军"在北汉江以东发动的秋季攻势被粉碎。

10月13日起，"联合国军"集中美军和南朝鲜军4个师，对北汉江以西志愿军第六十七军阵地也发动了进攻。对此，志愿军第二十兵团和第六十七军均有必要的准备。早在"联合国军"在西线发起秋季攻势时，10月2日，中朝联合司令部指示志愿军西线部队坚决粉碎敌军进攻的同时，要求"我中线、东线各部队，为防止敌人配合西线攻势向我出击，必须准备坚决反击敌人"①。10月8日，又指示第二十兵团注意金化敌军动向，在敌进攻时，必须将其全部或大部歼灭。第二十兵团根据上述指示，于10月10日，向部队下发战前工作准备的几项指示，强调了充分准备，严阵以待的作战指导思想，要求强固工事、囤积弹药、粮食，布置严密火网，加强反坦克部队的训练，拟好各种情况下的作战方案与计划，特别强调了"重要要点，必须坚守，不得随便放弃"的指导思想。第六十七军也作了具体准备。

10月13日当天，"联合国军"的进攻就动用美军和南朝鲜军4个师中的17个营和90余辆坦克，另有100余架次飞机。14日，则以其第一线展开的全部共27个营，在坦克90余辆、战斗轰炸机20余架支援下，进行猛烈攻击，全天向志愿军第六十七军阵地发射炮

---

① 转引自军事科学院军事历史研究所《抗美援朝战争史（修订版）》下卷，军事科学出版社2011年版，第135页。

弹达 10 万发，飞机整日轰炸并投掷汽油弹。第六十七军 3 个师先后全部上阵，顽强抗击"联合国军"进攻，在每个阵地上都同进攻之敌展开激烈战斗，反复争夺。13 日当天即毙伤敌 5000 余人，其中大部分阵地击退了敌军的进攻，阵地屹立未动，失去的几个阵地，都是在防守分队大部伤亡或全部牺牲的情况下被敌军占去。至 15 日，经 3 昼夜鏖战，志愿军第六十七军毙伤敌 1.7 万余人，敌仅前进约 2 公里。美军第七师因伤亡惨重，于 10 月 15 日撤至二线休整。志愿军第六十七军也付出了较大伤亡。至 16 日晚，杨成武等兵团首长先后两次共将第六十八军 1 个师又 2 个团调为第六十七军第二梯队。

16 日 10 时，志愿军首长致电表扬第六十七军，电文说："我六十七军在两次防御战中，均表现英勇顽强，虽然自己伤亡较大，但杀伤敌人更多，敌我伤亡成为二与一之比，使敌攻势逐渐减弱，证明该军在战术上，工事构筑上均有显著进步，仍望继续努力，彻底粉碎敌之所谓秋季攻势。"[①]

至 10 月 22 日，第六十七军全部及第六十八军 1 个多师，在金城以南地区与"联合国军"激战 10 昼夜，共毙伤俘敌 2.3 万余人，击毁敌坦克 39 辆，击伤 8 辆，阵地被突入 6 至 9 公里。志愿军第六十七军、第六十八军共伤亡 1.03 万余人。至此，"联合国军"的秋季攻势全部被粉碎，同样未能达到以军事压力迫使朝中方面在谈判中屈服的目的。杨成武和张南生率领的志愿军第二十兵团部队，在朝鲜战场上表现和发扬了京津卫戍部队的光荣。

11 月，杨成武第二十兵团指挥第六十七军、第六十八军、第二十六军和接替第六十七军防务的第十二军参加了局部战术反击作战，尔后转入 1952 年的春、夏巩固阵地斗争。

1952 年春，杨成武身体素质下降，有时不得不躺在行军床上工作，中央军委决定让他回国治疗休养，后留在国内工作。

---

① 转引自军事科学院军事历史研究所《抗美援朝战争史（修订版）》下卷，军事科学出版社 2011 年版，第 136 页。

三、杨勇将军在朝鲜战场

杨勇在去朝鲜战场之前是中国人民解放军第二高级步兵学校校长。1953 年 4 月 18 日，毛泽东签署中央军委命令，决定将国内与志愿军部分高级干部实行轮换，要求调赴朝鲜担任工作的同志应分别于 5 月上旬到职：其中杨勇调任志愿军第二十兵团司令员，轮换该兵团代司令员郑维山，郑维山回国接任第二高级步兵学校校长。5 月 3 日又任命王平接替张南生任志愿军第二十兵团政治委员，张南生为志愿军政治部副主任。

杨勇和王平于 5 月中旬前后到达第二十兵团司令部，即位于淮阳附近的台日里。这时志愿军以打促谈的夏季反击战役已于 5 月 13 日开始，郑维山和张南生正在组织第二十兵团部队进行夏季反击战役第一阶段作战。杨勇和王平为熟悉情况，暂未交接。第一阶段反击作战于 5 月 25 日结束，美方在谈判中态度好转，而南朝鲜李承晚集团则仍主张北进"统一"，反对停战，并将其谈判代表撤出"联合国军"谈判代表团，以示抗议，还在一些城市导演了抗议的示威游行。志愿军于 5 月 27 日开始夏季反击战役第二阶段作战，将作战重点确定为打击南朝鲜军。其中志愿军第二十兵团指挥的第六十军、第六十七军均创造了进入阵地战以来一次进攻作战攻歼敌军一个团大部的范例，均受到志愿军总部的通令表扬。朝鲜停战谈判关于战俘问题于 6 月 8 日达成协议，至此，朝鲜停战谈判各项议程全部达成协议，按军事分界线问题的协议，6 月 16 日将开始重新校订军事分界线，志愿军遂结束了夏季反击战役第二阶段作战。

6 月 17 日深夜开始，李承晚集团破坏刚刚达成的关于战俘遣返的协议，以"就地释放"为名，强迫扣留朝鲜人民军被俘人员 27000 万余人，引起世界舆论的愤怒谴责。经彭德怀建议，毛泽东批准，决定严惩李承晚，再给南朝鲜军狠狠打击。志愿军遂于 23 日开始发起夏季反击战役第三阶段作战。杨勇、王平这时已接手第二十兵团的工作，召开党委会议，确定在金城以南对南朝鲜军已有打击的基础上，以歼灭金城正面防守的南朝鲜军 4 个师为目标，发起金城战役，拉平金城以南向我方突出的战线。杨勇、王平进行了精心研究和部署，郑维山进行了协助。这时，志愿军第二十兵团指挥第六十军、第六十七军、第六十八军、第五十四军和第三十三师，志愿军总部将第二十一军调到第一线归第二十兵团指挥。

7 月 4 日，杨勇在平生少有的日记中叮嘱自己："金城反击是自五次战役以来，最大的一次，指挥和组织这样大的战役，无论是对兵团，还是对我都是第一次，缺乏经验，因此，更应该发挥部队的创造性、勇敢精神和各级指挥员的指挥艺术——切记。"① 杨勇、王平将这 5 个军另 1 个师编为东、中、西三个作战集团，经过认真准备，按预定计划在第九兵团第二十四军的配合下，于 7 月 13 日晚发起了金城战役，战至 14 日 18 时，全部达成了战役第一步目标，向南最远推进 9.5 公里，共歼敌 1.4 万余名，中集团志愿军第六十七军将在1951 年秋季防御作战中被"联合国军"突入的阵地又全部夺了回来，拉直了金城以南战线。紧接着进入第二步作战，至 16 日下午，东集团志愿军第六十军第一八〇师 2 个团又将阵地向南推进 8 公里。从17 日起，第二十兵团各部转入防御，打击"联合国军"反扑，直至27 日朝鲜停战实现。

金城战役共歼敌 5.3 万余人，将南朝鲜军 4 个师打残，收复阵地 160 余平方公里，有力地配合了停战谈判。7 月 25 日，中共中央和中央军委致电志愿军总部，祝贺志愿军取得夏季战役的重大胜利，贺电说："我志愿军和朝鲜人民军自入夏以来，向敌展开有重点的战役性的反击作战，迄今已获得重大胜利。自五月十三日至七月十八日两个多月中，共毙伤俘敌九万余人，尤其自七月十三日开始的战役，在金城东西三十余公里的正面，向敌四个多师所据守的阵地，同时进行突破，截至十八日止，五天中共毙伤俘敌二万八千余人，击溃敌四个多师，共攻占纵深十公里约一百七十平方公里的阵

---

① 转引自郭志刚、王成志、齐德学等《较量——抗美援朝战争纪实》，中国青年出版社 2001 年版，第 602 页。

地，缴获了许多装备和物资，给了李伪军以严重打击，有力地配合了停战，大大提高了我军对敌斗争经验，使我军在突破敌坚固设防地带的作战中获得极宝贵的经验，特电祝贺。"①

朝鲜停战以后，1954 年 4 月，杨勇被任命为志愿军副司令员兼参谋长。1955 年 4 月 29 日，被任命为志愿军司令员。根据中朝两国政府的联合声明，1958 年 10 月 25 日，杨勇与志愿军政治委员王平率志愿军全部撤出朝鲜回国。

---

① 转引自军事科学院军事历史研究所《抗美援朝战争史（修订版）》下卷，军事科学出版社 2011 年版，第 487 页。

吴瑞林将军在抗美援朝
战争中的重大贡献*

  吴瑞林将军率部参加抗美援朝战争时，任中国人民志愿军第四十二军军长，1950 年 10 月率部入朝，先后参加了抗美援朝战争第一次、第二次、第三次、第四次战役，第五次战役转移阶段的阻击作战，1951 年夏季防御作战，1952 年春夏巩固阵地作战，曾指挥志愿军第六十六军、第三十九军第一一七师作战。1952 年秋季，国内第四十六军入朝轮换第四十二军，第四十二军于当年 11 月回国。吴瑞林将军率部参加抗美援朝战争历时两年零一个月，在抗美援朝战争中作出了重大贡献，我归纳有如下几点。

一、指挥部队进行了许多有重要影响的作战

  第一个有影响的作战是第一次战役在东线的黄草岭、赴战岭阻击战。第一次战役，志愿军分东西两线作战，主战场在西线，以主力 5 个军又 1 个师歼灭进至清川江以北地区的"联合国军"部队。吴瑞林指挥的志愿军第四十二军军部率 2 个师在东线黄草岭、赴战岭地区担任阻击任务，主要目的是阻击东线敌军北进、西援，保障志愿军西线主力作战的侧后安全。吴瑞林将军指挥该军第一二四师、

  * 本文是作者于 2015 年 11 月 7 日在四川省巴中市纪念吴瑞林将军诞辰 100 周年座谈会上的发言，发表在《军事历史》2016 年第 1 期。

第一二六师 2 个师，在没有空中掩护，只有少量炮兵支援的情况下，从 1950 年 10 月 25 日至 11 月 6 日，顽强阻击南朝鲜军第三师和美军陆战第一师部队在空军、炮兵、坦克支援下的先后进攻达 13 天，守住了阵地，共歼敌 2700 余人，圆满完成了阻击作战的任务，为第一次战役胜利作出重要贡献。彭德怀等志愿军首长曾于 10 月 30 日通令嘉奖第四十二军第一二四师在黄草岭的有力阻击作战；11 月 3 日又通电志愿军全军并报中央军委，表扬第四十二军战术灵活、作战积极的精神，号召全军向他们学习。

第二个有影响的作战是第二次战役歼灭南朝鲜军第八师大部。第二次战役时，"联合国军"总司令麦克阿瑟发动圣诞节前结束朝鲜战争的总攻势，在第一线部署 13 个师又 3 个旅等部队，分东西两线发动进攻。西线由美军第八集团军司令官沃克指挥 8 个师又 3 个旅和 1 个空降团；东线美军第十军军长阿尔蒙德指挥 5 个师又 1 个陆战团。

志愿军分东西两线组织战役反击，吴瑞林将军率志愿军第四十二军参加西线反击作战，与志愿军第三十八军一起，在"联合国军"西线进攻部署薄弱的右翼德川、宁远地区，打开战役缺口。志愿军第四十二军的具体任务是歼灭在宁远地区进攻的南朝鲜军第八师。吴瑞林将军以 2 个师实施多路侧后迂回，以 1 个师实施正面突击，于 11 月 25 日晚发起攻击，至 26 日拂晓即结束战斗，歼灭南朝鲜军第八师大部，占领了宁远城，与志愿军第三十八军一起圆满完成了打开战役缺口的任务。

第三个有影响的作战是第三次战役指挥部队歼灭南朝鲜军 5 个营。第三次战役，是志愿军和朝鲜人民军突破三八线的进攻战役。"联合国军"利用三八线既设阵地组织防御。志愿军 6 个军和朝鲜人民军一个军团，组成左右两个纵队发动进攻。志愿军第四十二军和第六十六军编为左纵队，由第四十二军军长吴瑞林和第四十二军政委周彪统一指挥。志愿军和朝鲜人民军突破"联合国军"三八线阵地后，1951 年 1 月 1 日中午，志愿军第六十六军和第四十二军第一二四师，将南朝鲜军第二师大部和第五师一部包围于加平以北的修德山、上南淙、下南淙地区，战至 2 日拂晓，歼敌 4 个步兵营和 1 个炮兵营，共 3200 余人，缴获各种炮 60 余门、汽车 40 余辆。这次战斗是第三次战役中打得最漂亮的一个围歼战。彭德怀等志愿军首长，于 1 月 3 日致电祝贺志愿军第六十六军取得重大胜利，6 日又通令表扬志愿军第四十二军第一二四师。

第四个有影响的作战是指挥部队参加横城反击战。横城反击战是第四次战役第一阶段的作战，由志愿军副司令员邓华指挥志愿军 4 个军中的 9 个师，于 1951 年 2 月 11 日黄昏发起作战。进至横城西北地区的敌军是南朝鲜军第八师全部和美军第二师 1 个团。吴瑞林将军和政委周彪指挥该军第一二四师、第一二五师 2 个师和第三十九军第一一七师，主要任务是断敌退路和阻敌增援。该 3 个师均按预定计划完成断敌退路和阻敌增援任务。尔后，第一二四师与第四十军第一一八师一部，将被围之敌分割成若干小块，逐个歼灭，第一一七师将突出内层包围之敌军两个多营堵截全歼，并击溃增援之敌两个营。战至 13 日晨，横城作战结束，全歼南朝鲜军第八师 3 个团、美军第二师 1 个营，美军和南朝鲜军 4 个炮兵营等，共 1.2 万余人，缴获各种炮 139 门、各种枪 6200 余枝、坦克 7 辆、汽车 550 余辆。吴瑞林和周彪指挥的 3 个师为这次作战取得胜利起到了关键作用。志愿军首长对第一二四师和归第四十二军指挥的第一一七师提出了表扬。

二、率第四十二军创造了抗美援朝战争中的几个"最早"

一是作为东北边防军部队，最早到达指定地区完成集结。当时第四十二军已在黑龙江的齐齐哈尔、北安地区担负屯垦开荒任务，并准备集体转业。在接到被编入东北边防军的命令后，该军将即将成熟的农田移交地方政府，仅用 4 天就完成了部队收拢，尔后 7 天内全部到达指定的吉林通化地区完成集结。第四十二军作为东北边防军能最早到达指定地区完成集结，客观因素是，当时编为东北边防军的 4 个军，只有第四十二军在东北，其他 3 个军的主力在河南、湖北和广州等地。但第四十二军收拢部队、完成集结的动作迅速，也是极为重要的因素。

二是最早到朝鲜境内侦察地形。第四十二军到达指定地区完成集结前后，吴瑞林将军经请示东北军区司令员兼政治委员高岗的同意，便秘密带领 1 名作战参谋和 1 名情报参谋装扮成火车司机，到朝鲜境内侦察地形。这一行动，当时军政委和副军长都不知道。他们 3 人，从新义州到平壤，从平壤到江界再返回平壤，又到平壤以东能通火车的地方，在铁路沿线侦察 6 天，吴瑞林将军将看到的有关情况让作战参谋记录、让情报参谋绘图。这个侦察为后来志愿军入朝作战提供了重要参考。

三是最早铺设水下桥。吉林省辑安（今集安）口岸建有鸭绿江大桥，然而一旦桥梁被美国空军炸断，将严重影响将来部队入朝过江。为保证桥一旦被炸断部队入朝时能顺利过江，吴瑞林将军经亲自勘察，决定在鸭绿江中游的辑安口岸，铺设一条水下桥，美军空军袭击时看不到这座水下桥。这样既能保证部队顺利过江，又能防止美军空袭。他指派工兵部队，在地方党委和政府支援下，用石条板铺成了水下桥。这一创造，为抗美援朝战争期间在江河桥梁被炸毁情况下保证部队顺利渡过江河提供了重要经验。

四是部队最早开赴朝鲜。1950 年 10 月 8 日，毛泽东以中国人民革命军事委员会主席名义签署组成中国人民志愿军的命令，将东北边防军改为中国人民志愿军，迅即开赴朝鲜协同朝鲜人民军同美军及南朝鲜军作战，10 月 18 日，正式命令部队于 19 日黄昏开始向朝鲜境内开进。但第四十二军于 10 月 16 日晚，即派出第一二四师第三七〇团在副师长肖剑飞率领下，作为侦察部队开赴朝鲜，当夜进入朝鲜境内达 30 余公里。志愿军正式向朝鲜境内开进后，第四十二军也是最早全部渡过鸭绿江。

五是最早打响抗美援朝战争第一枪。国内许多人知道 10 月 25 日是中国人民志愿军抗美援朝出国作战纪念日，但是许多人可能不知道，所以将这一天作为纪念日，就是因为 1950 年 10 月 25 日这一天抗美援朝战争打响。抗美援朝战争在这一天有四个战斗。一个是上午 8 时 30 分左右，在西线的云山以北地区，志愿军第四十军第一二〇师第三六〇团对北进的南朝鲜军第一师，给予迎头痛击，并坚守阵地两天三夜，使敌军未能北进一步。第二个是上午 10 时 30 分左右，在温井以北两水洞附近，志愿军第四十军第一一八师侦察连与南朝鲜军第六师第二团尖兵接触，尔后第一一八师第三五四团在第三五三团配合下，经 5 个小时激战，全歼南朝鲜军第六师第二团 1 个营和 1 个炮兵中队。这是志愿军出国作战取得的第一个歼灭战的胜利。这个战斗也是志愿军打响抗美援朝战争第一枪影响最大的战斗。第三个是当夜 24 时，志愿军第四十军第一一八师全部和第一二〇师 2 个团，对温井之敌发起进攻，经 2 小时战斗，攻占温井。第四个是志愿军第四十二军第一二四师第三七〇团第二营于 25 日拂晓，在东线黄草岭地区阻击南朝鲜军第三师第二十六团的进攻，尔后，志愿军第一二四师部队在黄草岭地区阻击南朝鲜军和美军先后各以 1 个师的猛烈进攻，达 13 昼夜。这一天打响的 4 个战斗，虽志愿军第四十军的作战影响最大，但志愿军第四十二军的作战打响最早。

六是最早在防御作战中运用了兵力部署"前轻后重"的原则。所谓兵力部署"前轻后重"的原则，就是各级将少量兵力（1/3、1/4 或 1/5）部署在第一线，主力部署在第二线和第三线，主要目的是减少伤亡。彭德怀司令员等志愿军首长在第一次战役中的 11 月 3 日通电志愿军全军并报中央军委，表扬第四十二军的电报中，非常鲜明地肯定了防御作战中兵力部署的这一原则。此后，在志愿军第四次战役第二阶段全线转入运动防御时，将这一原则作为整个防御作战的兵力部署原则。

三、寻找收拢人民军失散部队

志愿军入朝参战时，朝鲜人民军部队主力已被隔在敌后失散。志愿军在第一次战役结束后，进行第二次战役反击准备时，由志愿军总部统一部署，规定区域，要求各军派出 1/2 或 1/3 的侦察力量深入敌后浅近纵深，了解当面敌情及地形、道路等情况，同时还指定第四十二军派出两个营和朝鲜人民军部分部队组成两个挺进支队（游击支队），深入敌后开展游击活动，以配合正面作战，并寻找、联络失散的朝鲜人民军部队。军长吴瑞林和政委周彪非常重视此事，决定由第一二五师派出两个营，与朝鲜人民军部分部队组成两支挺进支队，分别由该师副师长兼参谋长茹夫一和该师副师长王淮湘率领，深入敌后平壤至元山间的孟山、阳德、成川、江东、顺川等地开展游击活动，破坏交通、袭击敌军据点，仅11月9日、21日、22日3天，就袭击敌军3处据点，歼南朝鲜治安队150余人，解救朝鲜劳动党党员80余人，并联络收拢朝鲜人民军失散部队第七师5000余人，受到彭德怀等志愿军首长的特电嘉勉。挺进支队后来共联络收拢失散朝鲜人民军部队达几万人，彭德怀并指定由吴瑞林将军与收拢的朝鲜人民军干部谈话，稳定情绪，鼓舞士气。这些也受到朝鲜民主主义人民共和国首相金日成的高度赞扬。

除上述以外，志愿军还为朝鲜输送干部学校学员和解放军中的朝鲜人部队。早在抗日战争结束后，1945年金日成回朝鲜时，经过安东，当时辽东军区司令员兼政委萧华去前线了，由吴瑞林负责接待，根据金日成的要求和中央军委指示，将在安东干部学校的约800名朝鲜人学员，交给金日成带回朝鲜，这些人后来成为朝鲜各条战线的骨干。同时将部队中的1500名朝鲜人，组成的一个完整的团，全副武装交给金日成带回朝鲜，并给这些学员和部队做了新衣服。1950年春，朝鲜要求将仍在中国人民解放军中的朝鲜人部队，调回朝鲜。当时解放军中的朝鲜人部队主要在第四野战军。经中央军委批准，第四野战军将具体组织工作交给第四十二军军长吴瑞林将军完成。连同在其他野战军中的朝鲜人，共集中1.6万余人，吴瑞林将军在郑州将其编成4个团的1个师，全副武装交给朝鲜。后来，这支部队在朝鲜民族解放战争中发挥了重要骨干作用。

正是由于吴瑞林将军在抗美援朝战争中作出了重大贡献，所以1951年5月底，志愿军副司令员邓华带第三十八军政委刘西元、第三十九军军长吴信泉、第四十军军长温玉成、第四十二军军长吴瑞林回国向中央军委和毛泽东汇报战争情况时，毛泽东曾在一个晚上单独召见吴瑞林将军谈战场情况，谈了几个小时。毛泽东充分肯定了吴瑞林将军和第四十二军在抗美援朝战争中作出的重要贡献，并高度赞扬吴瑞林将军和该军在抗美援朝战争中的创造精神。毛泽东单独召见志愿军的一位军长，夜谈几个小时，并邀吴瑞林将军共进夜餐，这在参加抗美援朝战争志愿军二十多个军的军长中，是罕见的。

正是由于吴瑞林将军在抗美援朝战争中作出了重大贡献，加上早在朝鲜战争爆发前，吴瑞林将军就为朝鲜建设输送了朝鲜人的干部学员和部队，所以，1952 年 11 月，在吴瑞林将军结束在朝鲜的作战任务，率部回国前夕，朝鲜人民的领袖金日成，特意设家宴为吴瑞林将军为首的第四十二军领导送行。朝鲜人民领袖金日成专门设宴为吴瑞林将军为首的第四十二军领导送行，这在参加抗美援朝战争志愿军二十几个军的军领导中是唯一的。也正是由于吴瑞林将军在抗美援朝战争中作出了重大贡献，朝鲜政府授予他两枚朝鲜最高级别的一级国旗勋章。

正是由于吴瑞林将军率第四十二军在抗美援朝战争中作出了出色的贡献，所以，原准备集体转业的第四十二军，在抗美援朝战争结束之后，不但没有转业，而且成为人民解放军的主力部队之一，是 2015 年人民解放军改革前陆军 18 个集团军之一。

李德生将军在上甘岭战役中[*]

李德生作为志愿军第十二军第三十五师师长，率部于 1951 年 3 月 21 日由辽宁宽甸河口跨过鸭绿江入朝，参加了第五次战役、1951 年 11 月的战术反击作战、1952 年春夏的巩固阵地作战、1952 年秋季战术反击作战。1952 年 9 月被任命为第十二军副军长。

编导：第一个问题，想请您谈谈李德生入朝以后，在上甘岭战役第二阶段解决的五大问题：第一弹药运输问题，第二解决吃饭问题，第三是解决野战工事问题，第四解决通信问题，第五解决如何用兵问题。

齐德学：好的，我来谈谈这五个问题。

一、解决弹药运输问题

保障上甘岭作战的弹药库距前沿有 4 至 5 公里，并且都是山路，只能靠人力输送，虽然输送弹药的人员往返一次很累，由少量人员运送，保障小规模的攻防作战还可应付。而"联合国军"发动的"金化攻势"，志愿军的作战已发展成为战役的规模，弹药需要量大增，往往 1 个营作战，需要 2 个营运送弹药。并且敌军的攻势非常猛烈，飞机和炮火对志愿军运输道路进行层层封锁，越往前封锁

＊ 本文是中央新闻纪录电影制片厂 2016 年为纪念李德生诞辰 100 周年制作李德生专题片时该片编导对作者的采访。

得越紧。志愿军输送弹药的人员很多，运送工作很累，而且途中伤亡也很大，弹药输送极为困难。为解决这个问题和作战中遇到的其他问题，李德生召集参战的师、团指挥员开"诸葛亮会"，大家出主意想办法。采取了分段接力输送的办法，从团后勤到前沿作战的营、连，每50米分为一段，每段由几个人负责，沿途挖若干"猫耳洞"，藏放弹药，隐避人员，利用敌军炮火的间隙，快速往前运送。因运送的距离短了，人员往回返时可得到体力的恢复。这个办法很有效，既大大减少了运送弹药人员的伤亡，又基本保证了前沿作战的需要。采取这种运送办法，在前沿1个排的阵地上储存的弹药可应付2个团敌军的进攻。这支运送弹药的队伍曾达到1300多人。

二、解决吃饭问题

原来是每连队一个伙食单位，因阵地分散，仅597.9高地就编为14个阵地，又有敌军封锁，往往有的独立作战班组吃不上喝不上，体力耗尽难以作战。在李德生主持下想出的解决办法是：在五圣山后山脚741高地后面的一个岩洞里，由团统一组织伙食供应，从连队抽10多个炊事员，24小时昼夜不停地蒸馒头、蒸包子，组织50多人的送饭队伍，不分昼夜往前沿送饭，用小袋子将馒头包子分装，每袋5至10个，每人每次背几十袋，冒着敌人的炮火到阵地上扔给战士。送水很不方便，就背苹果给阵地上的战士解渴。就是采取这种办法，解决了阵地上吃饭的问题。第十二军在上甘岭阵地上反击和坚守共20多天，蒸了4万多斤面粉的馒头和包子。这个岩洞也成了"流水席"供应点，前沿和后方往返经过这里的人员，随时可以就餐。

三、解决野战工事问题

第十二军上阵地时，表面工事已全部被炸毁，一脚踩下去，虚土都接近膝盖了，没法筑工事。上阵地首先要解决站住脚的问题。

没有工事怎么能站住脚，怎么打仗？根据以往的经验，只能用麻袋装土构筑工事。李德生就让军后勤送来 1000 条麻袋，用麻袋装土在阵地上构筑暂时存身的工事。依托这种临时工事，以一线部队应付敌军进攻，调预备队突击挖坑道和抢修战壕，并鼓励抢修工事的部队发扬革命英雄主义精神，使阵地状况较快得到改善，屯兵和作战均有了依托。

四、解决通信问题

敌军飞机和炮火轰炸非常猛烈，志愿军 597.9 高地和 537.7 高地北山两个阵地上的电话线，往往拉上去很快就被炸断。接线员冒着枪炮火力上去接线，也往往是上去一个就被打掉一个，不能保证通信联络畅通。李德生为了解决这个问题，采取两个办法。一是多准备一些电话线，部队打一次反击，通信排就同时跟上去架设新线路，靠近后方的一些地方就将电话线埋在堑壕一侧专门挖的土沟里。这样基本保证了团到前沿的通信联络畅通。后来，报话机配备到连和突击排。二是利用上甘岭的山地地形由团侦察股长组成一个观察网，在各阵地上设观察员，夜间还派小分队摸到敌军前沿或阵地上了解敌情，有的驻扎点还配备了报话机。及时将观察了解到的情况汇集上报，使团以上指挥员对前沿营、连甚至前沿班的敌我情况都了如指掌，有力地保证了作战指挥。观察网的观察还为炮兵指示了明确目标，对炮兵有效杀伤敌军起到了很大作用。

五、解决如何用兵问题

上甘岭阵地狭小，敌军炮火猛烈，阵地上去的人越多伤亡就越大，但又要守住阵地，掌握敌情，击退敌军不同规模的进攻。李德生解决这个问题就是采取了兵力前轻后重、火力前重后轻的部署。兵力前轻后重，就是前边放少数兵力，主要兵力放后边。抗美援朝战争中，以往兵力前轻后重的部署，各级在前边部署的兵力不多于本级兵力的 1/3，有的 1/4，甚至更少。主要目的是减少伤亡，保持后劲儿。火力前重后轻，是指火力要有力地支援前边，并不是指各种火炮都要靠前部署。第十二军接防阵地以后兵力前轻后重的部署是，一个团 9 个连，从后到前，排成 9 个梯队，团控制充足的预备队，保证了源源不断的兵员补充，以应对敌军的持续进攻。直到前沿的战斗小组，也是由组长带领一名战士守阵地，用一名战士作为后备。这样的兵力部署和使用，既减少了伤亡又有力地保证了应对敌军持续进攻的力量。

编导：第二个问题，李德生具体上阵地的时间是什么时候？他在这个战役中起到的特殊、关键的作用是什么？

齐德学：李德生上阵地的具体时间，目前还没有看到档案记载。但可以肯定，李德生上阵地的具体时间，是在 1952 年 10 月 30 日之前。第十二军最早接防的是第九十一团，是 11 月 1 日接防的。李德生到达前线的时候是第九十一团正准备接防还没有接防的时候。第九十一团派 3 名营级干部、4 名连级干部和 8 名排长，到 597.9 高地第十五军阵地对口了解情况，已经返回团指挥所。李德生已接受建立五圣山指挥所，担负统一指挥在上甘岭前线作战的第十五军和第十二军的任务，还没有正式下达命令。李德生到达前线后，就在第三十一师指挥所召集第三十一师和第九十一团的干部开诸葛亮会，研究第九十一团团长李长生汇报了解阵地上情况提出问题的解决办法，也就是弹药运输问题、吃饭问题、野战工事问题、通信联络问题、兵力使用问题。第九十一团接防后，李德生又指挥第九十一团作战。11 月 5 日，第三兵团正式下达组成五圣山指挥所的命令，由第十二军副军长李德生负责统一指挥本军第三十一师、第三十四师的反击作战，和第十五军第二十九师的配合行动，该指挥所仍归第十五军军长秦基伟指挥。

李德生在这次战役中的主要成绩和作用：一是指挥第十二军牢固地守住了已反击夺回的 597.9 高地，直至敌军最后放弃进攻；二是指挥第十二军反击夺回 537.7 高地北山阵地表面阵地，并牢固地守住了这个阵地，直至敌军以彻底失败而告终。

上甘岭战役是李德生就任军级指挥员后，第一次作为军级指挥所主官指挥的战役，并且彻底粉碎了"联合国军"的进攻，全部恢复和巩固了上甘岭两个高地的表面阵地。这是李德生战争生涯中最为精彩、最为辉煌的业绩之一。李德生接替上甘岭战役的指挥后，志愿军总部将第三兵团对上甘岭地区的作战部署和决心上报中央军委，毛泽东接电后，起草军委复电，鼓励上甘岭地区作战，指出："此次五圣山附近的作战已发展成为战役的规模，并已取得巨大胜利。望你们鼓励该军，坚决作战，为争取全胜而奋斗。"志愿军总部和第三兵团也多次对李德生指挥的上甘岭作战予以高度肯定和鼓励，其中第三兵团于 11 月 12 日通令嘉奖第十二军，指出："你们刚刚完成反击任务归来，不顾艰苦疲劳即坚决愉快地接受新的战斗任务，于本月二日仓促地投入了五圣山前沿争夺战，你们在四十五师、二十九师已有的胜利基础上，在四个团的炮火协同下，斗志昂扬，打退敌伪二师全部、伪九师三十团及美七师三十一团连续数日无数次反扑，仅三日一天即打退敌二十一次反扑，歼敌一三〇〇余名。你们坚守的五九七点九阵地屹立未动，特别在十一日晚的反击中，又一举恢复了五三七点七（北山）阵地。你们战斗中打的英勇顽强，工事修的既快又好，战术技巧灵活。这种战斗作风颇堪嘉奖。现战斗正在激烈进行，敌人被我打的叫苦连天，困难更加增多，损失日益惨重，最后终将逃脱不了失败的命运。望你们继续发扬这种小群孤胆的战斗作风，既能以小的代价坚守了表面阵地，又能大量的杀伤敌人，要将战斗坚持到全部恢复我原有阵地，直到敌不敢轻易向该阵地进犯为止。希再接再厉，创造更大的战绩，争取更大的光荣。"①

---

① 参见林有声等《鏖兵上甘岭》，江苏文艺出版社 1992 年版，第 508 页。

后 记

　　抗美援朝战争，是中华人民共和国成立之初在国家面临各种严重困难局面下，中国人民在中国共产党领导下，为援助朝鲜人民反抗美国侵略，保卫中国国家安全而被迫进行的一场战争。这场战争从 1950 年 10 月开始，至 1953 年 7 月结束，历时两年零九个月。中国人民志愿军在中朝两国人民的全力支援下，以落后的武器装备同朝鲜人民军一起，打败了具有现代化武器装备的以美国为首的"联合国军"，取得了战争的伟大胜利。抗美援朝战争，打破了美国不可战胜的神话，打疼了不可一世的美国军队，打出了中华人民共和国的国威和军威，打出了中国人民的自尊心和自信心，创造了震撼世界的光辉业绩，创造了穷国、弱国打败富国、强国的光辉范例，是中国人民的扬眉吐气之战，是中华人民共和国的立国之战，也是中华民族真正屹立于世界民族之林的标志之战，创造了伟大的抗美援朝精神，在中华人民共和国和中华民族的历史上写下了光辉一页。这场战争表明，中国共产党是伟大的，中国人民志愿军是伟大的，中国人民是伟大的。这场战争是永远值得纪念的一场伟大战争。

　　正是因为这样，作者在中国人民志愿军抗美援朝出国作战 40 周年、50 周年、60 周年时，各出版一部专著，纪念这场战争。2020 年，正值中国人民志愿军抗美援朝出国作战 70 周年，为纪念这场战争，作者将 2010 年以来发表的文章（有一篇是 1998 年发表的）、讲课讲座的讲稿、座谈会发言稿、接受采访和访谈整理稿，共计 30 篇，汇编成为这本书，定名为《新中国立国之战——抗美援朝战争的回顾与思考》。作者将这 30 篇文稿分为总论篇、战役战斗篇、有关问题和故事篇、人物篇四个部分，虽不是按历史进程写的抗美援朝战争史，但从全书中也能看出抗美援朝战争的历史全貌。

在此感谢中国社会科学院当代中国研究所李正华副所长、感谢当代中国出版社对本书出版给予的支持！感谢爱妻张素香给予的鼓励和支持！

由于作者能力水平所限，书中错误和不足之处在所难免，欢迎广大读者批评指正。

齐德学
2019 年 9 月
又 2023 年 7 月